KB042484

한국 다문화 사회의 교육적 대안

상호문화교육

· · · 장한업 · · ·

박영사

이 책을 내면서…

먼저, 이 책을 내게 되어 무척 기쁩니다. 올해는 제가 상호문화교육을 공부한 지 10년째 되는 해라 더욱 그렇습니다. 상호문화교육은 유럽평의회와 유럽연합이 권장하는 "다문화 사회의 교육적 해답"입니다. 오늘날 사회는 점점 다문화 사회가 되고 있고, 교사는 이 사회에서 살아가는 법을 학생들에게 가르쳐야 합니다.

제가 다문화에 대해 관심을 가진 것은 꽤 오래전입니다. 그것은 1980년대 말로 거슬러 올라갑니다. 1987년 9월, 저는 1년 반 동안 몸담았던 고등학교를 사직하고 프랑스 유학길에 올랐습니다. 저는 (군 복무로 나온 1년을 제외하고) 1993년 박사학위를 취득할 때까지 그곳에 머물렀는데, 이때 다문화를 본격적으로 경험한 것 같습니다. 기숙사에서 만난 중국 유학생들, 함께 공부한 베트남 교수들, 중국 식당에서 일하면서 접한 프랑스인들… 이들과의 다양한 만남은 자연히 저의 한국 문화를 다시 생각하게 했습니다. 다시 말해, 프랑스 문화는 저의 한국 문화를 좀 더 객관적으로 바라보게 하는 일종의 '거울'이었습니다. 그것은 또한 동양 문화와 서양 문화의 만남이기도 했습니다. 동양인인 제가 서양을 만난 것이니까요. 당시에는 잘 몰랐지만, 저의 박사논문도 저의 이런 다문화적 경험과 관련 있었던 것 같습니다. 저의 박사학위논문 제목은 "한국인과 프랑스인 간의 언어적 예의 현상"인데, 그 주된 내용은 한국인과 프랑스인은 언어적 예의를 나타내는 방식이 달라 여러 가지 오해와 갈등이 일어날 수 있고 이를 막기 위해서는 적절한 교육이 필요하다는 것이었습니다.

1993년에 귀국한 저는 1997년 이화여대 사범대 외국어교육전공 교수로 임용되었습니다. 그런데 1999년 본교의 유사학과 통폐합 방침에 따라 인문대학 불문과 교수로 자리를 옮기게 되었습니다. 불어교육학을 전공한 제가 불문과 교수 생활을 하기란 결코 쉽지 않았습니다. 이때 저는 '정체성'이 무엇인지, 다수와 소수가 무엇인지를 뼈저리게 느꼈습니다. 이런 '정체성'과 '소수'의 위기에서 벗어나기 위해 제가 한 선택은 우리의 일상생활에서 사용되는 외래어나 외국어의 어원을 연구하는 것이었습니다. 처음에는 뷔페, 카페, 니코틴과 같은 프랑스 외래어·외국어를 연구했지만 나중에는 햄버거, 샌드위치, 레임덕과 같은 영어 외래어·외국어로 그 범위를 넓혔습니다. 이 연구는 참으로 재미있고 설레는 일이었습니다. 단어의 어원은 그 단어를 만든 인간, 그 단어가 만들어진 문화적 배경을 보여 주었습니다. 예를 들어, 뷔페식으로 음식을 먹기 시작한 사람들은 북유럽 바이킹족이었고, 이것을 프랑스 사람들은 '뷔페(buffet)'라고 불렀고, 미국 사람들은 이 식사법을 전 세계에 확산시켰습니다. 결국 우리가 접하는 뷔페는 북유럽, 프랑스, 미국을 거친 다문화였습니다. 햄버거도 마찬가지입니다. 이 음식의 기원은 중앙아시아 타타르족이었고, 이것이 독일 항구도시 함부르크의 이름을 빌려 미국으로 들어가 전 세계에 확산되었습니다. 우리가 접하는 햄버거도 중앙아시아, 독일, 미국을 거친 다문화였습니다. 이렇게 약 600개의 생활외래어·외국어 어원을 조사해 본 결과, 지구상의 모든 문화는 인간의 이동에 따라 다 뒤섞인 다문화라는 사실을 확인할 수 있었습니다.

제가 다문화 문제를 교육과 연결시키기 시작한 것은 2009년이었습니다. 당시 한 기관은 저에게 초등교사용 다문화교육 교안을 개발해 달라고 요청했습니다. 이 교안을 개발하기 위해 기존의 선행 연구를 쭉 살펴보았는데, 한 가지 못마땅한 부분이 있었습니다. 그것은 모든 선행 연구가 하나같이 '다문화교육'을 다문화 사회의 교육적 해답으로 소개하는 것이었습니다. 다문화교육은 미국을 비롯한 영미권의 교육일 뿐이고, 독일을 비롯한 유럽권에는 상호문화교육도 있습니다. 이 두 교육은 둘 다 국내 다양성을 교육적으로 해결하기 위한 교육으로 많은 공통점이 있지만 그 출현 역사, 지리적 여건, 철학적 배경 등에서는 적잖은 차이를 보입니다. 한국의 경우는 다문화 현상의 역사나 지리적 여건으로 볼 때 유럽형에 더 가깝고 따라서 유럽권의 상호문화교육에 좀 더 큰 관심을 가질 필요가 있습니다. 하지만 한국 학계는 그동안 다문화교육을 '유일한' 교육적 해답으로 여겨왔고 지금도 여전히 그렇다고 할 수 있습니다. 예를 들어, 교육부는 2020년에도 '다문화교육 지원 계획'이라는 공문을 통해 다문화교육을 권장하고 있습니다. 2020년에 한 가지 달라진 것이 있다면, 그것은 "다문화학생 교육지원과 함께 전체 학생 대상 차별·편견 방지 및 상호문화교육 등 다양한 배경의 학생들이 함께 살아가는 교육으로 확장"(p. 1)이라고 밝히면서 '상호문화교육'을 처음으로 공식 언급한 것입니다. 아무튼 이런 학문적 편향을 극복하기 위해 저는 '프랑스에서 유학한 나 자신이라도 유럽의 상호문화교육을 공부하고 널리 알려야겠다'고 생각했습니다. 그래서 한 것이 상호문화교육과 관련해서 나온 몇 권의 프랑스어 책을 번역하는 일이었습니다. 그래서 2010년에는 『유럽의 상호문화교육』(한울), 2011년에는 『상호문화 이해하기』(한울), 2012년에는 『상호문화사회』(교육과학사), 2013년에는 『상호문화 : 학교의 원칙과 현실』(교육과학사)을 번역했습니다. 그리고 2014년에는 『이제는 상호문화교육이다』(교육과학사)를 저술했습니다. 마지막 책은 교사들이 상호문화교육에 대해서 좀 더 잘 이해할 수 있도록 하는 일종의 입문서였습니다. 이 책을 내고 난 후 저는 좀 더 깊이 있는 학술서를 쓰고 싶었습니다. 여기에는 또 다른 동기가 있었습니다. 그것은 2014년 본교 일반대학원에 '다문화·상호문화협동과정'이라는 석·박사 과정을 만든 것입니다. 이 과정은 국내에서 유일하게 상호문화교육을 연구하는 과정으로, 한국 다문화 현상을 연구하고 그 문제를 상호문화적으로 해결해 보고자 합니다. 처음에는 학생들이 많이 들어올까 우려했지만 지금은 별도의 홍보를 하지 않아도 많은 학생들이 석사과정이나 박사과정에 들어오고 있을 정도로 성장했습니다. 저는 2014년 이후 지금까지 1학기에는 '다문화·상호문화교육론'을, 2학기에는 '다문화·상호문화교수법'을 강의하고 있습니다. 이렇게 수년째 대학원생들을 가르치면서 이들을 위한 전공서가 필요하다고 보았고 그렇게 해서 쓴 책이 바로 이 책입니다. 바라건대, 이 책이 한국에 상호문화교육을 널리 확산시키고 한국이 건강한 상호문화사회로 발전하는 데 일조했으면 합니다.

끝으로, 이 책을 출간해 주신 박영사 안상준 대표님, 이선경 차장님, 교정과 편집을 도와주신 황정원 선생님 그리고 이 책의 출간을 응원해 주신 분들께 진심으로 감사드립니다.

2020년 11월
이화다문화연구소에서
장한업 드림

목 차

문화적 차이와 다양성

오늘날 우리는 다문화사회에 살고 있다. 이것은 결코 우연이 아니다. 이것은 인간 역사의 자연스러운 귀결이다. 그 출발점은 교통수단의 발달에서 찾을 수 있다. 인간은 1840년대까지는 마차나 범선을 타고 시속 16km로 느리게 이동했다. 1850년대부터 1930년대까지는 증기선 덕분으로 시속 25km로 조금 더 빨리 이동했지만 여전히 느렸다. 하지만 1950년대 프로펠러 비행기가 나오면서 인간은 시속 500km로 매우 빠르게 이동했고, 지금은 제트 비행기를 타고 시속 1,000km로 이동하고 있다(『경제지리학』, 2011). 교통수단의 발달은 인간의 이동성의 증가로 이어졌다. 이 이동성이 가장 활발한 곳은 미국과 캐나다가 있는 북아메리카, 프랑스, 영국, 독일 등이 있는 유럽, 그리고 한국, 중국, 일본이 있는 동북아시아다. 실제로 국제이주자(international migrants)는 점점 늘어나고 있다. 2017년에 2억 5,800만 명이던 국제이주자는 2019년에 2억 7,200만 명으로 늘어났다. 이 중 아시아가 8,360만 명으로 가장 많고, 그다음은 유럽 8,230만 명, 북미 5,860만 명순이었다(유엔 경제·사회국, 2020). 이처럼 인간의 이동성과 국제이주자가 늘어나면서 문화적 차이는 점점 부각되고 있다. 인간은 늘 문화를 가지고 다니기 때문이다. 여기저기서 낯선 언어가 들리고, 이전에는 못 보던 옷이 눈에 띄고, 피부색이 다른 사람을 쉽게 만날 수 있다. 이렇게 문화적 차이가 일상화되면 그 사회는 **다문화사회**(multicultural society)로 불린다. 다문화사회에서 문화적 차이는 피할 수 없는 하나의 엄연한 현실이다. 따라서 다문화사회 속에 살아가는 사람들은, 미국의 심장 전문의 R.S. Eliet[1]의 말처럼, 이 문화적 차이를 피할 수 없다

---

1 그는 『스트레스에서 건강으로 – 마음의 짐을 덜고 건강한 삶을 사는 법』에서 "당신이 피할 수 없는 고통은 차라리 즐기는 게 낫다. 만약 그것을 피할 수 없다면 그것을 즐겨라"라고 조언했다.

면 즐길 줄 알아야 한다.

문화적 차이에 대해서 말하기 위해서는 무엇보다도 먼저 문화가 무엇인지 알아야 한다. 그리고 난 후 이 문화적 차이를 어떻게 이해해야 하는지 생각해 보아야 한다. 문화적 차이가 정상적이라는 것을 이해할 때 문화다양성이라는 가치도 제대로 이해할 수 있기 때문이다.

1. 문화

문화를 **정의**한다는 것을 결코 쉬운 일이 아니다. 웨일스 비평가 R. Williams는 1970년대 중반에 이미, "문화는 영어에서 [정의하기가] 가장 복잡한 두세 단어 중 하나다. (…) 왜냐하면 그것은 이제, 구분되는 여러 지적 분야에서, 그리고 구분되는 여러 사유체계에서 중요한 개념으로 사용되고 있기 때문이다"(1976: 76-77)라고 말했다. 사실 그동안 수많은 학자들이 문화를 명확히 정의하려고 시도했지만, 모든 사람이 합의하는 정의는 아직까지 존재하지 않는 것 같다.

─── 문화의 정의

E. Tylor(1832~1917),
영국 옥스퍼드 대학
최초의 인류학 교수

문화에 대한 **가장 고전적인 정의**는 영국 인류학자 E. Tylor가 1871년에 내린 정의다. 그는 저서 *Primitive Cultures*에서 문화를 "지식, 신앙, 예술, 도덕, 법률, 관습 등, 인간이 사회의 구성원으로서 획득한 능력 또는 습관의 총체"(p. 177)라고 정의했다.

E. Tylor 이후 많은 학자들이 문화를 저마다의 방식으로 정의하려고 노력했다. 미국 인류학자 A. Kroeber와 C. Kluckhohn(1952)은 1871년부터 1952년까지 내려진 정의들을 모아 보았는데, 그 수는 500여 개에 달했고, 상이한 정의도 175개나 되었다. 이 두 학자는 이 **175개의 정의**를 여섯 가지 범주로 분류했다. ① **서술적**(descriptive) 정의는 문화를 구성하는 다양한 영역의 목록을 만들고자 한다. 앞서 소개한 E. Tylor의 정의가 그 대표적인 예다. ② **역사적**

(historical) 정의는 문화를 세대에서 세대로 전달되는 역사적 유산으로 본다. 여기에 속하는 대표적인 정의는 "한 집단의 문화는 그 집단의 인종적 기질과 역사적 삶으로, 사회적 의미를 획득한 사회적 유산의 총합과 조직이다"(Park & Burgess, 1930)라는 정의다. ③ **규범적**(normative) 정의는 사회규칙이나 생활방식을 강조한다. 그 대표적인 정의는 "공동체나 부족이 추구한 삶의 양태는 문화로 간주된다"(Wissler, 1929)는 정의다. ④ **심리적**(psychological) 정의는 사람들로 하여금 소통하고 배우게 하거나 물질적, 정서적 욕구를 충족시키는 문화의 역할을 강조한다. 여기서는 문화적응, 학습, 습관이 중요하다. 대표적인 정의는 "문화현상은 학습으로 습득된 인간의 모든 활동을 포함하는 것이다. 따라서 문화현상은 인간집단의 획득된 활동의 총체로 정의될 수 있다"(Wissler, 1916)고 보는 정의다. ⑤ **구조적**(structural) 정의는 문화의 구조, 체계, 정형화를 강조한다. 이 점에서 구조적 정의는 문화라고 여겨지는 것들을 나열하기만 하는 정의와는 구별된다. "문화는 부분들 간에 다양한 상관관계를 가지고 체계 속에 통합된 발명이나 문화적 특징으로 구성된다"(Ogburn & Nimkoff, 1940)는 정의는 그 대표적인 정의다. ⑥ **유전적**(genetic) 정의는 문화가 어떻게 존재하게 되었고 어

A. Kroeber(1876~1960),
미국 인류학자

C. Kluckhohn
(1905~1960),
미국 인류학자

떻게 지속되었는가에 초점을 맞춘다. 이 정의는 문화가 동물이 아니라 인간과 관련된 것임을 강조한다. 그 대표적인 정의는 "문화는 (…) 생물의 비유전적 노력의 모든 산물(의 결과)로 구성된다"(Boas, 1930)는 정의다.

하지만 모든 학자들이 동의하는 문화에 대한 정의는 존재하지 않는다. 그래서 "문화는 기술될 수는 있어도 정의될 수는 없다"(Verbunt, 장한업 역, 2012: 18)고 말하는 학자까지 생겼다. 이럴 때 한 가지 좋은 방법은 국제기구들이 문화에 대해 내놓은 정의를 따르는 것이다. 예를 들어, 유네스코는 2001년 **세계문화다양성선언**(Universal Declaration on Cultural Diversity)에서, 문화를 "사회나 사회집단의 구별되는 영적, 물적, 지적, 감정적 특징의 총체"라고 정의하고, 여기에는 예술, 문학뿐만 아니라 생활방식, 공존방식, 가치체계, 전통, 신념이 포함된다고 밝힌

Visible Culture
food, art, dance,
language, traditions

Invisible Culture
beliefs, values, worldview

Common Humanity
The way we all love, laugh, and
cry, and seek dignity and
meaning in our lives.

문화의 빙산

다. 이 정의를 **빙산**(iceberg)의 형태로 나타내면 다음과 흡사하다. 가장 윗부분은 눈으로 확인할 수 있는 문화(visible culture)로 여기에는 음식, 예술, 춤, 언어, 전통 등이 있다. 그 아래는 보이지 않는 문화(invisible culture)인데, 여기에는 신념, 가치, 세계관 등이 있다. 가장 아랫부분에는 인류공통성(common humanity)이 자리 잡고 있는데, 여기에는 사랑하는 방식, 웃는 방식, 소리치는 방식, 삶에서의 존엄성과 의미를 찾는 방식 등 인간이면 모두 공유하는 것들이 포함된다.

── 문화의 특징

지구에 존재하는 모든 문화는 몇 가지 공통적인 특징을 보인다. 물론 그 수는 학자마다 다르다. 정철현(2005)은 그것을 일곱 가지[2]로 나누었는데, 그중 다섯 가지만 소개하면 다음과 같다. ① **공유성**(shared). "문화는 개인이 아닌 대부분의 사람이 공유하는 것이다. 문화가 인류의 삶 속에서 형성된 생활양식인 만큼 모든 사람이 사고와 행동을 함께 공유하기 때문이다"(ibid., pp. 212-213). 사회제도, 규범, 세시풍속 등은 이런 공유성을 잘 보여 준다. ② **학습성**(learned). "문화란 태어날 때부터 알고 있는 것이 아니라 후천적 학습을 통해 배우는 것이다. 문화란 생활하는 가운데 가족과 주위 사람들로부터 듣고 또한 스스로의 경험을 통해 취득하는 것이다"(ibid., p. 214). 문화의 학습성은 특히 이민자들에게서 잘 드러난다. ③ **축적성**(accumulated). "문화는 하루아침에 생긴 것이 아니라 오랜 세월 동안 쌓인 것이다. 문화는 인류의 생활양식이 축적된 결과인 것이다"(ibid., p. 215). 언어, 특히 글은 문화의 축적에 매우 중요한 역할을 한다. ④ **통합성**(integrated). "문화의 통합성은 문화의 각 영역이 상호 밀접한 관련을 갖고 유기체적인 전체를 이루고 있음을 말한다. 문화란 생활양식의 총체이므로 복합적 요소를 갖는다"(ibid., p. 216). 예를 들어, 경제적 위기는 경제뿐만 아니라 정

---

2 나머지 두 가지는 '객관성'과 '생활성'이다. 이 중 객관성은 문화란 주관성도 가진 것이기에 생략했고, 생활성은 너무 당연한 특징이라 생략했다.

치, 교육, 스포츠, 예술 등 많은 부분에 영향을 미친다. ⑤ **역동성**(dynamic). "문화는 머물러 있지 않고 변한다. 세월이 지나면서 축적되는 문화는 그 성격이 조금씩 달라지는 것이다"(ibid., p. 218). 예를 들어 오늘날 여성의 지위는 조선시대에 비하면 엄청난 차이를 보인다.

── '문화적'과 '상호문화적'

다시 문화에 대한 정의 문제로 돌아오자면, 1980년대 일부 학자들은 기존의 문화에 대한 정의에 대해 이의를 제기했다. 이들은 과학과 기술의 발달, 민주주의의 확산 등으로, 같은 나라나 같은 지역 사람이라도 상이한 가치와 행동을 보이는 경우가 많아서 기존의 정의로는 문화현상을 온전히 설명하기 어렵다고 보았다. 그중 한 사람인 프랑스 언어학자 P. Charaudeau는 '문화(culture)'라는 용어 대신에 **'문화적**(cultural)'이라는 용어를 사용하자고 제안했다. "문화적인 것은 하나의 포괄적 실체가 아니다. 그것은 장소, 사회계층, 나이, 성별, 사회직업적 범주 등과 같은 많은 요인들에 좌우되는 세분화되고 다양한 복수의 실체다"(Charaudeau, 1987: 26-27). 따라서 '문화적'이라는 것은 한 나라의 역사, 지리, 제도에 대한 지식도 아니고, 관광 명소에 대한 지식도 아니고, 텍스트를 이해하는 데 도움을 주는 단순한 정보도 아니다. 이것은 사회적 실행과 이 실행에 대한 담론(discours)의 총체라 할 수 있다. 예를 들어, 외국인에게 프랑스 요리는 하나의 문화적 실체처럼 보일 수 있지만, 프랑스에는 다양한 요리가 있고, 요리 문화는 도시와 농촌, 남자와 여자, 장년과 청소년, 부자와 빈자에 따라 상당히 다르다. '문화적'이라는 관점에서 보면, 한 나라의 "문화는 더 이상 하나의 동질적인 것이 아니라 여러 개로 나누어진 것"(Charaudeau, 1992: 50)이다.

P. Charaudeau
프랑스 파리 13대학
언어학 명예교수

'상호문화적(intercultural)'이라는 용어는 '문화적'에 '상호'를 붙여 만든 것이다. 여기서 상호(inter-)라는 접두사는 상호작용, 교류, 장벽제거, 상호성, 연대성을 의미한다(Rey, 1986). '상호문화적'인 것은 '문화적'인 것과 다르다. "**상호문화적인 것**은 한 공동체가 다른 공동체에 대해 가지는 표상(representation)과 관련된 것"(Charaudeau, 1987: 27)이다. 한 공동체는 다른 공동체와 직접 접촉하거나 영화, 문학, 언론 등으로 간접 접촉하고, 그 결과 상대방에 대한 어떤 표상을 갖게 된다. 예를 들어, 브라질 사람들은 프랑스 사람들이 '차가운', '거리를 두는', '너무 이성적'이라고 말하고, 영국 사람들은 프랑스 사람들이 '쾌활한', '규율이 없는', '너무 감성적'이라고 말한다. 그렇다면 프랑스 사람들은 실제로는 어떨까? 그들은 '너무 이성적'일까 아니면 '너무 감성적'일까? 이에 대해 대답하는 것은 매우 어렵다. 왜냐하면 브라질 사람들에게 프랑스 사람들이 '너무 이성적'인 것은 하나의 '진실'이고, 영국 사람들에게 프랑스 사람들이 '너무 감성적'인 것도 하나의 '진실'이기 때문이다. 결국 '상호문화적'인 것은 이 두 가지의 '진실'과 관련된 것이다. 또 브라질 사람들이 프랑스 사람들에 대해서 가지는 생각과 프랑스 사람들이 자신에 대해서 가지는 생각도 반드시 일치하지는 않는다. 이처럼 상호문화적인 것은 '대조적인 표상 현상(phénomène de représentation en contraste)'이라고 할 수 있다.

── 다양한 접두사들

'문화적(cultural)' 앞에 붙일 수 있는 접두사로는 inter- 외에 trans-, cross-, multi- 등이 있다. 이 접두사들은 다음에 오는 '문화적'이라는 단어를 한정하는 기능을 하기 때문에 그 의미를 정확히 알고 구별할 필요가 있다.

먼저, **trans-**라는 접두사의 주된 의미는 '가로질러'나 '통해서'다. 이 접두사를 '문화적' 앞에 붙이면 지구에 존재하는 모든 문화를 '가로지르는' 요소에 주목한다는 것이다. 이런 관점은 18세기 계몽주의 철학자들에게서 찾아볼 수 있다.

I. Kant(1724~1804),
프로이센의 철학자

프랑스 철학자 Voltaire는 세상에는 시공을 초월하여 존재하는 하나의 진실이 있고, 모든 문화는 이 진실을 다 가지고 있다고 생각했다. 독일 철학자 I. Kant는 세상에는 보편적인 규칙에 기초한 도덕적 질서가 있고 이 질서 덕분에 '보편적 시민 사회' 내 우의(hospitality)가 가능하다고 생각했다. 그의 이러한 범세계주의(cosmopolitanism)는 '모든 문화집단은 비슷한 도덕적 관점을 가지고 있다'는 것을 전제한다. Voltaire와 I. Kant

의 생각은 프랑스 대혁명이라는 역사적 사건으로 이어졌고, 이 혁명은 인간의 존엄성을 특히 강조했다. 이러한 일련의 견해는 문화의 안정성과 항구성을 과대평가하고 문화들 간의 **공통점**을 지나치게 강조하는 경향을 보여 문화적 체계 속에서의 변화를 제대로 고려하기 어렵다. 따라서 transcultural은 끊임없이 분화하고 매우 빠르게 변하는 오늘날 문화를 제대로 설명하기에는 적절치 않아 보인다.

다음으로, **cross-**라는 접두사는 "문화들 간의 어떤 현상들을 **비교**"(Klopf, 1987: 46)하거나 "서로 구별할 수 있는 두 개의 문화들 간의 단순한 이동 또는 관계"(Marginson & Sawir, 2011: 17)를 나타낸다. Cross−cultural은 관계의 내용이나 의미에 대해서는 중립적이다. 그래서 cross−cultural은 우호적인 집단들뿐만 아니라 적대적인 집단들 사이에도 가능하다. 하지만 이 용어는 사람들의 문화적 정체성이나 다른 정체성들이 상호작용을 통해 변화할 수 있다는 사실을 별로 중시하지 않는다. Cross−cultural은 20세기 중반과 후반에 E. Hall(1976), G. Hofstede(1980) 등의 연구 덕분에 크게 주목을 받았으나 오늘날에는 그렇지 못하다.

다음으로, 접두사 **multi-**는 라틴어 multus에서 나온 것으로, '많다'는 것을 강조한다. *The Cambridge History of American Literature*(Volume 6, p. 366)에 따르면, multicultural이라는 용어는 미국 사상가 E. Haskell이 1941년에 쓴 *Lance: A Novel about Multicultural Men*에 처음 사용했다. 여기서 말하는 '다문화적 인간'은 교통과 통신의 발달 덕분에 특정한 국가, 언어, 종교를 초월해 사고하고 행동하는 소수의 예외적인 사람들을 가리킨다. 이 용어는 1940년대 캐나다에서 사용되었고, 1980년대에 미국 교육학자들 사이에서 유행했고, 1990년대 이후에 널리 확산되었다(*Online Etymology Dictionary*). Multi−와 culture를 연결하면 글자 그대로

E. Haskell,
(1906~1986),
미국 사상가

'많은 문화'를 가리킨다. 이런 관점에서 보면, '많은' 문화는 고유한 구조와 가치체계를 가지고 있고 **문화상대주의**에 입각하여 평화롭게 공존해야 한다. 그래서 multi−culture는 "같은 공간에 살지만 대화를 하고 싶은 마음이나 공통의 관심사가 없는 상이한 국적의 군중, 큰 집, 도시"(Demetrio, 1997: 38)처럼 여겨진다.

이상에서 살펴본 접두사들과는 달리, **inter-**는 상호작용을 매우 강조한다. 물론 상호작용이라는 개념은 trans−, cross−, multi−라는 접두사에도 어느 정도 포함되어 있다. 문화들을 '가로지르고', '비교하고', '여러 개를 모아' 두면 문화들 간의 어느 정도의 상호작용은 불가피하기 때문이다. 하지만 이 접두사들은 상호문화성의 변증법적 성격을 제대로 반영하지 못한다. Inter−의 관점에서 보면, 문화는 정태적인 것이 아니라 역동적이고, 다른 문화들과 격리된 것이 아니라 그것들과 넘나드는 것이다. 만약 multi−가 문화가 여러 개라는 사실을 확인하는 데 그친다면, inter−는 여러 **문화의 상호작용**, 그 과정 또는 절차에 큰 비중을 둔다. 그래서 J. Gundara(2003: 5)에 따르면, multicultural은 문화를 기술할 때 적합하고, intercultural은 정책, 실행을 논할 때 적합하다. C. Allemann−Ghionda(2008: 135) 역시 multi−라는 접두사는 동일한 영토에 존재하고 동일한 교육기관에서 가르쳐질 수 있는 여러 문화들의 다문화성을 기술하지만, inter−라는 접두사는 상호작용이라는 측면을 강조한다고 말한다. G. Holm & H. Zilliacus(2009: 11)도 유럽적 맥락에서 intercultural이라는 용어는 상호작용 과정을 강조하고 multicultural이라는 용어는 문화다양성과 관련된 상황을 기술하는 데 사용된다고 지적한다.

한편, 미국 비영리 상호문화학습 단체인 **스프링상호문화학습센터**(Spring Institute for Intercultural Learning)는 multicultural, cross−cultural, intercultural이 동일한 '지붕' 아래 있지만 전적으로 다른 '방'들을 가리킨다고 말한다.3 먼저, **다문화적**(multicultural)은 여러 문화 또는 민족이 공존하는 사회와 관련 있다. 사람들은 다른 사람들과 인접해 살지만 반드시 상호작용하지는 않는다. 예를 들어, 사람들은 다양한 민족 식당에서 식사를 하고 식품 가게에서 물건은 사지만, 이 민족 출신

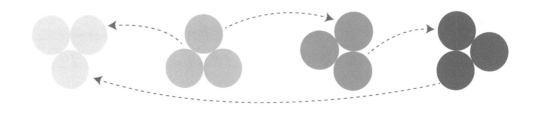

3 http://www.springinstitute.org/whats−difference−multicultural−intercultural−cross−cultural−communication/

이웃과는 교류하거나 어울리지는 않는다.

　다음으로, **비교문화적**(cross−cultural)은 여러 문화의 비교와 관련 있다. 여기에서 차이는 인식되고 인정되고, 개인적 변화는 가능하지만 집단적 변화는 기대하기 어렵다. 비교문화적 사회에서 지배적 문화는 '규범'으로 여겨지고 다른 모든 문화는 이 지배적 문화와 비교되거나 대조된다.

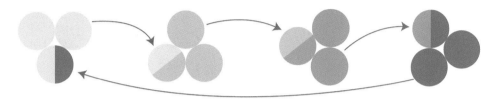

　마지막으로, **상호문화적**(intercultural)은 모든 문화를 깊이 있게 이해하고 존중하는 것과 관련 있다. 상호문화의사소통은 사고와 문화적 규범의 상호교류에 초점을 맞춘다. 상호문화적 사회에서는 그 어느 누구도 고립되거나 격리되지 않는다. 왜냐하면 모든 사람이 다른 사람에게 배우고 함께 성장하기 때문이다.

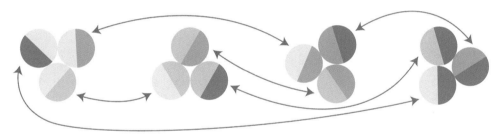

2. 문화적 차이

　문화는 인간이 주어진 환경 또는 현실에 적응하는 방식이라고 할 수 있다. 문화를 이렇게 정의하면 문화는 다 다를 수밖에 없다. 인간에게 주어진 환경 또는 현실이 다 다르기 때문이다. 이는 인간의 역사를 조금만 살펴봐도 쉽게 이해할 수 있다. 인간은 지구상에 출현한 이후 여기저기 흩어져 살았고, 자기가 정착한 곳의 자연조건과 환경에 최대한 빨리 적응하려고 노력했다. 기후와 지형은 사람들의 피부색, 눈의 크기, 코의 넓이, 시력과 같은 신체적 특징뿐만 아니라, 시간 및 공간 개념, 종교, 세계관과 같은 사고방식에도 큰 영향을 미쳤다. 이 모든 것이 문화가 되었고, 이 문화는 교육을 통해서 대대로 이어져 왔다. 따라서 지구상에 다양한 문화가 존재한다는 것은 전혀 놀라운 일이 아니다. 오늘날 우리를 당황하게 하는 것은 지구상에 다양한 문화가 존재하기 때문이 아니라 이 문화들이 과거 그 어느 때보다도 빨리 그리고 넓게 확산되고 있기 때문이다(De Carlo, 장한업 역, 2011: 43).

교통과 통신 수단의 발달

이렇게 문화들이 빨리 그리고 넓게 확산된 것은 무엇보다도 20세기에 이루어진 교통과 통신 수단의 발달 덕분이다. 먼저 **교통수단**의 역사를 살펴보면,[4] 이 책 서두에서 언급했듯이, 16세기 이전 사람들은 당나귀를 타고 시속 8km로 움직였다. 1500-1850년 사이 사람들은 마차나 범선을 타고 시속 14km로 이동했다. 1850-1930년 사이 사람들은 증기선을 이용하여 시속 25km로 이동할 수 있었다. 1930-1950년 사이 사람들은 프로펠러 비행기를 타고 시속 600-800km로 이동할 수 있었다. 1960년대 이후 제트 비행기가 나오면서 사람들은 1,000km 이상으로 매우 빠르게 이동하고 있다. 이런 교통수단의 발달은 대규모의 인적, 물적 이동을 가능케 했다. 2018년 전 세계 10대 국제공항을 이용한 여행자 수는 8억 5천만 명에 달했다.[5] **통신수단** 역시 비약적으로 발전했다. 기원전 490년 그리스가 페르시아를 물리쳤을 때 피디피데스(Pheidippides)는 이 승전보를 전하기 위해 마라톤에서 아테네까지 40km를 달려가야 했다. 이후 사람들은 종이를 이용하여 편지를 쓰기 시작했다. 16세기 인쇄술의 발달은 문어통신에 크게 기여했다. 1830년대 전신기의 발명, 1870년대 전화기의 발명은 각각 문어와 구어 통신에 있어 큰 진전이었다. 20세기 컴퓨터의 발명, 인터넷의 활용, 휴대전화의 발달은 '언제 어디에나 존재한다'는 유비쿼터스(Ubiquitous) 세상을 만들었다. 이제 사람들은 휴대전화 하나만 있으면 전 세계에서 '언제 어디서나' 통화

---

4 https://geographytask1.weebly.com/improvements-in-transport.html
5 https://www.internationalairportreview.com/article/32311/top-20-largest-airports-world-passenger-number/

할 수 있다. 예를 들어, 캘리포니아 농장의 구인광고는 수십 마일 떨어져 사는 인근 주민보다 수천 마일 떨어져 있는 멕시코 농민에게 더 빨리 알려질 수 있다. 이런 교통 및 통신 수단의 발달 덕분에 사람들은 캐나다 미디어 이론가 M. McLuhan이 1964년에 예견한 '**지구촌**(Global Village)'의 명실상부한 주인공이 되었다.

M. McLuhan
(1911~1980),
캐나다 토론토 대학
문화기술연구소 소장

─── 국제이주

이 지구촌에는 국제이주자(international migrants)가 점점 늘고 있다. 국제이주자는 자신이 태어난 나라가 아닌 나라에 사는 사람들인데, 그 수는 2019년 기준 2억 7,200만 명에 달했다. S. Castles & M. Miller(M. Samers, 이영민 외 역, 2013: 51)는 오늘날 국제이주의 특징을 다음과 같은 여섯 가지로 요약한다. ① **이주의 지구화**. 이주는 세계의 보편적인 현상이고 그 형태는 다양해지고 있다. 이제 지구상에서 이주와 무관한 나라는 거의 없다. ② **이주의 가속화**. 이주하는 사람들이 점점 늘어나고 있다. "2000년 당시에 전 세계의 이주자는 1억 7,600만 명이었지만 불과 5년 후인 2005년에는 1억 9,300만 명으로 증가하였다"(ibid., p. 52). ③

S. Castles,
호주 시드니 대학
사회학과 교수

이주의 차별화. 이주의 유형과 방식이 다양해지고 있다. "1920년대에는 로스앤젤레스와 뉴욕에 대략 24개국에서 온 이주자들이 존재했지만, 지금은 약 150개국에서 온 이주자들이 존재하고 있다"(ibid., p. 63). ④ **이주의 여성화**. 이주하는 여성의 비율이 점점 높아지고 있다. "여성은 남성보다 더 중요한 이주자이다. (...) 여성은 단순히 가사 도우미 일을 할 수 있는 도시뿐만 아니라 특정 제조업 영역으로도 꽤 많이 이주하고 있다"(ibid., p. 98). ⑤ **이주의 정치화**. 이주 문제는 국내외 주요 논쟁거리가 되고 있다. "브뤼셀에 있는 유럽위원회는 유럽 전역의 이주정책에 관한 법률의 구상을 책임지고 있다. 하지만 구상된 법률은 회원국 대표들로 구성된 통치조직인 각료 이사회에 의해 결정되거나 법제화된다"(ibid., p. 272). ⑥ **이주의 환승**(지) **증가**. 한국이나 이탈리아처럼 전통적인 이주송출국이 이제는 이주 환승국 또는 수용국으로 바뀌고 있다.

이런 국제이주가 이루어지려면 수요, 공급, 중계망(network)이라는 세 가지 요소가 필요하다. 예를 들어, 외국인노동자를 찾는 고용주는 수요 요인이고, 외국인노동자 나라의 실업이나 박해는 공급 요인이고, 이주에 필요한 돈을 빌려주거나 정보를 제공해 주는 사람이나 단체는 중계망이다. 이 세 가지 요소가 국가 간의 경제적 불균형, 통신과 교통 수단의 발달, 인권의 신장 등과 결합하면 국제이주는 자연스럽게 이루어진다.

국제이주의 유형에는 여러 가지가 있다. 임채완·전형권(2006: 39−41)은 그 유형을 다음과 같은 여섯 가지로 분류한다. ① **합법적인 노동이주**는 체류국의 합법적인 허가하에 노동에 종사하는 이주를 말한다. ② **불법적인 노동이주**는 허가받은 기간이 만료된 이후에 계속 체류하거나 밀입국과 같은 불법으로 입국하는 경우를 말한다. ③ **난민이주**는 자국에서 정치적으로 박해를 받아서 타국으로 가는 경우를 말한다. ④ **독립적인 여성이주**는 국제결혼을 하거나 일자리를 구해서 해외로 나가는 경우를 말하는데, 여기에는 성매매 산업도 포함된다. ⑤ **숙련된 단기계약이주**는 다국적 기업의 회사원이나 개인 사업가로 이주하는 경우인데, 이들은 노동의 대가도 충분히 받고 자국에서의 참정권도 유지한다. ⑥ **숙련된 장기이주**는 전문적인 기술을 가지고 장기체류하여 시민권을 취득하는 경우를 말하는데, 여기에는 투자이민까지 포함된다.

── 상호문화감수성 발달 모형

국제이주가 이루어지면 정주자와 이주자는 모두 크고 작은 문화적 차이를 실감하게 된다. 그 차이는 단순한 의식주에서부터 가치, 신념, 종교에 이르기까지 매우 다양하다. 사람들은 이런 문화적 차이에 다양한 반응을 보인다. M. Bennett(1986, 1993, 2004, 2013)은 **상호문화감수성발달모형**(Developmental Model of Intercultural Sensitivity)을 통해 그것을 설명한다. 이 모형은 부정, 방어, 최소화란 민족중심적 단계와 수용, 적응, 통합이라는 민족상대적 단계로 구성된다. 민족중심적(ethnocentric) 단계는 자기 문화의 세계관이 모든 현실의 중심이라고 여기는 단계고, 민족상대적(ethnorelative) 단계는 하나의 문화는 그 문화적 맥락 속에서만 이해될 수 있다고 여기는 단계다.

　먼저, **민족중심적 단계**를 살펴보면 다음과 같다. ① **부정**(denial). 문화적 차이를 처음 접하면 사람들은 대개 그 차이 자체를 부정한다. 이 단계 사람은 "나는 나의 동질적인 집단 속에 머물러 살 거야. 나는 문화적 차이를 경험하는 데 관심이 없어"라고 말하며 스스로를 고립(isolation)시키거나, "나는 나의 세계관을 유지하기 위해 내 자신을 문화적 차이로부터 의도적으로 격리(separation)할 거야"라고 말한다. 이런 태도는 유럽계 미국인들이 같은 지역에 사는 이민자나 소수민족을 무시하고 기피할 때 쉽게 찾아볼 수 있다. ② **방어**(defense). 이 단계의 사람들은 세상을 '우리'와 '그들'로 나누고, "내 문화가 분명히 최고야. 그래서 나는 다른 문화를 무시해"라고 하며 폄하(denigration)하거나, "내 문화는 다른 문화보다 우월해"라고 하며 우월감(superiority)을 드러낸다. 이들은 '그들'에 대한 많은 부정적인 인상을 가지고 있다. 다수집단의 우월감이 극에 달하면 미국의 KKK(Ku Klux Klan)[6]처럼 행동할 수 있다. 이와는 반대로, 외국사회에 오래 체류한 사람은 "내가 선택한 이 사회의 문화가 내 문화보다 우월하다고 생각해. 그래서 난 현지인처럼 살 거야"라고 말하며 전도(reversal)된 태도를 보이기도 한다. 이런 태도는 교환학생, 국외파견회사원 등에서 종종 찾아볼 수 있다. ③ **최소화**(minimization). 이 단계의 사람들은 인간의 보편성을 내세워 차이를 최소화한다. 이 보편성에는 "우리 인간은 동일한 신체적 특징을 가지고 있어. 우리는 모두 먹고 살고 자식을 낳고 죽지"라고 말하는 신체적 보편주의(physical universalism)나 "모든 인간은 기본적으로 동일한 가치를 공유하고 있지. 난 내 고유한 세계관의 요소들이 보편적으로 경험되는 것이라고 생각해"라고 말하는 초월적 보편주의(transcendent universalism) 등이 포함된다. 후자의 전형적인 예는 "이 세상에 사는 우리는 모두 하느님의 자녀야"라고 말하는 것이나 "우리는 모두 업보(karma)를 가지고 있어"라고 말하는 것이다. 최소화의 가장 큰 위험은 문화적 차이를 종종 사소한 것, 낭만적인 것으로 여기게 만드는 것이다.

　다음으로, **민족상대적 단계**에 대해서 살펴보면 다음과 같다. ④ **수용**(acceptance). 이 단계 사람들은 "나는 내 문화가 동등하게 복합적인 세계관들 중 하나일 뿐이

---

6 이들은 백인 우월주의, 반유대주의, 인종차별, 반(反)로마가톨릭교회, 기독교근본주의, 동성애 반대 등을 표방하는 미국의 극우 비밀결사조직이다.

라는 사실을 인정하고 수용해. 그리고 나는 문화적 차이에 대해서 관심을 가지고 있고 그것을 존중해"라고 말한다. 이들은 문화들 간의 차이를 인정하면서, 또 일종의 자기성찰을 하면서, 다른 사람들을 자신과 다르지만 모두 동등한 인간으로 여긴다. 이들은 인간의 다양한 상호작용 속에서 문화적 차이를 찾아낼 수 있는 사람들이다. ⑤ **적응**(adaptation). 이 단계 사람들은 공감(empathy)을 통해서 다른 문화의 관점을 수용하고 다른 문화 속에서 적절하게 행동할 수 있다. 이들은 "나는 상호문화의사소통 기술을 충분히 익혀서 차이에 적응하고, 공감을 통해서 다른 관점이나 문화적 참조기준 속으로 들어갈 줄 알아. 나는 또한 다른 문화 속에서도 적절하게 행동할 줄 알지"라고 말하는 사람들이다. 또 "난 차이가 늘 관련된 문화적 맥락 속에서 이해되어야 한다고 생각해. 난 하나 이상의 세계관을 내재화했어"라고 말하며 복수주의(pluralism)를 인정한다. 이런 적응은 동화와는 다르다. 적응했다는 것은 개인의 신념과 행동의 범주가 넓어졌다는 것을 의미하지 하나를 다른 하나로 대체했다는 것을 의미하지 않는다. 따라서 사람들은 다른 문화적 맥락 속에서 적절하게 행동하기 위해서 자신의 문화적 정체성까지 상실할 필요가 없다. ⑥ **통합**(integration). 이 단계 사람들은 자신을 어느 한 문화 속에 가두지 않고, 주어진 상황을 거기에 합당한 문화적 관점에 따라 판단할 수 있다. 이들은 "나는 상황을 잘 판단해서 다양한 문화적 참조기준을 적용할

수 있어"라고 말하며 맥락적 평가(contextual evaluation)를 내린다. 그리고 자신의 문화적 정체성을 늘 새롭게 만들어 간다. 이들은 "나의 정체성은 그 어느 한 문화에 기초하지 않아"라고 말하며 건설적 주변성(constructive marginality)을 강조한다. 이들은 정해진 어느 한 정체성을 갖기보다는 자신을 '진행 중(in process)'(Bennett, 2013: 99)인 존재라고 여긴다.

M. Bennett
이탈리아 밀라노 비코카 대학
사회학과 교수

모든 사람은 이 여섯 단계 중 어느 한 단계에 속한다. 가장 이상적인 것은 가능한 한 빨리 민족중심적 단계에서 민족상대적 단계로 넘어가는 것이다.

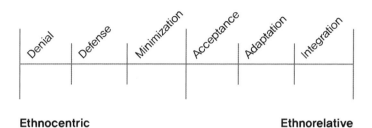

Development of Intercultural Sensitivity
Experience of difference

| Denial | Defense | Minimization | Acceptance | Adaptation | Integration |

Ethnocentric Stages

Ethnorelative Stages

ⓒ Milton Bennett

상호문화감수성발달모형

인종 · 문화정체성발달모형

M. Bennett이 개인이 문화적 차이를 어떻게 수용하는지 살펴보았다면, D.W. Sue & D. Sue(2008)는 소수집단이 문화적 차이를 어떻게 느끼고 집단의 문화정체성을 어떻게 형성해 가는지를 살펴보았다. 사실 이 문제는 E. Stonequist(1937), B. Berry(1965) 등에 의해 이미 연구된 바 있는데, 이들은 소수집단들이 문화적 압력을 받으면 비슷한 방식으로 적응한다고 주장하였다. 하지만 지난 수십 년간 아시아계 미국인, 라틴계 미국인, 미국 인디언의 사회적 위상은 많이 변했고, 제3세계의식(Third World Consciousness)도 출현했다. 이런 점을 고려하여 D. Atkinson, G. Morten & D.W. Sue(1979, 1989,

D.W. Sue,
미국 콜롬비아 대학
심리학 및 교육학 교수

1998)는 이 문제를 다시 연구했고, 그 결과를 다섯 단계의 소수정체성발달모형 (Minority Identity Development Model, MID)으로 제시했다. D.W. Sue & D. Sue(1990, 1999)는 이것을 **인종 · 문화정체성발달모형**(Racial · Cultural Identity Development Model)이라고 개칭하고 그 연구 대상을 확대했다. D.W. Sue & D. Sue(2008: 242-252)는 이것을 다섯 단계로 기술한 다음, 소수집단 구성원들이 자

기 자신, 자기집단의 다른 구성원, 다른 소수집단의 구성원, 지배집단에 대해서 보여 주는 태도를 간략히 설명했다. ① **순응 단계**(conformity stage). 이 단계의 소수집단은 자기집단의 문화적 가치보다 지배집단의 문화적 가치를 훨씬 더 선호한다. 미국의 경우, 백인미국인은 그들의 준거집단이고, 소수집단 구성원은 이들처럼 되고자 애쓴다. 백인사회의 생활방식, 가치체계, 문화적/신체적 특징은 상당히 가치 있는 것으로 여기는 반면, 자기집단의 그것들은 그렇지 못한 것으로 여긴다. 이 단계의 사람들은 자기 자신, 자기집단의 타인, 다른 소수집단의 타인, 지배집단에 대해서 상이한 태도를 보인다. 먼저, 자신에 대해서는 자신이 열등한 신체적 특징(검은 피부색, 찢어진 눈 등)을 가졌다고 생각하고 자기를 비하하는 태도를 보이거나 잘해야 중립적인 태도를 보인다. 이들은 자신의 전통적인 의상, 외관, 행동방식 등을 부끄럽게 여기고, 백인의 습관, 화법, 의상 등을 흉내 낸다. 다음으로, 이 단계 사람들은 자기집단의 구성원에 대해서 자신에 대한 태도와 비슷한 태도를 보인다. 즉 이들이 열등한 신체적 특징을 가졌다고 생각하고 이들을 비하하는 태도를 보인다. 예를 들어, 라틴계 미국인은 같은 라틴계 미국인이 게으르고 멍청해서 실업률이 높다고 생각한다. 이들은 실업이 직업차별, 편견, 인종주의, 불평등한 기회, 낮은 교육과 같은 다른 요인에 기인한다는 생각은 아예 하지 않는다. 다음으로, 이 단계 사람들은 다른 소수집단의 구성원에 대해서도 차별적이거나 중립적인 태도를 보인다. 이들은 그 소수집단이 백인집단과 비슷하면 좀 더 우호적인 태도를 보이고, 그렇지 않으면 좀 더 적대적인 태도를 보인다. 예를 들어, 아시아계 미국인은 아프리카계 미국인이나 라틴계 미국인보다 좀 더 우호적으로 여겨질 수 있다. 마지막으로, 이 단계의 사람들은 지배집단을 숭상하는 태도를 보인다. 이들은 백인의 문화적, 사회적, 제도적 기준이 우월하다고 생각한다. 지배집단의 구성원들은 찬양, 존중, 선망의 대상이 된다. 따라서 이 단계의 사람들은 어떻게 해서든 백인처럼 되려고 노력한다. 흑인들은 머리를 곧게 펴고 백인 여성과 사귀고 싶어 하고, 아시아인들은 성형수술을 해서 자신의 눈을 백인 여성의 눈처럼 크게 만들려고 한다. ② **갈등 단계**(dissonance stage). 자신의 인종적, 문화적 유산을 부끄럽게 여기는 소수집단 사람들도 이 유산의 긍정적인 측면을 보여 주는 정보를 접하거나 그것을 직접 경험할 수 있다. 예를 들어 아시아인은 자기를 잘 표현하지 못하고 대인관계에 어눌하다고 생각하는 아시아인이 이런 고정관념들을 깨는 아시아계 지도자나 이민 2세 학생을 만날 수 있다. 또 자기가 받은 가정교육에 대해 부끄럽게 여기는 라틴계 사람이 자신의 문화적 유산에 대해 자부심을 갖고 있는 다른 라틴계 사람을 만날 수 있다. 또 인종문제가 게으름, 불신, 부적응 때문이라고 생각하는 아프리카계 미국인도 자기 자신이 실제로 인종차별을 받으면 생각을 바꿀 수 있다. 이렇게 되면 사람들은 자신의 순응 단계의 태도나 신념에 대해서 다시 한 번 생각하게 되고 갈등을 경험하게 된다. 이런 갈등 단계는 서서히 옮겨 가는 점차적인 과정이지만, 어느 날 깊은 상처를 받으면 이 단계로 빠르게 옮겨 갈 수 있다. 이 단계 사람들은 자신에 대해서 자기 비하와 자기 숭상 사이에서 갈등을 느낀다. 이렇게 되면서 개인에게는 수치심과 자부심을 공존하게 된다. 이 단계 사람들은 자기집단의 구성원에 대해서도 똑같은 갈등을 느낀다. 예를 들어, 라틴계 남자는 개인주의를 선호해 이에 맞게 결혼하고 자녀를 낳고 양육하다가도 어느 날 가정을 하나의 사회심리적 단위로 보는 라틴문화를 상당히 좋게 볼 수 있다. 또 사람들은 자기집단의 구성원이 친구, 동료, 애인으로서 상당히 매력적이라고 생각할 수 있다. 다음으로, 이 단계 사람들은 다른 소수집단의 구성원에 대해서도 갈등을 느낄 수 있다. 이 단계에서 다른 소수집단과 관련된 고정관념은 재고의 대상이 되고, 억압을 받는 다른 집단에 대해서는 일종의 동지의식(comradeship)을 느낄 수 있다. 마지막으로, 이 단계 사람들은 지배집단의 비하와 숭상 사이에서 갈등을 느낀다. 하지만 사람들은 지배집단의 모든 문화적 가치가 늘 유익한 것이 아니라는 생각을 점점 더 하게 된다. 이런 생각은 자신이 차별의 대상이 되면 더욱 강해진다. 사람들은 지배집단의 일부 구성원에 대해 의심하고 불신하게 된다. ③ **거부와 칩거 단계**(resistance and immersion stage). 이 단계 소수집단 사람들은 소수집단의 관점을 받아들이고 다수집단의 가치와 문화를 거부하기 시작한다. 이 단계 사람들이 가장 많이 느끼는 감정은 죄책감, 수치심, 분노다. 사람들은 과거 자기집단을 부정적으로 생각한 것에 대해 심한 죄책감과 수치심을 느낀다. 이런 느낌은 자신이 과거에 자기집단이나 다른 소수집단을 억압하는 데 참여했다면 더욱 강하게 나타날 수 있다. 여기에 백인사회가 자신을 억압하고 세뇌(brainwash)했다고 생각하게 되면 매우 강한 분노까지 느낄 수 있다. 이제 이 단계 사람들은 자신을 긍정적으로 생각하기 시작한다. 사람들은 자신의 역사와 문화를 다시 발견한다. 그리고 자신의 정체감과 자존감을 드높일 수 있는 근거가 되는 것들을 찾아 나선다. 자신에게 수치심과 불신을 갖게 했던 문화적, 민족적 특징들은 이제 자부심과 명예의 상징이 된다. 이 단계 사람들은 '왜 내가 내 자신에 대해 수치심을 가져야만 하는가?'라고 자문한다. 그리고 Black is beautiful과 같은 구호를 내세우면서 자존감을 고양시킨다. 다음으로, 이 단계 사람들은 자기집단의 구성원에 대해서도 비슷한 태도를 보인다. 자기집단의 구성원들은 찬양, 존중의 대상이 되고, 종종 새로운 준거집단이나 이상형으로 여겨지기도 한다. 하지만 소수집단이 자신의 문화적 가치들을 아무런 의심 없이 수용하고 그것을 찬양하면 문화중심주의(culturocentrism)에 빠질 수 있다. 그리고 자신의 상호작용의 범위를 자기집단의 구성원으로 한정하여 자기집단과 문화 속에 칩거할 수 있다. 다음으로, 이 단계의 사람들은 다른 소수집단의 타인에 대해서, 공감과 문화중심주의 사이에서 갈등을 느낄 수 있다. 다른 소수집단의 사람들에 대한 동지의식은 점점 커지지만 문화중심주의 역시 비례해서 커진다. 하지만 다른 집단에 대한 동지의식은 다수집단에 대한 공동대응과 같은 단기목표를 실행하기 위한 일시적인 것일 가능성이 많다. 따라서 다른 소수집단과 그들의 가치와 방식을 제대로 이해하고 존중하는 수준에 이르는 경우는 드물다. 마지막으로, 이 단계의 사람들은 지배집단을 더 이상 숭상하지 않는다. 지배 사회와 문화는 자신들을 억압하는 것, 그리고 미국 내 소수집단들의 불행에 가장 큰 책임이 있는 것으로 여겨질 수 있다. 백인들은 억압자나 적으로 여겨지고 불신의 대상이 된다. 극단적인 경우, 사람들은 백인사회의 제도와 구조 자체를 완전히 개조해야 한다고 주장하기도 한다. ④ **성찰 단계**(introspection stage). 사람들이 거부와 칩거 단계에서 성찰 단계로 옮겨 가는 데는 여러 가지 이유가 있을 수 있다. 첫째, 사람들이 백인사회에 대한 분노와 같은 강한 감정적 반응이 심리적 살인이고 자기나 자기집단의 발전에 별로 도움이 되지 못한다고 생각하기 시작했기 때문이다. 둘째, 사람들이 거부와 칩거 단계에서 가진 집단에 대한 지나친 소속감에 대해 거북함을 느끼기 시작했기 때문이다. 사람들은 종종 집단의 선(good)을 위해서 개인적인 의견과 자율성을 포기하라고 요구받는다. 예를 들어, 백인과 잘 지내고 있는 라틴계 사람은 같은 라틴계 동료로부터 백인은 '적'이니 더 이상 만나지 말라는 압력을 받을 수 있다. 하지만 그는 자신의 개인적인 경험을 비추어 볼 때 집단에 대한 이런 관점을 수용할 수 없다. 한편, 이 단계의 사람들은 자신이 개인적 자율성을 포기한 채 너무 지나치게 소수집단의 관점과 개념에 집착했다고 반성한다. 그리고 자기정체성 확립에 점점 많은 시간과 정열을 투자하고 점점 더 큰 개인적 자율성을 요구한다. 다음으로, 이 단계 사람들은 자기집단의 구성원에 대해서 맹목적인 숭상을 우려한다. 사람들은 집단이 개인성을 억누르는 것에 대해 우려하기 시작하고 자기집단이 극단적인 입장을 보이는 것을 경계한다. 자기집단 구성원들이 '그러고도 어떻게 당신이 아시아인이야?'라고 말하면서 자기에게 불합리한 결정을 종용하는 것에 대해 분노할 수 있다. 다음으로, 이 단계의 사람들은 다른 소수집단의 구성원에 대해서는 다른 사람을 민족중심적으로 평가하는 것을 우려할 수 있다. 이 단계에서 문화중심주의는 훨씬 거북하게 여겨진다. 유사점은 여전히 중요하지만 이제는 잠재력 있는 차이점 쪽으로 서서히 옮겨 간다. 마지막으로, 이 단계 사람들은 지배집단의 구성원의 집단 비하에 대해서 우려한다. 개인은 지배사회의 문화에 대한 완벽한 신뢰와 지배집단 개인의 행동에 따른 선별적인 신뢰나 불신 사이에서 갈등을 경험한다. 이런 갈등은 특히, 개인이 미국문화 내에는 상당히 기능적이고 바람직한 요소들이 많지만 이 요소들이 소수문화 속에 어떻게 구현되고 있는지에 대해서는 분명치 않다고 생각할 때 많이 일어난다. ⑤ **통합적 인식 단계**(integrative awareness stage). 이 단계 사람들은 내적 안정감을 갖고 자기문화와 미국문화의 독특한 면들을 모두 소유한다. 이제 더 이상 소수문화는 지배문화와 갈등을 빚지 않는다. 사람들은 모든 문화에는 수용 가능한 것과 불가능한 것이 있다고 생각하고, 한 문화에서 바람직하지 못한 면이 있으면 그것을 거부해야 한다고 생각한다. 이 단계 사람들은 자신에 대해서 긍정적인 태도를 갖는다. 이들은 통합된 자기개념과 자율성을 가진다. 또 자신의 온전성(integrity)을 유지한 채 이중문화적 또는 다문화적 존재가 된다. 이들은 자신을, 유일한 자율적 개인(정체성의 개인적 차원), 자기 인종적－문화적 집단의 구성원(정체성의 집단적 차원), 더 큰 사회의 구성원, 인류의 구성원(정체성의 보편적 차원)으로 여긴다. 다음으로, 이 단계 사람들은 자기집단의 구성원에 대해서도 긍정적인 태도를 취한다. 이들은 자기집단에 대해 강한 자부심을 가지며 이 집단의 가치를 맹목적으로 수용하지 않는다. 자기집단 구성원들도 하나의 개인처럼 여긴다. 다음으로, 이 단계 사람들은 다른 소수집단 구성원에 대해서도 긍정적인 태도를 보인다. 이제 그들의 문화적 가치와 생활방식을 이해하려고 노력한다. 다른 집단의 문화적 가치와 신념을 많이 이해하면 할수록 다양한 민족집단 간의 이해의 가능성도 커진다고 믿는다. 자신의 집단과의 유사성과는 상관없이 모든 억압받는 사람들에 대해 공감하고 이들의 투쟁을 지지한다. 마지막으로, 이 단계 사람들은 지배집단의 구성원에 대해서는 선별적인 태도를 보인다. 만약 지배집단의 구성원이 집단의 억압적인 활동을 중지하면 신뢰와 우호의 태도를 보인다. 이들은 지배문화의 긍정적인 요소에 대해서는 개방적인 태도를 취한다. 사람들이 여기서 특히 강조하는 것은 백인 인종주의는 사회적 질병이라는 사실, 백인 역시 이 주의의 피해자라는 사실이다.

─ 문화적 차원 이론

G. Hofstede(1928~2020),
네덜란드 IBM 경영자

M. Bennett의 연구가 개인이 문화적 차이를 어떻게 지각하는지 분석한 연구라면, G. Hofstede의 연구는 국가가 이 차이를 어떻게 지각하는지를 분석한 연구다. 네덜란드 사회심리학자인 G. Hofstede는 1960년대 후반부터 문화적 차이에 관심을 가졌고, 1980년에는 자신의 관심을 *Culture's Consequences*라는 책으로 출간했다. 이 책이 출간된 당시 사람들은 특히 **국가 간, 그리고 조직 간 문화적 차이**에 관심이 많았다. G. Hofstede는 1991년, 그간의 강연과 독자의 반응을 바탕으로 *Cultures and Organizations: Software of the Mind*를 출간했다. 이 책에서 그는 권력거리, 개인주의-집단주의, 남성성-여성성, 불확실성 회피지수, 장기-단기지향성이라는 다섯 가지 문화적 차원(Cultural Dimension)을 소개했다. 여기서는 2010년에 나온 제3판의 내용을 중심으로 이 차원들을 정리해 보겠다. ① **권력거리**(power distance). 권력거리란 조직과 집단에서 가장 약한 구성원들이 불평등한 권력배분을 예상하고 수용하는 정도를 말한다. 여기서 조직은 사람들이 일하는 직장을 가리키고, 집단은 가족, 학교, 지역사회와 같은 사회의 기본단위를 가리킨다. 권력거리가 작은 나라의 권력관계가 좀 더 민주적이다. 여기서 대인관계는 평등하고, 하급자들은 스스럼없이 상급자의 의사결정에

참여하거나 그 결정을 비판할 수 있다. 반면, 권력거리가 큰 나라에서는 전제적이고 가부장적인 권력관계를 그대로 수용하기 쉽다. 하급자는 상급자의 권력이 그 사람의 특정한 위치나 계급에 따라 결정되는 것이라고 인정한다. 이러한 의미에서 권력거리 지수는 객관적인 권력 분포 차이를 반영하는 것이라기보다는 권력 불평등을 사람이 어떻게 받아들이느냐에 관한 것이라고 할 수 있다. 권력거리가 가장 큰 나라는 말레이시아, 슬로바키아, 과테말라고, 권력거리가 가장 작은 나라는 오스트리아, 이스라엘, 덴마크다. 한국은 76개국 중에서 41위 정도로 중간 정도의 권력거리를 가진 나라로 분류된다. ② **개인주의-집단주의**(individualism vs. collectivism). 이것은 개인이 집단에 통합되는 정도를 가리킨다. 개인주의 사회는 개인에 대한 구속력이 느슨한 사회를 말한다. 이 사회는 개인적 성취와 개인의 권리를 강조한다. 사람들은 자신과 가족에 대해 책임을 지고 자신의 소속을 스스로 결정한다. 반면에, 집단주의 사회는 출생부터 집단 내에 통합되어 있으며, 사람들은 집단에 충성하는 대가로 집단으로부터 보호를 받는다. 그런데 개인주의 정도는 국가 간뿐만 아니라 같은 국가 내에서도 차이를 보인다. 따라서 국가 간의 온당한 비교를 위해서는 다른 조건이 거의 비슷해야 한다. IBM 데이터베이스의 세 가지 항목과 확장판 토대를 합친 지수에 의하면, 개인주의가 가장 강한 나라는 미국, 호주, 영국이고, 개인주의가 가장 약한 나라는 과테말라, 에콰도르, 파나마다. 한국은 76개국 중에서 65위로 개인주의가 상당히 약한 나라에 속한다. ③ **남성성-여성성**(masculinity vs. femininity). 이것은 남성과 여성 간의 성역할 구분에 관한 것이다. 남자와 여자는 생물학적으로 분명히 다르다. 임신과 출산에 있어서는 특히 그렇다. 여자는 임신, 출산, 수유 때문에 아기 옆에서 상당히 오래 머물러야 한다. 이때 남자는 여자와 아이를 보호하고 이들을 먹여 살리기 위해 일을 해야 한다. 이런 차이는 단지 생물학적 차원에만 머물지 않고 사회적, 감정적 차원에도 영향을 미친다. 남성적 사회는 성역할을 뚜렷이 구분한다. 여기서 남성은 공격적이고 거칠고 물질적 성공에 치중하고, 여성은 겸손하고 부드러우며 생활의 질에 관심을 갖는 것으로 여겨진다. 여성적 문화는 정숙이나 헌신 같은 개념을 남자나 여자에게 똑같이 요구한다. IBM 데이터베이스의 세 가지 항목과 확장판 토대를 합친 지수에 의하면, 남성성 지수가 가장 높은 나라는 슬로바키아, 일본, 헝가리고, 가장 낮은 나라는 스웨덴, 노르웨이, 라트비아다. 한국은 76개국 중에서 59위로 중하 정도로 분류되었다. ④ **불확실성 회피 지수** (uncertainty avoidance index). 불확실성 회피란 "한 문화의 구성원들이 불확실한 상황이나 미지의 상황으로 인해 위협을 느끼는 정도"(차재호, 나은역 역, 2014: 222)라 할 수 있다. 이 지수가 높은 문화의 사람들은 알 수 없거나 이례적인 상황의 발생 가능성을 최소화하고 계획, 규범, 법, 규제를 통해 사회적 변화에 대처하려는 신중한 태도를 취한다. 반면에, 이 지수가 낮은 문화의 사람들은 비체계적이거나 가변적인 상황을 편안히 받아들이고 규칙은 가능한 한 적게 만들려고 한다. 또 실용적인 경향을 보이고 변화에 능동적으로 대처한다. IBM 데이터베이스의 세 가지 항목과 확장판 토대를 합친 지수에 의하면, 불확실성을 가장 회피하는 나라는 그리스, 포르투갈, 과테말라고, 가장 덜 회피하는 나라는 싱가포르, 자메이카, 덴마크다. 한국은 76개국 중 23위로 중간보다는 높은 편이다. 참고로, 일본은 11위로 상당히 높다. ⑤ **장기-단기지향성**(Long term orientation vs. Short term orientation). 이 기준은 한 사회의 시간개념과 관련된 것이다. 장기지향성은 본래 유교적 역동주의(Confucian dynamism)로 불리던 것으로, 미래에 올 보상을 중시하고 인내와 절제를 강조한다. 장기지향적 사회는 미래에 더 큰 중요성을 부여한다. 단기지향적인 사회는 과거와 현재와 관련된 것, 특히 전통 존중, 체면 유지, 사회적 책임, 확고부동한 것 등을 중시한다. 세계가치관조사(World Value Survey) 자료에 의하면, 93개국·지역 중 한국, 대만, 일본, 중국이 장기지향성

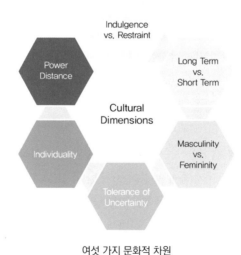

여섯 가지 문화적 차원

지수가 가장 높고, 푸에르토리코, 가나, 이집트가 가장 낮다.

G. Hofstede의 문화적 차원은, 그가 1980년에 처음 네 가지를 제시한 이래, 수많은 연구의 토대가 되었다. 하지만 그의 연구는 일부 학자들로부터 **비판**도 받았다. L.M. Orr & W.J. Hauser(2008)는 그의 처음 연구에 두 가지 중대한 방법론적 오류가 있다고 지적했다. 첫째, 그는 1966년 IBM 직원들로부터 수집한 자료를 사용했는데 이 자료는 21세기에는 똑같이 유효하다고 할 수 없다. 둘째, IBM이라는 단 하나의 회사로부터 자료를 수집함으로써 참가자에 대한 일종의 사전 선정이 이루어졌다. P. Signorini et al.(2009)은 그의 문화적 차원이 문화의 '흐릿함(fuzziness)'을 제대로 고려하지 못했고, 문화가 일련의 층들(layers)이라기보다는 통합된 체계라는 것을 무시했다고 비판했다. 또 이 문화적 차원이 문화 간의 유사점보다는 차이점을 지나치게 강조했다고 비판했다. 이렇게 문화 간의 차이점을 강조하면 문화들 간의 공유된 경험보다는 문화적 부조화(disharmony)에 주목하게 된다. C. Hampden−Turner & F. Trompenaars(1997)는 G. Hofstede의 문화적 차원이 배타적(exclusive)이라고 비판했다. 이들에 의하면, 어느 한 국가는 집단주의와 개인주의라는 특성 중 하나만 가져야지 둘 다 가질 수는 없다는 것이다. C. Hampden−Turner & F. Trompenaars(1997), L.M. Orr & W.J. Hauser(2008)는 그가 자료를 수집하기 위해 사용한 설문지의 본래 목적은 문화적 차이를 조사하기보다는 IBM 직원들의 만족도를 알아보기 위한 것이었다는 사실도 지적했다.

── 문명의 충돌

미국의 정치학자 S. Huntington의 연구는 국가보다 더 넓은 문화권이 보이는 문화적 차이, 그리고 이로 인한 충돌의 가능성을 살펴보았다. 그는 *The Clash of Civilizations*(1996)를 통해 과거와 현재의 문명, 보편문명의 문제, 문명들 간의 균형 변화, 비서구의 문화적 지각, 문명의 새로운 질서, 문명의 충돌, 서구와 문명의 미래 등을 폭넓게 다루었다.

이 책의 1부 **문명들의 세계**에서는 세계정치가 1980년대 말 냉전체제의 종식과 함께 다극화, 다문명화되었음을 강조한

S. Huntington
(1927~2008),
미국 하버드 대학 정치학 교수

다. 냉전체제에서 사람과 사람, 국가와 국가를 나누는 가장 중요한 기준이 정치적 이념이었다면, 탈냉전체제에서의 그것은 문화와 문명이다. 실제로 세계정치는 문화와 문명이라는 선을 따라 재편되고 있다. 따라서 이제 가장 큰 갈등과 충돌은 계급, 경제, 정치의 차이가 아니라 문화나 문명의 차이 때문에 일어날 것이다. 서구는 지금도 그렇고 적어도 한동안은 가장 강력한 문명이겠지만 다른 문명들과 비해 상대적으로 빠르게 쇠락하고 있다. 이에 따라 힘의 중심은 서구문명으로부터 비서구문명으로 서서히 옮겨 가고 있다. 현재 세계 주요 문명은 '중화', '일본', '힌두', '이슬람', '정교', '서구', '라틴아메리카', '아프리카'로 모두 여덟 개다. 이 문명들이 출현한 것은 3천 년이 넘지만 이들 간의 충돌은 간헐적이거나 제한적이었다. 하지만 서구가 다른 문명들에게 지속적, 일방적, 압도적인 영향력을 행사하면서 상황은 달라졌다. 서구는 군사력을 앞세워 세계를 정복했으나 이로 인해 서구에 대한 반항이 시작되었고 국제체제도 서구를 넘어서 다문명체제로 확대되었다. 이렇게 되면서 '보편문명(universal civilization)'이라는 것도 불가능해졌다. 트리니다드 작가 V.S. Naipaul의 '보편문화'는 인류의 문화적 융합을 통해 세계 사람들이 점차로 공통된 가치관, 신념, 관습 제도를 가지게 된다는 것을 의미한다. 보편문명은 보편언어와 보편종교 등으로 확인 가능한데, 보편언어의 등장 가능성이나 보편종교의 출현 가능성은 희박하다. 따라서 보편문명이 "세계의 거대 문명들에서 유구한 역사와 함께 형성된 문화의 다양성을 종식시키리라고 믿는 것은 '순진한' 발상이 아닐 수 없다"(이희재 역, 1997: 100).

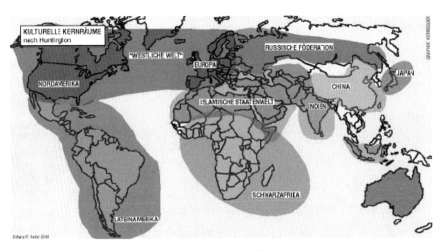

여덟 개의 세계 주요 문명

이 책의 2부는 **서구의 쇠락**에 대해서 설명한다. 서구의 쇠락은 세 가지 특성을 보인다. 첫째, 서구의 쇠락은 완만한 과정이다. 서구가 부상하는 데 400년이 걸렸다면 쇠퇴에도 그만큼의 시간이 걸릴 수 있다. 둘째, 그것은 직선형이 아니라 불규칙한 양상을 보인다. 왜냐하면 서구의 개방적 민주주의는 매우 강한 소생력을 가지고 있기 때문이다. 셋째, 서구의 위상은 20세기 초반 정점에 달했고 이후부터는 다른 문명에 비해 훨씬 큰 하향 곡선을 그리고 있다. 실제로 서구는 영토, 인구, 생산력, 군사력 등에 있어서 다른 문명들보다 상대적으로 빨리 쇠락하고 있다. R. Dore가 말한 '2세대 현지화 현상(second generation indigenization phenomenon)'도 서구의 쇠락에 일조했다. 비서구의 근대화 1세대들은 서구대학에서 서구어로 교육을 받았지만, 2세대들은 자국에서 자국어로 교육을 받았다. 그래서 이들은 서구의 영향을 그리 많이 받지 않았고 자국의 가치와 문화를 중시했다. 이들은 냉전이 종식되자 근대화 과정에서 무너진 정체성을 되찾으려 노력했다. 이러한 노력은 이슬람 원리주의와 같은 종교적 부활로 나타났다. 이들은 자기 문화의 우월성을 내세우기도 하는데, 이는 아시아의 경제성장, 이슬람의 사회적 동원력과 인구증가 등을 기초로 한 것이다. 이렇게 비서구문명이 강해지면서 이 문명과 서구문명이 충돌할 가능성은 점점 높아지고 있다.

이 책의 3부는 **문명의 새로운 질서**를 다룬다. 세계정치는 문화적 경계선을 따라 재편되고 있다. 과거에는 이념과 강대국을 중심으로 제휴했다면 이제는 문화와 문명을 중심으로 제휴하고 있다. 이념과 계급투쟁 시대에는 '너는 어디에 속하느냐'가 주된 질문이었다면 문명과 문명의 단층선 시대에서는 '너는 누구냐'가 주된 질문이 된다. 이 질문에 대해 대답하려면 혈연, 신념, 종교 등을 고려해야 한다. 이렇게 되면서 사람들은 조상, 종교, 언어, 가치관, 제도 등이 비슷한 사람들과는 단결하고 그렇지 않은 사람들과는 거리를 두게 되었다. "전 세계적으로 문화의 경계선을 따라 사람들이 재편하는 현상이 두드러지게 나타난다는 것은 문화집단들 사이의 갈등이 점차 중요해진다는 것을 의미한다. 문명은 가장 광범위한 문화적 실체이다. 따라서 상이한 문명에서 유래한 집단 간의 갈등은 세계정치에서 점점 중요한 뜻을 갖는다"(ibid., p. 168). 문명충돌은 좁게는 문화적 단층선을 따라 인접한 집단 간의 영토분쟁 형태로 나타나고, 넓게는 군사적, 경제적 경쟁 형태로 나타날 수 있다. 한편, 냉전시대 국가들이 미국과 소련이라는 양대 강대국과 동맹국, 위성국, 종속국, 중립국, 비동맹국이라는 관계를 맺었다면, 탈냉전시대 국가들은 큰 문명들과 소속국, 핵심국, 고립국, 단절국, 분열국이라는 관계를 맺었다. 소속국(member state)은 한 문명에 문화적으로 완전히 동질감을 느끼는 나라다. 아랍-이슬람문명에 속하는 이집트, 유럽-서구문명에 속하는 이탈리아는 그 대표적인 예다. 핵심국(core state)의 수는 문명마다, 시대마다 다르다. 서구문명의 경우, 과거에는 다수의 핵심국이 있었지만 지금은 미국, 독일-프랑스 둘뿐이다. 고립국(lone state)은 다른 나라와 문화적으로 동질성이 없는 나라다. 여기에 속하는 대표적인 나라는 에티오피아다. 일본의 경우는 일본문명의 유일한 핵심국이자 고립국이다. 그 이유는 일본문명을 공유하는 나라가 없고, 외국으로 이주한 일본 사람도 그 나라에서 극히 소수를 이루거나 그 나라의 문화에 동화되었기 때문이다. 단절국(cleft state)은 문명과 문명 사이의 단층선에 위치한 나라로 국가적 통일성을 유지하는 데 어려움을 겪는다. 예를 들어, 수단의 경우 북부의 이슬람교도와 남부의 크리스트교도 사이에서 수십 년째 시달리고 있다. 분열국(torn state)은 한 문명 안에 지배적인 문화를 가지고 있지만 그 나라 지도자들이 다른 문명으로 옮겨 가기를 바라는 국가다. 예를 들어, 멕시코는 미국에 대항해 자신을 라틴아메리카 국가로 자처했지만 1980년대 지도자들은 자국을 북미의 일원으로 새롭게 정의했다.

이 책의 4부는 **문명의 충돌**을 다루고 있다. 탈냉전시대에는 문명 간의 갈등이 가장 격렬한 갈등이 될 것이다. 거시적으로 볼 때, 가장 격렬한 갈등은 이슬람사회와 아시아사회, 이슬람사회와 서구사회에서 나타날 것이다. "미래의 가장 위험한 충돌은 서구의 오만함, 이슬람의 편협함, 중화의 자존심이 복합적으로 작용하여 발생할 것이다"(ibid., p. 243). 서구의 오만함은 자신의 '보편주의(universalism)'를 관철시키려고 드는 데서 나타난다. 이런 보편주의는 비서구에게는 일종의 문화제국주의처럼 여겨진다. 이슬람과 중국은 상이한 문화적 전통을 가지고 있지만 둘 다 서구에 대해 우월감이나 적대감을 가지고 있다. 이슬람은 핵심국이 없기 때문에 서구와의 관계가 나라마다 다르지만, 1970년대 이후 서구에 대해 점점 강한 반감을 보이고 있다. 중국은 1980년대 후반부터 경제력을 내세워 군사력 증강과 정치적 영향력 확산에 주력하고 있다. 일대일로(一帶一路)라는 구호에서 보듯이, 중국은 이런 영향력을 바탕으로 동아시아의 지배국이 되려고 하고 있다. 한편, 군사적 차원에서도 서구와 비서구의 갈등은 고조되고 있다. 냉전시대에 미국이 재래식 군사력에 있어 압도적 우위를 확보하자, 미국에 적대적인 국가들은 핵무기 개발에 매달리고 있다. 핵무기는 언젠가는 서구를 표적으로 삼을 것이고, 이것이 테러와 결합하면 서구는 곤경에 처하지 않을 수 없다. 핵무기 개발의 한 축은 중국과 북한이고, 다른 한 축은 파키스탄과 이란이다. 이들은 군사적으로 긴밀한 관계를 맺고 있고, 미국은 이들의 핵무기 확산 저지에 총력을 기울이고 있다. 이렇게 새로운 역학관계가 형성되면서 전쟁의 형태는 '과도기 전쟁'에서 '단층선 전쟁'으로 옮겨 가고 있다. 그 대표적인 예는 아프가니스탄 전쟁(1979－1989)과 걸프 전쟁(1991)이다. 단층선 전쟁은 상이한 문명에 속한 국가나 무리 사이의 집단분쟁이기 때문에 이 전쟁을 일정기간 동안 멈출 수는 있지만 영원히 종식하기는 어렵다. 분쟁을 종식시키고 지역분쟁의 확전을 막으려면 세계 주요문명의 핵심국들이 적극 노력해야 할 것이다.

5부는 **문명들의 미래**를 다루고 있다. 서구는 16세기부터 다른 문명들에게 큰 영향력을 미쳤고, 다른 문명들은 서구의 풍요와 근대성을 따라잡으려고 노력했다. 서구가 이런 영향력을 계속 유지하기를 원한다면, 서구는 자기 문명의 보편성이 "첫째, 거짓이고, 둘째, 비도덕적이고, 셋째, 위험[하]다"(ibid., p. 426)라는 사실을 깨달아야 한다. 그리고 서구문명의 보편성보다는 크리스트교, 다원주의, 개인주의, 법치주의와 같은 특수성을 강조해야 한다. 이것들은 서구문명을 독특하게 만들어 준 것들이다. "서구문명이 가치를 지니는 것은 그것이 보편적이어서가 아니라 남다르기 때문이다"(ibid., p. 428). 따라서 서구지도자들은 서구문명의 특수성을 강조해야 한다. 문명의 충돌을 막으려면, "언뜻 보면 보편적인 듯싶은 한 문명의 특성을 부각시키기보다는 대부분의 문명들에 공통적으로 존재하는 것이 무엇인가를 찾아나서는 것이 더 바람직한 길이다. 다원 문명적 세계에서는 보편주의를 거부하고 다양성을 수용하며 동질성을 모색하는 것이 건설적인 방안이다"(ibid., p. 438). 결론적으로 "다가오는 세계에서 문명과 문명의 충돌은 세계평화에 가장 큰 위협이 되며, 문명에 바탕을 둔 국제질서만이 세계대전을 막는 가장 확실한 방어수단이다"(ibid., p. 442).

문화세계화

S. Huntington이 예견한 문명충돌은 2001년 9월 11일 현실이 되었다. 이슬람의 O. Bin Laden과 Al-Qaeda가 항공기를 납치하여 미국의 세계무역센터(WTC)를 동시다발적으로 공격한 것이다. 세계무역센터 쌍둥이 빌딩은 붕괴되었고 버지니아주 미국 국방부 펜타곤의 일부는 파괴되었으며, 2,996명이 사망하고 6천 명 이상이 부상당했다. G.W. Bush 미국대통령은 '테러와의 전쟁'을 선포하고 테러 단체 및 국가에 맞서 군사적, 정치적으로 싸울 것이라고 발표했다. 2001

911테러로 붕괴되는 세계무역센터

년 10월 7일, 미국·영국 연합군은 아프가니스탄을 공격했고, 11월 20일 아프가니스탄 전역을 함락시켰다. 프랑스 사회학자 D. Wolton에 의하면, 이 만행의 주범들은 미국이 영화, 비디오, 음악, 인터넷과 같은 매체를 통해 무슬림에게 미국적 가치를 주입하여 무슬림의 문화와 정체성을 위협하고 있다는 사실을 국제사회에 널리 알리고자 하였다.

이처럼 문화세계화는 문화적 차이를 부각시키고 문화들 간의 갈등과 전쟁을 일으키는 원인이 될 수 있다.

D. Wolton,
프랑스 국립과학연구센터
의사소통 연구 책임자

D. Wolton은 20세기에 이루어진 세계화를 정치적 세계화, 경제적 세계화, 문화적 세계화로 나눈 다음, **문화적 세계화**를 "눈부시게 발전하는 정보통신기술을 바탕으로 인터넷, 영화, 비디오게임, 컴퓨터와 무선통신기기 그리고 페이스북과 같은 소셜네트워크에서 찾는 콘텐츠를 생산하는 문화산업체들이 이끄는 세계화"(D. Wolton, 김주노 역, 2012: 8)라고 정의한다. 그에 따르면, 사람들은 이런 문화세계화가 인류에게 지적 풍요, 열린 마음, 인간 해방을 선물할 것이라고 기대했지만 실상은 그렇지 않았다. 이 세계화는 "인류의 문화적 차이와 종교적 특수성 그리고 경제적, 사회적 불평등을 더욱 눈에 띄게 하고 서로 간의 몰이해를 심화"(ibid., p. 9)시키고 있다.

D. Wolton(ibid., p. 12)은 이 "모든 문제는 결국 우리가 **정보와 소통**을 혼동하는 데서 온다"고 주장한다. 그에 따르면, 정보와 소통은 상호보완적이지만 완전히 다르다. 정보는 발신자가 수신자에게 정보를 얼마나 빨리 전달하느냐에 초점을 맞추지만, 소통은 수신자에게 그것을 얼마나 잘 이해시키느냐에 초점을 맞춘다. 다시 말해 "정보는 일방적인 수용을 전제로 한 메시지인 반면에 소통은 상호이해를 중시한다"(ibid., p. 21). 이처럼 정보는 수신자의 일방적인 수용을 전제로 하기 때문에 수신자에게 거부감을 일으킬 수 있고, 심한 경우에는 자신이 가진 문화적 차이를 무시한다고 여겨 발신자에 대해 강한 반감을 가지게 할 수 있다. 반면에 소통은 수신자의 다양성과 정체성을 존중하기 때문에 이런 불미스러운 상태로 이어지지 않는다. 이런 정보와 소통의 문제는 문화의 발신자가 선진국이고 그 수신자가 후진국 또는 개발도상국이기 때문에 더욱 심각해진다. D. Wolton에 따르면, 지난 20여 년간 선진국의 거대한 문화산업체들은 인터넷이라는 무기를 통해 자신의 가치와 세계관을 후진국 또는 개발도상국에게 전파하고 그것을 암암리에 강요해 왔다. 일종의 문화제국주의가 도래한 것이다.

한편, **통신기술**의 발달은 사람들 사이에 또 다른 불평등을 만들어 내고 있다. 예를 들어, 북반구 국가에서는 3분의 2 이상이 텔레비전 수상기를 가지고 있지만 사하라 이남 아프리카에서는 극소수만이 그렇게 하고 있다. 후자에 속하는 사람들에게 지구촌은 아직까지도 자신의 마을일 뿐이다. 전화선이 없으면 전화를 사용할 수도 없고 인터넷 서비스도 받을 수 없다. 결국 "지구촌이라는 말은 정보의 불평등을 숨길 수도 있으며, 이는 이미 매클루언이 60년대에 염려했던 부분이다"(S. Allemand & J.C. Ruano-Borbalan, 김태훈 역, 2007: 120). 1960년대 서구사회학자들은 세계화가 세계의 문화들을 하나로 융합시킬 것이라고 예상했지만, 이런 융합은 1990년대에도 실현되지 않았다. 오히려 1990년대 사회학자들은 인간이 "구조적으로 사회적 분열, 집단들의 자기 규합, 문화적 구분, 여러 다양한 생활과 소비 양식들을 생산해 내고 있다는 것을, 간단히 말해서 인류는 그 반대 방향으로 작용하는 모든 과정에도 불구하고 문화적 차이를 생산해 내는 놀라운 기계라는 것을 깨달았다"(Warnier, 주형일 역, 2000: 37).

이상에서 살펴본 것처럼 20세기에 이루어진 교통과 통신 수단의 발달은 인간의 이동과 교류를 훨씬 쉽게 했지만, 이것은 일반적인 기대와는 달리 사람들 간의 차이를 부각시키고 불평등을 심화시키고 있다. 그래서 "오늘날 우리는 혼돈스러운 세계에 살고 있다"(*Education Pack*, 1995: 14). 우리는 점점 가까워지는 동시에 점점 멀어지고 있다. 그리고 지구촌 정반대에 있는 사람과 쉽게 통화하지만 정작 자기 앞집이나 윗집에 사는 사람은 잘 모른다.

3. 문화다양성

"문화다양성은 문화적 차이 그 이상을 의미한다. 문화다양성은 인간 사회의 차이가 제도와 관계의 일부라는 것을 인정하는 가치이다"(A. Appadurai & Y. Winkin, 2008: 51).

── 차이와 다양성

'네이버 사전'에서 차이와 다양성을 찾아보면, '차이'는 "서로 같지 아니하고 다름. 또는 그런 정도나 상태"라고 정의하고, '다양성'은 "모양, 빛깔, 형태, 양식 따위가 여러 가지로 많은 특성"이라 정의한다. 이 정의들을 종합해 보면 두 가지 사실을 확인할 수 있다. 첫째, 차이는 무엇이 또는 누군가 '모양', '빛깔', '형태', '양식' 등에서 '다르다'는 데 초점을 맞추고, 다양성은 무엇의 또는 누군가의 '모양', '빛깔', '형태', '양식' 등이 '여러 가지'라는 데 초점을 맞춘다. 둘째, 차이에는 중심이나 기준이란 개념이 존재하지만 다양성에는 그런 개념이 존재하지 않는다. 예를 들어 (1) 'A와 B는 다르다', (2) 'A와 B로 다양하다'는 문장을 비교해 보면, 문장 (1)에서 A나 B는 비교 시 기준 또는 중심이 된다. 즉, A에 비해서 B가 다르거나, B에서 비해서 A가 다르다는 의미다. 하지만 문장 (2)에서 A나 B는 기준 또는 중심이 되지 않는다. 이는 영어구문 (1) 'A is different from B', (2) 'A and B vary (in C)'에서도 확인할 수 있다. 문장 (1)에서는 B가 기준이 되지만, 문장 (2)에서는 그런 기준이 존재하지 않고, A와 B가 C에 있어서 다를 뿐이다. 이렇게 어떤 관계에서 중심이나 기준이 존재하면, 중심이나 기준이 주변을 쉽게 차별할 수 있지만, 이런 중심이나 기준이 존재하지 않으면 그렇지 않다. 이 경우에 A와 B는 서로를 존중하게 된다. 결국 차이가 '현실'이라면 다양성은 차이가 자연스러운 것, 즉 차이의 정상성을 인정하는 '가치' 개념이 된다.

이런 차이와 다양성을 문화와 연결시키면 '문화적 차이'와 '문화다양성'이 된다. 먼저, 문화적 차이에 대해서 생각해 보면, 인간은 지구상에 출현한 이후[7] 자신이 사는 곳의 기후와 지형에 맞게 적응해 왔기 때문에 그 적응방식 또는 생활방식에 많은 차이가 존재한다. 따라서 이러한 문화적 차이는 극히 **자연스러운 것**이다. 하지만 사람들은 이 자연스러운 차이를 종종 지배와 차별의 근거로 이용해 왔다. 물리적, 경제적, 정치적으로 강한 자는 그렇지 못한 자를 그의 '열등한' 문화를 내세워 지배하고 차별했다. 예를 들어, 백인은 흑인을 노예로 삼았고, 독일인은 유태인을 학살했고, 서양인은 동양인을 무시했다. 오늘날에는 이러한 노골적인 지배와 차별은 많이 줄었지만 눈에는 보이지 않는 교묘한 형태로 여전히 지속되고 있다.

문화적 차이가 극히 자연스러운 것이라고 생각하고 존중하는 문화다양성 개념은 개인이 유일무이(unique)한 존재라는 사실을 인정하고 개인의 '**다를 수 있는 권리**(right to be different)'를 존중한다. 이 개념은 민족, 성, 성적 성향, 사회−경제적 지위, 나이, 신체적 능력, 종교적 신념, 정치적 신념 등에 모두 다 적용될 수 있다. 문화다양성은 일련의 '의식적인 실행'으로서, 인간, 문화, 자연 환경의 상호의존성을 이해하게 하고, 자신의 것과는 다른 특성과 경험을 존중하게 하고, 개인적, 문화적, 제도적 차별이 다른 사람들을 불리하게 만든다는 것을 인정하게 하고, 차이들 간의 제휴를 실현시켜 모든 형태의 차별에 맞서게 한다. 따라서 이 개념은 차이를 안전하고 긍정적인 환경 속에서 탐구하는 것이고, 차이에 대한 단순한 관용을 넘어서서 각자 속에 존재하는 풍요로움으로 찬양하는 것이다.[8]

---

7 G. Hofstede et al.(2010)은 인류사를 다음과 같이 정리한다. 500만 년 전부터 100만 년 전까지 인류의 조상들은 수십 명씩 모여 수렵집단, 채집집단 혹은 수렵·채집 집단으로 생활했다. 100만 년 전부터 4만 년 전까지의 조상들은 간단한 도구를 사용했고 불을 이용했다. 4만 년 전부터 1만 년 전까지의 조상들은 풍부한 예술 및 과학 기술의 잠재력을 보여 주었다. 1만 2천 년 전부터 7천500년 전까지는 촌락을 이루고 농사를 지었다. 7천500년 전부터 현재까지는 대규모의 문명화가 이루어졌다. 이 시기의 특징은 사회계층화, 문화적 합법화, 관료조직, 돈과 시장, 일반화된 보편주의적 규범, 민주적 결사 등이다.

8 http://www.qcc.cuny.edu/diversity/definition.html

—— 다양성의 유형

'다양성'을 "모양, 빛깔, 형태, 양식 따위가 여러 가지로 많은 특성"이라고 정의하면, 이러한 다양한 특성이나 상태는 자연과 사회에서 모두 확인할 수 있다. 숲속에는 다양한 동·식물들이 서식하고, 사회 속에는 다양한 사람들이 공생하기 때문이다. 전자를 '생물다양성(bio-diversity)'이라고 한다면, 후자는 '문화다양싱(cultural diversity)'이라 할 수 있다. 먼저, 생물다양성이라는 개념은 고대에 출현했지만 이 개념이 널리 확산된 것은 비교적 최근이다. 생물다양성에 있어 가장 획기적인 계기는 1992년 6월 브라질 리우 데 자네이루(Rio de Janeiro)에서 맺은 **생물다양성협약**(Convention on Biological Diversity)이다. 이 국제협약은 생물다양성의 보호를 위해 국제적 대책과 국가의 권리와 의무를 규정했다. 이 협약이 말하는 "생물다양성이란 육상, 해상, 그 밖의 수생생태계 및 생태학적 복합체를 포함하는 모든 자원으로부터의 생물 간 변이성을 말하며, 종들 간 또는 종과 그 생태계 사이의 다양성을 포함한다"(제2조).[9] 문화다양성 개념은 생물다양성 개념 이후에 출현했다. 유네스코는 이 개념을 2001년 **세계문화다양성선언**(Universal Declaration on Cultural Diversity), 2005년 **문화적 표현의 다양성 보호와 증진 협약**(Convention on the Protection and Promotion of the Diversity of Cultural Expression)을 통해서 확산시켰다. 유네스코가 이렇게 선언과 협약을 통해 문화다양성을 옹호하고 나선 것은 문화다양성이 새로운 도전에 직면했다고 보았기 때문이다. A. Appadurai & Y. Winkin(2008: 43)은 이 '새로운 도전'을 세 가지로 설명한다. 첫째, "세계화는 시장 원리의 강력한 확대 속에서 문화다원주의보다는 문화 갈등을 조장하는 새로운 형태의 불평등을 야기"하고 있기 때문이다. 둘째, "문화와 교육에 대한 수요를 수용할 수 있었던 국가는 이제 문화발전에 영향을 미치는 초국경적 사상, 이미지, 자원 등의 흐름을 점점 해결할 수 없게" 되었기 때문이다. 셋째, "문해율(디지털 문해율 및 종래 방식의 문해율)의 격차가 커지면서 엘리트들이 문화적 논의와 문화적 자원의 문제를 독점하게" 되었기 때문이다.

이런 새로운 도전에 맞서기 위해 나온 **세계문화다양성선언** 제1조는 "생물다양성이 자연에 필요한 것과 같이 교류, 혁신, 창조성의 근원으로서 문화다양성은

---

9 http://terms.naver.com/entry.nhn?docId=2459643&cid=46637&categoryId=46637

인류에게 필요한 것이다. 이러한 의미에서 문화다양성은 인류 공동의 유산이며 현재와 미래 세대를 위한 혜택으로 인식되고 확인되어야 한다"고 밝힌다. 이 선언 제4조는 문화다양성을 인권과 연결시킨다. "문화다양성의 보호는 인간존엄성의 존중으로부터 분리할 수 없는 윤리적 책임"이라고 본다. 이 둘의 관계는 제5조에서도 확인된다. 제5조는 "문화권(cultural right)은 보편적, 불가분적, 상호의존적인 인권의 총체이다. (...) 모든 사람은 자신의 문화적 정체성을 온전히 존중하는 질적 교육과 훈련을 받을 권리를 가진다. 아울러 인권과 기본적인 자유의 존중에 입각해서 자신이 선택한 문화생활에 참여할 권리와 문화적 관행을 유지할 권리를 가진다"고 명시한다. 이 선언에 첨부된 '행동계획'은 회원국이 문화다양성을 보호하고 증진하기 위한 정책을 수립하는 의무가 있음을 강조한다.

2001년 세계문화다양성선언의 규정을 참고하여 만든 **'문화적 표현의 다양성 보호와 증진 협약'**은 2005년 10월 20일 채택되었다. 이 협약의 주된 목적은 문화적 표현의 다양성을 보호하고 증진하고, 문화를 풍요롭게 하고 호혜적인 방식으로 자유롭게 상호작용할 수 있는 여건을 조성하고, 문화들 간의 존중과 평화의 문화를 추구하여 보다 광범위하고 균형 잡힌 문화

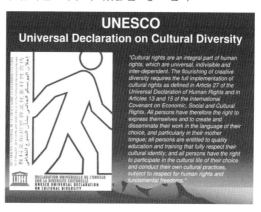

세계문화다양성선언

교류를 위한 상호문화적 대화를 장려하는 것이다. 이 협약 제4조는 문화다양성을 "집단과 사회의 문화가 표현되는 다양한 방식"이라고 정의한다. 그리고 같은 조에서 상호문화성을 "다양한 문화의 존재와 문화 간의 공평한 상호작용 그리고 대화와 상호존중을 통한 문화적 표현의 공유가능성"이라고 정의한다. 이 협약은 모든 문화의 동등한 존엄성에 기초한 상호문화대화의 증진을 추구하고, 단순히 경제적 차원에서만이 아니라 만족스러운 지적, 도덕적, 정신적 생활을 성취하는 수단으로서 이해되는 지속 가능한 발전의 촉진을 추구한다.

앞서 살펴본 **생물다양성과 문화다양성**은 다음과 같은 세 측면에서 연결시켜 볼 수 있다. 첫째, 생물다양성과 문화다양성을 공동운명체로 볼 수 있다. 동물에

속하는 인간도 생물다양성의 일부이기 때문에 만약 생물다양성이 파괴된다면 인간 역시 그 영향을 받을 것이고 결국은 인간의 문화다양성마저 파괴될 것이다. 예를 들어, 아마존 야노나마(Yanonama) 부족들의 지역 생태계가 파괴되면 그들의 삶과 문화, 문화다양성도 파괴된다. 그래서 "오늘날 생물다양성과 문화다양성 간의 상호관계는 폭넓게 인식되고 있다"(『유네스코와 문화다양성』, 2008: 51). 둘째, 생물다양성과 문화다양성은 세계화라는 공동의 도전에 직면해 있다. 시장의 논리를 앞세우는 신자유주의는 자연과 환경을 함부로 파괴하여 생물다양성을 위협하는 동시에 경제적으로나 정치적으로 취약한 국가나 지역의 문화를 침식할 수 있다. "어느 경우에나 시장 원리를 맹목적으로 신봉하게 되면 장기적인 가치를 주변화하는 경향이 생긴다. 문화다양성과 [생물]다양성 모두 장기적으로 추구해야 할 가치이다"(ibid., p. 54). 셋째, 문화다양성은 생물다양성보다 옹호하기가 훨씬 더 어렵다. 사람들은 난개발로 사라지는 농지나 폐수로 오염되는 강을 보면 이것들이 훼손해서는 안 된다고 생각하고 생물다양성을 옹호하는 운동에 쉽게 동참한다. 반면에, 사람들은 다른 영화나 음식이 들어오면 이것들이 자신의 영화나 음식을 위축시키거나 대체할 수 있다고 생각하고 강한 거부감을 보일 수 있다.

문화다양성 관리모형

문화다양성을 관리하는 모형에는 크게 동화주의, 다문화주의, 상호문화주의가 있다(Meunier, 2007: 13).[1] 시기적으로 보면, **동화주의, 다문화주의, 상호문화주의**순으로 출현했다. 문화다양성 존중과 관련해서 보면, 동화주의, 상호문화주의, 다문화주의순으로 다양성을 더 많이 존중한다. 동화주의는 문화다양성을 거의 또는 전혀 고려하지 않고, 다문화주의는 이것을 최대한 고려하고, 상호문화주의는 다문화주의에 가깝지만 다양성은 인권과 같은 보편적인 가치를 침해하지 않는 범위 내에서만 존중한다.

1. 동화주의

─── 동화의 정의와 특징

동화(assimilation)라는 단어는 라틴어 동사 assimilare에서 파생했다. 이 동사는, 영어 형용사 similar에서 쉽게 짐작할 수 있듯이, '같게 만들다', '동화하다'라는 뜻을 가지고 있다. 이 동사에서 '비슷함', '유사성'이라는 의미의 라틴어 명사 assimilationem이 파생했고, 이것이 고대 불어 assimilacion을 거쳐, 15세기 초에 영어 assimilation이 되었다.

문화적 동화(cultural assimilation)란 한 사람이나 집단의 언어와 문화가 다른 집단의 그것과 '같게 되는' 과정을 말한다. 이 동화는 "민족−문화적 소수자에

---

1 https://ife.ens−lyon.fr/vst/DS−Veille/dossier_interculturel.pdf

속하는 개인이나 집단이 지배집단의 행동과 가치를 철저하게 따르도록 하는 과정"(Akkari, 2009: 29)이다. 이 용어는 개인보다는 집단과 관련해 더 많이 쓰이는데, 이 경우에는 주로 소수집단이 동화의 대상이 된다. 문화적 동화는 천천히 진행될 수도 있고 급격히 진행될 수도 있다. 또 이 동화는 자발적일 수도 있고 강제적일 수도 있다. 문화적 동화가 문제가 되는 것은 이 동화가 강제로 일어나는 경우다.

동화주의에 대한 연구는 19세기 말, 20세기 전반에 미국에서 많이 이루어졌다. 그 대표적인 학자들은 L. Gumplowicz(1883), S. Simons(1901), R. Park & E. Burgess(1924), H. Duncan(1929), W. Hirsch(1942) 등이다. R. Teske & B. Nelson(1974: 365)은 동화(assimilation)의 특징을 여덟 가지로 설명한다. ① 동화는 **역동적 과정**이다. 동화연구의 창시자 중 한 사람인 L. Gumplowicz(1883)는 동화를 사회 내 역동적 동력으로 보았다. S. Simons(1901)도 동화는 결과가 아니라 과정이라고 보았다. R. Park & E. Burgess(1924: 735)는 동화를 "상호침투와 병합의 과정"이라고 정의하고, "이 과정을 통해 개인이나 집단은 다른 개인이나 집단의 기억, 감정, 태도를 습득하고, 그들의 경험과 역사를 공유함으로써, 일상 문화 생활에서 그들과 통합된다"고 말했다. W. Hirsch(1942)도 동화는 본질적으로 지속적이고 정도에 있어서 가변적인 과정이라고 강조했다. ② 동화는 **개인적 차원**이나 **집단적 차원**에서 모두 가능하다. 일부 학자는 동화가 순전히 개인적 현상이라고 주장한다. 예를 들어, H. Woolston(1945: 424)은 동화는 "[사회적] 관계 속에 들어가는 개인이 그 관계로부터 의미를 받아들일 때" 이루어진다고 말한다. 또 B. Dohrenwend & R. Smith(1962), R. Johnson(1963) 등도 동화에 대한 논의를 개인적 차원으로 한정한다. 반대로, S. Simons(1901), B. Siegel et al. (1953) 등은 그것을 집단적 차원으로 한정한다. 한편, R. Park & E. Burgess (1924), H. Duncan(1929), Gordon(1964) 등은 동화가 개인이나 집단의 차원에서다 가능하다고 본다. 다만, 집단동화는 '집단의식(collective conscience)'이라는 의미에서만 가능하다. ③ 동화는 **직접 접촉**을 필요로 한다. R. Park & E. Burgess (1924: 736-737)는 동화 과정에서의 접촉의 중요성을 강조한다. S. Simons(1901)와 B. Dohrenwend & R. Smith(1962) 역시 여기에 동의한다. ④ 동화는 **일방적**으로 이루어진다. "동화는 한 문화에서 다른 문화로 옮겨 가는 본질적으로 일방적인 접근을 의미한다"(B. Siegel et al., 1953: 988). ⑤ 동화는 **가치의 변화**를 요구한다. 동화는 문화변용과는 달리 가치의 변화까지 요구한다. 동화는 외적 변화뿐만 아니라 내적 변화도 요구하는데, 가치는 내적 요인에 속한다. ⑥ 동화는 **준거집단**(reference group)[2]**의 변화**를 필요로 한다. 물론 이것은 동화의 필요조건일 뿐이다. 동화가 이루어지려면 여기에다 외집단(out-group)에 의한 수용이 있어야 한다. ⑦ 동화는 **내적 변화**를 요구한다. 동화는 외집단을 향한 적극적인 태도를 요구하기 때문에 외적 변화만이 아니라 내적 변화도 요구한다. H. Woolston (1945: 416)이 동화가 "단순히 개인을 외관이나 태도를 비슷하게 만드는 것" 그 이상이라고 말하는 것은 바로 이런 의미에서다. 한편, R. Johnson(1963: 295)은 외적 동화(external assimilation)와 주관적 동화(subjective assimilation)를 구분한다. 여기서 '외적 동화'는 언어나 귀화와 같은 외관이나 행동의 유사성을 말하고, '주관적 동화'는 수용국 공동체 구성원과 일체가 되고자 하는 심리로까지 확장된다. 그에 따르면, 이 두 동화는 별개로 이루어질 수 있고 그 정도 역시 큰 차이를 보일 수 있다. ⑧ 동화는 **외집단에 의한 수용**을 요구한다. 동화는 외집단을 지향하는 적극적인 태도를 요구하고 이 집단과의 일체화할 것을 요구한다. R. Park(1930: 281)는 "미국에서 이민자는 그가 기존 공동체의 언어와 사회적 의례를 습득하는 순간 동화되었다고 여겨지고 경제적, 정치적 일상생활에 편견 없이 참여할 수 있다"고 말한다. 이런 의미에서 W. Hirsch(1942: 39)는 동화를 "공동체 구성원이 되는 과정"이라고 말한다.

R. Park(1864~1944),
미국 시카고 대학 사회학 교수

━━ 미국에서의 동화

앞에서 언급하였듯이, 동화에 대한 이론적 논의는 19세기 말, 20세기 전반 미국에서 많이 이루어졌다. 미국은 **1880년부터 1920년 사이에** 약 2천4백만 명의 이민자를 받아들였다. 이들은 주로 유럽의 남부, 중부, 동부에서 들어왔는데, 먼

---

2 개인이 자기의 행위나 규범의 표준으로 삼는 집단을 말한다. 이 집단은 소속집단과 반드시 일치하는 것은 아니며, 한 개인이 동시에 여러 개의 준거집단에 속할 수도 있다.

저 들어온 북부와 서부 출신들은 이들을 지적으로나 도덕적으로 '열등한' 사람들로 여기고 자신들이 만들어 놓은 문화 틀 속에 동화시키려고 했다. 여기서 말하는 문화는 앵글로−색슨백인신교도(White Anglo−Saxon Protestants, WASP) 문화

"I pledge allegiance to the Flag of the United States of America, and to the Republic for which it stands, one Nation under God, indivisible, with liberty and justice for all."

미국의 충성의 맹세

다. 이들의 동화주의는 1887년 G. Balch 대령이 만들고 1892년 F. Bellamy가 수정한 '**충성의 맹세**(Pledge of Allegiance)'[3]에도 잘 드러난다. 낭시 앵글로−색슨백인신교도들은 "나는 국기와, 이것이 표상하는, 모든 사람을 위한 자유와 정의를 가진 분리 불가한 국가인 공화국에 충성을 맹세한다"는 맹세를 새로 들어온 사람들에게 암송하게 함으로써 이들을 동화하려고 했다. 이런 앵글로−색슨백인신교도 중심 미국문화는, 비록 점차 약화되고는 있지만, 오늘날까지 그대로 이어지고 있다. 이는 지금까지 미국 대통령 중에 앵글로−색슨백인신교도가 아닌 대통령은 J.F. Kennedy와 B. Obama 두 사람뿐이라는 사실에서도 쉽게 짐작할 수 있다.

동화주의의 또 다른 예는 모든 미국인을 한데 넣고 녹여 새로운 미국인을 만들겠다는 **용광로**(melting pot) 모형이다. 이 모형은 영국 작가 I. Zangwill이 1908년에 올린 연극에서 기원한 것인데, 이 연극에 등장한 인물은 다음과 같이 말한다.

"미국은 신의 용광로, 위대한 용광로다. 유럽의 모든 인종은 여기에서 녹고 다시 만들어진다. 여러분이 서 있는 이곳에서 난 엘리스섬에 있는 그들을 본다. 여러분은 오십 개의 증오와 경쟁 속에 서 있다. 하지만 여러분은 그리 오래 가지 않을 것이다. 형제들이여, 여기에 아일랜드인, 영국인, 유태인, 러시아인의 불이 있다. 여러분은 모두 이 용광로로 들어갈 것이다. 신은 미국인을 만들고 있다…. 진정한 미국인은 아직까지 만들어지지 않았다. 그는 아직까지 용광로 속에 있을 뿐이다. 그는 모든 인종의 혼합이 될 것이고 보편적인 초인간이 될 것이다."

I. Zangwill
(1864~1926), 영국 작가

3 이 맹세는 1942년 국회에 의해서 공식적으로 채택되었다.

용광로 모형의 기본전제는 미국에 온 모든 사람들을 녹여 하나의 우등한 미국인을 만든다는 것이었다. 이 전제로만 보면 이 모형은 상당히 매력적이고 긍정적인 것처럼 보인다. 하지만 이 모형에는 두 가지 한계가 있었다. 하나는 '미국에 들어온 사람들'은 북부, 서부 유럽에서 들어온 사람을 말하는 것이지 라틴계, 아프리카계, 아시아계, 인디언을 말하는 것이 아니었다. 다른 하나는 이 모형이 천명한 것과는 달리, 백인 미국인 문화를 제외한 모든 문화를 다 녹여버리는 것이어서 궁극적으로는 새로 들어온 이민자들에게 기존의 백인 미국인의 문화를 수용하라고 강제하는 것과 다름이 없었다. 이처럼 이 용광로 모형은 아프리카, 라틴아메리카, 아시아, 미국 원주민을 포함시키지 않았고(P. Ramsey & L. Williams, 2003: 8), 앵글로－색슨 백인신교도의 문화만 남기고 나머지 문화들을 녹여 없앴다.

용광로 포스터

용광로 모형 이후에도 미국은 이민자와 그 자녀들을 '미국화'하려고 노력했다. 이런 노력은 이민자와 그 자녀들이 새로운 사회에 서서히 진입하도록 지원하는 인도주의적 프로그램에서부터 아동을 기숙사에 강제로 묶게 하여 부모의 문화와 언어로부터 격리시키는 비인간적인 프로그램에 이르기까지 매우 다양했다. **제1차 세계대전**(1914－1918)이 발발하자 미국 주류 백인들은 '미국화'되지 못한 외국인을 더욱 강하게 동화하려 했다. 당시 사람들은 문화다양성을 국가의 위기처럼 여겼다. **1920년대, 30년대** 유럽에서 전체주의 정권들이 들어서자 미국인들은 이것을 민주주의에 대한 위협으로 여겼고 미국 앵글로－색슨신교도의 가치와 행동을 다시 한 번 강조했다.

한편, 사회학자들은 1880년에서 1920년에 미국으로 이민 온 사람들을 대상으로 동화주의 이론을 개발했다. W. Thomas & F. Znaniecki는 1908년 *The Polish Peasant in Europe and America*를 출간하여 1880년부터 1910년 사이에 미국으로 이민 온 폴란드 농민들이 어떻게 공동체를 만들었는지를 연구했다. R. Park, E. Burgess & W. Thomas는 시카고에 사는 이민자들의 경험과 사례를 연구했다. M. Gordon은 1964년 *Assimilation in American life*를 출간하여 이민집단의 세대적 변화를 설명했다. 그에 따르면, 제1세대나 외국 태생은 미국에서 태어난 제2세대보다 덜 동화되었고, 제3세대인 손자손녀는 그들의 부모보다 더 미국 주류에 가까웠다.

이런 동화주의는 **1940년대 문화복수주의**의 출현과 함께 많이 완화되었지만, 교육계, 특히 언어교육계에서는 여전히 남아 있었다. 교육계의 동화주의는 소수민족이나 외국 출신 학생의 '문화적 결핍(cultural deficiency)' 가설에 기초했다. 이 가설은 (특히 흑인이나 라틴계) 인종·민족 집단의 문화가 그들이 미국에 동화되고 사회적으로 이동하는 것을 가로막는다고 보았다. 문화적 결핍의 예로는 미래에 향한 비관적 전망과 태도, 직업윤리에의 부적응, 즉각적(instant) 만족, 부모의 학교 참여 부족, 낮은 지적 역량, 남성성과 명예 강조 등이 포함된다. 교육계는 이 문화적 결핍 가설을 인종 또는 민족 간의 학업성취도 차이를 설명하는 데도 활용했다. 예를 들어, 1920년대에서 1940년대 멕시코계 미국 학생들은 분리된 교실(separate classrooms)로 갈지 말지를 결정하기 위해 지적 능력 평가를 받아야만 했는데, 문화적 결핍 이론을 추종한 사람들은 라틴계의 낮은 학업성취도가 그들의 부족한 문화적 실행 때문이라고 여겼다. 이들은 가족과 공동체의 문화적 실행은 저소득, 소수집단 아동들이 성공적인 학교생활에 필요한 언어적, 인지적, 정의적 기술의 신장을 가로막는다고 생각했다. C. Heller(1966: 34-35)는 멕시코계 미국인 양육이 "가족 중심, 명예, 남성성, 현재 생활 등 이동성을 가로막는 가치들을 강조함으로써, 그리고 성취, 독립, 연기된(deferred) 만족 등 미래 발전에 도움이 되는 가치들을 소홀히 함으로써 미래 발전에 걸림돌이 되고 있다"고 주장했다. 일부 문화적 결핍 이론가들은 한 세대에서 다음 세대로의 문화적 사회화 유형이 지속되는 것도 문제로 지적했다. O. Lewis(1961)는 저소득 멕시코, 푸에르토리코 사람들이 폭력, 연기된 만족의 부재, 정치적 무관심을 포함하는 빈곤의 문화(culture of poverty)를 스스로 영속시키고 있다고 주장했다. 그에 따르면 이런 문화적 관행이 6세 또는 7세 저소득 멕시코, 푸에르토리코 아동에 영향을 미치고, 이것은 공동체의 경제적 상황이 개선된 이후에도 지속된다는 것이다.

이상에서 살펴본 동화주의는 모두 "실패로 끝났다. [왜냐하면] 하나의 정체성을 가지는 과정은 대개 무의식적이고 그 어느 누구도 다른 정체성을 가지도록 강제할 수 없기"(Portera, 2013: 15) 때문이다.

2. 다문화주의

동화주의가 한계를 보이자 사람들은 그것을 대체할 이론을 찾았다. 그중 하나가 다문화주의다. 다문화주의는 "한 사회 안에서 단일문화주의에 근거해서 소수자와 이민자들을 동화시키려는 정책이 한계에 이르자 동화주의에 대한 대안으로 제시된 것이다"(박경태, 2008: 300). 동화주의와는 정반대로 다문화주의는 문화다양성을 최대한 존중해 주고자 한다.

—— 다문화주의의 어원과 역사

먼저, *Online Etymology Dictionary*에서 이 단어의 어원부터 살펴보면 multicultural은 1941년 multi-와 cultural을 합쳐 만든 말이다. 주로 캐나다에서 사용된 이 단어는 미국 교육학자들에 의해 차용되었고 1990년대부터 널리 확산되었다. Multiculturalism이라는 단어는 1965년 multicultural과 -ism을 합쳐 만든 말이다. *Oxford Dictionaries*는 multiculturalism을 "한 사회 속에 구분되는 여러 문화 또는 민족 집단이 존재하는 것 또는 이런 존재에 대한 지지"[4]라고 정의한다.

바로 위의 어원에서도 확인할 수 있듯이, 다문화주의는 근본적으로 앵글로-색슨계의 운동이었다. 그 대표적인 나라는 캐나다와 미국이었다. 캐나다는 전통적으로 영국과 프랑스 문화라는 이중문화주의(biculturalism)를 고수했다. 하지만 20세기 전반 비유럽계 이민자의 비중이 커지자 왕립이중언어주의·이중문화주의 위원회(Royal Commission on Bilingualism and Biculturalism)는 1965년 종래의 이중문화주의를 다문화주의로 전환할 것을 제안했다. 1971년 연방정부는 이 제안을 수용했고, 1982년 권리와 자유 헌장의 형태로 헌법에 명시했다. 미국의 다문화주의는 **1960년대 시민권운동**(Civil Rights Movement)과 관련이 있다. 이 운동으

---

4 https://en.oxforddictionaries.com/definition/multiculturalism

로 소수민족의 '인정의 요구'가 거세지자 미국은 1965년 차별시정조치(Affirmative Action)를 도입하고, 민족유산연구법(Ethnic Heritage Studies Act)을 통과시켜 학교가 미국 내 소수 인종 및 민족 집단에 대해서 가르칠 수 있게 했다. 1968년에는 이중언어교육법(Bilingual Education Act)을 통과시켰는데, 이것은 미국 교육사에서 처음으로 연방정부가 학생들의 출신 문화와 언어에 가치를 부여하고, 그들이 영어가 유창하기 전까지는 그들의 모국어로 수업을 받을 수 있게 했나. 1960년대 미국의 시민권운동은 1970년대는 남성에 대한 여성운동으로, 1980년대에는 이중언어교육운동, 1990년대에는 장애인운동, 최근에는 동성연애자운동으로 이어졌다. 하지만 미국 연방정부는 아직까지도 다문화주의를 공식적인 정책으로 채택하지 않고 있다.

── 다문화주의의 다양한 형태

앞서 소개한 것처럼 다문화주의는 "한 사회 속에 구분되는 여러 문화 또는 민족 집단이 존재하는 것 또는 이런 존재에 대한 지지"를 말한다. 여기서 '존재하는 것'은 현실에 해당하고, '존재에 대한 지지'는 이상이나 정책에 해당한다. 따라서 다문화주의는 '여러 문화 또는 민족 집단으로 이루어진 국가나 사회의 **현실, 이상, 정책**'이라고 말할 수 있다. 그런데 이 '현실', '이상', '정책'은 지역, 국가, 사회, 집단의 역사적, 지리적, 이념적 여건에 따라 조금씩 다르게 나타날 수 있다. "다문화주의는 '다'와 '문화'라는 넓은 개념을 포함하고 있고 늘 강하게 맥락화되어 있다. 따라서 이 주의는 전 세계에서 매우 다른 방식으로 이해될 수 있고, 정책과 실행 역시 매우 다양한 방식으로 개발될 수 있다"(Cantle, 2013: 77). 실제로, 이 용어를 만들어 낸 영미권과 그것을 차용한 유럽권 사이에는 차이점이 있고, 같은 영미권이나 유럽권이라도 국가마다 조금씩 다르고, 같은 국가라도 학자마다 조금씩 다르다.

영미권 다문화주의는 국가를 건설하는 데 기여해 온 다양한 인종 및 민족 집단의 문화와 권리를 인정하는 차원에서 시작되었다. 미국의 다문화주의는 특히 아프리카계 미국인들의 권리를 인정하고 이들에 대한 차별을 철폐하는 것으로 시작되었다. 캐나다의 다문화주의는 영국계와 프랑스계 다수 집단만이 아니라 남유럽이나 동유럽, 그리고 아시아계의 문화를 존중하는 차원에서 시작되었다. 이와는 달리, **유럽권 다문화주의**는 오랜 국가적 전통을 가진 국가가 비교적 최근에 들어온 이민자나 소수민족들을 통합하는 차원에서 시작되었다(Meunier, 2007: 18). 이러한 차이는 K. Banting & W. Kimlicka(2012)의 연구 결과에도 그대로 나타난다. 이 연구에 의하면, 영미권은 '강한 다문화주의' 정책을 실시하는 반면, 유럽권은 (스웨덴, 핀란드, 영국을 제외하고는) 모두 '약한 다문화주의' 정책 또는 아주 약한 '중간 다문화주의' 정책을 실시하고 있다.

한편, 다문화주의는 같은 영미권이라도 **각국의 사정**에 따라 조금씩 다르게 나타난다. 미국의 다문화주의는 1960년대 시민권운동과 함께 출발했고 차별적인 언어와 행동을 피하는 '정치적 올바름(Political Correctness)'을 강조했다. 캐나다의 다문화주의는 기존의 이중문화주의를 수정하는 과정에서 생겨나 각종 협회나 단체에 보조금을 지급하여 협력관계를 수립하는 데 주력했다. 캐나다의 모형을 본뜬 오스트레일리아는 대중매체를 통해 다언어주의를 권장하고 민족별 학교 운영을 지원한다(Aprile & Dufoix, 2009: 245).

또 다문화주의는 같은 나라 내에서도 **학자**에 따라 조금씩 다르게 이해되고 있다. 예를 들어, 미국에서 다문화주의는 '다문화 시민성 모형', '문화적 다원주의 모형', '최대주의자 모형', '기업 다문화주의 모형' 등으로 나타난다. '다문화 시민성 모형'은 문화적 차원을 공적 생활 속에 포함시키고자 하는 것이고, '문화적 다문화주의 모형'은 공동의 공간을 마련하기 위한 집단들 간의 지속적인 협상을 권장한다. '최대주의자 모형'은 공동의 가치와 제도를 부정하고 자율성을 최대한 보장하는 모형이고, '기업 다문화주의 모형'은 경제적 차원을 중시하고 시장의 세계화를 위한 기능적 차이점에 초점을 맞춘다(Semprini, 이산호 · 김휘택 역, 2010: 173 – 178). 이 모형들은 단순히 다를 뿐만 아니라 모순적이기까지 하다. 다문화주의를 최초로 공식정책으로 천명한 캐나다에서도 다문화주의라는 용어를, "민족적, 문화적 이질성을 특징으로 하는 사회", "민족이나 문화가 다른 집단들 간의 평등과 상호존중이라는 이상", "1971년 캐나다 연방정부가 공포하고 이어 많은 지방정부가 채택한 정부정책"(*The Canadian Encyclopedia*, 2000: 1535)이라는 다양한 의미로 사용

A. Semprini
프랑스 릴 1대학 사회학 교수

하고 있다.

─ C. Inglis의 다문화주의 구분

C. Inglis,
호주 시드니 대학 교수,
다문화-이민연구소 소장

오스트레일리아 사회학자 C. Inglis[5]는 다문화주의를 '인구-서술적' 차원, '이념-규범적' 차원, '계획-정치적' 차원으로 나누어 설명한다. 이 세 차원은 각각 다문화주의의 '현상', '이상', '정책' 차원과 일치한다.

먼저, 다문화주의라는 용어를 한 국가나 사회가 민족이나 인종적으로 다양한 문화 집단으로 구성되어 있다는 의미로 사용하면, 이 용어를 **인구-서술적**(demographic-descriptive)으로 사용하는 것이다. 이러한 의미의 다문화주의는 세계화나 지구화로 상이한 문화를 가진 사람들이 점점 많이 혼재하는 오늘날에는 거의 모든 나라에 적용 가능하다. 이는 몇 가지 통계만 보아도 쉽게 이해할 수 있다. 먼저, 국제이민자는 2010년에는 2억 1,400만 명이었지만 2017년에는 2억 5,800만 명이었고 2050년에는 4억 명으로 늘어날 전망이다. 다음으로, 유럽과 중앙아시아에 사는 이민자는 2005년 6,750만 명에서 2010년 7,260만 명으로 늘어나 유럽 전체 인구의 8.7%를 차지했다. 마지막으로, 암스테르담, 브뤼셀, 프랑크푸르트, 런던에는 외국 태생이 전체 인구의 4분의 1을 넘고, 런던, 스톡홀름, 토론토, 뉴욕, 암스테르담에는 300개 이상의 언어 집단이 살고 있다. 따라서 '인구-서술적' 의미에서의 다문화주의는 실패했다고 말할 수 없고(Cantle, 2013: 75), 오히려 점점 더 설득력을 얻고 있다.

다음으로, 다문화주의를 **이념-규범적**(ideological-normative)으로 사용한다는 것은 이 주의를 다양한 문화 집단들의 위상에 대한 윤리적-철학적 고려를 촉구하는 구호로 사용하는 것을 말한다. 이때 다문화주의는 민족적 다양성을 인정하고, 민족 고유의 문화를 유지할 수 있는 권리를 보장하고, 다문화주의를 사회 전체를 위한 풍요로움이라는 사실을 강조한다. 이것은 캐나다에서의 "민족이나 문화가 다른 집단들 간의 평등과 상호존중이라는 이상"과 그 맥을 같이한다.

---

5 http://www.unesco.org/most/pp4.htm

이러한 이상으로서의 다문화주의는 미국에서 출현했다. 거기에는 동화주의의 한계, 문화복수주의의 부상, 문화인류학 이론 등의 영향이 있었다. 이 중에서 동화주의의 한계는 앞에서 이미 언급하였으니 여기서는 생략하고 문화복수주의와 문화인류학에 대해서 좀 더 자세히 알아보기로 하자. **문화복수주의**(cultural pluralism)는 19세기 말 미국에서 실용주의 운동(pragmatism movement)의 일부로 시작되었다. 20세기 초반 C. Peirce, W. James, G. Santayana, H. Kallen, J. Dewey, W. Du Bois, A. Locke 등은 문화복수주의라는 개념을 더욱 발전시켰다. 이 중에서 철학자이자 심리학자인 W. James는 *Pluralistic Universe*(1909)에서 복수주의를 "더 좋고 더 평등한 사회를 위한 철학적, 사회적 인문주의의 형성에 결정적인 것"[6]으로 보고 '복수적 사회(plural society)'를 옹호했다. 유태계 미국 철학자 H. Kallen(1924)은 미국인들이 한 집단에서 다른 집단으로 자유스럽게 옮겨 다니면서 다양한 문화 속에 살 수 있다고 믿었고, 복수주의를 미국의 '매력'이자 '힘'이라고 역설했다. 하지만 그가 말하는 문화복수주의는 용광로 모형과 마찬가지로 아프리카계, 아시아계, 라틴계 미국인과 미국 원주민의 문화는 포함하지 않았다. 1930년대 일부 학자들이 점진적으로 이루어지는 좀 더 인간적인 동화를 위해 이민자의 문화적 차이를 용인하자고 주장하자 문화복수주의는 다시 힘을 얻었고 이것이 '다문화주의'로 이어졌다(Ramsey & Williams, 2003: 10). 한편, 다문화주의는 미국의 **문화인류학**으로부터 큰 영향을 받았다(Meunier, 2007: 14). 미국의 문화인류학은 F. Boas와 그 제자들에 의해 크게 발전했는데, 이들은 특히 두 가지 현상에 큰 관심을 보였다. 하나는 전 세계에 나타나는 문화의 다양한 형태고, 다른 하나는 문화가 개인을 형성하고 지배하는 방식이었다. R. Benedict와 M. Mead는 특히 '맥락(context)' 개념을 강조했다. 이들에 의하면, 문화는 개인의 행동을 이해하게 하는 맥락이고, 지리와 역사는 문화들 간의 차이를 이해하게 하는 맥락이다. 이들은 지역적 맥락과 문화다양성을 강조하면서 문화상대주의(cultural relativism)를 내세웠다.[7] 문화상대주의[8]는 개인의 신념이나 행동을 그의 고유한 문화 속에서 이해해야 한다는 것이다. 이 주의의 입장은 '도덕상 상대주

---

6 https://en.wikipedia.org/wiki/Multiculturalism
7 https://en.wikipedia.org/wiki/American_anthropology
8 *Oxford English Dictionary*에 의하면, 이 단어는 미국 철학자이자 사회이론가인 A. Locke가 1924년에 R. Lowie의 '지나친 문화상대주의'를 서술하기 위해서 사용한 것으로 알려져 있다.

의'와 '인식상 상대주의'로 나눌 수 있다. '도덕상 상대주의'는 어떤 신념이나 행동의 옳고 그름이나 좋고 나쁨은 특정 문화적 맥락에서 규정된 가치체계에 따라 판단해야 한다는 것이다. '인식상 상대주의'는 인간이 현실을 분류하고 조직화하는 방식은 문화에 의해 결정되기 때문에 인간의 사고방식은 문화적 배경에 따라 상대적으로 파악되어야 한다는 것이다. 이 두 가지 입장이 공통적으로 함축하고 있는 것은 인종이나 민족들이 가진 능력이나 도덕적 가치에는 본질적으로 치이가 없다는 관용적, 평등적 시각 그리고 특정 문화의 가치와 인간의 인식은 보편적, 절대적 기준에 의해서 판단될 수 없다는 다원주의적 시각이다. 이렇게 볼 때 문화상대주의는 앞서 언급한 "민족이나 문화가 다른 집단들 간의 평등과 상호존중이라는 이상"을 달성하는 데 도움을 줄 수 있다. 문화상대주의는 어느 한 문화가 다른 문화보다 더 우월하다는 문화절대주의를 부정하고 주류집단의 민족중심주의를 거부한다. 하지만 문화상대주의를 지나치게 내세우면 여러 가지 문제가 생길 수 있다. 먼저, 극단적인 '도덕적 상대주의'는 명예 살인이나 할례와 같이 인간의 존엄성 차원에서는 용납하기 어려운 것까지 용인하게 하여 마침내 '윤리적 백치'(유명기, 1993: 39) 상태를 조장할 수 있다는 것이다. 다음으로, 극단적인 '인식상 상대주의'는 문화집단 간의 개념이나 인식 명제의 비통약성(非通約性)을 상정하고 보편적 이성이나 합리성의 존재를 부정하고 궁극적으로는 다른 문화에 대한 이해를 불가능하게 만든다는 것이다(유명기, 1993: 43). 이러한 상대주의는 문화들 간의 환원 불가능성(Meunier, 2007: 14)을 전제하고 각 문화는 그 단일성 속에 보존되어야 한다고 본다. 극단적인 문화상대주의는 문화가 그 문화를 가진 개인의 신념과 행동을 결정한다고 봄으로써 개인의 자율성을 무시하거나 부정한다. 이러한 문화상대주의는 다문화주의로 하여금 개인보다는 집단을 우선시하고, 한 집단의 문화를 정태적인 것으로 보게 한다.

　　마지막으로 **계획-정치적**(programmatic-political) 차원의 다문화주의는 민족적 다양성에 대한 대답이나 이 다양성을 관리하기 위해 구상된 특별한 계획과 정책을 가리킨다. 이러한 의미의 다문화주의는 캐나다에서 시작하여 영미권에 널리 확산되었다. 다문화주의를 최초로 공식정책으로 천명한 캐나다의 경우, 1965년 왕립이중언어주의·이중문화주의위원회가 기존의 이중문화주의를 다문화주의로 전환할 것을 제안했고, 1971년 연방정부가 이것을 받아들여 공식정책으로 천명하고 1982년 헌법에 명문화했다. 1973년까지 백호주의(White Australia)를 표방해 온 오스트레일리아는 캐나다 다문화주의를 본떠 1978년부터 1989년 사이에 많은 다문화주의 조치를 취했고, 1989년에는 '다문화오스트레일리아국가계획(National Agenda for a Multicultual Australia)'까지 발표했다. 영미권은 아니지만, 스웨덴은 1975년 민족정체성과 스웨덴정체성 중에 하나를 자유롭게 선택하고, 다수집단과 소수집단이 평등한 생활수준을 누리게 하고, 경제적 생산성을 높이는 원만한 노사관계를 유도하는 등 적극적인 다문화주의 정책을 실시했다. 앞서 살펴본 이 세 나라는 문화적 특수성과 경제생활에의 참여를 밀접하게 연결시킨다. 프랑스 사회학자 M. Wieviorka(1998: 238)는 이를 '통합적 다문화주의(multiculturalisme intégré)'라고 부른다. 이와는 달리, 미국에는 소수집단이나 여성집단을 위한 할당제와 차별시정조치를 실시하여 사회적 평등을 실현한다는 사회·경제적 논리와 민족적 특수성을 보장하는 권리나 우선권을 통해 문화적 차이를 인정한다는 문화적 논리가 분리되어 있기 때문에 '분할적 다문화주의(multiculturalisme écarté)'라 불린다.

M. Wieviorka,
프랑스 사회학자,
국제사회학회 16대 회장

이 네 나라의 경우에서 보다시피, 정책으로서의 다문화주의는 각국의 역사와 여건에 따라 다양한 형태로 나타난다. K. Banting & W. Kymlicka(2006: 56–57)는 다음과 같은 여덟 가지 기준을 통해서 이 다양한 형태를 좀 더 자세히 살펴보았다.

① 중앙정부, 지방정부, 시 차원에서 헌법상 또는 법률상 다문화주의 천명
② 학교 교육과정 내 다문화주의 채택
③ 대중매체나 대중인허가에 민족적 표상·감수성 포함
④ (법규나 판례에 의해) 복장규정 예외, 일요일 휴무 법제화 등
⑤ 이중국적 허용
⑥ 민족단체의 문화활동 지원
⑦ 이중언어교육 또는 모어교육 지원
⑧ 불리한 이민집단을 위한 차별시정조치

K. Banting & W. Kymlicka는 이 정책들 중 하나를 온전히 실행하면 1점을, 부분적으로 실행하면 0.5점을, 전혀 실행하지 않으면 0점을 부여하고, 그것을 합산해 6~8점이면 '**강한 다문화주의**(strong on multiculturalism)', 3~5.5점이면 '**중간 다문화주의**(modest on multiculturalism)', 0~2.5점이면 '**약한 다문화주의**(weak on multiculturalism)'로 분류한다. 두 사람은 2010년 이 기준을 적용하여 각국의 다문화주의 정책을 조사해 보았는데, 그 결과 오스트레일리아, 캐나다, 핀란드, 스웨덴은 '강한 다문화주의'를 보였고, 벨기에, 아일랜드, 노르웨이, 포르투갈, 스페인, 영국은 '중간 다문화주의'를 보였으며, 오스트리아, 덴마크, 프랑스, 독일, 그리스, 이탈리아, 네덜란드, 스위스는 '약한 다문화주의'를 보였다.

유럽의 평균은 3.1로 나타났는데, 이는 유럽에서는 다문화주의 정책이 그리 많이 실시되지 않고 있음을 말해 준다. 실제로 유럽

각국의 다문화주의 점수

국가	다문화주의 점수
오스트레일리아	8
오스트리아	1.5
벨기에	5.5
캐나다	7.5
덴마크	0
핀란드	6
프랑스	2
독일	2.5
그리스	2.5
아일랜드	3
이탈리아	1
네덜란드	2
노르웨이	3.5
포르투갈	3.5
스페인	3.5
스웨덴	7
스위스	1
영국	5.5

출처: K. Banting & W. Kymlicka(2012), M. Barrett(2013: 18)에서 재인용

에서 스웨덴(7), 핀란드(6), 영국(5)을 제외하면 모든 나라가 '약한 다문화주의'나 '아주 약한 중간 다문화주의' 정책을 실시하고 있다. 여기에는 유럽평의회나 유럽연합의 영향이 큰 것 같다. 특히 유럽평의회는 지난 50년간 상호문화주의를 강조해 왔고, 다문화주의에서 상호문화주의로 전환할 것을 지속적으로 촉구하고 있다.

한편, 다문화주의 정책은 한 국가 내에서 시간과 함께 변할 수 있다. 캐나다의 경우, 1970년대에는 문화에 초점을 맞추고

K. Banting,
캐나다 퀸즈 대학
비교정치학 교수

W. Kymlicka,
캐나다 퀸즈 대학
정치철학 교수

민족적 차이를 옹호하는 '민족적 다문화주의(ethnic multiculturalism)' 양상을 보였다. 이때의 주된 문제는 편견이었기 때문에 정책의 초점을 개인이 문화적 감수성을 발달시켜 다양성을 인정하게 하는 데 맞추었다. 1980년대에는 인종관계와 경제적 참여 장벽 제거를 강조하는 '공정 다문화주의(equity multiculturalism)'로 옮겨 갔다. 이때 최대의 문제는 차별이었다. 그래서 정책의 초점을 고용의 공정과 문화적 적응에 맞추었다. 1990년대에는 건설적 참여, 공유된 시민성, 소속감을 강조하는 '시민적 다문화주의(civic multiculturalism)'가 대두했다. 이때의 주된 문제는 사회적 배제였다. 이에 대해 캐나다는 참여와 포괄(inclusiveness)이라는 처방을 내렸다. 2000년대에는 상이한 민족과 종교로 인한 갈등이 심해지자, 종교적 감수성 그리고 권리와 책임을 강조하는 '통합적 다문화주의(integrative multiculturalism)'로 옮겨 갔다.

── 다문화주의의 정당화

다문화주의는 20세기 후반의 정치, 사회, 경제, 문화에 상당한 영향을 미쳤다. S. Song(2010)[9]은 이 다문화주의가 다음과 같은 세 가지 차원에서 '정당화'될 수 있다고 말한다.

다문화주의에 대한 첫 번째 정당화는 **공동체주의자**들의 자유주의(liberalism)에 대한 비판에서 찾을 수 있다. 자유주의자들은 개인이 행복한 삶을 자유롭게 선택하고 추구할 수 있어야 한다고 보고, 개인의 권리와 자유를 집단적인 공동체 생활보다 우선시한다. 이에 반해, 공동체주의자들은 사회적 재화를 '더 이상 줄일 수 없는 사회적'(Taylor, 1995)인 것이라 생각하고 사회적 재화의 가치가 개인적 행복에 기여하는 것으로 축소될 수 있다는 견해를 거부한다. 이들의 견해는 다문화적 '인정의 정치(politics of recognition)'(Taylor, 1992)의 기초를 이룬다. 다양한 문화적 정체성과 언어들은 '더 이상 줄일 수 없는' 사회적 재화들이고 이 재화들은 모두 똑같이 가치 있는 것으로 여겨진다. 이러한 공동체주의적 관점은 다수집단의 문화와 소수집단의 문화를 동등하게 보고 소수집단의 문화에 특별한 권리를 부여한다는 점에서 긍정적으로 평가할 수 있다. 하지만 집단을 개인보다

---

9 http://plato.stanford.edu/entries/multiculturalism/

우선시함으로써 개인의 자율성을 무시하고 개인을 집단에 종속시켜 이해하려는 한계를 보인다.

다문화주의의 두 번째 정당화는 **자유주의적 평등주의**(liberal egalitarian) 내에서도 찾을 수 있다. W. Kymlicka(1989, 1995, 2001)는 자율성과 평등성에 기초하여 가장 영향력 있는 다문화주의 이론을 발전시켰다. 그에 따르면, 문화는 다음과 같은 두 가지 측면에서 개인에게 유용한 도구가 된다. 첫째, 다양한 문화는 개인의 자율성을 신장시킨다. 개인의 자율성이 신장되려면 선택의 여지가 있어야 하는데, 다양한 문화들은 이 선택의 여지를 넓혀 준다는 것이다. 둘째, 문화는 개인의 자존감 형성에도 큰 역할을 한다. 한 문화 속에서 성장한 개인은 자신의 문화를 쉽게 버리지 못한다. 이것이 사실이라면, 개인의 자존감을 유지시켜 주기 위해서는 개인이 자기 문화를 포기하지 않도록 해야 한다. W. Kymlicka는 소수집단 구성원은 자신의 문화를 스스로 유지하기 어렵기 때문에 이에 대한 특별한 지원조치가 필요하다고 주장한다. 물론 이런 조치를 실행하기 위해서는 집단의 특성을 잘 고려해야 한다. 국내 소수민족들(national minorities)에게는 그들의 권리를 최대한 보장해 주어야 한다. 왜냐하면 소수민족이라는 지위는 그들이 선택한 것이 아니라 국가 속에 병합되는 과정에서 생긴 것이기 때문이다. 이와는 달리, 이민자들 또는 민족집단들(ethnic groups)은 스스로 이민해 온 사람들이기 때문에 그들의 권리는 어느 정도까지만 보장해 주면 된다. 이들은 대개 보다 넓은 사회 속에 통합되기를 원하고 그 온전한 구성원이 되길 원한다.

다문화주의의 세 번째 정당화는 **탈식민주의적**(postcolonial) 경향에서 찾아볼 수 있다. 최근 일부 학자들은, 부족의 주권은 단지 부족의 문화와 구성원의 가치를 존중한다는 차원만이 아니라 그들의 의사에 반해 자행된 역사적 불의를 보상한다는 차원에서도 강조되어야 한다고 주장한다. 원주민의 주권을 옹호하는 사람들은 원주민의 주권 부정, 그들의 영토의 몰수, 그들의 문화적 관행의 파괴라는 역사적 행위를 고려하여 원주민들이 내세우는 주장을 이해하는 것이 중요하다고 강조한다. 또 탈식민주의적 관점은 문화적으로 다른 언어와 행동 방식을 인정하는 정치적 대화를 지지한다.

다문화주의에 대한 비판

이런 세 가지 정당화에도 불구하고 다문화주의는 많은 비판을 받아 왔다. 2010년 10월 A. Merkel 독일 총리는 다문화주의가 '완전히 **실패**'했다고 천명했고, 2011년 2월 D. Cameron 영국 수상은 다문화주의가 집단 정체성을 약화시키는 '실패한' 정책이라고 비판했으며, 같은 달 N. Sarkozy 프랑스 대통령은 다문화주의가 이민자의 정체성을 지나치게 강조하여 '실패'했다고 주장했다. 물론 이러한 견해에 동의하지 않는 사람들도 많다. 그중 한 사람인 T. Cantle(2013: 75)에 따르면, 독일 총리는 다문화주의의 '완전한 실패'라는 말을 통해서 터키, 아랍과 같은 다른 문화권에서 온 사람들을 통합시키기가 어렵다는 것을 말하고자 했고, 영국 수상은 '국가 다문화주의'의 실행상의 실패에 초점을 맞추었지만 그의 연설의 대부분은 이슬람 공동체에 관한 것이었으며, 프랑스 대통령 역시 다문화주의의 실패를 선언했지만 이 실패는 거의 대부분 이슬람 공동체와 관련된 것이었다. 따라서 다문화주의가 완전히 실패했다고 말하기보다는 '인구 – 서술적' 차원에서의 다문화주의는 늘 유효하고, '이념 – 규범적' 차원에서의 다문화주의는 약간의 문제를 보이고, '계획 – 정치적' 차원의 다문화주의는 많은 문제를 보인다고 하는 것이 적절해 보인다.

다문화주의를 비판하는 학자들도 많다. 그중 한 사람인 프랑스 교육학자 M. Abdallah – Pretceille(1999: 24)는 미국의 다문화주의의 한계를 다음과 같이 지적한다. ① **소속집단을 우선시**한다. 다문화주의는 개인을 집단의 구성요소로, 개인의 행동이 소속집단에 의해서 결정되는 것으로 본다. 이 주의는 집단의 정체성을 개인의 정체성보다 우선시하고, 집단의 민족적, 종교적, 성적 차이점을 최대한 인정한다. 이 주의는 이러한 차이점들을 합하고 집단을 나란히 놓아 일종의 모자이크형 사회를 구성한다. 이때 집단은 동질적이라고 여겨지기 때문에 내적 다양성은 무시된다. 이렇게 되면 문화나 집단이 보여 주는 다양한 형태와 변화는 은폐된다. ② **차이의 공간화**이다. 다문화주의는 중국인 구역, 그리스 구역, 한국인 구역 등 동질적이라고 여겨지는 사회적, 지리적 공간을 만들고 그 안에서 민족의 문화를 유지하고 발전시

M. Abdallah-Pretceille,
프랑스 파리 8대학
교육학 명예교수

키라고 말한다. 그래서 이 주의는 차이만큼이나 많은 공간을 만들어 낸다. 이렇게 민족마다 고유한 공간을 만들면 자연히 경계가 만들어지고, 이는 다른 민족을 배제하는 결과가 된다. 차이를 최대한 인정하는 다문화주의는 집단의 공존과 공생의 구조에 멈춘다. 이러한 구조화는 갈등을 유발할 수 있는데, 그 이유는 민족들 간의 불평등한 관계 문제는 여전히 그대로 남아 있기 때문이다. ③ 각자의 권리를 보장하는 특수하고 **정교한 법률을 제정**한다. 민족적, 성적, 종교적 소수자의 권리를 보장해 주기 위해 할당정책, 차별시정조치와 같은 정교한 법률을 제정한다. 따라서 집단들 간의 관계는 (흑인, 여성 집단과 같은) 어느 집단이 (백인, 남성 집단과 같은) 다른 집단에 대해서 가지는 권리에 기초해 설정된다. ④ **문화 상대주의를 최대한 인정**한다. 문화상대주의는 모든 문화적 요소는 그것을 둘러싼 맥락에서 살펴보고 판단해야 한다는 것으로, 문화절대주의와 민족중심주의적 문화관을 거부한다. 이러한 문화상대주의는 대개 긍정적으로 여겨지지만, 그것을 극단적으로 밀고 나가면 인권과 같은 인류의 보편적 차원을 침해할 수 있다. ⑤ **공공장소에서 차이점을 표현**한다. 이렇게 공공장소에서 차이점을 드러내는 것은 차이점을 인정하는 가장 좋은 방법으로 여겨진다. 학교나 공공기관은 문화적 차이점을 표출하고 그것을 사회적으로 가시화해야 한다.

M. Barrett,
영국 서리 대학
심리학과 교수

영국 심리학자 M. Barrett(2013: 22)는 **다문화주의의 한계**를 다음과 같이 지적한다. ① 다문화주의는 각 문화 공동체 구성원들이 자기 공동체에 고립된 상태로 살아가게 하여 다른 문화공동체 구성원들과의 **접촉과 상호작용을 최소화**하고 상호 무지와 불신을 조장한다. ② 다문화주의는 **집단정체성과 공동의 가치를 약화**시켜 국가정체성과 국가에 대한 충성심을 소홀히 한다. 이것은 국가를 발칸화(balkanization)할 위험이 있다. 상호문화주의는 공유라는 개념을 강조하지만 다문화주의는 이 개념을 반드시 전제하지 않는다. 일부 학자들은 바로 이 점에서 다문화주의와 상호문화주의를 구분하기도 한다. ③ 다문화주의는 (여성할례, 강제결혼, 여성예속과 같이) **윤리적으로 용인할 수 없는 소수집단의 관행까지 지원**하고 권장한다. 이것은 문화상대주의를 맹신한 자연스러운 결과이며, 이 맹신은 인류보편성을 간과하게 만든다. ④ 다문화주의는 다수집단에 대해 반감을 가진 **소수집단 청소년들이 시**

민생활을 교란하는 폭동에 참여하도록 만든다. 다문화주의는 다수집단과 소수집단들의 평화로운 공존만 강조할 뿐 두 집단 사이에 존재하는 불평등의 문제를 근본적으로 다루지 않기 때문에 소수집단의 청소년은 그만큼 성공하기가 어렵고 그 결과 범죄집단의 유혹에 넘어가기 쉽다. ⑤ 다문화주의는 이슬람 청소년들이 **종교적 원리주의, 극단주의, 테러주의에 빠지게** 만들 수 있다. 이슬람 청소년들은 대개 이민수용국에서 소수집단에 속하고 웬만해서는 다수집단 속으로 들어가기 어렵다. 이들은 자연히 사회에 대해서 불만을 가지게 되고 그러면 이슬람국가(IS)와 같은 테러단체에 가입하기 쉽다. ⑥ 다문화주의는 **단 하나의 고정된 공동체라는 문화관에 근거**하여 문화적 차이를 제도화한다. 이 경우 각 공동체는 그 구성원 모두가 공유하는 명확히 식별되는 일련의 신념과 관행으로 특징지워지는데, 이러한 문화관은 사회집단이 유동적, 이질적, 내부 경쟁적, 가변적이라는 사회적 현실을 무시한다. ⑦ 다문화주의는 다문화주의에 대한 그 어떤 비판도 '인종주의적'이라고 몰아붙여 **이민, 인종, 민족과 관련된 사회문제에 대한 솔직한 논의를 불가능**하게 한다. 따라서 다문화주의가 주류 담론인 상황에서 이를 비판하기 위해서는 상당한 용기가 필요하다(엄한진, 2011: 122).

3. 상호문화주의

상호문화주의는 소수자의 권리를 무시하는 1960년대까지의 동화주의를 거부하고, 분열을 조장하고 사회적 응집력을 해치는 1970년대 이후의 다문화주의를 거부하며, 균형과 공정을 내세우는 **중도**(middle path) **모형**으로 1980년대 출현했다.[10](Bouchard, Cantle, 2013: 82에서 재인용).

G. Bouchard, 캐나다
퀘벡 아 쉬쿠티미 대학
소속 사회학자

10 2005년 바르샤바에서 열린 유럽평의회 국가정부정상회담에서 47개 회원국은 민족 간 또는 문화 간 관계를 다루는 최상의 모형에 대해 똑같은 합의를 한 바 있다. 즉, 분열을 조장하고 사회적 응집력을 악화시키는 것으로 여겨진 다문화주의를 거부하고, 동화주의와 이 주의가 수반하는 개인적 권리의 훼손을 거부하고, 균형과 형평성의 모형 또는 중도의 모형으로 상호문화주의를 권장하였다.

─── 상호문화주의의 어원과 역사

'상호문화주의(interculturalism)'란 용어는 동화주의나 다문화주의라는 용어에 비하면 여전히 생소한 용어다. 이 용어는 *Online Etymology Dictionary*에 아직 등록조차 되지 않았다. *Oxford Dictionaries*는 이 단어의 어간인 intercultural을 "문화들 간에 일어나는 또는 다양한 문화들로부터 생기는"이라고 정의한다.

상호문화주의는 캐나다와 유럽에서 출현하였다. 먼저, **캐나다**는 1960년대까지 동화주의를 실시했다. 1910년 이민법은 캐나다 정부가 자국문화에 동화되기 어려운 사람들을 거부할 수 있게 했다. 1923년 캐나다는 선호하는 국가의 이민자와 그렇지 않은 국가의 이민자를 차별할 수 있었는데, 이런 차별정책은 1962년까지 지속되었다. 1960년대 퀘벡에서 민족주의가 부상하자, 캐나다는 왕립이중언어주의·이중문화주의위원회를 구성하여 영어권과 프랑스어권이라는 두 개의 다수문화로 이루어진 캐나다 사회에 대해서 진지하게 연구하게 하였다. 이 위원회는 캐나다에는 이 두 개의 다수문화 이외에도 여러 문화들이 존재한다는 결론을 내렸다. 1971년 P. Trudeau 총리는 캐나다에는 두 개의 공식어는 존재하지만 그 어떤 공식문화도 존재하지 않는다고 말하며 다문화주의를 공식화했다. 이렇게 연방정부가 다문화주의를 공식화하자 퀘벡주 사람들은 이에 반발하고 나섰다. 이 반발의 주된 이유는 다문화주의가 퀘벡과 거기에 사는 프랑스어권 사람들을, 영어권 사람들과 구분되는 사회와 민족집단이 아니라 캐나다에 살고 있는 여타 다른 문화집단들과 동일하게 취급한다고 여겼기 때문이다. 다시 말해, 연방정부의 다문화주의는 퀘벡 사람들이 스스로의 정체성을 형성하고 유지할 수 있는 능력이 없다고 인정하는 것으로 여겨졌다. 다문화주의에 대한 거부와 프랑스어권 문화적 자부심은 상호문화주의라는 독특한 통합정책을 출현시켰다. 퀘벡주의 상호문화주의는 공유된 정체성을 통한 일체성(unity) 유지와 여러 문화에 대한 인정 사이의 균형을 추구하는 것이다(Gagnon, 2000: 15). 이 주의의 핵심은 퀘벡의 프랑스어 공동체와 여러 문화 공동체들 간의 상호작용이라는 이상이다. 이 이상은 퀘벡 사람들이 이민자들을 환대하고 이민자들이 이 사회의 공동 가치를 존중하고 이 사회에 통합되고자 하는 의지를 가지는 것을 전제로 한다. 따라서 성공적인 통합은 정주민과 이주민 모두의 노력을 요구한다. 하지만 퀘벡주의 상호문화주의는 아직까지도 공식정책이 아니라, 공식문서와 학교 교육을 통해 나타날 뿐이다(Nugent, 2006).

유럽의 상호문화주의, 특히 **프랑스의 상호문화주의**는 프랑스의 독특한 공화국 이념과 철학에서 비롯되었다. 프랑스 사회학자 D. Schnapper가 지적하듯이, 프랑스는 '모든 (민족적, 종교적, 문화적) 소속을 초월하는 시민의 집합'임을 자처한다. 이를 위해 프랑스는 공화국 이념과 가치들을 중심으로 '중립적 공간'[11]을 의도적으로 만들어 통합을 추구한다. 이런 의미에서 캐나다나 영국의 공동체 정치와는 달리, 프랑스는 개인을 어느 특정 공동체에 속하는 사람이 아니라 온전한 프랑스 시민으로 여긴다. 그래서 프랑스 학교는 학생들에게 공화국 가치를 가르치고 그들의 다양한 소속들은 고려하지 않는다. 이 학교는 공화국

D. Schnapper,
프랑스 사회학자,
전 헌법평의회 위원

의 가치를 가르치는 '중립적 공간'이어야 한다. 실제로 프랑스 공화국 이념은 개인과 국가 사이에 그 어떤 중개집단도 존재할 수 없다고 본다. 그리고 정당의 복수주의나 개인의 복수주의는 인정하지만, 민족집단의 문화복수주의는 인정하지 않는다. 프랑스는 소수자나 공동체와 관련된 권리를 일체 인정하지 않는다. 이는 그 어느 누구도 다수도 아니고 소수도 아니라고 여기기 때문이다. 따라서 프랑스는 소수자나 공동체를 인정하는 정치적 다문화주의를 거의 고려하지 않는다.

---

11 1989년 9월 18일 프랑스 와즈(Oise)의 소도시 크레이(Greil) 소재 가브리엘-아베즈(Collège Gabriel-Havez) 중학교에서 이슬람 히잡 사건이 일어났다. 이 학교 쉐니에르(E. Chénière) 교장은 모로코 출신 14세 파티마 아샤분(Fatima Achahboun), 한 살 아래 동생 레일라(Leïla), 동생의 친구 사미라 사이다니(Samira Saïdani)가 수업시간에 히잡을 벗지 않자 이들을 "무종교성 존중이라는 이름으로" 퇴학시켰다. 이 사건은 처음에는 지역적 사건으로 끝나는 듯했으나, 프랑스의 주요 일간지 리베라시옹(Libération)이 "히잡 착용이 크레이 중학교의 무종교성과 충돌하다"라는 제목의 기사를 내보내면서 전국적 사건으로 확산되었다. 프랑스 혁명 200주년의 축제를 막 끝낸 프랑스는 무종교성의 옹호와 개인의 자유 혹은 톨레랑스(tolérance)라는 이름으로 양분되었다. 이후 수많은 정치적 논의가 이어졌고, "종교적 상징물을 학교 내에서 드러내는 것을 금지"하는 법안이 2004년 2월 프랑스 하원, 2004년 3월 프랑스 상원에서 채택되면서 일단락되었다. 교육부는 같은 해 5월, 신학기부터 학생들이 지켜야 할 <시행세칙>을 발표했다.

—— 상호문화주의의 특징과 정책

M. Barrett(2013: 28−29)에 따르면 **상호문화주의의 특징**은 다음과 같이 요약될 수 있다. ① 문화다양성과 복수주의에 가치를 부여한다. ② 사회적 포용과 통합을 강조한다. 여기서 통합은 소수집단과 다수집단의 쌍방(two−way) 적응 과정을 의미한다. ③ 소수집단이 종종 겪는 정치적, 경제적, 사회적 불평등을 시정하고자 한다. ④ 교류, 상호작용, 상호문화대화를 강조한다. 여기서 '상호문화대화'[12]는 문화적으로 다른 배경을 가진 개인과 집단들 간의, 평등에 기초한 개방되고 정중한 관점의 교환을 말한다. ⑤ 공유된 보편적 가치에 기초한 강한 응집력을 가진 사회를 만들고자 한다. 유럽평의회는 인권, 민주주의, 법치주의를 공유된 보편적 가치로 제안한다. ⑥ 모든 시민이 교육을 통해 상호문화역량을 신장할 것을 제안한다. 여기서 상호문화역량은 개방적 태도, 공감, 다관점성, 인지적 유연성, 의사소통적 인식, 새로운 환경에의 적응, 언어학·사회언어학·담화론적 기술 등을 포함한다. 이 역량은 저절로 길러지는 것이 아니므로 초·중등교육에서 상호문화교육을 실시해야 한다. 시민단체, 공동체, 대중매체 역시 개인의 상호문화역량 신장에 협조해야 한다. ⑦ 상호문화대화와 상호작용을 권장하는 기구와 정책을 마련할 것을 제안한다. ⑧ 문화적 배경이 다른 사람들에 대한 증오와 불관용을 부추기는 개인, 집단, 정치조직에 맞설 것을 제안한다. 상호문화주의는 모든 형태의 인종주의와 외국인혐오증과 맞서는 데 사회 전체가 참여할 것을 요구한다. ⑨ 소수집단은 다수집단의 언어를 배우고 다수집단은 소수집단의 언어교육을 지원하여, 모든 사회구성원이 다중언어능력을 신장시킬 것을 제안한다. 소수집단이 자신의 언어를 사용하게 하는 것은 기본적 인권일 뿐만 아니라 사회를 더 풍요롭게 하는 원천이 될 수 있기 때문이다. ⑩ 상호문화대화를 위한 공간을 마련할 것을 제안한다. ⑪ 권력과 영향력을 가진 사람들이 지도력과 상호문화적 전망을 가질 것을 요구한다. ⑫ 상호문화대화를 개인, 공동체, 조직, 기관, 국제적 차원에서 실시할 것을 요구한다.

상호문화주의 정책들은 위에서 열거한 특징들로부터 나오는데, 여기에는 다

---

12 상호문화주의와 상호문화대화는 구분해야 한다. 이 둘은 종종 동의어처럼 쓰이지만 상이한 개념이다. 상호문화대화는 타인에 대한 이해와 공감을 강화하는, 상호문화주의의 도구다.

음과 같은 것들이 포함된다.

① 합리적인 협상(accommodation) 수단의 실행
② 고용을 통한 포용정책 실시
③ 교육을 통한 포용정책 실시
④ 이민자가 시민권을 쉽게 취득하게 해 줌으로써 시민적 참여 권장
⑤ 모든 형태의 차별, 증오, 불관용에 대한 투쟁을 법제화함
⑥ 학교, 직장, 공동체에서의 상호문화대화, 상호작용, 교류 권장
⑦ 상호문화역량을 신장시키기 위해 공교육 체제 내 상호문화교육 실시
⑧ 상호문화대화를 권장하고 상호문화교육을 실시하는 시민단체 지원
⑨ 공공기관, 교육단체, 시민단체, 대중매체 종사자 대상 상호문화연수 실시
⑩ 소수집단과 이민집단에게 다수집단 언어교육 실시
⑪ 소수집단의 언어교육 및 지원
⑫ 모든 사람을 위한 외국어교육 실시
⑬ 도시 계획자와 건축자가 상호문화적 만남과 대화의 공간을 조성하도록 함
⑭ 개인이 문화적 경계를 넘어서 상호작용하고 상호문화대화에 참여하도록 공공정보 확산

이처럼 상호문화주의는 개념적 차원에서는 어느 정도 정립되었지만, "정책 개발 차원에서 그 잠재력을 완전히 보여 주지는 못했다"(Cantle, 2013: 84). 하지만 많은 사람들은 상호문화주의가 내일을 위한 문화 '패러다임'이 될 것이라고 믿고 있다.

다문화주의와 상호문화주의의 관계

지난 10년 전부터 '다문화주의'라는 용어는 정치 및 정책 담론에서 점점 후퇴하고 있고 그 대신에 '다양성 관리'나 '상호문화주의'라는 용어들이 점점 많이 사용되고 있다(Barrett, 2013: 22). 실제로 최근 몇 년간 상호문화주의를 향한 움직임은 가속되고 있다. 특히 유럽평의회는 2008년에 *White Paper on Intercultural Dialogue*를 발간해 이 주의를 적극 권장하고 확산시키고 있다. 이와 관련해 한

가지 주목할 것은 이렇게 문화다양성을 관리하는 두 가지 모형, 즉 다문화주의와 상호문화주의가 혼재하면서 이 둘의 관계를 두고 새로운 논쟁이 벌어지고 있다는 것이다. 이 **논쟁**의 핵심은 이 두 모형이 같은 것인가 다른 것인가 하는 것이다. M. Barrett가 2013년에 출간한 *Interculturalism and multiculturalism: similarities and differences*는 이러한 논쟁을 잘 보여 준다.

N. Meer,
스코틀랜드 에든버러
대학 사회정치학과 교수

T. Modood,
영국 브리스톨 대학
사회정치 공공정책학과
교수

먼저, S. Vertovec & S. Wessendorf(2010), N. Meer & T. Modood(2012), G. Levey(2012)와 같은 학자들은 이 두 주의가 근본적으로 **같은 것**이라고 본다. S. Vertovec & S. Wessendorf (2010)은 상호문화주의라는 용어가 다문화주의라는 용어를 대체할 수 있지만, 그 의미상 본질적인 차이는 없다고 말한다. N. Meer & T. Modood(2012: 175)의 주장은 좀 더 강하다. 이들에 따르면, 정치적 상호문화주의를 지지하는 사람들은 이 주의의 장점을 의사소통의 권장, 역동적 정체성의 인정, 통일성의 강조, 자유 제한적 문화적 실행에 대한 비판으로 내세우지만 이것들은 다문화주의도 다 강조한 것들이기에, 상호문화주의가 확연히 구별되는 다른 관점을 제시할 때까지 이 주의는 적어도 지적 차원에서는 다문화주의를 대체할 수 없고 단지 다문화주의를 보충하는 것으로 여겨져야 한다. G. Levey(2012)는 상호문화주의는 다문화주의가 많은 비판을 받아 '망신창이가 되었을' 때 "눈에 띄고 공적으로 팔려 나갈 수 있는 다른 상표"(2012: 223)일 뿐 기존의 다문화주의를 대체할 수 있는 철학적, 실행적 개념이라고는 보지 않는다.

다음으로, B. Maxwell et al.(2012), C. Taylor(2012), T. Cantle(2013)과 같은 학자들은 다문화주의와 상호문화주의가 본질적으로 **다른 것**이라고 주장한다. B. Maxwell et al.(2012)에 따르면, 다문화주의와 상호문화주의는 동화주의에 반대하고, 사회적 통합을 강조하고, 이민자들을 평등하게 대우하여 이들이 사회 속에 온전히 참여할 수 있도록 도와주고, 소수집단을 포용하는 비슷한 전략을 구사하고, 정부가 차별을 시정하는 데 나설 것을 요구하는 등 여러 공통점을 보이지만, "다문화주의에서 통합과 다양성 관리의 추구는 문화다양성의 권장과 가치

부여 자체를 정치적 목적으로 여긴다. 반대로, 상호문화주의는 새로운 시민의 통합을 대화, 상호이해, 상호문화적 접촉을 통해 공동의 사회 문화를 변형시키는 역동적이고 개방적인 과정으로 여긴다"(2012: 432)는 점에서 차이가 난다. C. Taylor는 '인정의 정치'(politics of recognition, 1992)를 강조하여 다문화주의의 대표적 학자처럼 여겨져 왔지만, 2012년에 쓴 'Interculturalism or Multiculturalism?'에서는 상호문화주의의 가능성과 필요성을 인정한다. 그는 다문화주의와 상호문화주의의 근본적인 차이가 강조점에 있다고 본다. 그에 따르면, 다문화주의는 차이의 인정을 강조하고 상호문화주의는 사회적 통합을 강조한다. "접두사

C. Taylor,
캐나다 맥길대학
철학과 명예교수

multi-는 다양성의 인정에 더 큰 비중을 두고, inter-는 통합에 더 큰 비중을 둔다"(p. 416). 이 주장을 뒷받침하기 위해 그는 캐나다의 다문화주의와 퀘벡의 상호문화주의를 예로 들면서, 퀘벡은 프랑스 조상 때문에 캐나다의 나머지 지역과는 상당히 다르므로 다른 전략이 사용되어야 했다고 본다. 그는 퀘벡에는 상호문화주의가 다문화주의보다 더 적합하다고 주장하였는데, 그 이유는 상호문화주의가 이 지역의 현안인 통합에 더 큰 비중을 두기 때문이다. 한편, T. Cantle은 두 개념을 가장 명확하게 구분하는 사람이다. 그에 따르면, 인종 개념에 입각한 다문화주의는 세계화로 인해 '대형다양성(super diversity)'을 보이는 현대사회에는 더 이상 적합하지 않기 때문에 "세계에 대한 더 넓은 시야를 가진 상호문화주의가 이제 다문화주의를 대체해야 하고, 지역과 국가를 가로지르는 변화를 이끌 새로운 긍정적 모형으로 개발되어야 한다"(Cantle, 2013: 70)고 주장한다. 그에 의하면 **"다문화주의는 과거고 상호문화주의는 미래다."**

T. Cantle,
영국 공동체응집연구소
(Institute of Community
Cohesion) 설립자

한편, **유럽평의회, 유네스코**와 같은 국제기구들도 다문화주의와 상호문화주의를 명확히 구분한다. 유럽평의회가 2008년에 발간한 *White Paper on Intercultural Dialogue*는 다문화주의의 한계와 상호문화주의의 잠재력을 다음과 같이 표현한다.

"**다문화주의**는 이제 많은 사람들로부터, 공동체 격리와 상호몰이해를 조장하고, 소수공동체 내 개인의 권리의, 특히 여권의 침해를 방치하는 것으로 여겨지고 있다. (...) 현대사회의 문화다양성은 경험적 사실로 인정되어야 한다. 하지만 몇 차례의 설문 결과에 의하면, 응답자들은 다문화주의를 더 이상 안전한 정책으로 여기지 않는다. 동화주의나 다문화주의는 그 어느 국가에도 예외적으로 그리고 전적으로 적용될 수 없다. 이 주의들의 요소들은 이 둘의 최상을 취해 새롭게 부상하는 **상호문화주의**적 패러다임의 측면들과 연결된다. 이 패러다임은 동화주의로부터 개인에의 초점을 차용하고, 다문화주의로부터 문화다양성의 인정을 차용한다. 그리고 여기에, 동등한 존엄성과 공유한 가치를 기초로 한, 통합과 사회적 결속에 결정적인 대화라는 새로운 요소를 추가한다"(p. 18).

Investing in Cultural Diversity and
Intercultural Dialogue

이 자료에 의하면, 다문화주의가 한 사회 내 존재하는 다양한 문화들을 인정하는 정책 접근방식이라면, 상호문화주의는 보다 역동적 정책 접근방식이다. 유네스코가 2009년에 발간한 *World Report: Investing in Cultural Diversity and Intercultural Dialogue* 역시 다음과 같이 말하면서 다문화주의의 한계와 상호문화주의의 잠재력을 강조하고 있다.

"1970년대부터 **다문화주의**적 정책들은 특히 교육, 정보, 법률, 종교, 대중매체 영역에서 다양성 속에서 평등성을 보장하는 주요 접근방식들 중 하나였다. 이러한 정책들은 문화고립주의로 나아가게 하는 등 많은 단점을 드러냈다. 일부 국가들은 최근 다양성을 '찬양하면서도' 국가적 정체성을 강화시키는 새로운 모형을 찾기 위해 노력하고 있다. 이러한 맥락에서 목표로 삼아야 하는 것은 분리라는 차원에서 구상된 다문화주의와 동화주의를 넘어서서 다양한 상호작용과 충성심을 강조하고 특히 연결망의 발전과 새로운 형태의 사회성을 통해 다른 문화로의 접근을 용이하게 하는 것이다"(p. 29).

요컨대, 오늘날 점점 많은 학자들은 상호문화주의에 기대를 걸고 있다. 왜냐하면 "상호문화주의는 이제 개념적, 정책적 준거틀로서 다문화주의를 대체하고 응집적인 공동체를 강화하는 새로운 긍정적 모형으로서 발전할 기회를 제공"(Cantle, 2012: 2)하고 있기 때문이다.

상호문화의사소통과 상호문화철학

상호문화주의 이외에 '상호문화적(intercultural)'이라는 형용사를 붙인 선례로
는 두 가지가 있는데, 그것은 E. Hall이 1950년대 초 미국에서 발전시킨 상호문
화의사소통, 1980년대 말 R.A. Mall이 독일에서 확산시킨 상호문화철학이다. 이
둘은 유럽의 상호문화교육과 직접적인 관련은 없지만 이 교육이 1980년대 이후
발전해 나가는 과정에 적잖은 영향을 미쳤다.

1. 상호문화의사소통

"상호문화의사소통은 인간과 민족의 역사만큼 오래되었다"(Klopf, 1987: 4).
하지만 그 기본 개념들은 19세기 말, 20세기 초에 다양한 분야의 학자들에 의해
서 제시되었다(Jackson, 2011: 18). 영국 생물학자 C. Dawin(1872)은 동물의 행동
을 분석하여 비언어적 의사소통의 연구에 큰 영향을 미쳤고, 독일 사회학자 G.
Simmel(1908)은 이방인 개념을 통해 문화적 전이와 적응현상에 관심을 갖게 만
들었고, 오스트리아 정신분석학자 S. Freud(1914)는 인간의 비언어적 행동에 개
인이 의식하지 못하는 부분이 있음을 밝혀냈다. 이 중에서 G. Simmel의 이방인
개념은 둘 이상의 사람들 간의 의사소통과 관계를 다루었다는 점에서 좀 더 자
세히 알아볼 필요가 있다.

G. Simmel의 이방인 개념

G. Simmel은 1908년 '사회학: 사회화의 형태에 대한 연구 (Soziologie: Untersuchungen uber die Formen der Vergesellschaftung)' 에서 '이방인' 개념을 처음으로 제시했다. 그는 이방인을 "오늘 와서 내일 떠나는 방랑자가 아니라 오늘 와서 내일 머무는 사람"(Wolff, 1950: 402)이라고 정의한다. 이런 사람은 자신이 머무는 집단의 구성원이지만 이 집단의 체제 속에 전적으로 예속되지 않아서 이 체제의 규범으로부터 좀 더 자유롭다. 그래서 그는 집단의 체제를 좀 더 객관적으로 바라볼 수 있다. "그는 이론적으로나 실제적으로 좀 더 자유롭고, 조건들을 좀 더 편견 없이 분석하고 (...) 습관, 종교, 선례에 구속받지 않고 행동한다"(ibid., p. 405).

G. Simmel
(1858~1918),
독일 사회학자

이런 이방인 개념은 1915년부터 1935년까지 활발히 활동한 시카고 학파에 의해서 **미국**에 도입되었다. 이 학파를 이끈 사람은 미국 사회학자 G. Mead와 R. Park였는데, 이 두 사람은 모두 베를린 대학에서 G. Simmel의 강의를 들었다. 이들과 그 제자들은 G. Simmel의 이방인 개념을 더욱 발전시켜 '사회적 거리', '주변인', '이종친화성', '범세계성' 등 새로운 개념을 만들어 냈는데, 이 개념들은 모두 상호문화의사소통의 핵심개념들이다. E. Rogers(1999: 64-67)는 이 개념들을 다음과 같이 정리한다. ① **사회적 거리**(social distance). 이것은 다른 인종, 민족, 종교, 직업 등의 사람들에 대해서 느끼는 친밀감의 정도를 말한다. 예를 들어, '당신은 중국인과 결혼하시겠습니까?'라는 질문을 하고

E. Rogers
(1931~2004),
미국 뉴 멕시코 대학
의사소통-저널리즘학과
명예교수

그 대답을 분석해 보면 응답자와 중국인 사이의 사회적 거리를 짐작할 수 있다는 것이다. 이 개념은 둘 또는 그 이상의 사람들 간의 사회적 관계를 분석하는 데 도움을 준다. ② **주변인**(marginal man). 이 사람은 두 개의 상이한 세계 속에 살지만 이 두 세계 모두에서 이방인으로 사는 사람을 말한다. 예를 들어, 미국으로 이민 온 유럽계 부모의 자녀들은 자신이 유럽인도 아니고 미국인도 아니라고

생각할 수 있다. 이런 주변인 개념은 단지 이민자나 그 자녀에게만이 아니라 혼혈인이나 개종한 종교인에게도 적용될 수 있다. ③ **이종친화성**(heterophily). 이것은 둘 또는 그 이상의 서로 다른 사람들과 어울리는 경향을 말한다. 그 반대말인 동종친화성(homophily)은 둘 또는 그 이상의 비슷한 사람들과 어울리는 경향을 말한다. 예를 들어, 가장 친한 친구 세 명을 말해 보게 하고 그 친구들의 인종, 민족, 직업 등을 분석해 보면 그 사람이 이종친화적인지 동종친화적인지 알 수 있다. ④ **범세계성**(cosmopoliteness). 이것은 공동체 밖의 사람들과 의사소통을 어느 정도 잘하느냐 하는 것이다. 이 기준을 적용하면, 지역인(local)은 자신의 공동체에 머물고 다른 주민에게 잘 알려져 있고 지역신문을 애독하는 사람이고, 세계인(cosmopolitan)은 교육수준이 높고 많이 돌아다녀 공동체 밖의 사람과도 잘 어울리는 사람이다.

G. Simmel의 이방인 개념, 그리고 여기서 파생된 개념들은 1980년대 W. Gudykunst, Y. Kim과 같은 상호문화의사소통학자들에게 큰 영향을 미쳤다. 그래서 이들은 G. Simmel을 상호문화의사소통의 선구자로 보기도 한다.

─── 미국의 상호문화의사소통

1930-1940년대에 G. Mead, R. Benedict, G. Bateson, C. Kluckhohn 등은 미국의 상호문화의사소통에 이론적 토대를 제공했다. 비슷한 시기에 미국 언어학자 B. Whorf는 Sapir-Whorf 가설을 통해 언어적 상대성 개념을 제시했다. 이 가설의 핵심은 언어가 그 언어를 사용하는 사람의 세계관을 결정한다는 것이다. 하지만 상호문화의사소통이 하나의 '공식적인' 학문으로 발전한 것은 20세기 중반이다(Leeds-Hurwitz, 1990). 당시 외교연구원(Foreign Service Institute)은 G. Trager, R. Birdwhistell과 같은 언어학자와 E. Hall[1]과 같은 인류학자를 초빙하였는데, 이들은 그 어느 학문도 단독으로는 상호문화의사소통을 연구할 수 없기 때문에 다양한 전공이 학제적으로 협력해야 한다고 주장했다. G. Chen & W. Starosta(2005: 8-13)는 이렇게 공식적으로 출현한 **상호문화의사소통의 역사를**

---

1 E. Hall은 1950년에 '상호문화적 긴장(intercultural tensions)', '상호문화적 문제(intercultural problems)'라는 용어를, 1959년에는 '상호문화의사소통(intercultural communication)'이라는 용어를 만들었다.

다음과 같은 네 시기로 구분한다.

첫 번째 시기는 **1950년대**로, 상호문화의사소통이 공식적으로 출현한 시기다. 1950년대 초 미국은 국제사회를 이끄는 강국으로 부상했고 이에 따라 거의 모든 나라에 외교관을 파견했다. 그런데 당시 미국 외교관들은 현지의 언어와 문화를 잘 몰라 다른 나라 외교관에 비해 상대적으로 무능했다. 그래서 미국 국무부 산하 외교연구원은 외국에 파견할 외교관과 전문기술자들에게 현지의 언어와 문화를 가르쳤다. 1951년에 이 연구원에 들어온 E. Hall은 동료들과 함께 이들을 위한 '출국 전(predeparture)' 과정을 만들어 문화의 인류학적 개념, 부임할 나라의 문화와 언어를 집중적으로 가르쳤다. 그런데 언어교육은 성공적이었지만 문화교육은 그렇지 못했다. 이 문제를 해결하기 위해서 E. Hall은 문화를 '가로질러(cross)' 의사소통할 수 있는 능력을 길러 주어야

E. Hall(1914~2004),
미국 인류학자

G. Trager(1906~1992),
미국 언어학자

한다고 보았다. 그래서 그는 언어학 전공 동료인 G. Trager와 함께 '상호문화의사소통'이라는 새로운 접근을 구상하게 되었다. 그런데 당시 상호문화의사소통은 서로 다른 국가 사람들 간의 의사소통을 의미했다. 앞서 언급한 대로 이런 형태의 의사소통은 G. Simmel에 의해서, 특히 그의 이방인 개념을 통해서 이미 오래 전에 구상된 것이었다. 하지만 E. Hall은 이 이방인 개념을 그의 책들 속에서 한 번도 언급하지 않았다. 그는 상호문화의사소통을 개념화하는 데는 B. Whorf를, 비언어적 의사소통에 대해서는 S. Freud를 참조했다고 밝혔다.

두 번째 시기는 **1960년대**로, 이 시기에는 상호문화의사소통에 대한 많은 연구가 이루어졌고 대학 강의도 개설되었다. E. Hall의 연구는 C. Kluckhohn & F. Strodtbeck(1961), R. Olivier(1962), A. Smith(1966) 등이 상호문화의사소통에 대해서 관심을 갖게 했다. 이 중에서 R. Olivier의 *Culture and Communication*은 아시아의 철학과 의사소통을 주로 다루었는데, 그의 이론은 문화들 간의 의사소통을 비교하는 데 훌륭한 모형이 되었다. A. Smith의 *Communication and Culture*는 여러 유형의 의사소통 연구 경향을 소개했다. 비록 이 책에 실린 글

중에서 네 개만이 상호문화의사소통과 관련된 것이지만, 이 글들은 상호문화의 사소통이 이 분야에서 차지하는 위상을 잘 보여 준다. 1966년 피츠버그 대학이 상호문화의사소통에 관한 강의를 처음으로 개설한 것도 주목할 만하다.

세 번째 시기는 **1970년대**로, 이 시기는 상호문화의사소통이 교재, 학회, 학술지 등을 통해 급속히 확산된 시기다. 무엇보다도 먼저, *Intercultural Communication: A Reader*(L. Samovar & R. Porter, 1972), *Intercultural Communication*(L. Harms, 1973), *An Introduction to Intercultural Communication*(J. Condon & F. Yousef, 1975) 등과 같은 교재들이 연이어 출간되었다. 다음으로, 국제의사소통학 회(International Communication Association)는 1970년에 상호문화의사소통 분과 를 만들었고, 1974년에는 상호문화교육연수연구학회(Society for Intercultural Education, Training and Research, SIETAR)가 창설되었다. 마지막으로, 1977년 국 제학술지 *International Journal of Intercultural Relations* 1호가 나왔다. 이 학 술지는 이후 상호문화의사소통 발달에 큰 영향을 미쳤다.

네 번째 시기는 **1980년부터 현재까지**로, 이 시기에는 상호문화의사소통학자 들이 상호 합의하기 위해 노력한 시기다. 1960년대, 70년대 상호문화의사소통을 전공한 사람들은 1980년대 연구와 교육에서 두각을 나타내기 시작했다. 특히 W. Gudykunst와 Y. Kim의 역할이 돋보였다. 이 두 사람은 G. Simmel의 이방인 개념 을 크게 발전시켰다. 두 사람이 같이 쓴 *Intercultural Communication Theory: Current Perspectives* (1983)와 *Methods of Intercultural Communication Research*(1984)는 각각 상호문화의사소통 이론과 방법을 정립하는 데 크게 기여 했다. 먼저, 이론 차원에서 보면, 상호문화의사소통은 구성주의, 의미의 공동 협 상, 불확실성 감소 이론 등을 차용했는데, 대부분의 경우 개인 간의 의사소통 차 원에 초점을 맞추었다. 다음으로, 방법 차원에서 보면, 1980년대는 양적 방법이 지배적이었지만 1990년대 초부터는 서서히 질적 방법으로 옮겨 갔다. 그리고 전 통적인 방법보다는 수사학적, 기호학적, 언어학적, 민족지학적 방법을 점점 더 많이 사용하기 시작했다. 여기서 또 하나 주목할 변화는 상호문화의사소통에서 의 '문화'가 E. Hall의 국가문화(national culture)에서 민족, 계층, 세대, 성별 등 하위문화(subculture)로 분화되었다는 것이다.

유럽의 상호문화의사소통

J. Martin et al.(2011: 22−23)에 따르면, 유럽의 상호문화의사소통은 연구 동기, 초점, 학문적 기초, 접근방식 등에서 미국의 그것과 다르다. 첫째, **연구 동기**를 살펴보면, 미국의 상호문화의사소통은 해외에 파견할 미국 외교관과 전문기술자의 언어적, 문화적 문제를 해결하기 위해서 시작되었다면, 유럽의 상호문화의사소통은 선진 유럽국가가 이민자를 많이 받아들이면서 생긴 사회적, 정치적 문제를 해결하는 과정에서 시작되었다. 둘째, **연구 초점**을 비교해 보면, 미국의 상호문화의사소통이 현지 국민의 비언어적 행동에 초점을 맞추었다면, 유럽의 그것은 상호문화적 만남에서의 언어의 역할, 언

J. Martin,
미국 애리조나 대학
커뮤니케이션학과 교수

어교육에서의 상호문화의사소통의 역할에 초점을 맞추었다. 이는 이민자들이 수용국의 언어를 제대로 구사하지 못했기 때문이다. 셋째, **학문적 기초** 차원에서 비교해 보면, 미국의 상호문화의사소통은 의사소통학과 속에 자리를 잡았지만, 유럽의 그것은 언어학, 응용언어학, 언어교육학과 같은 언어 관련 학과에서 자리를 잡았다. 예를 들어, 1994년부터 매년 개최되는 Nordic Network for Intercultural Communication에는 응용언어학을 전공하거나 언어교육원에서 언어를 가르치는 사람들이 많이 참석한다. 넷째, **접근방식**을 비교해 보면, 심리학, 사회학, 경영학 분야에서 연구하는 유럽 상호문화의사소통 학자들은 미국 학자들처럼 기능주의적 접근을 했지만, 언어학자나 언어교육학자들은 해석적 연구 방식을 택하고 문화 학습과 교수에 민족지학적 방법을 사용했다. 이들은 질적 연구 방법을 통해 개인의 주관적, 창의적 의사소통 양식을 기술하려고 했다. 이들에 따르면 문화는 선험적으로 존재하는 것이 아니라 사회적으로 구성된 것이다. 이런 점에서 이들의 연구는 현상학(Merleau−Ponty, 1962), 해석학(Gadamer, 1976), 상징적 상호작용(Mead, 1934)으로부터 많은 영향을 받았다고 할 수 있다.

── 상호문화의사소통의 내용

1950년대부터 상호문화의사소통에 대한 관심이 커지면서 학자들은 이 분야에서 다룰 내용에 대해서 고심했다. 그중 한 사람인 D. Klopf(1987: 12−13)는 다음과 같은 열세 가지를 그 내용으로 제시했다. 이것들을 간략히 정리해 보면 다음과 같다. ① **의사소통**(communication). 이것은 다차원적, 역동적, 체계적, 적응적, 지속적, 상호작용적 과정이다. 의사소통을 잘 이해하려면 의사소통자, 전언, 소음, 통로, 반응, 발화상황 등 여러 가지 요인을 잘 이해해야 한다. 의사소통자(communicator)는 화자와 청자인데, 화자는 전언(message)을 부호화(encode)하고 청자는 그것을 해독(decode)한다. 전언은 화자가 청자에게 전달하고자 하는 정보, 의미, 감정 등을 말한다. 소음(noise)은 화자의 전언이 청자에게 전달되는 과정을 방해하는 요인이고, 통로(channel)는 소리, 글자, 연기, 불빛 등 다양하다. 반응(feedback)은 'I see'라고 말로 할 수도 있고 미소와 같은 동작으로 할 수도 있다. 발화상황(speaking situation)에는 사회적 맥락, 시간, 목적 등이 포함된다. ② **문화**(culture). 문화는 두루 퍼져 있고 학습되고 공유되고 적응 가능하고 명시적 또는 암시적이고 변화 가능하고 민족중심적이라는 특징을 가지고 있다. 문화는 개인주의−집단주의, 남성성−여성성, 접촉−비접촉, 권위적−비권위적, 고맥락−저맥락이라는 차원에서 살펴볼 수도 있다. 문화 간에는 차이점도 있고 공통점도 있다. G. Murdock(1945)은 문화의 공통적 요소를, 나이 서열(age grading)부터 주거생활에 이르는 73가지로 제시한 바 있다. 또 문화는 한 사회를 넘어서는 거시문화(macroculture)와 한 사회 내의 문화인 미시문화(microculture)로 나눌 수 있다. 예를 들어, 서양문화, 동양문화, 기독교문화, 이슬람문화는 거시문화고 나이, 성별, 종교, 계층, 지역과 관련된 문화는 미시문화다. ③ **지각**(perception). 이것은 "사람들이 감각적 자극을 선택하고 조직하고 해석하여 세상을 유의미하고 일관적으로 그리는 과정"(ibid., pp. 54−55)이다. 이런 지각은 착각, 신경장애, 선천적 질환 등의 생리적 요인과 경험, 감정, 선택적 지각과 같은 심리적 요인에 의해서 영향을 받는다. ④ **개인적 욕구**(personal needs)는 선천적, 보편적, 생리적 욕구와 사회적으로 학습되는 심리적 욕구로 나뉜다. A. Maslow(1943)는 인간의 욕구를 생리적 욕구(physiological needs), 안전욕구(safety needs), 애정욕구(love needs), 존중욕구(esteem needs), 자기실현욕구(self-actualization needs)로 나누는데, 이 중에서 처음 두 개는 생리적 욕구이고 나머지 세 개는 심리적 욕구다. ⑤ **가치**(values). 가치는 특정 문화 내에서 어떤 행동이 적절한 행동인지를 결정하는 기준이자 지침이다. 한 사회의 가치에는 개인주의, 자유, 평등, 민주주의, 인문주의, 진보, 행동, 성취, 현실성, 시간, 도덕, 정직, 감정표현, 일, 복지 등 다양한 요소가 포함된다. ⑥ **신념**(beliefs). 신념은 개인이 경험, 정보, 추론 등을 통해 가지게 된 생각이다. 여기서 추론하는 방식은 민족마다 조금씩 다를 수 있다. 일반적으로 미국인은 귀납적(inductive)으로, 유럽인은 연역적(deductive)으로, 아시아인은 직관적(intuitive)으로 추론한다. ⑦ **태도**(attitude). 이것은 "주어진 대상에 대해서 우호적으로 또는 적대적으로 반응하도록 학습된 경향"(ibid., p. 101)을 말한다. 이런 경향은 대개 개인에게 내재되어 있다. 태도와 관련해 주목할 것은 민족중심주의, 고정관념, 편견이다. 민족중심주의는 자기집단이 모든 것의 중심이라고 생각하고 이것을 기준으로 다른 집단을 평가하는 것이다. 고정관념은 어떤 사람이나 집단에 관련된 고정된 인상인데, 이것은 긍정적일 수도 있고 부정적일 수도 있다. 이와는 달리, 편견은 대개 잘못된 일반화에 기초한 부정적인 감정을 말한다. 이 편견은 개인적 접촉, 언론매체, 교육자료 등에 의해서 확산된다. ⑧ **사회제도**(social institutions). 여기에는 가족, 학교, 종교조직, 정치조직, 경제조직 등이 포함된다. 가족의 정의와 구조는 문화마다 다를 수 있다. 대부분의 국가는 일부일처제지만 일부 국가는 일부다처제나 다부일처제다. 또 대부분의 사회는 부계사회지만 가나나 자이레 등 일부 사회는 모계사회다. 학습유형도 문화에 따라 적잖은 차이를 보인다. 사우디아라비아 출신 학생들은 교사의 말을 열심히 받아 적지만 알제리 출신 학생들은 교사와 토론하기를 좋아한다. 종교조직도 일신론이냐 다신론이냐에 따라 여러 가지 형태를 띤다. 정치조직이나 경제조직도 상당히 다양한 형태를 띤다. ⑨ **관계성**(relationship). 여기에 영향을 끼치는 요인으로는 사회구조, 소개행동, 적응행동, 관계행동 등이 있다. 사회구조(social structure)는 한 문화구성원들 간에 존재하는 통합된 관계유형을 말하는데 여기에는 자기개념, 역할, 지위, 권력 등이 포함된다. 소개행동(presentational behavior)은 자신을 타인에게 소개하는 방식과 관련된 행동을 말하고, 적응행동(adaptive behavior)은 의사소통의 상황과 대상에 따라 적절하게 행동하는 것을 말한다. 관계행동(relational behavior)은 자기-감시, 집단과업 설정, 대화의 주제 등과 관련이 있다. ⑩ **언어**(language). 언어는 분절성, 자의성, 체계성 등 많은 공통점을 가지고 있다. 하지만 저마다 고유한 발음, 문법, 의미 체계도 가지고 있어서 한 언어를 습득하거나 학습하기란 결코 쉽지 않다. 의미에는 외연적 의미, 암시적 의미, 맥락적 의미, 비유적 의미 등이 있다. 외연적(denotative) 의미는 단어와 단어가 가리키는 대상이 직접적 관련을 맺고 있기에 어느 정도 고성되어 있고 안정적이다. 내포적(connotative) 의미는 단어가 화자나 청자에게 상기시키는 것과 관련이 있다. '자전거'를 예로 들자면, 이 단어의 외연적 의미는 '두 바퀴를 가진 이동 수단'이지만 내포적 의미는 '즐거움'이나 '고통'이 될 수 있다. 후자의 경우에는 자전거를 배울 때 느낀 감정과 관련있다. 맥락적(contextual) 의미는 단어가 사용되는 맥락에 따라 달라지는데, 다시 자전거를 예로 들자면, 이 자전거는 세발자전거가 될 수도 있고 산악자전거가 될 수도 있다. 비유적(figurative) 의미는 특별한 효과를 얻기 위해 단어에 부여하는 이례적인 의미를 말한다. 이 의미는 외국인 입장에서 파악하기가 가장 어려운 의미다. ⑪ **신체언어**(body language)는 인간의 애호의 감정을 전달하는 데 55%의 비중을 차지한다. 이 비중은, 목소리가 차지하는 비중이 38%, 단어가 차지하는 비중이 7%라는 점을 감안하면 상당히 큰 비중이라 할 수 있다(A. Mehrabian, 1971). 비언어적 의사소통에는 준언어적 요소, 공간, 인공물, 환경, 시간 등이 포함된다. 준언어적(paralinguistic) 요소는 음색, 성량, 조음습관, 쉼 등을 말하고, 공간(proxemics)은 대인거리, 좌석배치 등을 말하고, 인공물(artifacts)은 향수, 의상, 보석, 장신구 등을 가리킨다. 환경적 요인(environmental factors)에는 가구, 실내장식, 조명, 색깔, 온도, 소음 등이 포함되고, 시간(time)에는 약속시간, 도착과 출발 시간, 대기시간, 발화시간 등이 포함된다. 이런 비언어적 수단들은 언어적 수단을 보조하고 감정을 전달하고 의사소통 환경을 조성한다. ⑫ **문화충격**(cultural shock)은 사람이 새로운 문화 속에서 겪는 일반화된 정신적 외상을 말한다. 이런 충격은 대개 지식 부족, 여행 부족, 변화에 대한 거부감 등으로 생기며, 일반적으로 다음과 같은 여섯 단계를 거친다. 1단계는 예비 단계(preliminary stage)로, 외국으로 나갈 준비를 하는 단계다. 이 단계에서는 약간 긴장하기도 하고 흥분하기도 한다. 2단계는 관찰자 단계(spectator stage)로, 낯선 사람과 광경을 목격하는 단계다. 대부분의 사람은 이

낯섦이 주는 새로움에 매료된다. 3단계는 참여자 단계(participant stage)로, 기본적인 언어 표현을 사용하면서 시장을 보고 필요한 일을 한다. 4단계는 충격 단계(shock stage)로, 음식이 입에 맞지 않을 수 있고 자신을 제대로 표현하지 못해 짜증날 수도 있고 향수병에 걸릴 수도 있다. 5단계는 적응 단계(adaptation stage)로, 자신이 새로운 환경 속에 받아들여졌다고 생각하고 이 환경에 대한 소속감을 가지고 마치 자기 나라인 양 편안하게 여긴다. 6단계는 재진입 단계(reentry stage)인데, 외국에 그대로 있으면 5단계로 끝이 나지만, 귀국하면 이상의 단계들을 다시 거치게 된다. ⑬ **적응**(adaptation)은 문화변용(acculturation)²을 말한다. 문화변용은 두 개의 상이한 문화를 지속적, 직접적으로 접촉한 결과로 생긴 문화변화(cultural change)를 말하는데, 이 변화는 물질적, 생물적, 문화적, 사회적, 심리적 차원에서 나타날 수 있지만, 이 중 가장 핵심적인 것은 문화적 차원이다. 문화변용은 문화 적응, 동일시, 문화적 능력, 역할문화화라는 형태로 나타난다. 문화적응(cultural adjustment)은 개인이 마치 자기 나라에 있는 것처럼 편안하게 느끼고 자신을 더 이상 이방인이라 여기지 않는 것을 말한다. 동일시(identification)는 개인이 자기가 머무는 나라에 대해 소속감을 느끼는 것을 말한다. 이런 사람은 시민권을 신청할 수도 있고 오래 머물 주택을 구입할 수도 있다. 문화역량(cultural competence)은 수용국의 언어와 문화를 배우고 그 나라에 대해서 좀 더 많이 알려고 노력하는 것을 말한다. 역할문화화(role enculturation)³는 수용국의 사람들과 똑같이 역할을 수행하는 것을 말한다. 학생의 경우에는 출신국의 학생문화를 버리고 수용국의 학생문화를 따르고, 직장인의 경우에는 수용국의 업무방식에 따라 자신의 업무를 수행할 수 있다.

이상에서 살펴본 D. Klopf의 '상호문화의사소통 구성요소들'은 상호문화의사소통과 관련된 모든 저서에 거의 공통적으로 나타난다. 만약 차이가 있다면, 그것은 저자의 관심이나 의도에 따라 어떤 구성요소를 좀 더 비중 있게 다룬다는 것이다. 이 구성요소들과 관련해 한 가지 강조하고 싶은 것은 이 구성요소들

---

2 여기서 a-는 ad-로 그 의미는 '-로'(to)라는 의미다. 외국문화에의 적응 또는 동화를 가리킨다. 문화변용은 한 사람이 다른 문화를 수용하는 과정을 가리킨다. 자신의 본래 문화는 다른 문화의 수용으로 인해 변한다. 외국에서 오래 산 사람은 외국문화를 수용할 가능성이 많다. 이런 수용은 언어, 옷 입는 방식, 식습관 등에서 잘 나타난다.
3 이것은 사람이 자신의 문화를 배우는 과정이다. 문화화는 단순히 아이가 자신의 문화를 배우고 그것을 수용하는 과정이다.

이 상호문화교육의 내용과 많이 일치한다는 점이다. 차후에 좀 더 자세히 살펴보겠지만, 상호문화교육의 주요 내용은 문화, 정체성, 민족중심주의, 고정관념, 편견, 차별, 외국인혐오증, 반유태주의, 범주화, 갈등 등인데, 이것들은 앞서 설명한 열세 가지 구성요소들과 직접 또는 간접으로 연결된다.

─── 상호문화의사소통의 방법

T. Nakayama,
미국 노스이스턴 대학
커뮤니케이션학과 교수

J. Martin & T. Nakayama(2012: 51-73)는 상호문화의사소통의 연구 방법을 사회과학적 접근, 해석적 접근, 비판적 접근으로 나눈다. 이 세 접근은 인간의 본성과 행동, 지식의 본질에 대해서 상이한 전제를 가지고 있다. ① **사회과학적 접근**(social science approach)은 1980년대 유행했던 접근으로, 심리학과 사회학을 원용한다. 이 접근을 지지하는 학자들은 외부 현실은 기술 가능하고 인간의 행동은 예측 가능하다고 보고 주로 양적 방법(quantitative method)을 사용한다. 이 접근의 장점은 집단의 고유한 의사소통 방식을 찾아내고 의사소통에 개입하는 심리학적, 사회학적 요인들을 잘 규명할 수 있다는 데 있다. 이 접근의 단점은 인간의 의사소통이 예견한 것보다 훨씬 더 창의적일 수 있고 현실이 외적으로뿐만 아니라 내적으로도 긴밀히 연결되어 있다는 사실을 간과하는 데 있다. ② **해석적 접근**(interpretive approach)은 1980년대 후반에 유행했다. 이 접근의 지지자들은 인간의 경험은 주관적이고 인간의 행동이 미리 결정된 것이 아니기 때문에 그것을 그리 쉽게 예견할 수 없다고 주장한다. 따라서 이들은 인간의 행동을 예견하기보다는 이해하고 기술하려고 노력한다. 그리고 현장연구, 관찰, 참여와 같은 질적 방법(qualitative method)을 사용한다. 또 하나의 해석적 방법은 수사학적 접근이다. 이 방법은 연설이나 문서를 그 맥락 속에서 해석하는 방법이다. 사회과학적 접근이 etic이라면 해석적 접근은 emic이라고 할 수 있다. 여기서 etic과 emic은 각각 '음성적(phonetic)', '음소적(phonemic)'의 끝부분에서 따온 말로, 사회과학적 접근은 문화현상을 객관적으로 살펴보려고 하기 때문에 etic이고, 해석적 접근은 그것을 주관적으로 살펴보려고 하기 때문에 emic이라고 한다. 해석적

접근은 특정 공동체 내 의사소통을 잘 이해할 수 있다는 장점을 가지고 있지만, 서로 접촉하고 있는 두 집단 사이에서 일어나는 것은 크게 고려하지 않는다는 단점을 가지고 있다. ③ **비판적 접근**(critical approach). 이 접근은 해석적 접근과 유사하나, 의사소통에 미치는 정치적, 사회적 구조와 같은 거대맥락(macro context)에 초점을 맞춘다는 점에서 차이점을 보인다. 이 접근을 지지하는 학자들은 문화를 일종의 전쟁터(battleground)로 보고 그 속에 개입하는 권력관계에 초점을 맞춘다. 이들은 인간의 행동을 예견하거나 이해하기보다는 일상적인 의사소통의 양상을 바꾸어 보려고 노력한다. 다시 말해, 이들은 권력이 문화적 상황에서 어떻게 작용하는지 분석하고 알림으로써 사람들이 권력과 억압에 저항할 수 있는 방법을 알려 주려고 한다. 이들이 선호하는 방법은 자료 분석(textual analysis)이다. 이들은 텔레비전, 영화, 신문 등을 하나의 문화적 산물로 보고 그것을 분석하여 문화현상을 규명하고자 한다. 이처럼 비판적 접근은 의사소통 내 권력관계와 사회적 맥락을 강조하지만 대면(face-to-face) 의사소통에는 큰 관심을 보이지 않는다는 단점이 있다.

이상으로 살펴본 세 접근을 도식화하면 다음과 같다(Martin & Nakayama, 2012: 52).

상호문화의사소통의 연구 방법 비교

	사회과학적 접근	해석적 접근	비판적 접근
원용 이론	심리학	인류학/언어학	다양함
연구 목표	행동의 기술 및 예견	행동의 기술	행동의 변화
현실에 대한 관점	외부적/기술 가능	주관적	주관적이고 물질적
인간행동에 대한 관점	예견 가능	창의적, 자발적	변화 가능
연구 방법	조사, 관찰	참여관찰, 현장연구	(대중매체) 문서분석
문화와 의사소통 간의 관계	문화는 의사소통에 영향을 줌	문화는 의사소통에 의해 창조되고 유지됨	문화는 권력투쟁의 장소임
접근의 기여	의사소통의 다양한 측면에서 문화적 차이를 인정함	의사소통, 문화, 문화적 차이가 맥락 속에서 연구되어야 함을 강조함	문화와 의사소통에서 경제적, 정치적 권력을 강조함

앞서 언급했듯이 이 세 가지 관점은 모두 장단점을 가지고 있다. 최근 상호문화의사소통학자들은 이런 사실을 인정하고 어느 한 접근만 고집하기보다는 이 세 가지를 절충한 **변증법적 접근**(dialectical approach)을 선호한다. 이 접근은 상호문화의사소통 연구의 절차적, 관계적, 이율배반적 속성을 강조한다. 상호문화의사소통의 절차적 속성은 문화가 변한다는 사실에 주목하고, 관계적 속성은 이 의사소통의 가치, 역사, 제도 등의 상호관계를 강조하고, 이율배반적 속성은 모순된 발상을 '동시에' 이해하려고 노력한다. 이 마지막 속성은 전통적인 이분법적 사고를 극복해 보려고 하지만 실제로 그렇게 하기는 결코 쉽지 않다.

── 상호문화의사소통의 종합

이상에서 살펴본 상호문화의사소통은 다문화교육이나 상호문화교육과 관련 있지만 다른 점도 있다. 그것을 정리해 보면 다음과 같다. 첫째, 상호문화의사소통은 매우 **실용적인 목적**에서 출발했다. 상호문화의사소통은 1950년대 초반 미국의 외교관과 전문기술자가 부임할 나라의 언어와 문화를 가르쳐 주기 위해 개발되었다. 1960년대에는 그 대상을 외국이나 국내에서 외국인과 함께 일할 사업가와 유학생들로 넓혔다. 이렇게 실용적인 목적으로 출발했기에 상호문화의사소통은 인성에 초점을 맞춘 교육(education)이라기보다는 기능에 초점을 맞춘 훈련(training)에 가깝다. 이런 점에서 상호문화의사소통은 인성에 초점을 맞춘 다문화교육이나 상호문화교육과 다르다. 둘째, 상호문화의사소통은 본래 **국가문화**를 다루었다. 예를 들어, 이탈리아 사람들은 대화를 할 때 바짝 다가서고 그리스 사람들은 손동작을 많이 한다는 식이다. 그러다가 상호문화의사소통은 국가문화보다는 더 작은 하위문화(민족, 성별, 세대, 계층 등)를 다루었고 최근에는 개인 간 문화에도 관심을 보이고 있다. 하지만 전체적으로 볼 때 상호문화의사소통은 여전히 국가문화를 비교하는 경향을 보인다. 셋째, 상호문화의사소통은 문화와 언어가 다른 사람들 간의 **의사소통**에 큰 비중을 둔다. 이 의사소통은 언어적 의사소통과 비언어적 의사소통으로 나뉜다. 언어적 의사소통은 형태론, 음운론, 통사론, 의미론, 화용론뿐만 아니라 피진(pidgin), 크레올(creole), 은어 등을 다루고, 비언어적 의사소통은 동작학, 근접학, 시간학 등을 다룬다. 다문화교육이나 상호문화교육 역시 언어와 의사소통에 관심을 가지지만 소수자의 언어권이나 이중언어교육에 더 큰 비중을 둔다. 넷째, 상호문화의사소통은 문화적, 언어적 **차이에 큰 비중**을 둔다. 이 의사소통은 다른 문화나 언어를 가진 사람들 간의 의사소통이 그 차이 때문에 원활하지 못하다고 전제하고, 적절한 훈련을 통해 이 차이를 극복하는 데 초점을 맞춘다. 그래서 M. Bennett(1984), J. Wurzel(1988)의 연구에서 보듯이, 상호문화의사소통학자들은 문화적, 언어적 차이를 어떻게 다룰 것이냐를 연구한다. 하지만 다문화교육, 특히 상호문화교육은 집단이나 개인 간의 차이점만큼 그들 간의 공통점도 중시한다. 다섯째, 상호문화의사소통은 '상호문화'라는 용어를 사용하면서도 상호문화교육보다는 다문화교육과 더 깊이 연관되어 있다. 여기에는 지리적 요인이 큰 것 같다. 상호문화의사소통과 다문화교육은 각각 1950년대, 1960년대 미국에서 출현했고, 상호문화교육은 1970년대 유럽에서 출현하였다. 이렇게 상호문화의사소통과 다문화교육은 같은 나라에서, 그것도 불과 10여 년의 차이를 두고 출현했기 때문에 더 깊이 연관된 것 같다.

2. 상호문화철학

상호문화철학(intercultural philosophy)은 "**1980년대** 하나의 개념으로 출현한 철학에의 접근방식이다. 이 철학은 유럽의 독일어권에서 시작되었고, 다른 문화들을 자신의 고유한 철학적 사고와 연결시켜 상호문화적 관점을 만들어 내려고 시도한다."[4]

서구의 철학자들은 철학적 가치를 오랫동안 서구적 전통에서만 찾았고 다른 곳에서 이루어진 철학적 업적은 철저히 무시했다. 예를 들어 G. Hegel을 비롯한 유럽중심주의적 철학자들은 그리스만이 철학의 발상지이고 중국이나 인도의 전통은 단지 지혜교육일 뿐이라고 폄하했다. 반면에 상호문화철학자들은, 특히 오늘날 같은 지구촌에서는, 다양한 전통과 문화들 간의 의사소통과 협력이 필요하다고 주장한다. 그래서 이들은 철학적 사고나 논의 속에도 서구적 전통만이 아니라 아시아, 라틴-아메리카, 이슬람, 아프리카 등 다양한 전통을 포함시켜 그

---

4 https://en.wikipedia.org/wiki/Intercultural_philosophy

사고나 논의를 확장시키려고 노력한다. 이들에 의하면, 상호문화철학은 여러 주제들 중 하나의 주제가 아니라 철학을 하는 모든 사람이 보여야 할 태도다.

위에서 언급했듯이, 상호문화철학은 1980년대 독일, 오스트리아 등 독일어권에서 출현했다. 그 대표적인 학자들은 R. Fornet-Betancourt, H. Kimmerle, R. Mall, F. Wimmer 등이다. 이들의 상호문화철학은 **1990년대** 체계적으로 그리고 조직적으로 확산되었다. 그 중심에는 독일 퀼른(Köln)의 상호문화철학회, 오스트리아 비인(Wien)의 상호문화철학회, 독일 아헨(Aachen)의 국제상호문화철학회가 있다. 퀼른 학회는 문화중첩에 기초한 해석학적 상호문화철학 프로그램을 진행하고 있고, 빈 학회는 철학사의 재구성과 철학자들 간의 다중대화 프로그램을 운영하고 있으며, 아헨 학회는 철학의 한계를 신학과 같은 다른 형태의 사유를 통해서 극복해 보려고 노력하고 있다(Bickmann & Mall, 주광순 외 역, 2010: 3-4).

── R.A. Mall의 상호문화철학

여기서는 F.E. Jandt(2004)에 실린 그의 논문 *The Concept of an Intercultural Philosophy*를 중심으로 '상호문화철학의 매니페스토'(ibid., p. 5)로 여겨지고 있는 R.A. Mall의 이론을 좀 더 자세히 살펴보기로 하겠다. R. Mall은 인도의 지적 유산과 서구에서의 교육으로 인해, 자신을 내부자로 보기도 하였고 외부자로 보기도 했다. 그에게 있어 상호문화철학은 비유럽적인 것에 대한 낭만적인 태도가 아니라 철학적 사고로 나아가고자 하는 성찰의 태도다. 그는 특히 **문화들 간의 중첩** 또는 겹침(overlapping, Überlappung)을 강조한다. 이 겹침을 이해하려면 그의 문화관부터 이해할 필요가 있다. 그는 "모든 인간이 인간이기 때문에 인간의 존엄성을 가지듯이, 모든 문화는, 비록 그들 간에는 부정할 수 없는 차이가 있다 하더라도, 동등한 가치를 가지고 있다"(ibid., p. 315)고 전제한다. 또 문화는 유사 이래 모두 섞였음으로 "순수한 외래문화가 없듯이 순수한 고유문화도 없다"(idem.)고 전제한다. 이렇게 유사 이래 모두 섞여 온 문화들은 어느 정도의 중첩된 부분을 보이기 마련인데, 이 부분 덕분에 문화가 다른 사람들 간에도 어느 정도의 해석, 번역, 소통, 이해가 가능하다. R.A. Mall은 이런 전제하에 **유비적 해석학**(analogic hermeneutics) 모형을 제안한다. 이 해석 모형은 신체적인 것부터 정신적인 것에 이르기까지 모든 것에 다 적용된다. 예를 들어 "어떤 사람이 시금치를 쳐다보는 것만 해도 싫더라도 철갑상어를 즐긴다면, 즐김이라는 겹침을 이용하여 다른 사람이 시금치를 즐긴다는 것을 이해할 수도 있다"(주광순, 2015: 43). 이 겹침 논리를 정신적인 것에 적용하면, 불교를 믿는 사람과 기독교를 믿는 사람은 비록 종교는 달라도 믿음이라는 겹침을 통해 서로를 이해할 수 있다는 것이다. R.A. Mall은 이미 존재하는 겹침에서 출발해 그것을 서서히 확대해 나가기를 제안한다. 앞에서 든 예에서처럼, '좋아함'은 아주 막연한 개념이지만 상호이해의 출발점으로는 손색이 없다. 이렇게 출발하면 처음에는 보이지 않았던 다른 '겹침'을 발견할 수 있고 시간과 함께 이 겹치는 부분을 서서히 넓혀 나갈 수 있다. 이처럼 겹치는 부분을 넓힌다는 것은 낯선 것과의 거리를 좁히는 것이고, 낯선 것과의 거리를 좁히는 것은 자기 것과 점점 거리를 두는 것이 된다(주광순, 2015b: 44).

R.A. Mall,
독일 철학자,
뮌헨 대학에서 상호문화철학
강의

이 유비적 해석 모형은 동일성 모형이나 전적인 차이 모형과는 다르다. H. Gadamer가 주장하는 **"동일성 모형**(identity model)은 문화, 철학, 종교의 자기 이해를 배타적인 패러다임으로 채택한다"(Mall, 2004: 317). 이 모형은 불교도는 불교도만이 이해할 수 있고, 기독교도는 기독교도만이 이해할 수 있고, 플라톤주의자는 플라톤주의자만이 이해할 수 있다는 이른바 '전적 통약가능성(total commensurability)'

H. Gadamer
(1900~2002),
독일 프랑크푸르트 대학
철학 교수

W. Dilthey(1833~1911),
독일 베를린 역사학 교수

에 기초한다. 이 해석 모형은 타자를 자기로 동화시켜 이해하려고 시도하고, 만약 이것이 불가능해 보이면 '아프리카인에게는 문화가 없다'는 식으로 말하고 타자를 이해의 대상에서 아예 배제해 버린다(주광순, 2015: 30). 그 대표적인 예는 과거 유럽제국주의자들이 보여 준 유럽중심적 사고다. 반면에, **"전적인 차이 해석**

학은 차이를 절대화하고 전적 통약불가능성(total incommensurability)의 허구에 매달린다"(Mall, 2004: 317). 이 경우 상호이해는 원천적으로 불가능하다. 바로 위에서 든 예를 다시 들자면, 같은 불교도라 하더라도 서로를 이해할 수 없다. 왜냐하면 그 어느 누구도 불교를 똑같이 해석하지 않기 때문이다. R.A. Mall은 다음과 같은 W. Dilthey의 말을 인용하면서 이 두 모형 사이의 중간점을 찾는다. "만약 삶의 표현들이 전적으로 다르다면 해석은 불가능할 것이고, 삶의 표현들 사이에 다른 것이 전혀 없다면 해석은 필요 없을 것이다"(idem.).

R.A. Mall(ibid., p. 318)은 상호문화철학을 좀 더 쉽게 설명하기 위해서 상호문화철학이 아닌 것과 상호문화철학인 것을 구분한다. 먼저, 다음과 같은 것은 **상호문화철학이 아닌 것**(What Intercultural Philosophy is Not)이다. ① 상호문화철학은 그것이 유럽적인 것이든 비유럽적인 것이든 어느 특정 철학적 전통을 가리키는 명칭이 아니다. ② 상호문화철학은 어디엔가는 위치하지만 그 위치에 얽매인 것이 아니다. 이 철학은 중심들의 존재는 부정하지 않지만 그 어떤 중심주의도 단호히 부정한다. ③ 상호문화철학은 잡다한 철학적 전통들의 절충이 아니다. ④ 상호문화철학은 형식적 논리에 의해서 고정되고 그 자체로 정의되는 단순한 추상화가 아니다. ⑤ 상호문화철학은 철학계의 사실상의(de facto) 복수주의를 고려한 단순한 반응이나 보조물이 아니다. 이 철학을 단순한 필요성에서 나온 정치적 수단으로 축소해서도 안 된다. ⑥ 상호문화철학은 유럽 밖의 것을 낭만적인 열정이나 애호가적─이국적인 매력으로 미화하려는 것이 아니다. ⑦ 상호문화철학은 자신에게 결핍된 것을 상대에서 찾고자 하는 보완적인 것이 아니다. ⑧ 상호문화철학은 탈근대성(post─modernity)을 지지하지만 여기에서 파생된 것이 아니다. ⑨ 상호문화철학은 고정된 중심점을 참조하고 철학적 전통 밖이나 이 전통을 초월한 실체를 참조하려는 초문화적 철학이 아니다.

반면에, 다음과 같은 것은 **상호문화철학적인 것**(What Intercultural Philosophy Is)이다(ibid., pp. 319─320). ① 상호문화철학은 영원의 철학(philosophia perennis)의 모든 특수한 문화적 형태를 마치 그림자처럼 따라다니며 이것들이 스스로를 절대적인 것으로 만드는 것을 가로막는 정신적, 철학적 태도이다. ② 상호문화철학은 어느 개념체계에도 함부로 특권을 주지 않고, 조화롭게 하는 개념들을 겨냥한 철학이다. ③ 상호문화철학은 갈등과 요구를 동시에 보여 주는 철학이다.

이 철학이 갈등을 보이는 것은 오랫동안 철저히 무시되어 온 철학들에게 동등한 권리를 부여하기 때문이고, 요구를 보이는 것은 비유럽적 철학들이 해결책을 자기 고유한 방식으로 제시하도록 요구하기 때문이다. ④ 상호문화철학은 해방의 과정이다. 여기서 말하는 해방은 계몽주의 시대 유럽에서 찾아볼 수 있었던 해방이 아니라, 그보다 수백, 수천 년 전에 유럽에 들어와 지속된 편파적인 견해로부터 비유럽(non–European)과 유럽 외(Extra–European)의 사유를 해방시키는 것을 말한다. ⑤ 상호문화철학은 철학의 역사를 근본에서부터 새롭게 개념화하고 공유할 필요성을 인정하는 철학이다. 철학적 합리성과 보편성은 다양한 철학적 전통에 나타나지만 이와 동시에 이 전통들을 초월한다. ⑥ 상호문화철학은 많은 종족, 문화, 언어 속 영원의 철학 내 어디든 존재하는 측면에 귀 기울이게 하는 철학이다. 이 철학은 어떤 특정 철학, 문화, 종교, 정치적 세계관이 세계화하는 것을 미연에 방지한다. ⑦ 상호문화철학은 획일성(uniformity) 없는 통일성(unity)을 지지하는 철학이다. 형식적, 기술적, 과학적 개념장치들의 초문화적 성격을 상호문화성과 혼동해서는 안 된다. ⑧ 상호문화철학은 본질적으로 자신이 여러 이름들 중 한 규제적(regulative) 이름에 인식론적, 방법론적, 형이상학적, 윤리–도덕적, 정치적, 종교적으로 접근할 때 보여야 하는 겸손함을 권고한다. ⑨ 상호문화철학은 다양한 철학들을 다르게 취급하지만 '진실된 철학'과 근본적으로 다른 것으로는 보지 않는 철학이다. 상호문화철학의 관점에서 볼 때, 철학의 본질은 철학자들의 대답보다는 질문과 더 관련이 있다. ⑩ 상호문화철학은 철학을 전환하여 철학으로 하여금 단일–문화중심을 넘어서게 하는 것을 목표로 하는 철학이다. ⑪ 상호문화철학은 비교철학이라는 학문을 가능하게 하는 조건이다. 왜냐하면 비교철학은 상호문화철학이 없으면 분리된 평행으로 남아 있기 때문이다.[5] ⑫ 상호문화철학은 철학개념이 일반적으로 적용될 수 있다는 것을 수용한 철학 모형을 만드는 철학이다. 물론 철학적 중심과 기원의 복수성은 정당하게 인정하면서 말이다. ⑬ 상호문화철학은 모든 비유럽철학에 대한 연구는 늘 유럽철학의 관점에서만 이루어졌다는 사실을 보여 준다는 취지에서, 한 실행의 역사적인 의존적 성격을 철학적 역사기록학에서 드러내는 철학이다. ⑭ 상호

---

5 "상호문화철학적 방향성이 없는 비교철학은 맹목적"이고 "비교철학이 없는 상호문화철학은 빈약"하다(주광순 외 역, 2007: 72).

문화철학은 서양 오리엔탈리즘의 유럽중심주의를 알고 있고 E. Said의 주장을 높이 평가하는 철학이다.

한 마디로 상호문화철학은 "자신의 문화에 기반을 두는 동시에 그 문화를 비판적으로 성찰하며 -그럼으로써 자기 문화를 변형시키는- 다른 문화의 철학에 대해 열려 있는 -현실적 측면에서든, 잠재적 측면에서든- 철학"(주광순 외 역, 2010: 27)이라고 할 수 있다. '자신의 문화에 기반을 둔다'는 것은 '**생성된 장소에 묶여 있음**(Standorthaftigkeit)'을 말하고, '자신의 문화를 비판적으로 성찰한다'는 것은 '**생성된 장소에서 벗어남**(Standortlosigkeit)'을 말한다. 그에 따르면, "생성된 장소에 묶여 있음이 없이는 이해할 수 없으며, 그렇다고 단지 생성된 장소에 묶여 있기만 하다면 이해해야만 하는 것을 그 실체에서부터 바꾸어 그 결과 그것을 이해하지 않는다"(주광순, 2015b: 39). 이 논리를 전통이나 문화에 적용하면, 우리는 우리의 전통이나 문화를 전적으로 부정할 수 없다. "왜냐하면 우리는 지금 전통 바깥에서 살고 있지 않으며, 또한 살 수도 없기 때문이다"(Mall, 2010: 79). 이것은 우리 모두가 전통이나 문화에 묶여 있음을 말한다. 하지만 우리는 전통이나 문화에 언제까지나 묶여 있을 수는 없다. 그렇게 하면 우리는 다른 전통이나 문화를 이해할 수 없고 받아들일 수도 없기 때문이다. 특히 현대사회처럼 과학과 기술의 급속한 발달로 인적, 물적, 지적 교류가 광범위하게 이루어지는 상황에서는 더욱 그렇다. R.A. Mall에 따르면, 우리가 우리의 전통이나 문화를 비판하는 것은 "목욕물과 함께 아이를 버리는 것과는 다르다. 그것은 전통에 대해서 바라는 변화를 목표로 삼아서 전통에 새로운 의미를 부여하는 것이다"(idem.). 이처럼 상호문화철학은 하나의 문화나 전통에 속하는 것과 그 문화나 전통을 비판하는 것이 동시에 가능하다고 본다. 그리고 이런 비판적 성찰이 이루어질 때 비로소 다른 문화나 전통에 열린 태도를 가질 수 있다고 본다. 그리고 "우리는 우리의 전통을 언제나 다시 수정하고 제한해야 하며, 변화시켜야 한다"(idem.)고 주장한다. 결국, "상호문화철학은 한 국가 안에서든 아니면 국가들 간에든지 타자와의 만남을 전제로 한 철학이다"(주광순, 2015: 282). 상호문화철학의 이런 정의는 상호문화교육에 그대로 적용될 수 있다. 상호문화교육은 '자신의 문화에 기반을 두되 그 문화를 비판적으로 성찰하며 다른 문화에 대해 열린 태도를 갖게 하는 교육'이고, '타자와의 만남을 전제로 한 교육'이라고 할 수 있다.

이렇게 정의된 상호문화철학은 철학적, 신학적, 정치적, 교육적이라는 네 가지 관점을 가진다(Mall, 2004: 320). ① **철학적**(philosophical) 관점은 철학적 진실을 어느 특정 전통으로만 정의하거나 반대로 특정 전통을 철학적 진실만으로 정의하는 것은 잘못이라고 보는 관점이다. 달리 말하자면, 하나의 영원의 철학은 그 누구도 독점할 수 없다고 본다. ② **신학적**(theological) 관점은 상호종교성을 상호문화성의 다른 이름으로 보는 관점이다. 즉 어느 특정 종교도 절대적으로 그리고 배타적으로 하나의 영원의 종교가 될 수 없다는 것이다. 상호종교성은 사람들이 신봉할 수 있는 종교가 아니라 사람들을 개방적이고 포용적으로 만드는 감수성(sensibility)이다. 이것은 사람들이 근본주의에 빠지는 것을 막아 줄 수 있다. ③ **정치적**(political) 관점은 상호문화성을 복수주의, 민주주의, 공화주의적 신념의 다른 이름으로 본다. 이런 신념은 어느 특정 정당이나 집단에 정치적 진실을 부여하는 것을 거부하게 한다. ④ **교육적**(pedagogical) 관점은 앞서 말한 세 가지 관점을 유치원에서부터 대학에 이르기까지 가르치고 배우게 하는 실천적 시도를 말한다. 이렇게 할 때 비로소 사람들은 다양한 형태의 근본주의에 저항할 수 있다. 근본주의가 일단 출현하면 철학적, 신학적, 정치적 관점은 기대하기 어렵다.

이 네 가지 관점 중에서 우리는 R.A. Mall이 "어떤 점에서는 가장 중요"하다고 한 **교육적 관점**에 주목하고자 한다. 여기에는 다음과 같은 세 가지 이유가 있다. 첫째, 나머지 세 관점이 '내용'이라면 이 교육적 관점은 '방법' 또는 '실행'이기 때문이다. 실제로 상호문화교육을 할 때 철학, 종교, 정치는 매우 중요한 내용이다. 민족, 문화, 언어가 다른 사람이나 집단들이 갈등을 빚고 다툴 때는 이 세 가지 때문일 때가 많다. 그래서 상호문화교육은 철학의 상대성, 종교적 포용, 정치적 민주주의를 특히 강조한다. 둘째, 상호문화와 관련된 교육이 유치원에서 대학에 이르기까지 장시간 그리고 체계적으로 이루어져야 한다고 보았기 때문이다. 인간의 사고나 행동은 결코 단시일에 형성되는 것이 아니므로 이는 지극히 당연한 일이다. 셋째, 상호문화교육의 목표는 철학적, 신학적, 정치적 근본주의를 막는 데 있기 때문이다. 민족주의, 인종주의, 종교적 독단, 지역주의 등은 모두 근본주의와 관련된 것들이다. 요컨대, R.A. Mall의 상호문화철학의 나머지 세 가지 관점은 이 교육적 관점을 통해 상호문화교육과 자연스럽게 연결될 수 있다.

―― 상호주관성

철학사에서 상호주관성 개념을 크게 발전시킨 사람은 현상학의 창시자로 알려진 E. Husserl이다. 그의 철학에 대해서 알아보기 전에, 상호주관성에 대해서 먼저 알아보자면, **상호주관성**(intersubjectivity)은 철학, 심리학, 사회학, 인류학 등에서 사람들 간의 심리적 관계를 나타내기 위해서 사용히는 개념이다. A. Edgar & P. Sedgwick(2008: 175-176)은 초콜릿을 가지고 이 개념을 설명한다. 이들에 따르면, 만약 초콜릿의 맛과 같은 어떤 속성이 어느 특정인만 느끼는 것이라면 그것은 주관적(subjective)이다. 반면에 초콜릿의 모양이나 색깔처럼 그 속성이 그 어떤 관찰자로부터도 독립적으로 존재하고 그래서 정상적인 감각을 가진 사람이라면 누구나 느낄 수 있는 것이라면 그것은 객관적(objective)이다. 상호주관성 개념은 이 둘 사이에 중간지대를 만들어 낸다. 만약 사람들이 어떤 특수한 속성의 존재에 동의하고 그것을 마치 객관적 세계에 존재하는 것처럼 지각한다면 그 속성은 상호주관적(intersubjective)이라 할 수 있다. 소리를 예로 들어보면, 어떤 특정 소리는 그 자체로는 의미를 가지지 않는다. 따라서 이 소리는 객관적인 것이 아니다. 하지만 그것은 주관적인 것도 아니다. 왜냐하면 누가 그 소리에 어떤 의미를 부여한다고 해서 그 소리가 그 의미를 가지는 것이 아니기 때문이다. 소리의 의미는 어느 특정 언어공동체에 속하거나 적어도 그 언어를 이해하는 청자에게 달려 있다. 따라서 모든 사회적 사건의 의미는 상호주관적이라 할 수 있다. 요컨대, 인간의 경험은 주관적인 앎(subjective knowing)이라 할 수 있고, 자연과학은 객관적인 앎(objective knowing)이라 할 수 있다. 그리고 교회, 지역, 국가와 같은 사고공동체들(thought communities)에 의해 어느 정도 **'조직된 지식**(organized knowledge)'은 상호주관적인 앎(intersubjective knowing)이라고 할 수 있다.

철학사에서 상호주관성 개념을 크게 발전시킨 것은 현상학이다. 주지하다시피 현상학(phenomenology)은 글자 그대로 '현상(phenomenon)'을 철학적으로 탐구하는 학문이다. E. Husserl 이전의 학자들은 이 현상을 가변적, 우연적, 주관적이라고 보고 이 현상에 대해

현상학적 영역들

큰 관심을 보이지 않았다. 하지만 그와 그의 제자들은 이 현상을 어떤 편견이나 이론적 전제도 없이 '사태 그대로(zu den Sachen selbst)' 드러내고자 하였다. 박인철(2015)은 현상학의 주요 개념을 다음과 같이 정리한다. ① **주체성**. "현상학은 기본적으로 개별적인 인간 주체를 출발점으로 한다. 현상학이 타당성의 기반으로 삼는 체험은 바로 구체적인 상황에 기반을 둔 개별적인 체험이기 때문이다"(박인철, 2015: 107). 실제로 E. Husserl은 철저히 인간의 자율성과 책임에 기반을 두어 현상학적 방법론을 전개했고, 개인의 자율적 의지가 그의 현상학적 사고 전체를 지배한다. ② **지향성**. E. Husserl의 지향성 개념을 한 마디로 요약하면 "개인의 의식은 항상 어떤 것에 대한 의식"(ibid., pp. 79-80)이라는 것이다. 현상학은 어떤 대상도 주체와 무관하게 존재한다고 보지 않는다. 물론 E. Husserl은 주체와 대상 중에 주체에 더 큰 비중을 두었지만 이 둘은 불가분리적이다. 이 지향성 개념은 현상학이 서구의 뿌리 깊은 객관주의를 극복하고 주관연관적인 대상 개념을 정립하는 데 크게 기여했다. 이러한 지향성 개념은 다음에 살펴볼 상호주관성 개념과 자연스럽게 연결된다. ③ **상호주관성**. 현상학에서 타자(他者)의 문제 또는 상호주관성 문제는 매우 중요한 문제다. 여기서 말하는 타자란 광의로는 '나 이외의 모든 것', 즉 이 세계의 모든 존재영역을 가리키고, 협의로는 '나와 같은 존재인 타인'을 가리킨다. 현상학은 이 타인을 자기와 동질적인 존재로 본다. 현상학은 나의 이성적 판단이 옳고 보편적이라고 말할 수 있는 근거를 타인 또한 -그가 정상적인 한- 나와 똑같이 이성적 판단을 한다는 전제에서 찾기 때문이다. 이처럼 타인을 나와 똑같은 판단을 내릴 수 있는 사람으로 본다는 것은 타인을 온전한 주체로 인정함을 의미한다. 이 지점에서 상호주관성은 윤리성 문제와 연결된다. ④ **공감**. E. Husserl은 공감을, 타자를 경험하는 가장 좋은 방법으로 보았다. 공감은 '여기'에 있는 자신을 '저기'에 있는 타자로, 즉 '만약 내가 저기에 있다면' 하고 상상해 보는 것이다. 이것은 타자의 내면을, 앞서 전제한 나와의 유사성 또는 동질성에 근거해 '유비적(類比的)'으로 경험하거나 유추하는 방법이다. 예를 들어, 고통받고 있는 타인을 보면, 나는 내가 경험한 똑같은 고통을 매개로 그의 고통을 생각하게 된다는 것이다. 이렇게 공감을 통해 경험된 타자를 E. Husserl은 '나 자신의 반영', '나 자신의 유사체', '나의 지향적 반복'(ibid., p. 120)이라고 부른다. 그는 이 공감을 통해 타자를 대상이 아니라 주체이자 같은 인간으로 이해하려고 한다. ⑤ **관계성**. 현상학은 모든 사태를 항상 주변의 배경 또는 대상과의 상호관계 속에서 고찰하려고 한다. 즉 동일한 상태라도 주어진 맥락 또는 상황에 따라 다르게 해석될 수 있다고 본다. 이러한 관계적 고찰은 그 어느 것도 절대적일 수 없고 상대적이라는 것을 함축한다. 현상학이 상호문화성을 해명하는 데 가장 적합한 이유는 이 관계성을 각별히 고려하기 때문이다(ibid., p. 151).

이상을 종합하면, 현상학은 개인의 주체성과 자율성을 인정하고, 의식(자신)과 대상(타자)의 상호주관성과 관계성을 중시하고, 타인을 자신과 동등한 존재로 보며, 공감을 통해 타자에게 유비적으로 접근하고자 하는 철학적 방법론이라 요약할 수 있다.

── 상호문화성

상호문화성(interculturality)은 문화들 간의 모든 형태의 상호작용을 가리킨다. 따라서 상호문화성은 상이한 문화를 가진 사람들이 만나는 곳이면 늘 나타나는 현상이다. 이런 상호문화성이 1990년대 유럽에서 새로운 철학적 주제로 부상한 데에는 크게 두 가지 이유가 있다. 하나는 차이와 다양성을 강조하는 **탈근대주의의 확산**이고, 다른 하나는 문화다양성을 위협하는 **세계화에 대한 반발**이다(박인철, 2015: 15). 이 두 가지는 그 출현 배경은 다르지만 모두 다양성과 관련되어 있다. 이렇게 부상한 상호문화성은 여러 학문에서 접근할 수 있다. 실제로 철학, 인류학, 사회학, 정치학, 역사학 등은 이 주제에 큰 관심을 보였다. 상호문화성이 이렇게 많은 학문으로부터 관심을 끈 것은 상호문화성의 영역은 매우 넓기 때문이다. "상호문화성은 타문화의 이해라는 이론적, 인식론적인 측면뿐만 아니라 타문화의 포용이라는 윤리적, 정치적인 측면까지 포괄하는 광범위한 주제 영역을 그 속에 담고 있다"(ibid., p. 17). 상호문화성을 철학영역으로 한정하면, 이 주제에 가장 큰 관심을 보인 것은 현상학과 상호문화철학이라 할 수 있다.

먼저, 박인철은 그의 저서 『현상학과 상호문화성』을 통해 상호문화성을 현상학적으로 규명하려고 시도한다. 그는 상호문화성을 "문화와 문화 간의 접촉과 만남을 통해 이루어지는 개개 문화의 변화, 그리고 이에 수반되는 상호융합의 현상과 가능성"(ibid., p. 59)이라고 정의하고, 문화와 문화 간의 관계 맺음의 방식과 본질을 탐구하기 위해서는 철학적 성찰이 필요하다고 말한다. 또 문화는 결국 인간이 만드는 것이므로 상호문화성은 "한 문화권의 인간과 다른 문화권의 인간과의 만남과 이해 그리고 상호결합"(idem.)이라고 말한다.

박인철은 **상호문화성의 핵심**을 다음과 같은 일곱 가지로 요약한다(ibid., pp. 513-516). ① 하나의 문화적 현상이다. 이 말은 상호문화성에는 인간의 의지와 노력이 개입하고 영향을 미친다는 것을 의미한다. ② 자유를 기반으로 한다. 이 말은 문화를 수용하거나 거부하는 개인의 선택은 보장되어야 함을 의미한다. ③ 규정되지 않은 미래적 가능성을 향한 인간의 기대이자 선택이다. 이는 인간이 보다 나은 세계를 향한 기대를 가지고 미래를 향해 나아감을 의미한다. ④ 여기 저기 흩어지기보다는 한데 모으고 결합하는 방향으로 나아간다. 이는 상호문화성이 기존의 문화는 최대한 보존하면서 보다 고차원적 문화로 나아가려는 것을 의미한다. ⑤ 구체적 보편성을 지향하는 역동적인 움직임이다. 상호문화성은 항상 그 자체 내에 이질성을 함유하면서 동질화를 추구하고 다양성 속에서 부단히 보편성을 추구하는 운동 과정이다. ⑥ '선'을 지향하는 하나의 윤리적 태도다. 상호문화성은 타문화를 동등한 주체로서 인정하고 공동의 '좋은' 문화를 지향한다. ⑦ 인간의 본성에 부합하는 역사적인 움직임이다. 상호문화성은 과거, 현재, 미래를 관통하지만 특수한 현실에 뿌리를 두고 있는 역사적인 과정이다.

이상에서 살펴본 것처럼, 상호문화성은 정형화된 틀과 정적인 규준을 거부하고 고정된 실체가 아니라 끊임없이 움직이고 변화하는 과정으로, "인류에게 주어진 하나의 과제이자 운명"(ibid., p. 517)이다.

상호문화철학과 상호문화교육

상호주관성과 상호문화성은 상호문화교육에 적지 않은 영향을 미쳤지만 이 것들을 상호문화교육과 명시적으로 연결시킨 연구는 거의 없다. 이는 철학자는 철학문제에 치중하고 교육학자는 교육문제에 치중했기 때문인 것 같다. 이 둘 사이의 연계 문제에 비교적 큰 관심을 보인 사람들은 **교육철학자들**이었다.

프랑스 교육철학자 M. Abdallah-Pretceille는 "상호문화교육은 교육철학"

(1999: 77)이라고 규정하고, 이 교육이 특히 현상학으로부터 많은 영향을 받았음을 수차례 밝힌다. 예를 들어, "상호문화는 (현상학 같은) 철학에서 (...) 많은 것을 원용했다"(ibid., p. 52)고 말하고, "상호문화는 주체의 철학, 즉 주체를 자유롭고 책임감 있고 비슷한 사람들로 이루어진 공동체에 속하는 사람으로 보는 현상학에 근거했다"(ibid., p. 53)고 말하고, "현상학에 근거를 둔 상호문화는 (...) 문화적 '현상'만을 연구한다"(ibid., p. 54)고 말한다. 또 "현상하자들이 말하는 문화는 (...) 의미를 재구성하는 경험이다. 따라서 상호문화는 의미의 핵심에 대한 추구로 볼 수 있다"(idem.)고 말한다. 그리고 그녀는 현상학이 강조하는 상호주관성에 주목하고, "모든 행위는 (...) 상호작용의 조직망과 상호주관성의 조직망 속에서 이루어진다"(ibid., p. 56)고 보고 이 개념을 통해 자신과 타인의 관계를 설명하려고 노력한다.

한국에 상호문화를 처음으로 소개한 사람들 중 한 사람인 교육철학자 정영근은 상호문화교육을 상호문화성과 연결시킨다. "상호문화교육의 이론적 근거에 대한 정당성을 논의하기 위해서는 (...) 무엇보다도 상호문화성의 개념을 먼저 다룰 필요가 있다"(2001: 5)고 전제한다. 그는 상호문화성을 "독특한 개별성을 지닌 각각의 문화들 사이에 [존재하는] 공통된 보편성"이라 정의하고, "이러한 상호문화성에 대한 이해의 출발점은 다름 아닌 상호문화교육"(ibid., p. 6)이라고 말한다. 그리고 "인간과 인간 그리고 문화와 문화의 사이 잇기에 초점을 맞춘 교육분야는 상호문화교육"(정영근, 2007: 262)이라고 말하면서, '사이'라는 개념을 통해서 상호문화성과 상호문화교육을 연결시킨다.

문화다양성 교육모형(1): 국제이해교육, 다문화교육

문화다양성 교육유형으로는 국제이해교육, 다문화교육, 상호문화교육이 있다. 국제이해교육이 국외의 다양성에 초점을 맞춘다면, 다문화교육과 상호문화교육은 국내의 다양성에 초점을 맞춘다. 다문화교육이 집단을 단위로 다양한 집단들 간의 공존을 강조한다면, 상호문화교육은 다양한 집단들 간의 상호작용과 상생을 강조한다.

1. 국제이해교육

국제이해교육의 출현에 대해서는 크게 두 가지 견해가 있다. 하나는 이 교육이 아주 오래된 것이라고 보는 견해고, 다른 하나는 (1946년에 시작된) 비교적 최근의 것이라고 보는 견해다.

── 출현 및 발전 과정

S.H. Toh(2002: 33)는 **국제이해교육의 기원**이 매우 오래되었다고 말한다. 그는 "국제이해교육은 마치 산에서 시작하여 바다로 흘러가는 강처럼, 긴 여정을 거치면서 수많은 발상, 관점, 실행으로 풍요로워진 다양한 원천을 가진 개념"이라고 말하고, 이 '긴 여정'을 다음과 같이 설명한다. 19세기 식민지시대가 끝나고 국민국가가 출현하자 국가들 간의 이해와 우호적인 관계를 강조하는 초보적인 형

S.H. Toh,
캐나다 앨버타 대학
교육정책학부 교수

태의 국제이해(international understanding) 개념이 생겨났다. 이 시기의 대학들은 국제 이해와 관계를 연구하고 가르치는 국제교육(international education)이라는 과목을 개설했다. 하지만 국제이해교육의 출현에 결정적인 계기가 된 것은 제2차 세계대전 이후 일어난 평화운동(peace movement)이었다. 전쟁의 무서움을 실감한 사람들은 그 어느 때보다도 평화를 갈망했고, 이 평화를 유지하기 위해 국가들 간의 이해를 강조했다. 비슷한 시기에 나온 세계인권선언(1947)도 여기에 큰 영향을 주었다. 1960년대 선진국과 후진국 간의 경제적 불균형이 심화되자 국제이해교육은 개발교육(development education)이라는 형태를 띠었다. 비슷한 시기에 남반구에서는 빈자, 여성, 아동 등을 대상으로 한 민중교육(popular education) 운동이 일어났다. 1970년대 이민자 통합문제가 대두되자 영미권 선진국들은 다문화교육(multicultural education)과 반인종주의교육(anti-racist education)을 제안했다. 이후 환경문제가 인류의 미래를 위협할 수 있다는 인식이 확대되자 환경교육(environment education) 또는 지속 가능성 운동(sustainability movements)이

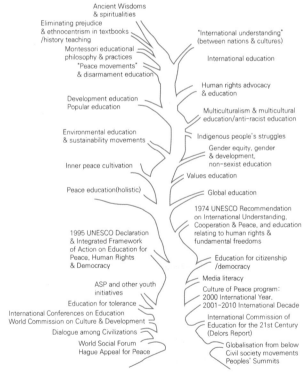

다양한 국제이해교육의 기원들

일어났다. 국제이해교육을 이렇게 넓게 이해하면, 거기에는 60년대 다문화교육, 70년대 상호문화교육, 최근의 세계시민교육(Global Citizenship Education)까지 포함된다. 하지만 국제이해교육을 이렇게 보는 것은 소수설이다.

학계의 다수설은 국제이해교육이 유네스코가 창설된 1946년에 출현했다고 보는 견해다(이삼열 외, 2003: 12). 이 시기 사람들은 제2차 세계대전이라는 전대미문의 전쟁을 경험한 터라 그 어느 때보다도 평화를 갈망했다. 이는 유네스코 창립헌장에 나오는 "전쟁은 인간의 마음에서 시작되므로 평화를 지키는 일도 인간의 마음에서 시작되어야 한다"는 말에서도 잘 드러난다. 이처럼 소중한 평화를 지키려면 무엇보다도 먼저 국가들 간의 이해가 필요했고, 국제이해교육은 바로 이런 맥락에서 출현했다.

이렇게 출현한 국제이해교육은 **1947년** 국제이해교육 세미나 활동보고서를 통해 구체화되었다. 이 보고서에 따르면 "국제이해교육은 (...) 모든 국민들이 서로 더 잘 알고, 그들이 물질적, 정신적 상호의존적인 형제들이고, 각자가 가진 다양한 형태의 유산을 서로 존중, 전승, 발전시키도록 유도"(Sem. Rep./I, p. 3)하는 교육이다. 이 교육은 **1953년**에 시작된 협력학교사업(Associated School Projects)을 통해 널리 확산되었다. 하지만 국제이해교육은 각국의 사회적, 문화적 여건, 협력학교의 사정 등에 따라 매우 큰 차이를 보였다. 이에 유네스코는 국제이해교육에서 다룰 주제와 방법을 좀 더 명확히 할 필요성을 느꼈고, **1959년** '국제이해교육: 교실 사용을 위한 예시와 제안(Education for International Understanding. Examples and Suggestions for Class–Room Use)'을 발표했다. 이 예시와 제안은 '국제연합에 대해서 가르치기', '인권에 대해서 가르치기', '다른 나라에 대해서 가르치기'를 국제이해교육의 주된 주제로 제시했다. '다른 나라에 대해서 가르치기'의 예는 스위스에서 일본에 대해 공부하기(ibid., p. 38), 일본에서 한국에 대해 공부하기(ibid., p. 44) 등이 있다. 이런 주제들은 학생들로 하여금 "타 지역에 사는 사람이나 그들의 문화", 즉 "국외의 문화다양성에 주목"(한경구, 2008: 128)하도록 했다. 이 예시와 제안은 -그 서문에서 "공식적인 완벽한 보고서가 아니다"라고 밝히고 있듯이- 여러 가지 한계를 보이지만 국제이해교육의 내용과 방법을 구체적으로 기술한 첫 번째 문서라는 점에서 큰 의의를 갖는다(장한업, 2015: 120). 유네스코는 **1974년** '국제 이해, 협력, 평화를 위한 교육과 인권,

기본 자유와 관련된 교육 권고(Recommendation concerning Education for International Understanding, Cooperation and Peace and Education relating to Human Rights and Fundamental Freedom)'를 채택하였다. 이 권고는 1970년대의 시대적 상황에 따라 변화된 국제연합의 역할에 맞추어 국제이해교육을 개편한 것이다. 그 주된 내용은 다음과 같다.

① 모든 수준과 모든 형태의 교육에 국제적 차원과 지구적 관점(의 도입)

② 국내 민족들의 문화와 다른 국민의 문화를 포함하여 모든 사람, 그들의 문화, 문명, 가치, 생활양식의 이해와 존중

③ 민족과 국민들 간의 점증하는 지구적 상호의존성의 인식

④ 타인과 의사소통할 수 있는 능력

⑤ 개인, 사회집단, 국가들의 서로에 대한 권리와 의무의 인식

⑥ 국제 연대와 협력의 필요성 이해

⑦ 자신의 공동체, 국가, 세계의 문제 해결에 참여하고자 하는 개인의 의지

이 권고와 관련해 한 가지 주목할 것은 이 권고가 '상호문화적 차원(intercultural dimension)', '상호문화교육(intercultural education)'이라는 표현을 통해서 '상호문화적'이라는 용어를 처음으로 사용했다는 사실이다. 차후에 다시 논의하겠지만, 이 '상호문화적'이라는 용어는 1970년대 중반 유럽평의회가 유럽 내 이민자자녀의 교육과 관련해 널리 확산시킨 것이다. 유네스코가 이 용어를 사용한 것은 프랑스라는 같은 지역에 있는 유럽평의회의 영향 때문인 것 같다(장한업, 2015: 121). 한편, **1980년대**의 국제정세는 그리 좋지 않았다. 미국과 소련이 이끄는 동서진영은 평화, 공존, 대화, 협력보다는 각 진영을 정당화하는 이념교육에 열중했기 때문이다. 이삼열(2003: 17)은 이 시기를 '국제이해교육의 겨울'이라고 부른다. 1989년 베를린 장벽이 붕괴되자 여러 민족들 간의 새로운 갈등과 분쟁이 시작되었다. 이러한 분위기에서 국제이해교육은 다시 힘을 얻었고, 바로 이때 나온 것이 **1994년** '평화, 인권, 민주주의 교육의 선언 및 통합실천요강(Declaration and Integrated Framework of Action on Education for Peace, Human Rights and Democracy)'이었다. 이 자료에서 가장 눈에 띄는 것은 유네스코가 그간 사용해 오던 '국제이해교육'이라는 용어 대신 다른 용어를 쓰기 시작했다는 것이다. 물

론 '평화', '인권', '민주주의'가 국제이해교육의 핵심어이므로 이 선언과 실천요강이 기존의 국제이해교육과 완전히 다른 교육이라고 볼 수 없지만 50여 년간 사용해 온 용어를 더 이상 사용하지 않았다는 것은 분명 눈여겨볼 만하다.

장한업(2015: 127)은 이상의 네 가지 유네스코의 공식문서(1947, 1959, 1974, 1994)를 살펴본 후 다음과 같은 세 가지 사실을 강조했다. 첫째, 유네스코는 **국제이해교육의 범위를 점차 확대**해 왔다. 1947년에는 국제이해교육에 대한 정의를 내리고, 1958년에는 이 교육의 내용을 국제연합, 인권, 타국으로 한정했지만, 1974년부터는 그것을 환경, 인구, 기아, 질병 등으로 확대했다. 둘째 유네스코의 국제이해교육은 평화, 인권, 민주주의 교육을 거쳐 **상호문화교육으로 연결**되고 있다. 유네스코는 1947년, 1958년, 1974년 문서에서는 국제이해교육이라는 용어를 사용했지만 1994년에는 평화, 인권, 민주주의 교육이라는 용어를 사용했다. 그리고 위에서 언급하지는 않았지만, 2006년에는 상호문화교육이라는 용어를 정식으로 사용했다. 국제이해교육이 국제기구와 타국에 대한 지식과 이해를 강조했다면, 평화, 인권, 민주주의 교육은 인류의 보편적인 가치의 존중을 강조했고, 상호문화교육은 상이한 문화를 가진 사람들 간의 원만한 관계형성을 강조했다. 이처럼 유네스코가 국제이해교육이라는 용어를 점점 덜 사용한 것은 이 용어가 가진 한계 때문인 것 같다. 국제이해교육을 글자 그대로 풀이하면 '국가들 간의 이해를 위한 교육'을 가리키는데, 초창기 국제이해교육은 유엔과 타국에 대해서 가르치는 데 치중했기 때문에 이 용어와 내용이 일치했지만 20세기 후반 국제화, 세계화를 거치면서 국경개념이 점점 약해짐에 따라 용어와 내용 사이에는 괴리가 생겼다. 셋째, 유네스코는 1974년 문서 이후 **상호문화교육에 점점 큰 비중을** 두고 있다. 1974년 문서에서는 '상호문화적'이라는 용어를 처음 사용했고, 1994년 문서에서는 비록 부록에서였지만 상호문화교육에 대해서 다음과 같이 설명했다.

"유럽평의회 상호문화교육 사업 책임자인 Rey는 상호문화교육이 교육과 더 넓은 사회의 연결에 관한 것이라고 말했다. 상호문화라는 용어는 공동체들 간의 상호관계와 상호작용을 의미한다. (...) 상호문화교육은 또한 정체성에 관한 것이다. 그것은 각 개인이 여러 가지 겹치는 정체성을 가지고 있다는 전제를 기초로 한다. 언어는 특히 정체성과 관련해서는 매우 중요한 요인이다. 따라서 상호문화교육은 출신국 언어와 수용국 언어 학습 모두와 관련이 있다."

그리고 2006년에는 *UNESCO Guidelines on Intercultural Education*을 따로 발간하였다. 이에 대해서는 차후에 좀 더 자세히 살펴보기로 하겠다.

── 국제이해교육의 교육과정

이렇게 출현한 국제이해교육의 차원, 목표, 내용, 방법에 대해서 알아보면 다음과 같다.

── R. Hanvey의 다섯 가지 차원

R. Hanvey
(1925~2012),
미국 작가이자 교육자

R. Hanvey(1976: 162-164)는 '성취 가능한 지구적 관점(An Attainable Global Perspective)'[1]의 다섯 가지 차원을 제시한 바 있다. 이 차원은 "국제이해교육 분야에서 가장 먼저 구축된 정의일 뿐만 아니라, 여러 정의 중에서 학교현장에서 가장 많이 활용되고 있다"(김현덕, 2003: 57). ① **관점의 인식**(perspective consciousness). 이는 "자신이 보편적으로 공유되지 않은 세계관을 가지고 있다는 것, 이 세계관은 종종 의식적인 발견을 벗어나는 영향들에 의해서 형성되어 왔고 계속 형성되고 있다는 것, 다른 사람들은 자신의 세계관과는 근본적으로 다른 세계관을 가지고 있다는 것을 개인이 인정하거나 인식하는 것"을 말한다. ② **지구상태의 인식**(state of the planet awareness). 이 인식은 "인구증가, 이민, 경제적 조건, 자원과 물리적 환경, 정치적 발전, 과학과 기술, 법률, 건강, 국내 및 국제 갈등과 같은 급박한 조건과 경향을 포함한 주요 세계 조건과 발전의 인식"을 말한다. ③ **비교문화적 인식**(cross-cultural awareness). 이 인식은 "전 세계 인간사회 속에서 찾아볼 수 있는

1 https://worldview.unc.edu/files/2012/09/HANVEY-An_Attainable_Global_Perspective.pdf

발상과 실행의 다양성의 인식, 이런 발상과 실행을 어떻게 비교해야 하는지에 대한 인식, 자기 사회의 발상과 실행이 다른 좋은 위치에서는 어떻게 보일 수 있는가에 대한 약간의 한정된 인정"을 말한다. ④ **지구적 역동성에 대한 지식**(knowledge of global dynamics). 이 지식은 "지구적 변화에 대한 뛰어난 인식을 배가할 수 있는 이론과 개념을 강조하면서 세계체제의 기제"에 대한 지식을 말한다. ⑤ **인간선택의 인식**(awareness of human choices)이다. 이 인식은 "지구적 체계의 의식과 지식이 증가함에 따라 개인, 국민, 인류를 맞서게 하는 선택문제에 대한 인식"을 말한다.

R. Hanvey 이후, C. Alger(1986), W. Kniep(1986), M. Merrifield(1997), T.F. Kirkwood(2001) 등 많은 학자들이 국제이해교육을 정의하고 그 내용을 설정해 보려고 노력했다. 이 중 T. Kirkwood(2001: 12)는 국제이해교육이 다양한 관점, 지구적 문제에 대한 지식, 문화에 대한 이해와 인정, 상호 관련된 체계로서의 세계라는 네 가지 주요 주제를 다룬다고 말하고, 이 네 가지 주제는 R. Hanvey의 다섯 가지 차원과 일치한다고 주장한다. 즉, 다양한 관점은 R. Hanvey의 '관점의 인식'과, 지구적 문제에 대한 지식은 그의 '지구상태의 인식'과, 문화에 대한 이해와 인정은 그의 '비교문화적 인식'과, '상호 관련된 체계로서의 세계'는 그의 '지구적 역동성에 대한 지식'과 일치한다는 것이다.

── 국제이해교육의 목표 및 내용

H.T. Collins et al.(1995)은 미국 초·중등학교에서 국제이해교육을 실시할 때 참고할 수 있는 지침을 제시했다. 이들은 이 교육에서 다룰 주제를 '지구적 현안, 문제, 도전', '문화와 세계 지역들', '미국과 세계'로 나누고 각 주제별로 지식목표, 기술목표, 행동목표를 자세히 기술했다. 이 지침서에 대해 김현덕(2003: 64-65)은 "비록 국제이해교육의 영역을 포괄적으로 다루지 않고, 세 영역으로 단순화시키기는 했지만, 그가 밝힌 교육목표에 대한 진술은 앞으로 국제이해교육 교육과정을 개발하고자 하는 교사나 전문가에게 많은 참고가 되리라고 생각한다"고 평가한다.

첫 번째 주제는 '**지구적 현안, 문제, 도전**(Global Issues, Problems and Challenges)'

이다. 이 주제는 갈등과 갈등관리, 경제체제, 세계의 신념체제, 인권과 사회적 정의, 지구관리(자원, 에너지, 환경), 정치체제, 인구, 인종과 민족, 인간의 유사성과 다양성, 기술적 혁명, 지속 가능한 발전, 지구화를 포함한다. 학생들은 이런 주제를 다루면서 다음과 같은 지식, 기술, 행동을 습득해야 한다.

지식목표(knowledge objectives)

① 학생들은 지구적 현안과 도전이 존재하고 자신들의 삶에 영향을 미친다는 사실을 알고 이해해야 한다.
② 학생들은 적어도 하나의 지구적 현안은 심도 있게 그리고 지속적으로 연구해야 한다.
③ 학생들은 지구적 현안과 도전이 서로 연결되어 있고 복합적이고 가변적이라는 것과 대부분의 현안이 지구적 차원을 가지고 있다는 것을 이해해야 한다.
④ 학생들은 대부분의 지구적 현안에 대한 자신의 정보와 지식이 불완전하다는 것, 지구적, 국제적 현안들이 어떻게 형성되고 영향을 받는지에 대한 정보를 지속적으로 수집할 필요가 있다는 것을 알아야 한다.

기술목표(skills objectives)

① 학생들은 지구적 현안, 문제, 도전에 대해 공부하는 기술을 배워야 한다.
② 학생들은 지구적 현안과 도전에 대한 정보능력을 개발해야 한다.
③ 학생들은 자신이 현재 가지고 있는 이해나 감정과 일치하지 않은 의견이나 새로운 통계를 접했을 때 판단을 유보하는 능력을 개발해야 한다.

행동목표(participation objectives)

① 학생들은 지구적 현안, 문제, 도전을 지나친 낙관론이나 근거 없는 비관론으로 접근하지 않아야 한다.
② 학생들은 자신이 지구적 현안이나 도전을 해결하는 데 어느 정도 기여할 수 있는 특별한 방법을 찾아냄으로써 자기 효능감과 시민적 책임감을 신장해야 한다.

두 번째 주제는 '**문화와 세계 지역들**(Culture and World Areas)'이다. 1950년대 이후 지역연구나 문화연구가 교육과정에 많이 포함되어 왔지만 여전히 휴일이나 축제 수준에서 벗어나지 못하고 있다. 따라서 학생들에게 세계 여러 지역의 다양한 문화를 폭넓게 가르칠 필요가 있다.

지식목표

① 학생들은 자기의 문화 이외에 적어도 하나의 다른 문화는 알고 이해해야 한다.

② 학생들은 세계의 주요 지리적, 문화적 지역에 대한, 그리고 그것들을 나누고 합치는 현안과 도전에 대한 일반적인 지식을 가져야 한다.

③ 학생들은 다른 문화의 구성원들은 세계를 다양한 방식으로 본다는 사실을 알고 이해해야 한다.

④ 학생들은 문화가 변한다는 것을 알고 이해해야 한다.

⑤ 학생들은 모든 문화를 연결하는 보편적인 것이 있다는 것을 알고 이해해야 한다.

⑥ 학생들은 사람들이 하나 이상의 문화를 가지고 있다는 것, 그래서 여러 가지 충성심을 가지고 있다는 것을 알고 이해해야 한다.

⑦ 학생들은 문화와 의사소통이 밀접하게 연결되어 있다는 것을 알고 이해해야 한다.

⑧ 학생들은 문화가 국경을 초월한다는 것을 알고 이해해야 한다.

⑨ 학생들은 문화가 지리와 역사에 의해 영향을 받는다는 것을 알고 이해해야 한다.

기술목표

① 학생들은 한 문화에서 중요한 사건과 동향을 분석하고 평가해야 한다.

② 학생들은 세계의 문화를 살펴보고 자신의 미국생활과 어느 정도 상호 연결되어 있다는 것을 인정해야 한다.

③ 학생들은 다양한 문화적 관점들을 비교하고 대조하고 그것들을 이해하려고 노력해야 한다.

④ 학생들은 다른 문화들의 공통점과 차이점을 살펴보아야 한다.

⑤ 학생들은 다른 문화로부터의 관심, 입장, 가치를, 이 문화를 왜곡하지 않고 또 이 문화의 구성원을 만족시키는 방법으로 표명할 수 있어야 한다.

행동목표

① 학생들은 다른 문화들에 대한 공부를 중요하게 여겨야 한다.

② 학생들은 문화다양성을 적절하게 관용해야 한다.

③ 학생들은 다른 문화 출신의 사람들과 의사소통하려고 노력해야 한다.

④ 학생들은 보편적인 인권을 존중하는 모습을 보여 주어야 한다.

⑤ 학생들은 다른 문화 출신의 사람들을 만나고 그들로부터 배워야 한다.

세 번째 주제는 '**미국과 세계**(The United States and the World)'다. 많은 미국인은 지구적 주제들이 자기의 일상적인 삶과 연결되어 있지 않다고 생각한다. 하지만 모든 사람은 점점 지구적 현안들, 다른 문화 출신의 사람들과 연결되고 있다.

지식목표

① 학생들은 자기가 어떻게 세계와 역사적, 정치적, 경제적, 기술적, 사회적, 언어적, 환경적으로 연결되어 있는지 이해하고 설명해야 한다.

② 학생들은 지구적 상호연결이 반드시 긍정적인 것은 아니라는 것을 알고 이해해야 한다. 이 상호연결은 미국에 긍정적인 동시에 부정적인 영향을 미친다.

③ 학생들은 특히 제2차 세계대전 이후 미국이 국제정책과 국제관계 분야에서 해 온 역할을 알고 이해해야 한다.

기술목표

① 학생들은 미국과 세계 역사에서 중요한 사건과 동향을 인정하고 분석하고 평가해야 하고, 이런 사건과 동향이 오늘날 자기의 지역공동체와 미국과 관련되는지 살펴보아야 한다.

② 학생들은 지역과 지방의 현안과 지구적 도전과 현안과의 상호연결을 인정하고 분석하고 평가해야 한다.

③ 학생들은 자기 생활과 지구적 현안 사이의 상호연결을 인정하고 분석하고 평가해야 한다.

④ 학생들은 미래를 위한 대안을 제시하고 잠재적인 미래계획에 대해서 숙고해야 한다.

행동목표

① 학생들은 민주적 과정에의 참여를 중시해야 한다.

② 학생들은 모호성을 인내해야 한다.

③ 학생들은 신문, 잡지, 책을 읽어야 하고, 상호문화적, 국제적 주제와 관련된 라디오를 듣고 텔레비전을 시청해야 한다. 그리고 뉴스기사, 책, 프로그램에 능동적으로 반응해야 한다.

이상의 국제이해교육은 교과목의 일부로 실시될 수도 있고, 교과목과는 별도로 특별활동이나 동아리활동을 통해서 실시될 수도 있다.

─── 국제이해교육의 방법

국제이해교육은 각국의 현실과 여건에 따라 다양하게 실시되고 있다. 하지만 V. Cawagas(2003, 49－55)에 의하면, 국제이해교육은 이러한 다양성에도 불구하고 다음과 같은 네 가지 공통적인 방법론적 원칙을 보여 주고 있다. **① 총체적 이해.** 이 총체적 이해란 "오해, 평화 부재 상태, 갈등 및 폭력 간에 작용하는 상호관계를 모두 이해함으로써 갈등의 근본 원인과 근본적인 해결책을 파악한다는 의미"(ibid., p. 50)다. 이 총체적 이해를 위해서는 사회, 지역, 국가, 세계의 제반 문제가 다 연결되어 있음을 이해해야 하고, 이 교육의 내용이 모든 교과목과 활동 속에 포함되어야 하며, 이 교육이 학교, 시민단체,

V. Cawagas,
코스타리카 평화 대학
젠더－평화교육학과 교수
(왼쪽에서 두 번째)

비정부기구, 국제기구 등 모든 기관과 기구를 통해 이루어져야 한다. ② **대화의 교육**. 여기서 말하는 대화의 교육이란 "교사와 학생 사이에 보다 수평적인 관계를 만들어 서로 교육하고 배우는 대화의 관계를 형성"(ibid., p. 51)하는 것을 말한다. 이 방법은 학생이 자신의 현실과 경험, 이해와 편견, 희망과 절망, 사명감 등을 자연스럽게 말하고 국제이해교육이 추구하는 바에 자발적으로 동참하도록 할 수 있다. ③ **비판적 능력향상**. 교사와 학생 간의 대화는 중요하지만, 대화가 단순히 대화로 끝난다면 교육은 별 의미가 없다. 비판적 능력향상은 "학습자가 자신이 처한 사회·경제·문화·정치적 환경을 창의적으로 또 비폭력적으로 변화시키고자 행동하도록 안내하는 일"(ibid., p. 53)이다. 이렇게 비판적 능력향상을 강조하는 것은 학생이 세계를 변화시킬 책임과 의지를 가지고 행동하지 않는다면 평화로운 세상은 오지 않기 때문이다. ④ **가치형성**. 이 가치형성은 학생들로 하여금 가치중립적 지식은 존재하지 않는다는 사실을 이해시키고, 국제이해교육이 선호하는 가치, 즉 "고통에 대한 연민, 정의, 성적 평등을 포함한 사회적 평등, 생명존중, 나눔, 화해, 성실성, 희망, 적극적 비폭력 등의 가치를 교육과정에서 분명하게 드러내"(ibid., p. 54) 보이게 하는 것이다.

─── 미국의 국제이해교육

앞서 언급한 대로 국제이해교육은 **1950년대** 미국을 포함한 전 세계에 널리 확산되었다. 하지만 **1960년대** 미국에 다문화교육이 출현하면서 두 교육은 약간 불편한 관계가 되었다. 국제이해교육은 "국경 너머에 존재하는 타문화에 대한 이해"를 증진하고자 했고, 다문화교육은 "한 사회 및 국가 내에 존재하는 다른 집단의 문화에 대한 이해"(박윤경, 2009: 359)를 증진하고자 했는데, 두 교육 모두 문화의 이해를 강조하다 보니 이런 불편한 관계가 생긴 것 같다. 실제로 두 교육의 지지자들은 약 20년간 서로를 비판하고 반목질시했다. 국제이해교육 지지자들은 다문화교육이 미국 내 소수민족 문제에 몰두한 나머지 지구적 문제를 간과한다고 비판했고, 다문화교육 지지자들은 국제이해교육이 지역사회의 다양성과 평등 문제를 경시한다고 비판했다(김현덕, 2007: 151). 이런 상호비판은 재정적 지원, 교육과정 확보, 사범대학 내 지위 확보 등을 둘러싼 치열한 경쟁으로 이어졌다. 이러는 사이에 일선 교사들은 이 두 교육을 혼용했다. 실제로 **1980년대** 이후 여러 주가 실시한 교육개혁안을 살펴보면, "서로 다른 동기와 목적을 가지고 출발한 이 두 교육이 학교나 교육현장에서는 서로 혼용되어 실시되고 있었[음]"(ibid., p. 167)을 알 수 있다. 그 명칭도 '다문화/국제이해교육', '국제이해/다문화교육' 등으로 혼용했고, '다문화교육'이라는 이름으로 국제이해교육을 하거나, '국제이해교육'이라는 이름으로 다문화교육을 하기도 했다. 하지만 **1990년대** 세계화와 함께 이 두 교육은 상호보완적인 관계로 발전했다. M. Merryfield, J. Banks, C. Sleeter, C. Bennett와 같은 학자들은 이 두 교육의 공통된 부분을 교사교육 속에 포함시키는 데 합의했다. 이들 덕분에 1994년 국가교사교육인증협회(National Council for Accreditation of Teacher Education, NCATE)는 교사교육 시 이 두 관점을 모두 포함시키라는 새로운 지침을 내릴 수 있었다. 1997년 미국교사양성대학협회(American Association of Colleges for Teacher Education, AACTE)는 국제이해교육과 다문화교육이 서로 다른 배경에서 출발했지만 어린 학생들이 향후 지역사회와 세계사회에서 유능한 시민이 되게 하기 위해서는 교사교육에서 이 두 교육을 모두 중시해야 한다고 강조했다(김현덕, 2007: 8).

── 한국의 국제이해교육

한국의 국제이해교육은 **1961년** 4개의 중등학교가 유네스코의 협력학교사업에 참여하면서 시작되었다. 이후 30여 년간 이 교육은 많은 부침을 겪었다. 하지만 1995년 교육부가 유네스코한국위원회를 국제이해교육센터로 지정하면서 다시 부상했다. **1997년**에는 세계화의 물결과 함께 제7차 교육과정 속에 범교과학습주제 중 하나로 포함되었다. 2000년에는 한국정부와 유네스코 간의 협정으로 아시아·태평양국제이해교육원이 발족했다. 그런데 이렇게 부상한 국제이해교육은 -미국에서와 마찬가지로- 다문화교육과 많이 혼동되었다(서종남, 2010; 장인실 외, 2012). 사실 "현재 국내에서 전개되는 다문화교육은 명칭만 다문화교육이고 실상은 대부분 국제이해교육이라고 할 수 있을 정도"(양영자, 2008: 5)였다. 이런 혼동에는 크게 두 가지 이유가 있다. 첫째, 다문화교육이 미국에서 한국으로 들어올 때 이미 혼재된 상태로 들어왔기 때문이다. 앞서 언급했듯이, 미국에서 수십 년간 대립된 이 교육은 1990년대 이후 상호 보완하는 관계로 발전했고, 다문화교육이 한국에 들어올 때는 이미 그 경계가 명확하지 않은 상태였다. 두 번째 이유는 교사들에게 이 두 교육에 대한 연수가 부족했기 때문이다. 1997년과 2007년의 "교육과정에 수용된 국제이해교육과 다문화교육이 어떤 점에서 구분되는지 이에 대한 명확한 설명이나 지침은 찾아보기 어려우며, 결과적으로 두 개념의 혼동이 광범위하게 진행되고 있다. 이러한 상황에서 지난 10여 년 동안 연구 성과를 축적해 온 한국 국제이해교육의 자원과 내용이 다문화교육에서 이루어져야 할 활동과 연구에 전용되고 있는 것이다"(ibid., p. 5). 이렇게 두 교육을 혼용하다 보니 학자들 간에도 이견이 생겼다. 어떤 학자들은 다문화교육이 시대의 변화에 따라 국제이해교육을 대신하게 되었다고 말하고, 다른 어떤 학자들은 국제이해교육이 이미 다문화교육을 실시하고 있기 때문에 다문화교육이 그 속에 포함되어야 한다고 말한다. 하지만 김현덕(2007, p. 11)은 다문화교육은 국내지향적 교육이고 국제이해교육은 국제지향적 교육이므로 어느 한 교육이 다른 교육을 대체할 수 없다고 본다. 장인실·김경근(장인실 외, 2012: 98)은 이런 혼동과 오해를 피하기 위해 이 두 교육의 차이점과 공통점을 다음과 같은 표로 제시했다.

국제이해교육과 다문화교육의 비교

	국제이해교육	다문화교육
목표	평화교육	평등교육
강조점	문화이해 강조	비판의식 고양
방법	국제관계 이해, 지구적 문제의 평화적 해결에 적극적 참여	교육과정 개혁
대상	다수자	소수자, 다수자
문화를 보는 시각	문화이해교육	인식전환 수단
발생 배경	전쟁방지, 국제문제 해결	사회 내의 인종과 민족 간의 불평등 해결
공통점	문화이해, 문화다양성, 인권, 환경	

아무튼 한국에서 국제이해교육의 위상은 점점 낮아지고 있다. 이는 제7차 교육과정, 2007 개정 교육과정,[2] 2009 개정 교육과정에 **범교과학습주제**로 계속 포함되어 오던 이 교육이 2015 개정 교육과정에서는 제외되었다는 사실에서도 확인할 수 있다. 물론 2009 개정 교육과정의 범교과학습주제 39개[3]가 너무 많다고 보고 2015년에 10개[4]로 줄이는 과정에서 어쩔 수 없었다고 말할 수 있겠지만 이는 설득력이 별로 없어 보인다. 왜냐하면 2007 개정 교육과정, 2009 개정 교육과정의 다문화교육은 2015 개정 교육과정에도 그대로 포함되었기 때문이다. 한편, 국제이해교육의 위상 저하는 국제이해교육이 자초한 면이 없지 않다. 그간 한국의 국제이해교육은 국가들 간의 문화 비교나 이해에 지나치게 큰 비중을 두었다. 이는 유네스코 아시아·태평양 국제이해교육원이 2009년에 출간한 『다문화이해의 다섯 빛깔. 아시아 이해를 위한 국제이해교육』만 보아도 쉽게 이해할 수 있다. 이 책은 아시아 여러 나라의 상황을 '여성', '의복', '꽃', '과일', '주거'라는 다섯 가지 주제로 소개한다. 이 중에서 '여성'을 제외한 나머지 네 개의 내용은 아시아 여러 나라의 옷, 꽃, 과일, 집 등을 거의 백과사전처럼 자세히 설명한다. 이런 지식이 무의미한 것은 아니지만, 아시아 각국의 옷, 꽃, 과일, 집 등을 이처럼 자세히 알 필요는 없다. 이는 국제이해교육의 본질과는 거리가 멀어 보일 뿐만 아니라 국제이해교육의 효용성마저 의심하게 만들 수 있다. 따라서 '한국에서는 어떻고 중국에서는 어떻고 베트남에서는 어떻고...' 하는 식의 백과사전

---

2 민주시민교육, 인성교육, 환경교육, 경제교육, 에너지교육, 근로정신함양교육, 보건교육, 안전교육, 성교육, 소비자교육, 진로교육, 통일교육, 한국문화정체성교육, **국제이해교육**, 해양교육, 정보화 및 정보 윤리교육, 청렴·반부패교육, 물보호교육, 지속가능발전교육, 양성평등교육, 장애인이해교육, 인권교육, 안전·재해대비교육, 저출산·고령사회대비교육, 여가활용교육, 호국·보훈교육, 효도·경로·전통윤리교육, 아동·청소년보호교육, **다문화교육**, 문화예술교육, 농업·농촌이해교육, 지적재산권교육, 미디어교육, 의사소통·토론중심교육, 논술교육

3 민주시민교육, 인성교육, 환경교육, 경제교육, 에너지교육, 근로정신함양교육, 보건교육, 안전교육, 성교육, 소비자교육, 진로교육, 통일교육, 한국문화정체성교육, **국제이해교육**, 해양교육, 정보화 및 정보 윤리교육, 청렴·반부패교육, 물보호교육, 지속가능발전교육, 양성평등교육, 장애인이해교육, 인권교육, 안전·재해대비교육, 저출산·고령사회대비교육, 여가활용교육, 호국·보훈교육, 효도·경로·전통윤리교육, 아동·청소년보호교육, **다문화교육**, 문화예술교육, 농업·농촌이해교육, 지적재산권교육, 미디어교육, 의사소통·토론중심교육, 논술교육, 한국문화사교육, 한자교육, 녹색교육

4 안전·건강교육, 인성교육, 진로교육, 민주시민교육, 인권교육, **다문화교육**, 통일교육, 독도교육, 경제·금융교육, 환경·지속가능발전교육

적 지식제공은 지양해야 한다.

2. 다문화교육

문화다양성을 가르치는 또 하나의 교육유형은 다문화교육이다. 이 교육은
미국에서 출현하여 캐나다, 오스트레일리아, 뉴질랜드 등 영미권 국가에 널리 확
산되어 있다. 미국의 영향을 지대하게 받는 한국도 2006년 이후 이 교육을 널리
권장하고 있다.

── 출현 및 발전 과정

P. Ramsey,
미국 마운트홀리오크 대학
심리학 교수

L. Williams
(1944~2007), 미국
콜롬비아 사범대학 교수

P. Ramsey & L. Williams(2003: 6 – 29)
는 **미국 다문화교육의 출현배경**과 그 변화
과정을 다섯 시기로 나누어 자세히 설명했
다. 이들의 설명은 미국의 교육역사에 가깝
지만, 다문화교육의 출현 배경과 변화를 이
해하는 데에도 상당히 유익하다.

첫 번째 시기는 백인청교도와 동화주의
(18세기 – 1920년대)의 시기다. 18세기와 19
세기에는 대부분의 이민자가 영국, 네덜란
드, 독일, 스칸디나비아와 같은 북부 및 서
부 유럽에서 왔다. 이들은 서로의 언어적 다양성을 학교, 교회, 신문 등을 통해
인정했다. 하지만 19세기 후반 남부 및 동부 유럽에서 많은 이민자가 들어오면
서 상황은 달라졌다. 먼저 들어온 북부 및 서부 유럽 출신 사람들이 이들을 지
적, 도덕적으로 열등하다고 보고 이들을 동화시키려고 나섰기 때문이다. 제1차
세계대전의 발발로 외국인에 대한 의심과 거부감이 커지자 동화의 압력은 더욱
거세졌다. 학교를 비롯한 많은 기관들은 문화다양성을 국가적 위기로 여겨 이민
자가 출신국에 대해 충성심을 갖는 것을 막고 그 자녀들이 미국에 대한 애국심

을 가지도록 유도했다. 1921년과 1924년에 이민을 제한하는 법률을 통과시킨 것도 같은 맥락에서였다. 1920년대와 30년대 유럽에서 전체주의 정권이 들어서자 미국인들은 이것을 민주주의에 대한 위협으로 여기고 미국 앵글로-색슨집단의 가치와 행동을 강조했다. 일부 학자들은 이런 행동에 대해 강한 거부감을 보였는데, H. Kellen(1924)도 그중 한 사람이었다. 그는 문화복수주의 (cultural pluralism)를 내세워 이민자들이 자신의 문화적 전통을 자랑스럽게 여기고 보존할 수 있게 해야 한다고 주장했다. 이 문화복수주의는 소수집단이 그 고유한 문화를 유지한 채 사회에 참여하게 하는 문화다원주의다. 일부 학자들은 이것을 다문화주의의 시초로 보기도 한다. H. Kellen은 미국인들이 한 집단에서 다른 집단으로 자유롭게 옮겨 다니면서 다양한 문화 속에 살 수 있다고 믿었다. 하지만 용광로 모형과 마찬가지로 당시의 문화 복수주의는 미국 원주민, 아프리카계 미국인, 라틴계 미국인, 아시아계 미국인은 포함시키지 않았다.

H. Kellen
(1882~ 1974),
다원주의와 시온주의를
지지한 독일 출신 미국
철학자

두 번째 시기는 인종평등교육과 집단 간 교육(1930년 – 1960년대)의 시기다. 아프리카계 미국인들은 20세기 초까지 미국의 주류교육에서 배제되었다. 하지만 1930년대 대공황을 겪으면서 이런 정책을 수정하지 않을 수 없었다. 왜냐하면 이들을 대규모 국가사업에 투입하려면 최소한의 교육은 필요했기 때문이다. 이런 이유로 공공사업진흥국(Works Progress Administration)은 이들을 위한 시설을 만들고 교육을 실시했다. 아프리카계 미국인과 다른 소수민족의 교육문제는 제2차 세계대전이 일어나면서 다시 불거졌다. 이들에 대한 최소한의 교육이 필요하다고 본 군 당국은 영어를 읽고 쓸 수 있게 하는

1953년 토페카 소재 몬로초등학교
흑인학교의 L. Brown(왼쪽)

교육 프로그램을 실시했다. 제2차 세계대전이 끝나자 아프리카계와 소수민족들은 민주주의를 수호하기 위해 싸웠다는 자부심과 그간에 받은 교육에 대한 자긍심으로 더 이상 2류 계층에 머물기를 거부했다. 미국흑인지위향상협회(National Association for the Advancement of Colored People)와 같은 단체들은 교육적 인종

H. Taba(1902~1967),
미국 샌프란시스코 대학
교수

분리 금지를 포함한 많은 법적 조치를 요구했다. 학자들도 학교가 평등한 교육을 제공하고 인종 간의 이해를 확산시켜야 한다고 주장했다. 1954년 캔사스 토페카(Topeka) 법정의 브라운 대 교육위원회(Brown vs. Board of Education) 판례는 공립학교에서의 흑백 분리는 위헌이라고 판결했다. 이 판결은 모든 미국인에게 투표권을 부여한 1870년 미국연방법원 판결 이후 가장 획기적인 판결이었다. 이런 분위기에서 대두된 또 하나의 교육은 집단 간 교육 운동(Intergroup Education Movement)이었다. H. Taba가 주도한 이 운동은 초등학교와 중등학교에서 이루어졌다. 이 운동의 목적은 민족들 간의 편견과 고정관념을 드러내는 내용을 교과서에서 제거하고 객관적인 지식에 근거해서 집단들을 존중하도록 가르치는 데 있었다. 10년 이상 이루어진 이 운동은 주로 도시 학교에 머물렀고 제도화 수준에까지 이르지는 못했다.

세 번째 시기는 단일민족연구와 '문화적으로 다른 사람' 교육(1960년대 – 1970년대)의 시기다. 1960년대 초 아프리카계 미국인을 비롯한 여러 인종 및 민족 집단들은 평등과 정체성 인정을 더욱 강하게 요구했다. 1964년 시민권법(Civil Right Acts)은 연방으로부터 지원을 받는 회사와 학교가 인종, 피부색, 출신국을 이유로 차별하지 못하도록 했다. 1965년 이민 및 국적법(Immigration and Nationality Act)은 기존의 많은 제약을 철폐하고 특히 라틴 아메리카와 아시아로부터의 가족이민을 허용했다. 같은 해 제정된 민족유산연구법(Ethnic Heritage Studies Act)은 모든 학생에게 미국 내 소수 인종 및 민족 집단에 대해서 공부할 기회를 제공했다.

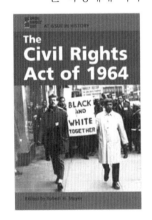

1964년 시민권법

이 법률로 대학, 전문대학, 각급 학교는 연구와 교육에 필요한 재정지원을 받았고, 아프리카계 미국인 연구, 라틴아메리카계 미국인 연구, 미국 원주민 연구, 아시아계 미국인 연구, 여성연구 등과 관련된 프로그램을 수행할 수 있었다. 하지만 이런 단일민족연구는 해당 민족과 관련된 4F(facts, foods, famous people, festival)만을 강조하고 그것을 기존의 교육과정에 추가하는 수준에 그쳤다. 따라서 이 연구는 교육의 구조와 교육과정 자체는 바꾸지 못했을 뿐만 아니라, 백인학생에게는 거의 영향을 미치지 못했다. 비슷한 시기에 좀 더 전향적인 교육운동이 일어났는데, 그것은 바로 '문화적으로 다른 사람' 교육(Education for Culturally Different)이었다. 이것은 빈곤과의 전쟁, 헤드 스타트(Head Start)와 같은 프로그램으로, 소수집단 아동과 청소년의 '문화적 결핍'을 보다 적극적으로 보충해 주고자 했다. 하지만 이 프로그램 역시 이들이 교육서비스에 좀 더 쉽게 접근할 수 있게 했을 뿐 교육과정을 근본적으로 바꾸지는 못했다. 한편, 단일민족연구는 1960년대 말과 1970년대 초에 그 설득력을 점차 잃기 시작했다. 여기에는 크게 세 가지 이유가 있었다. 첫째, 이 연구가 특정 집단의 역사와 기여만 다루어 분열을 초래하는 것으로 여겨졌고, 둘째, 이 연구가 특정 민족 집단에 치중한 나머지 인종주의나 다른 형태의 정치적, 사회적 차별은 도외시했고, 셋째, 유럽계 미국인의 민족중심주의나 우월감에 대해서는 아무런 이의를 제기하지 않았기 때문이다. 단일민족연구와는 달리, '문화적으로 다른 사람' 교육은 C. Sleeter & C. Grant(1999)와 같은 학자들에 의해 오늘까지도 이어지고 있다.

네 번째 시기는 다문화교육 운동(1970년대-1980년대)의 시기다. 1960년대 다양한 연구와 운동에도 불구하고 많은 집단, 특히 아프리카계 미국인들은 미국 주류사회 속에 들어갈 수 없었다. 이에 사람들은 1920년대에 유행한 문화복수주의를 다시 꺼내 들었다. 이번에는 이 복수주의 속에 아프리카계 미국인, 라틴 아메리카계 미국인, 아시아계 미국인, 미국 원주민을 명시적으로 포함시켰다. 1971년 전국문화복수주의연합(National Coalition for Cultural Pluralism)은 미국 내 모든 문화, 인종, 민족 집단들이 공존하고, 주류문화 속에서 자신의 미래를 준비하고, 자기 고유의 정체성과 생활방식을 유지할 권리가 있음을 강조했다. M. Raminez & A. Castaneda(1974)는 문화복수주의를 확장하여 문화민주주의(Cultural Democracy)까지 제안했다. 이 주의는 사람들이 주류사회에서 일하는 데 필요한 기술을 배우는 동시에 자기 민족집단의 가치와 언어를 유지할 법적, 도덕적 권리를 가지고 있음을 강조했다. 이런 분위기 속에 J. Banks, C. Grant, G. Gay, J. Boyer 등 아프리카계 미국 학자들은 다문화교육을 개발하고 확산시켰다. 여기에 C. Bennett, R. Garcia, D. Collnick, S. Nieto, P. Ramsey, C. Sleeter, L. Williams 등도 합세했다. 이들은 다문화교육을 통해, 모든 사람들에게 그들 고유의 문화, 언어, 사회화 경험은 가치 있는 것, 이것들은 미국 주류사회의 가치와 경험과 동등시되어야 한다는 것을 이해시키려고 노력했다. 이런 맥락에서 1973

년 미국교사양성대학협회(AACTE)의 *No One Model American*은 다시 한 번 상기할 만하다.

> "다문화교육은 문화복수주의를 존중하는 교육이다. 다문화교육은 학교가 문화적 차이를 녹여 없애야 한다는 관점, 학교가 단지 문화복수주의를 용인해야 한다는 관점을 거부한다. 반면에 다문화교육은 학교가 문화적 대안들을 개발하고 확산시키는 프로그램을 통해서 모든 아동과 청소년의 문화적 풍요로움을 추구해야 한다는 것을 강조한다. 다문화교육은 문화다양성을 미국 내 삶의 현실로 인정하고, 문화다양성을 보존되고 확산되어야 하는 가치 있는 자원이라는 것을 강조한다. 그리고 주요 교육기관들은 문화복수주의를 지속하고 확산하기 위해 노력해야 한다고 강조한다. 문화복수주의를 지지하는 것은 단 하나만의 미국모형이 있는 게 아니라는 원칙을 지지하는 것이다. 문화복수주의를 지지하는 것은 미국시민들 사이에 존재하는 차이를 이해하고 존중한다는 것이다."

1977년 국가교사교육인정협회(NCATE)는 그 표준지침 속에 다문화교육을 포함시키고, 이 교육을 "개인이 문화적으로 다양하고 복합적인 사람들과의 만남 속에서 경험할 사회적, 정치적, 경제적 현실에 준비하도록 하는 과정"(p. 14)이라고 소개했다. 이처럼 미국교사양성대학협회가 *No One Model American*을 천명하고 국가교사교육인정협회가 다문화교육을 권장하자, 다문화교육, 다민족교육, 다인종교육, 다문화연구, 다문화적인 교육 등 다양한 형태의 교육들이 출현했다. 이 교육들은 겹치기도 하고 대립하기도 하지만 다음과 같이 구별할 수 있다. 먼저, **다문화교육**(Multicultural education)은 미국에서 가장 널리 사용되었고 지금도 그렇다. 이 교육은 사회가 다원적이라는 사실을 교육체제 속에 도입하기 위해 노력한다. 다음으로 **다민족교육**(Multiethnic Education)은 다문화교육 다음으로 널리 사용되고 있는 용어다. 이 교육은 교육환경을 미국사회의 민족적 다양성을 반영하는 교육환경으로 바꾸어 모든 사람에게 평등한 교육기회를 보장하려고 한다. **다인종교육**(Multiracial Education)은 다문화교육이 문화라는 주제에 치우쳐 인종주의, 불평등 등을 경시했다고 비판하고 소외된 가정과 아동에 대해 특별한 관심을 보인다. **다문화연구**(Multicultural Studies)는 다양한 민족의 역사적, 사회적 유산으로부터 공통점과 차이점을 연구하여 오랫동안 문화적, 인종적, 민족적 소수집단을 배제한 결과 만들어진 공백을 메우고자 한다. 마지막으로 **다문화적인 교육**(Education that is Multicultural)은 C. Grant(1978)가 주창한 교육이다. 이 교육은 문화다양성과 개인적 차이를 옹호하고 그것을 학교환경과 교육과정 속에 도입하고자 한다. C. Sleeter & C. Grant(1987)는 이 용어와 개념을 확장하여 사회적 재구성주의(social reconstructionism)로 발전시켰다.

다섯 번째 시기는 오늘날 다문화교육(1990년대 – 2000년대)의 시기다. 1990년대 초 미국 학생의 1/3이 '민족 및 인종 소수자' 출신이다. 이렇게 학생들이 점점 다양해지자 관리자와 교사들은 종전의 교육방식에 이의를 제기하고 나섰다. 이에 따라 1970년대, 80년대에는 다문화교육에 대해서 무관심했던 교사들조차 이 교육에 새로운 관심을 보이고 다문화와 관련된 연수에 적극 참여하기 시작했다. 이런 새로운 관심과 필요에 따라 다문화와 관련된 책들도 많이 나왔다.

지금까지의 내용을 **종합**해 보면, 미국의 다문화교육은 1970년대 이후 그 범위를 꾸준히 확장해 왔음을 알 수 있다. 1970년대에는 주로 인종과 민족 문제에 초점을 맞추었지만 여성운동이 확산되면서 성별성(gender) 문제도 다루기 시작했다. 하지만 이런 움직임은 1980년대 정부의 정책이 보수적으로 바뀌고 다문화교육을 비판하는 목소리도 높아지면서 다소 주춤했다. 다문화교육을 반대하는 사람들은 다문화교육이 국가를 분열시키고 국가의 단일성을 파괴한다고, 또 미국이 국가적 위상을 제고하고 경제 침체에서 벗어나려면 수학, 과학, 읽기, 쓰기와 같은 기초교육을 더욱 강화해야 한다고 주장했다. 다문화교육은 1980년대 후반에 이중언어교육과 관련된 논의를 포함시켰고, 1990년 장애인교육에 관한 법률이 통과되면서 장애 아동 문제도 논의하기 시작했고 최근에는 동성애와 환경 문제까지 다루고 있다.

하지만 모든 사람이 다문화교육을 지지하는 것은 아니다. 사실 다문화교육은 1970년대에 출현한 이래 지금까지 좌우로부터 적잖은 비난을 받아 왔다. 먼저, **우파의 비판**은 다음 세 가지로 요약할 수 있다. 첫째, 다문화교육이 특정 인종이나 민족의 문화, 가치, 역사에 초점을 맞춤으로써 국민의 불화감을 조성하고 국가의 단일성을 저해할 수 있다는 것이다. 둘째, 다문화교육이 비주류 소수문화를 찬양함으로써 유럽계 미국인의 주류문화를 위협할 수 있다는 것이다. 이런 견해를 가진 사람들은 다문화교육학자들이 대중을 선동하기 위해 자극적인 용어를 사용하는 '극단주의자'나 '사상경찰'들이라고 주장한다. 셋째, 다문화교육은 집단에 치중한 나머지 개인적 차이를 무시할 수 있다는 것이다. 우파에 속하는 사람들은 미국이 모든 사람에게 학교와 직장에서 성공할 수 있는 동등한 기회를 보장하고 있기 때문에 성공 여부는 개인의 문제지 집단의 문제는 아니라고 본다. 다음으로, **좌파의 비판** 역시 세 가지로 요약할 수 있다. 첫째, 다문화교육이 피상적인 문화적 차이에 초점을 맞춘 나머지 권력, 착취, 억압, 구조적 불평등과 같은 근본적인 문제는 무시했다는 것이다. 둘째, 다문화교육이 학교와 교육 자체를 바꾸는 데 실패했다는 것이다. 이런 견해를 가진 사람들에 따르면, 다문화교육은 각자가 준비해 온 음식을 나누어 먹는 것, 몇 주에 불과한 다른 문화에 대한 교육, 다문화 축제와 기념일에의 참가 등이 거의 전부라는 것이다. 셋째, 다문화교육이 다양한 인종과 민족의 문화를 인정하고 존중하더라도 궁극적으로는 백인 중심의 공통문화에 적응할 것을 기대하고 있기 때문에 동화주의의 틀을 탈피하는 데 실패했다는 것이다.

J. Banks,
미국 워싱턴 대학 교수

이상의 R. Ramsey & L. Williams의 설명이 다문화교육에 대한 거시적인 설명이라면, J. Banks(2006: 49－53)의 설명은 이 교육에 대한 보다 미시적인 설명이라고 할 수 있다. 그는 다문화교육의 변화를 다음과 같은 다섯 가지 시기로 나누어 설명한다. ① **단민족 연구·강의**(mono－ethnic studies courses) 시기. 이 시기는 1960년대 시민권 운동을 계기로 아프리카계 미국인과 소수민족들이 자신과 관련된 연구를 수행해 줄 것을 요구했다. 대학에서는 이런 요구를 받아들여 '아프리카계 미국인의 역사와 문학', '멕시코계 미국인의 역사와 문학'과 같은 강의를 개설했다. ② **다민족 연구·강의**(multi－ethnic studies courses) 시기. 아프리카계 미국인의 역사와 문화에 대한 연구와 강의가 실행되자 미국 내 다른 민족들도 자신에 대한 똑같은 연구와 강의를 실행해 줄 것을 요구했다. 이에 대학들은 여러 민족집단의 경험과 문화를 비교하는 다민족연구를 수행했다. ③ **다민족교육**(multi－ethnic education) 시기. 일부 학자들은 이런 연구와 강의가 별로 효과가 없을 뿐만 아니라 오히려 유해할 수 있다고 비판했고, 이에 따라 일부 교사들은 그것을 가르치기를 꺼려했다. 이에 교육학자들은 교육자료나 교수법을 개발하기보다는 학교와 교육 자체를 바꾸어야 한다고 주장했다. 그러나 이 다민족교육은 여전히 생물학적, 사회적 민족 집단에 초점을 맞추는 한계를 보였다. ④ **다문화교육**(multicultural education) 시기. 다민족교육이 생물학적, 사회적 민족에 초점을 맞추었다면, 다문화교육은 민족, 여성, 장애인, 종교인 등 다양한 사회집단의 문제에 초점을 맞추었다. 이렇게 교육 내용과 대상을 인종이 아니라 다양한 사회집단에 초점을 맞추자 많은 교육기관은 이 교육을 환영하고 적극 실시했다. ⑤ **제도화 과정**(institutionalization process) 시기. 이 시기는 앞선 네 가지 연구와 교육을 제도화하는 시기다. 그런데 이런 제도화는 서서히 이루어질 뿐만 아니라 교육행정가와 교사의 충분한 이해와 적극적인 노력이 필요하므로 결코 쉬운 일이 아니다.

다문화교육의 이념과 이론

C. Sleeter & C. Grant(문승호 외 역, 2009: 240-256)에 따르면, 다문화교육은 **두 개의 이념과 세 개의 이론**을 토대로 한다. 여기서 말하는 이념(ideology)은 사회나 "개인이 이렇게 되어야 한다고 믿는 신념과 가치 체계"를 말하고, 이론(theory)은 "사회제도나 인간의 심리가 실제로 어떻게 작용하는지에 관한 것"(ibid., p. 241)이다. 먼저, 이념에는 문화복수주의 이념과 기회균등 이념이 있고, 이론에는 문화다원성이론, 문화전파이론, 사회학습이론이 있다.

C. Sleeter,
미국 캘리포니아
몬트레이베이 주립대학 교수

C. Grant,
미국 위스콘신 메디슨 대학
미국계 흑인학과 교수

먼저, **문화복수주의**(cultural pluralism) **이념**은 소수집단이 다수집단 속에서 자신의 고유한 문화적 정체성은 유지하지만 자신의 가치와 실행이 다수집단의 법률과 가치에 부합하여 다수집단이 그것을 수용할 때 사용되는 용어다. 이렇게 정의된 문화복수주의는 엄밀한 의미에서 다문화주의와 구분된다. 다문화주의 (multiculturalism)는 지배문화를 그렇게 강조하지 않는다. 만약 지배문화가 약해 지면 그 사회는 문화복수주의에서 다문화주의로 옮겨 간다. 복수주의의 대표적인 예는 20세기 미국에서 찾아볼 수 있다. 당시 미국에는 백인 앵글로-색슨청교도 문화라는 강력한 지배문화와 더불어 다양한 소수집단이 고유한 문화들이 있었 다. 복수주의하의 집단들은 나란히 공존하고 각 집단의 장점을 유지시켜 나간다. 예를 들어, 복수주의자들은 미국인이 영어와 함께 소수집단의 언어도 잘 구사하 여 전 세계 사람들과 자유롭게 의사소통하기를 바란다. 같은 맥락에서 소수집단 이나 개인은 종교도 자유롭게 선택할 수 있다. 성별성(gender)과 관련해서도 남 녀평등과 성적 지향의 자유를 강조한다. 한 마디로, 복수주의자들은 모든 형태의 다양성을 하나의 풍요로운 자원으로 본다. 따라서 다원주의를 신봉하는 다문화 교육학자들은 미국에 존재하는 실제적인 다양성을 억누르거나 부정하지 말고 이 것을 지지하고 존중하여야 한다고 주장한다.

다음으로, **기회균등**(equal opportunity) **이념**은 1954년 브라운 대 교육위원회 (Brown vs. Board of Education) 판결을 토대로 부상했다. 이 이념을 교육에 적용 하면, 학생이 자신의 지적 자산을 무시하는 수업방법, 자신이 이해하지 못하는 언어로 이루어지는 수업, 자신에게 맞지 않은 교수법 등으로 인해 교육적으로 성공할 수 있는 기회를 놓치지 않게 해야 한다는 것이다. 따라서 교실은 모든 학 생이 자기 가정의 문화와 언어를 기반으로 자신의 잠재력을 충분히 발휘하고 자 아존중감을 신장시키는 공간이어야 한다. 기회균등 이념과 관련 있는 것은 차별 시정조치(affirmative action)다. 1961년 J.F. Kennedy 대통령의 서명으로 발효된 이 조치는 정부가 사람을 고용할 때 인종, 신념, 피부색, 출신국 등을 이유로 차 별하지 않고, 고용기간 내내 그 어떤 차별도 금지한다는 것이었다. 이 조치는 1964년 시민권법과 1967년 성차별 수정에도 큰 영향을 미쳤다. 이 개념을 교육 에 도입하면, 이것은 학교에서 일부 학생에게는 이익이 되고 다른 학생에게는 불이익이 되는 요소를 찾아내고 그것을 시정해야 한다는 것이다. 예를 들어, 만 약 교육기관이 영어로 된 소프트웨어나 웹사이트를 제공하면 비영어권 학생에게 는 불리하다는 것이다. 이런 차별을 시정하려면 해당 소프트웨어나 웹사이트를 학생들의 모국어로 번역해 주어야 한다. 또 만약 소프트웨어의 내용이 남학생에게만 흥미로운 것이라면 이것 역시 수정해야 한다. 다문화교육학자들은 백인 중산층 학생이 다른 학생보다 높은 점수를 취득하고 좋은 학교에 입학하게 하는 것, 졸업 후 남학생은 수학, 과학 분야로 진출하고 여학생은 서비스업이나 가사에 종사하게 하는 것, 학교에서 백인 남성의 업적이 가장 훌륭한 업적이라고 가르치는 것 등은 모두 기회균등 이념에 어긋난다고 보고 이를 시정하는 교육과정을 마련해야 한다고 주장한다.

다문화교육의 토대가 되는 첫 번째 이론인 **문화다원성 이론**이다. W. Newman (1973)은 문화의 혼성양상을 다음과 같은 네 가지로 나눈다. 첫 번째는 A+B+C =A라는 도식으로 설명되는 동화(assimilation)다. 여기서 A, B, C는 각각 다른 집단이고, A는 주류집단이다. 여기에 해당하는 예는 교사가 학생들의 영어능력을 향상시키기 위해 그들의 모국어를 사용하지 못하게 하는 것이다. 이것은 학생의 언어능력 신장을 저해할 뿐 아니라 학생의 부모가 자녀에게 가족의 가치와 신념을 전수하는 것을 가로막는 것이다. 두 번째는 A+B+C=D로 표현되는 융합(amalgamation)이다. 여기서 D는 각각 다른 집단들과는 전혀 다른 새로운 집단을 의미한다. 예를 들어, 미국영어는 영국영어를 토대로 했지만 스페인어, 아프리카어, 아랍어 등을 차용함으로써 영국영어와는 다른 새로운 언어라는 것이다. 세 번째는 A+B+C=A+B+C로 표현되는 '고전적' 문화복수주의다. 여기서 A, B, C 집단은 자기 고유의 정체성을 그대로 유지한다. 하지만 이 도식은 미국 내 모든 민족의 실상과는 거리가 멀다. 왜냐하면 일부 집단은 다른 집단보다 강해지거나 약해졌기 때문이고, 한 집단이 뿔뿔이 흩어져도 자신의 문화적 정체성을 간직하는 경우도 적지 않기 때문이다. 마지막은 A+B+C=A+B+C1로 표현되는 '변형된' 문화복수주의다. 이 주의는, 이탈리아에 있는 이탈리아인이 미국계 이탈리아인과 다르듯이, 여러 비주류 민족들은 주류문화에 어느 정도 동화되지만 그 정도는 민족마다 다르고, 많은 집단은 그 고유한 문화적 정체성을 유지한다는 점을 강조한다. 이 이론을 지지하는 사람들은 미국의 크기를 감안할 때 아무리 지배집단이 다른 집단들을 동화하려고 해도 문화다양성은 언제나 지속될 것이라 본다. 다문화교육은 이 네 가지 유형 중에서 마지막 유형을 따른다. 그래서 다문화교육학자들은 학교에서 미국인이 공유한 문화와 아울러 학교에 실제로 존재하는 문화다양성도 가르쳐야 한다고 주장한다. 그리고 이런 교육이 문화집단들 간의 분열을 조장하는 것이 아니라 그들 간의 대화를 증진시킨다고 주장한다.

두 번째 이론인 **문화전파이론**(cultural diffusion theory)은 인류학에서 차용한 이론이다. 이 이론은 19세기 말 독일 민족학자 L. Frobenius가 처음 개념화한 것으로, 사고, 방식, 종교, 기술, 언어와 같은 문화적 요소가 개인들 간에 전파된다는 것이다. 문화가 전파되는 유형에는 다섯 가지 유형이 있다. 확장전파(expansion diffusion)는 근원지의 발상 또는 개혁이 다른 영역으로 퍼져 나감을 말한다. 이 유형은 위계적 전파, 전염적 전파, 자극 전파로 나뉜다. 위계적 전파(hierarchical diffusion)는 발상이나 계획이 큰 장소에서 작은 장소로 옮겨 가면서 확산되는 것을 말한다. 이 전파는 장소들 간의 거리와는 크게 상관이 없고 사회지도층에 의해 영향을 많이 받는다. 전염적 전파(contagious diffusion)는 발상이나 개혁이 한 집단 내 개인들 간의 접촉에 의해서 전파되는 것을 말하고, 자극전파(stimulus diffusion)는 개혁이나 발상이 다른 개념에 자극을 받아 확산되는 것을 말한다. 재배치전파(relocation diffusion)는 발상이나 개혁이 근원지를 떠나 새로운 영역으로 옮겨 감을 말한다. 문화전파이론가들이 말하는 문화전파는 다양한 문화집단이 자신의 문화를 젊은 세대에게 전파하는 것을 말한다. 여기서 중요한 것은 문화집단 또는 공동체의 역할이다. 이 공동체는 가정, 학교, 종교, 이웃 등을 통해서 자신의 문화를 젊은 세대에게 전파하기 때문이다.

A. Bandura,
미국 스탠퍼드 대학
심리학 교수

사회학습이론(Social Learning Theory)은 사회학에서 차용한 이론이다. 이 이론을 주창한 미국 심리학자 A. Bandura는 1977년에 출간한 *Social Learning Theory*를 통해 그 이론적 토대를 마련했다. 그는 초창기에는 행동주의학습이론을 따랐으나 나중에는 인지적 측면을 중시하는 사회학습이론을 지지했다. 이 이론에 따르면 "사람의 행동은 다른 사람의 행동이나 주어진 상황을 관찰하고 모방함으로써 이루어진다"는 것이다. 이를 A. Bandura는 '관찰학습'이라고 불렀는데, 여기에는 관찰한 것을 모방하는 학습과 관찰한 것을 모방하지 않는 학습도 포함된다. 예를 들어, 돌이 눈앞으로 날아오면 사람들은 그 돌에 맞지 않기 위해 피할 것이다. 이 경우 사람들은 돌이 날아오는 것을 관찰하고 그것을 피하는 것을 학습하였지만 그것을 모방하지는 않는다. 이처럼 사회학습이론은, 가시적인 행동에만 초점을 맞추는 행동주의학습이론과는 달리, 인간의 내면에서 일어나는 인지적 과정도 중시한다. A. Bandura에 의하면, 관찰은 다음과 같은 네 단계를 거쳐 행동으로 나타난다. 첫째, 행동이나 상황이 관찰자의 주의를 끌어야 한다(주의집중단계). 둘째, 관찰을 통해 학습한 정보를 저장해야 한다(유지단계). 셋째, 저장된 기억을 불러내는 단계로, 이 단계에서는 학습한 내용과 관찰자의 행동이 일치하도록 스스로 수정하여야 한다(운동재생단계). 넷째, 학습한 대로 행동에 옮기기 전에 기대감을 가져야 한다(동기화단계).

── 다문화교육의 목표와 내용

다문화교육의 목표는 학자에 따라 조금씩 다르게 설정된다. C. Grant(1993)는 그것을 "모든 학생이 미국의 조직과 기관에서 구조적으로 평등하게 일할 수 있도록 준비시키는 것"이라고 했고, Johnson & Johnson(2002)은 그것을 "모든 학생이 인지적, 사회적, 인격적 측면에서 본인의 잠재력을 최대한 발휘할 수 있도록 평등한 학습기회를 제공하는 것"이라고 했으며, J. Banks(2007, 모경환 외 역, 2008: 203)는 그것을 "다양한 사회계층, 인종, 민족, 성 배경을 지닌 모든 학생이 평등한 교육기회를 경험할 수 있도록 교육과정과 교육제도를 개선하고자 하는 교육개혁운동"이라고 했다. J. Banks(모경환 외 역, 2008: 2-8)는 이것을 좀더 풀어서, 다음과 같이 여섯 가지의 다문화교육의 목표를 제시한다. ① **자기 이해 증진**. 이것은 "개인이 다른 문화의 관점을 통해 자신의 문화를 바라보게 함으로써 자기 이해를 증진시키는 것이다." 세계를 자신의 문화적 관점으로만 바라보는 사람은 편협하게 사고할 가능성이 많다. 이런 사람은 자신의 문화도 제대로 보기 어렵다. 자신의 문화적 사고와 행동은 다른 사람의 문화적 관점에서 바라볼 때 좀 더 객관적으로 파악될 수 있다. ② **주류교육에 대안 제시**. 이것은 "학생들에게 문화적, 민족적, 언어적 대안들(alternatives)을 가르치는 것이다." 미국의 학교문화와 교육과정은 기본적으로 백인 중심의 교육과정이다. 백인이 아닌 학생들은 이런 학교문화와 교육과정을 이질적으로 또는 적대적으로 여길 수 있다. 따라서 학교에서는 백인문화만이 아니라 다양한 문화를 제시하고 이 모든 문화들이 상호 영향을 주고 있음을 가르쳐야 한다. ③ **다문화사회에 필요한 지식, 기술, 태도의 신장.** "모든 학생에게 자문화, 주류문화, 그리고 타문화가 공존하는 다문화사회가 요구하는 지식, 기능, 태도를 가르쳐야 한다." 예를 들어, 백인학생은 흑인영어의 특수성과 풍요로움을 이해하고 흑인학생은 주류사회에서 사용하는 표준영어를 배워야 한다. ④ **소수 인종 및 민족의 고통과 차별의 감소.** 이 목표는 "소수인종, 민족 집단이 그들 인종적, 신체적, 문화적 특징 때문에 겪는 고통과 차별을 감소시키는 것이다." 많은 소수민족 학생들은 자신의 민족적 정체성을 포기하고 주류사회 속에 들어가고 싶어 한다. 하지만 자신의 민족적 정체성을 포기하는 사람은 주류 사회 속에 들어가기가 어려울 뿐만 아니라 설사 들어갔다 하더라도 자아를 온전하게 실현하기 어렵다. 다문화교육은 개인이 국가와 민족 집단에 충성심을 동시에 보일 수 있다고 가르친다. ⑤ **지구적 사회에 필요한 읽기, 쓰기, 수리 능력의 신장.** 이 목표는 "학생들이 지구적이고 평평한 (flat) 기술세계를 살아가는 데 필요한 읽기, 쓰기, 그리고 수리적 능력을 습득하도록 돕는 것이다." 모든 학생은 인종적, 민족적, 언어적, 종교적 문제가 혼재하는 사회 속에 살아가야 한다. 다문화교육은 모두에게 공정하고 정의로운 사회를 만드는 과정에 참여할 수 있는 지식, 태도, 기술을 가르친다. ⑥ **소속공동체에 필요한 지식, 태도, 기술의 신장.** 이 목표는 "학생이 자신이 속한 문화공동체, 국가적 시민공동체, 지역문화, 지구적 공동체에서 자기 역할을 수행하는 데 필요한 지식, 태도, 기술을 다양한 인종, 문화, 언어, 종교 집단의 학생이 습득하도록 도와주는 것이다."

다시 J. Banks의 다문화교육에 대한 정의, 즉 "다양한 사회계층, 인종, 민족, 성 배경을 지닌 모든 학생이 평등한 교육기회를 경험할 수 있도록 교육과정과 교육제도를 개선하고자 하는 교육개혁운동"(Banks, 모경환 외 역, 2008: 203)으로 돌아가자면, 이 정의는 다문화교육의 대상, 목표, 내용, 방법을 잘 보여 준다. 먼저, 다문화교육의 대상은 '**모든 학생**'이다. 앞서 언급했듯이 다문화교육은 모든 학생을 대상으로 한다. 그럼에도 불구하고 적잖은 사람들은 이 교육을 "소수민족만을 위한 교육"(ibid., p. 12)이라고 생각하고 있다. 실제로 J. Banks는 다문화교육에 대한 "첫 번째 오해는 바로 다문화교육이 흑인, 남미계, 가난한 자, 여성, 그리고 소외된 자들만을 위한 복지 프로그램 또는 교육과정 운동이라는 생각"(idem.)이라고 지적한다. 그리고 이를 "다문화교육이 없애야 할 최악의 편견"(idem.)이라고 개탄한다. 나중에 다시 거론하겠지만, 한국 교육계도 이런 '최악의 편견'에 사로잡혀 있다. 특히 한국인 특유의 단일의식 때문에 이런 편견은 더욱 견고하다. 다음으로, 다문화교육의 목표는 '**평등한 기회**' 보장이다. 다문화교육은 '평등'을 유난히 강조한다. 이는 미국 사회가 불평등했기 때문이다. 앞서 살펴보았듯이, 흑인들은 미국사회의 발전에 기여해 왔음에도 불구하고 늘 불평등한 대우를 받았다. 1930년대까지 흑인들은 주류교육에서 제외되어 있었다. 대공황과 제2차 세계대전을 거치면서 교육의 대상이 되기는 했으나 이들이 백인과 함께 교육받게 된 것은 1954년 브라운 대 교육위원회(Brown vs. Board of Education) 판결 이후다. 하지만 이 판결 후에도 흑인에 대한 불평등은 여전했고, 다문화교육은 이에 대한 교육적 시정을 강력하고 요구하고 나섰다. 다음으로, 다문화교육의 주요 내용은 '**사회계층, 인종, 민족, 성**'이다. 실제로 대부분의 다문화교육학자들은 비슷한 교육내용을 제시하고 있다. 그중 몇 사람이 제시하는 내용을 시대순으로 정리해 보면 다음과 같다.

① R. Fullinwider(1996): 성, 계층, 종족, 인종, 종교, 장애, 성적 지향, 나이
② W. De Melendez, V. Beck, M. Fletcher(2000): 국적, 종족, 인종, 종교, 사회계층, 언어, 성, 예외성,[5] 나이
③ M. Klein, D. Chen(2001): 다문화, 주류, 소수문화, 인종, 민족성, 성, 사회경제적 지위, 종교, 언어, 지리적 지역, 장애, 고정관념
④ J. Banks, C. Banks(2001): 성, 인종, 민족성, 언어, 사회계층, 종교, 예외성
⑤ D. Gollnick, P. Chinn(2006): 계층, 종족, 인종, 성, 장애, 종교, 언어, 세대
⑥ C. Sleeter, C. Grant(2007): 인종, 민족, 성, 성적 지향, 사회계층, 장애
⑦ D. Gollnick, P. Chinn(2009): 민족, 계층, 성, 특수성, 나이, 지리, 종교, 언어

이처럼 미국의 다문화교육은 백인과 흑인이라는 인종집단, 중국계와 멕시코계와 같은 민족집단, 여성과 남성과 같은 성별집단, 장애인과 일반인과 같은 사

---

5 예외성(exceptionality)은 사회적 범주로서, 어떤 사람이 장애를 가졌는지 혹은 천부적 재능을 가졌는지는 사회가 결정한다는 의미다.

회집단 등으로 주로 집단 중심으로 그 논의를 전개하고 있다. 차후에 다시 강조하겠지만, 상호문화교육은 다양성 문제를 집단보다는 개인에 맞추어 살펴본다는 점에서 다문화교육과 차이를 보인다. 마지막으로 다문화교육의 방법은 '**교육과정과 교육제도 개선**'이다. J. Banks(모경환 외 역, 2008: 69-72)는 이 접근유형을 크게 네 가지로 나누어 설명한다. 이 네 가지는 궁극적인 목표, 내용과 절차의 통합 정도에 있어서 조금씩 다르다. ① **기여접근**(contribution approach). 이 접근은 영웅, 공휴일, 개별적 문화적 요소 등을 가르쳐, 민족 및 문화 집단이 어떻게 사회 발전에 기여해 왔는지를 이해시키는 방법이다. 예를 들어, 멕시코가 프랑스군을 격퇴한 5월 5일을 기념하는 싱꼬 데 마요(Cinco de Mayo), 아시아·태평양 문화주간, 흑인의 날, 여성주간과 같은 기념일을 통해 각 집단의 기여를 널리 알리는 것이다. 주로 초등학교에서 사용되는 이 접근유형은 다문화적 요소를 빠르고 손쉽게 도입할 수 있다는 장점이 있으나 민족문화를 피상적으로 이해시킬 단점이 있다. ② **추가적 접근**(additive approach). 이 접근유형은 교육과정의 기본 구조, 목적, 특징은 건드리지 않고 문화와 관련된 내용, 개념, 주제 등을 기존의 교육과정에 덧붙이는 방법이다. 따라서 문화내용을 가르칠 때도 해당 집단의 규범이나 가치보다는 지배문화의 그것을 반영할 가능성이 많다. 예를 들어, 백인이 인디언의 영토를 침범할 때 백인에게 저항했던 제로니모(Geronimo)보다는 백인을 도와준 샤카자웨아(Sacajawea)를 내세우고 가르칠 가능성이 많다. 이 접근유형의 장점은 기존 교육과정 속에 자연스럽게 통합시킬 수 있다는 것이고, 단점은 소수집단의 문제를 다양한 관점에서 파악하지 못하고 소수문화는 주류문화에 융합될 수 없다는 인상을 줄 가능성이 있다는 것이다(장인실 외, 2012: 225). ③ **변혁접근**(transformation approach). 이 유형은 학생들이 다양한 민족집단 및 문화집단의 관점에서 개념, 현안, 사건, 주제를 바라볼 수 있도록 교육과정의 구조를 변형시키는 것이다. 이 유형의 궁극적인 목표는 학생들이 다양한 민족과 문화의 관점에서 개념, 사건, 인물을 이해하고 지식이 사회적 구성물임을 이해하도록 하는 데 있다. 이 접근유형의 장점은 주류문화와 소수집단의 문화를 균형 잡힌 시각으로 바라보게 하는 것이고, 단점은 다양한 관점에서 쓰인 교재를 개발하고 교육과정을 실제로 개혁하고 현직교사를 연수시키는 데 큰 비용이 든다는 점이다(장인실 외, 2012: 226). ④ **사회적 행동접근**(social action approach). 이 접근유형은 학생들이 의사결정을 하고 학습한 개념, 문제, 주제와 관련하여 개인적, 사회적, 시민적으로 행동할 수 있도록 하는 유형이다. 따라서 이 유형은 실천을 특히 강조한다. 그 장점은 학생들이 사고, 가치분석, 의사결정, 자료 수집과 분석, 사회적 활동 기술을 신장시킬 수 있다는 것이고, 그 단점은 교육과정을 설계하고 자료를 개발하는 데 많은 시간과 노력이 필요하다는 것이다(장인실 외, 2012: 226). 요컨대, 처음 두 접근유형은 기존의 교육과정에 문화적 내용과 활동을 추가하는 소극적인 방법이고, 마지막 두 접근유형은 교육과정 자체를 수정하고자 하는 보다 적극적인 방법이다. 그런데 이 적극적인 방법은 보수적인 교육계에 쉽게 도입되기 어렵다. 그래서 다문화교육의 본고장이라고 할 수 있는 미국에서도 처음 두 접근유형이 가장 널리 사용되고 있다(R. Brandt, 1994). 이는 한국에서도 마찬가지다(서종남, 2010: 245).

　　다문화교육의 방법으로는 바로 위에서 살펴본 네 가지 접근방법 이외에도 여러 가지가 있다. 그것을 서종남(2010)은 능동학습방법, 통합교육방법, 구성주의방법, 평등교수법, 협동학습으로 정리하고, 오은순(2012)은 문화감응교수법, 총체적 언어접근법, 프로젝트 접근법, 자리 학습으로 정리한다. 이 중 몇 가지만 간단히 소개하면 다음과 같다. ① **능동학습**(active learning)은 학습자가 문제해결 과정에 능동적으로 참여하게 하는 방법이다. 그 기원은 J.J. Rousseau까지 거슬러 올라갈 수 있지만 이것을 크게 발전시키고 확산시킨 사람은 J. Dewey다. 이 학습방법은 근본적으로 교수자보다 학습자에 비중을 둔다. C. Bonwell & J. Eison(1991)[6]은 능동학습의 특징을 다음과 같은 일곱 가지로 요약한다. (1) 학습자를 수동적인 청취 이상에 관여시킨다. (2) 학생들을 (읽기, 토론하기, 쓰기 등) 활동에 참여시킨다. (3) 정보전달보다는 학생의 기술신장을 더 강조한다. (4) 태도와 가치의 탐구를 강조한다. (5) 학생(특히 성인 학습자)의 동기를 증대시킨다. (6) 학생들은 교사로부터 즉각적인 반응(feedback)을 받을 수 있다. (7) 학생들을 (분석, 종합, 평가와 같은) 더 높은 수준의 사고에 참여시킨다. 이 학습방법은 "통합적이고 교류적인 다문화교육에 잘 부합되는 교수-학습방법으로 정립되었다. 이는 오래전부터 있어 왔지만 1980년도부터는 미국교육에 있어서 가장 이상적

---

6 http://www.ydae.purdue.edu/lct/hbcu/documents/active_learning_creating_excitement_in_the_clas
　sroom.pdf, p. 2.

인 방법론 중 하나로 주목받고 있다"(서종남, 2010: 261). ② **구성주의**(constructivism)
는 현상학, 실존주의, J. Piaget의 이론, L. Vygotsky의 이론 등의 영향을 받아
등장했다. 이 주의는 학생이 자신의 현실에서의 경험적 – 인지적 활동을 통하여
자신의 현실을 만들어 낸다는 이론이다. 이 이론은 지식을 다음과 같은 세 가지
관점에서 바라본다. (1) 지식은 인식의 주체에 의해 구성된다. 세상에 대한 객관
적인 지식은 없으며, 모든 지식은 인식의 주체자인 개인에 의해 주관적으로 구
성된다. (2) 지식은 구체적인 상황을 중심으로 한 맥락적인 것이다. 지식은 항상
구체적인 상황 속에서 실제적 성격의 과제를 다루어야 하며, 그러한 지식이 제
공되는 맥락이 중요하다. (3) 지식은 협동적인 과정을 통해 형성된다. 지식의 습
득과 형성은 개인적인 인지적 작용만으로 이루어지는 것이 아니고, 반드시 개인
이 속한 사회문화적 배경과의 상호작용을 전제로 한다. 이런 구성주의는 학습자
의 지식, 기술, 태도, 행동 모두와 관련된 다문화교육에는 매우 중요한 교수 – 학
습 원리가 될 수 있다. ③ **평등교수법**(equity pedagogy)[7]은 교사가 다양한 인종,
민족 출신 학생들의 학업성취도를 향상시키기 위해 활용하는 방법이다. J.
Banks(2008)도 다문화교육이 내용통합, 지식구성과정, 편견감소, 평등교수법, 학
교문화권으로 구성된다고 밝힘으로써 평등교수법의 중요성을 강조한다. C.
Bennett(2007) 역시 다문화교육을 평등을 지향하는 교육, 복수주의적 관점에서
교육과정을 재고하는 교육과정개혁, 타문화와 자문화를 자각하는 문화교류, 사회
정의와 편견에 맞서기 위한 실행교육이라고 말함으로써 평등을 강조한다. 이 방
법은 글자 그대로 다양한 인종, 민족 출신 학생들이 교육적으로 동등한 권리와
평등한 기회를 가지고 자신의 학문적 목표를 달성할 수 있도록 해 주자는 것이
다. ④ **협동학습**(cooperative learning)은 "학생들이 소집단으로 활동하면서 다른
학생이 배우도록 도와주는 것"(Slavin, 2008: 152)을 말한다. 이 학습은 학생 간의
활발한 상호작용을 통하여 학습효과를 극대화하려고 한다. 협동학습은 쉽게 말
해 '또래 가르치기'다. 협동학습의 기본원리는 긍정적인 상호의존, 개인적인 책
임, 동등한 참여, 동시다발적 상호작용이다(Kagan, 1994). 먼저, 긍정적인 상호의
존이란 다른 사람의 성과가 나에게 도움이 되고 나의 성과가 다른 사람에게 도

---

7 Equity는 equality와는 다르다. 따라서 '평등교수법'보다는 '공정교수법'이라고 하는 것이 더
  타당하다.

움이 되게 하여 서로 의지하는 관계로 만드는 것이다. 다음으로, 개인적인 책임이란 학습과정에 있어서 개인에게 구체적인 역할을 제시하고 그에 대한 책임을 묻는 것이다. 다음으로, 동등한 참여란 일부 학생이 독점하거나 반대로 일부 학생이 배제되지 않도록 하여 학습자 모두가 적극적으로 참여할 수 있게 유도하자는 것이다. 마지막으로 동시다발적 상호작용이란 학습활동이 여기저기에서 동시에 이루어질 수 있게 하자는 것이다. 이 상호작용이 잘 이루어지기 위해서는 '동시 동작'과 '동시 멈춤'이 이루어져야 한다. 즉, 학습 시작과 마침을 교사가 통제할 수 있어야 한다는 것이다. 이처럼 학생들 간의 상호존중과 상호협력을 통해 집단적으로 과제를 해결해 가는 협동학습은 다문화교육에서 매우 효과적인 교수－학습방법이라고 할 수 있다(서종남, 2010: 277). ⑤ **문화감응교수법**(culturally responsive pedagogy)은 "학습의 모든 면에서 학생의 문화와 관련된 것을 포함하는 것을 중요하게 인식하는 교수법"(Ladon－Billings, 1994, 오은순, 2012: 246 재인용)이다. 이 교수법은 1990년대 중반 미국에서 흑인학생을 성공적으로 가르치는 교사의 특성이 무엇인지를 찾아내는 질적 연구에서 비롯되었다. G. Gay (2010: 31－38)에 따르면, 문화감응교수법은 타당성, 포괄성, 다차원성, 능력부여, 변혁성, 해방성이라는 특징을 갖는다. 타당성은 다양한 민족 집단의 문화유산 인정, 학습양식과 연계된 다양한 교수 전략 사용, 모든 교과에 다문화적 정보와 자원의 통합 등을 말한다. 포괄성은 인지적, 사회적, 정의적 측면을 개발하는 전인교육을 지향한다는 의미다. 다차원성은 교육과정의 내용, 학습상황, 학생－교사의 관계, 교수기법, 수행평가 등 모두와 관련이 있음을 의미한다. 능력부여는 학생을 더 인간적이고 성공적인 학습자가 되게 함을 말한다. 변혁성이란 다양한 집단의 문화와 경험을 존중함으로써 그것을 교수－학습의 자원으로 삼는다는 의미다. 마지막으로 해방성이란 하나의 진리가 전체도 아니고 영구적인 것도 아님을 학생들에게 이해시키는 것을 말한다. ⑥ **총체적 언어접근법**(holistic language approach)은 "나누어지지 않은 총체적 학생이 자연스러운 생활에서 듣고 말하고 읽고 쓰기를 통합적으로 학습할 수 있도록 지원하는 교수 전략"(이성은, 2005: 351－352)이다. 1977년 K. Goodman은 *A Whole－Language, Comprehension－Centered Reading Program*을 발표했고 D. Watson 등이 이를 발전시켰으며 1980년대에 학교현장에 확산되었다. K. Goodman의 *What's whole in whole* *language*(1986: 40)에 따르면, 총체적 학습은 (1) 총체적 학습자가 총체적 상황에서 총체적 언어를 배우게 한다. (2) 언어, 학습자, 교수자를 모두 존중한다. (3) 언어 자체가 아니라 언어활동에서 이루어지는 의미에 초점을 맞춘다. (4) 학습자는 자신만의 목적을 가지고 언어를 다양하게 사용하고 모험을 실행하도록 격려받는다. (5) 구어뿐만 아니라 문어의 다양한 기능도 중시한다. 총체적 언어접근법은 다양한 학생들의 문화와 언어가 학습의 자료가 될 수 있기 때문에 다문화교육에 유용하게 적용될 수 있다(오은순, 2012: 253). ⑦ **과제수행 방법**(project method)은 "한 명 또는 그 이상의 학습자가 책임을 지고 특정한 주제를 심층적으로 연구하는 활동"(오은순, 2012: 257)을 말한다. 이 방법은 19세기 말에 출현하여 1919년 W. Kilpatrick에 의해 체계화되었고 1970년대 인간중심교육의 일환으로 주목받았다. 이 방법의 핵심은 다음과 같다(이성은 외, 2002: 79). (1) 학습에 대한 학습자의 책임이다. 학습자는 모든 과정에서 결정권을 가지는 동시에 그에 따른 책임도 진다. (2) 주제, 문제, 쟁점 등에 대한 탐구활동과 표현활동을 한다. (3) 무엇인가를 만들어 가는 과정이다. 이 과정은 1, 2시간 정도의 단기간에 완성되기도 하지만 여러 주나 달에 걸쳐 장기간에 완성되기도 한다. 과제수행 방법은 "학습자가 학습의 전 과정에 주도성을 가지고 주제, 제재, 문제, 쟁점 등에 관한 탐구활동과 그 결과에 대한 표현활동을 하는 것이기에 만들어 가는 과정중심의 교육과정 성격이 강하게 나타나는 접근법"(오은순, 2012: 258)이라 할 수 있다. 이 접근법은 경쟁적인 분위기보다는 상호협력적인 분위기를 중시하기 때문에 다문화교육에 상당히 적합한 방법이 될 수 있다.

이상에서 소개한 방법이나 접근법과 관련해 두 가지 사실을 염두에 둘 필요가 있다. 첫째, 이 일곱 가지 방법은 다문화교육만이 아니라 모든 교육과 관련해 개발된 것들이다. 다문화교육과 좀 더 밀접하게 관련된 것은 평등교수법과 문화감응교수법 정도다. 둘째, 이 일곱 가지 방법은 대개 방법(method)보다는 접근법(approach)이나 방법론(methodology)에 가깝다. 따라서 이것들은 교실 다문화교육에 그대로 적용하기에는 너무 추상적이다. 결국 이 간극을 메우는 것은 교사의 몫으로 남는다.

—— 한국의 다문화교육

한국에 다문화교육을 처음 소개한 사람은 김종석(1984)이다. 그는 '미국 다문화교육의 이론적 고찰'이라는 논문을 통해 미국 다문화교육의 역사적 배경을 설명하고 교사교육 프로그램과 교육모형을 소개했다(장한업, 2014: 105). 이 논문 다음에 다문화교육과 관련해 나온 논문은 1995년 음악교육과 관련해 나온 논문이다(양영자, 2008: 8). 이후 2000년까지 나온 논문은 5편에 불과하였다. 다문화교육과 관련된 논문이 급증하기 시작한 것은 2006년 이후다. 이는 2006년 교육부가 '다문화가정 자녀 교육지원 대책'을 발표하고, 2007년 다문화교육을 범교과학습주제에 포함시킨 것과 관련 있다. 이후 많은 번역서와 저서들이 나오면서 다문화교육은 한국 교육계에 널리 알려지게 되었다.

하지만 다문화교육은 한국에서 제대로 정착하지 못했다. 실제로 다문화교육은 많은 오해의 대상이 되고 있다. 여기에는 몇 가지 이유가 있는데, 장한업(2014: 108)은 이 이유를 네 가지로 요약한다. 첫째는 **개념상 혼동**이다. 미국의 다문화교육은 "다양한 사회계층, 인종, 민족, 성 배경을 가진 모든 학생이 평등한 교육기회를 경험할 수 있도록 교육과정과 교육제도를 개선하고자 하는 교육개혁운동"(J. Banks, 모경환 외 역, 2008: 203)이다. 하지만 이 교육이 한국에 들어오면서부터 '모든 학생'이 아니라 극소수 이주배경가정자녀를 대상으로 하는 한국어교육, 기초학력교육으로 변질되었다. 이는 한국 특유의 동화주의와 관련 있어 보인다. 즉 다문화교육을 이주배경가정자녀가 한국 학교와 사회에 적응하기 위해 받아야 하는 일종의 특수교육처럼 여겼다는 것이다. 교육부도 이주배경가정학생을 대상으로 하는 교육을 '다문화교육', 모든 학생을 대상으로 하는 교육을 '다문화이해교육'이라고 명명하고 있다. 이런 "용어의 분리사용은 다문화교육은 소수자인 다문화가정만을 대상으로 하는 교육으로 한정하고 있음을 의미하는 것으로, 잘못된 용어 사용으로 인해 다문화교육의 의미가 왜곡되고 있는 대표적인 예라 하겠다"(장인실 외, 2012: 99). 또 다른 개념상 혼동은 다문화교육과 국제이해교육 사이의 혼동이다(ibid., p. 100). 앞서 설명한 것처럼, 여전히 많은 교사들은 국제이해교육과 다문화교육을 혼동한다. 그래서 다문화교육 시간에도 외국의 많은(多) 문화(文化)를 가르치려고(敎育) 하는 교사들이 의외로 많다. 둘째는

철학의 부재다. 이 말은 사람들이 다문화교육을 하라고 하니 할 뿐 이 교육을 왜 해야 하는지 깊이 성찰하지 않는다는 것이다. 교육부는 다문화교육을 위해 매년 엄청난 예산(2019년 197.4억)을 시·도 교육청에 배분해 주지만, 많은 학교는 이 예산을 대개 다문화와 관련된 행사나 이주배경학생만을 위한 교육에 쓰고 있다. 이런 행사나 교육은 전시적이고 시혜적일뿐 아니라, 이주배경학생을 '주변인'으로 만들고 일반학생들의 이들에 대한 편견만 심화시킬 뿐이다. 이런 폐단 때문에 일부 사람들은 이제 다문화교육을 그만해야 한다고 주장하기도 한다(장인실 외, 2012). 다시 한 번 강조하지만, 다문화교육은 단순한 교과목이 아니라 모든 교과목에서 평등을 강조하는 일종의 교육철학이다. 셋째는 **동화주의적 성격**이다. 한국인은 단일의식이 매우 강하다. 실제로 아직까지도 꽤 많은 사람들은 한국인이 단군 이래로 줄곧 '하나'의 언어를 사용하고 '하나'의 문화를 형성해 온 '하나'의 민족이라 믿는다. 이렇게 단일문화를 강조해 온 한국인에게 '다문화'는 처음부터 거부감을 일으키는 용어일 수밖에 없었다. 그래서 사람들은 '다문화'가 단일문화를 가진 자기와는 아무런 관련이 없는 것으로 여겼다. 이는 '다문화'라는 용어를 외국인, 특히 동남아와 연결시키는 데서도 여실히 드러난다. 다시 말해, 한국에서는 multicultural이라는 영어 형용사를 foreign이나 South-East처럼 이해하고 있다. 이런 잘못된 인식은 다문화교육에도 그대로 적용되어, 이 교육을 '외국인자녀를 위한 교육'으로 여기게 만들었다. 실제로 한국 교육계의 지배적인 생각은 외국인자녀가 한국어가 어눌하고 학업성적이 낮으므로 이를 보충해 주어 보통 한국인자녀처럼 만들어야 한다는 생각이다. 이처럼 한국의 다문화교육은 결핍이론에 기초해 이주배경자녀를 일반자녀와 똑같이 만들려고 할 뿐 이들의 다양성과 특수성은 제대로 고려하지 않고 있다. 넷째는 **다문화교육에 대한 맹신**이다. 한국 학계와 교육계는 다문화교육을 '유일한' 교육적 대안으로 여기는 경향이 있다. 다문화교육에 대한 이러한 맹신은 최근 10년간 나온 저역서나 논문만 보아도 잘 알 수 있다. 미국과 한국은 역사적, 지리적, 사회-문화적으로 분명히 다른데, 한국의 다문화교육학자들은 이를 제대로 고려하지 않은 채 미국의 다문화교육을 한국 교육계에 그대로 이식하려고 한다. 바로 다음에서 자세히 살펴보겠지만, 다문화와 관련된 교육에는 다문화교육만 있는 게 아니다. 유럽에는 상호문화교육도 있다. 다문화교육이 영미권의 교육이라면 상호문화교육은 유럽권의 교육이다. 한국의 경우에는 역사적, 지리적, 사회-문화적으로 볼 때 유럽권에 좀 더 가깝고 따라서 상호문화교육에서 좀 더 많은 것을 얻을 수 있다.

문화다양성교육(2): 유럽의 상호문화교육

J. Gundara
(1928~2006),
영국 런던 대학 교육학 교수

상호문화교육은 문화다양성을 가르치는 또 하나의 교육유형이다. 상호문화교육은 다문화교육과 비슷한 점이 많지만 차이점도 적지 않다. 영국 교육학자 J.S. Gundara(2000, N. Palaiologou et al., 2015: 4 재인용)는 다음과 같이 두 교육을 구분한다.

"캐나다, 미국, 호주, 뉴질랜드처럼 이민 온 사람들이 주류집단을 이루는 나라들은 다문화주의를 새로운 이념으로 공식적으로 인정했음을 반영하기 위해 **다문화교육**을 실시하고, 기존의 정주민이 지배적인 민족을 구성하는 유럽 국민-국가들은 다수집단과 소수집단의 통합을 위해 **상호문화교육**을 실시하는 경향이 있다."

이 인용문을 보면, 다문화교육과 상화문화교육이 지역과 목표에서 다르다는 사실을 알 수 있다. 지역적으로 볼 때, 다문화교육은 캐나다, 미국, 호주, 뉴질랜드와 같은 영미권에서, 상호문화교육은 유럽 국민－국가에서 이루어지고 있다. 캐나다, 미국, 호주, 뉴질랜드는 모두 17세기 이후 영국계가 원주민을 제압하고 만든 국가들이다. 다시 말해, 이 네 나라는 이민자들이 정주자를 몰아내고 만든 이민국가였다. 따라서 이 네 나라에는 적어도 두 개 이상의 문화가 존재했고, 이 나라들은 문화들 간의 관계를 처음에는 동화주의를 통해, 나중에는 다문화주의를 통해 해결해 보려고 했다. 그래서 다문화교육의 목표도 "다문화주의를 새로운 이념으로 공식적으로 인정했음을 반영"하고 그것을 학교에서 가르치는 것이었다. 반면에 유럽 국민－국가들은 제2차 세계대전이 끝나고 전후복구와 경제개발을 위해 외국인노동자를 받아들였다. 이민자를 받아들이는 정주민이 다수였고 들어온 이민자는 소수였다. 그래서 상호문화교육의 목표는 "다수집단과 소수집단의 통합"이었다. *UNESCO Guidelines on Intercultural Education*(2006)은 이 두 교육을 다음과 같이 구분한다.

> "다문화교육은 다른 문화를 가르쳐 이 문화를 수용 또는 관용하게 한다. 상호문화교육은 소극적인 공존을 넘어서 다양한 문화집단들 간의 이해, 존중, 대화를 통해 다문화사회에서 함께 살아가게 할 발전적이고 지속적인 방법을 찾아내게 한다."

이 인용문은 다문화교육과 상화문화교육이 방법과 목표에서 다르다는 사실을 지적하고 있다. **다문화교육**의 방법은 "다른 문화를 가르[치는]" 것이고, 그 목표는 학생들이 그 "문화를 수용 또는 관용하게" 하는 것이다. UNESCO는 다문화교육을 "소극적인 공존"을 지향하는 교육이라 본다. 반면에 **상호문화교육**의 방법은 "다양한 문화집단들 간의 이해, 존중, 대화"를 실시하는 것이고, 그 목표는 "다문화사회에서 함께 살아가게 할 발전적이고 지속적인 방법을 찾아내게" 하는 것이다. 다문화교육이 소극적인 공존을 지향한다면 상호문화교육은 적극적인 상생을 지향한다고 할 수 있다.

한편, 다문화교육이 다문화사회를 위한 교육이라면, 상호문화교육은 상호문화사회를 위한 교육이라고 할 수 있다. 유럽평의회가 발간한 *Education Pack*(1995: 27)은 이 두 사회를 다음과 같이 구분한다. **다문화사회**는 "다양한 문화, 국가, 민족, 종교 집단이 동일한 영토 내에 살지만 늘 다른 집단과 접촉하지는 않는" 사회를 말한다. 이런 사회에서 차이는 종종 부정적으로 여겨지고 차별을 정당화하는 근거가 된다. 또 소수집단은 소극적으로 수용되거나 관용되지만 가치 있게 여겨지

는 않는다. 이런 실행을 막기 위해 법적 권리를 마련한다 하더라도 이 권리가 공정하게 집행된다고는 보장할 수 없다. 이와 반대로, **상호문화사회**는 "상이한 문화, 국가 집단들이 하나의 영토에 살고, 상호작용의 개방적 관계, 교류, 각자의

가치와 생활양식의 상호 인정을 유지한다." 다시 말해 이 사회에서는 적극적인 관용과 공정한 관계가 중요하다. 이런 관계 속에서는 모두가 동등하게 중시되기 때문에 우월한 사람도 없고 열등한 사람도 없다.

이런 상호문화교육은 1960년대 이후 프랑스, 독일, 벨기에, 네덜란드처럼 이민자를 비교적 많이 받아들인 몇몇 유럽국가에서 뿌리내리기 시작했다. 하지만 유럽국가들은 각국의 역사, 철학, 경제상황, 인구문제 등에 따라 조금씩 다른 상호문화교육을 실시해 왔다. 본 장에서는 상호문화교육이 프랑스, 독일, 스위스, 이탈리아, 아일랜드에서 어떻게 출현하고 어떻게 변화해 왔는지를 좀 더 자세히 살펴보기로 하겠다.

1. 프랑스의 상호문화교육

—— 이민 역사와 정책

프랑스의 이민역사는 매우 길다. 14세기 이전까지는 주로 스코틀랜드, 아일랜드, 스위스로부터 많은 용병이 들어왔다. 14세기에서 16세기까지 지속된 르네상스 시기에는 이탈리아를 비롯한 여러 나라에서 많은 예술가가 들어왔다. 이때까지 들어온 외국인들은 특정 분야의 전문가들이 많았으므로 이를 흔히 '초기기술이민'이라고 부른다. 1789년 프랑스 대혁명 이후에는 정치이민이 많았다. 프랑스에서 대혁명이 일어나자 스위스, 벨기에 등 이웃 나라에서도 이 혁명에 동조한 사람들이 많았는데, 이들은 본국에서의 박해를 피해 프랑스로 망명해 왔다. 프랑스는 자유, 평등, 박애의 정신에 따라 정치이민자들에 대해 매우 우호적이었고 이 전통은 지금도 이어지고 있다.

하지만 프랑스로의 첫 번째 대규모 노동이민은 1850년에서 1914년 사이에 이루어졌다. 이 중에서 1850년부터 1900년까지의 이민은 산업혁명과 관련 있다. 프랑스는 18세기 이후 인구가 계속 감소해 산업혁명에 필요한 노동력이 부족했고, 이 문제를 해결하기 위해 이민자들을 받아들일 수밖에 없었다. 초기에는 노동자들이 주로 벨기에, 이탈리아, 스위스에서 들어왔다. 스페인과 독일에서 온 사람들은 주로 대도시에서 일하면서 프랑스의 경제발전과 인구증가에 기여했다. 이렇게 이민자들이 몰려들자 이를 부정적으로 보는 움직임도 있었다. 1893년의 에그-모르트(Aigues-Mortes) 이탈리아인 학살사건, 1894년과 1906년 사이의 드레퓌스(Dreyfus) 사건 등은 그 대표적인 예다.

프랑스로의 두 번째 대규모 노동이민은 **1914년부터 1939년** 사이에 이루어졌다. 제1차 세계대전이 일어나자 프랑스는 인구와 병력이 부족해 북아프리카 옛 프랑스 식민지로부터 많은 사람들을 들여왔다. 당시 국방부는 멀리 인도차이나, 중국에서도 이민자를 받아들였다. 이들은 화약이나 폭약 제조회사와 같이 위험한 곳에서 일했다. 1914년 프랑스에는 42만 명의 이탈리아인, 28만 7천 명의 벨기에인, 10만 5천 명의 스페인인, 10만 2천 명의 독일인, 7만 2천 명의 스위스인이 있었다. 제1차 세계대전이 끝나자 파괴된 시설 및 건물을 복구하기 위해 폴란드, 체코슬로바키아 등으로부터 노동자를 받아들였고, 러시아, 독일, 이탈리아, 스페인 등으로부터 정치난민도 받아들였다. 1920년대에는 공장주들이 아예 기차를 대여해 폴란드 노동자를 대거 들여오기도 했다. 당시 정부는 회교 사원 건립을 허가하고 병원과 위생시설을 확충하면서까지 이민을 적극 장려했다. 하지만 1931년 대공황을 맞이하면서 상황은 바뀌었다. 정부는 국경을 통제했고 외국인에 대해서 적대적으로 변했다. 프랑스 공산당(PCF)은 이런 적대적 태도에 비난하고 '외국노동자' 대신 '이민노동자'라고 부르자고 제안했다. 1931년 당시 프랑스에는 289만 명의 외국인이 있었는데, 이는 전체 인구의 5.9%에 해당했다. 1921년에서 1939년 사이에 이 중 100만 명 정도가 프랑스인으로 귀화했다.

프랑스로의 세 번째 대규모 이민은 **1945년부터 1980년** 사이에 이루어졌다. 1945년 해방되었을 때 프랑스의 선결과제는 국가재건이었다. 정부는 1945년 11월 2일 칙령으로 국가이민청(Office national d'immigration)을 만들고, 1년, 5년, 10년짜리 체류증을 만들었다. 이 칙령은 특히 가족재결합을 통한 지속 가능한 이민정책 실행, 외국인의 체류기간 연장을 통한 새로운 권리 취득을 강조했다. 1945년부터 1975년까지 '영광의 30년(Trente glorieuses)' 동안, 프랑스 정부는 경제발전에 필요한 인력수급을 위해 이민을 적극 장려했다. 하지만 이들의 이동의 자유는 제한되었고 노동여건도 열악했다. 1974년은 '베이비 붐(baby boom)'과

'영광의 30년'의 종말을 고하는 해였다. 1974년 7월 5일 V. Giscard d'Estaing 대통령은 가족재결합을 제외한 모든 이민을 중단하고, (1978년 당시 1만 프랑이라는) 귀국장려금까지 제시하며 이민자의 귀국을 종용했다. 하지만 이 정책은 소기의 목표를 달성하지 못했다.

1980년대와 1990년대에는 이민문제가 중요한 정치현안으로 떠올랐다. 1981년 대통령에 당선된 F. Mitterrand은 불법체류자들을 합법화해 주고 이민자의 체류조건을 완화하고 귀국장려정책도 폐지하였다. 1982년 이민자들은 프랑스마그레브노동자협회(Association des travailleurs maghrébins de France)를 만들어 단합했다. 1984년 북아프리카 출신 청소년들은 시가행진을 벌이고, 프랑스 국적을 가지고도 여전히 차별을 받는 이민자녀들을 평등하게 대해 줄 것을 요구했다. 이 무렵, '이민노동자'라는 용어도 '이민자'로 대체되기 시작했다. 이는 이민이 일시적인 현상이 아니라는 사실을 인정하기 시작했음을 의미한다. 1984년 84-622법은 1년짜리, 5년짜리 체류증을 폐지하고 10년짜리 체류증 하나만 인정했다. 이와 동시에 정부는 또다시 외국노동자들의 본국으로의 귀환을 종용했다. 1986년 86-1025법은 체류증 취득을 제한하고 불법체류외국인의 추방을 쉽게 했다. 1988년에는 1945년에 창설된 국가이민청(Office national d'immigration)을 국제이민청(Office des migrations internationales)[1]으로 개편했다. 1989년 정부는 총리 직속 고위통합평의회(Haut Conseil à l'intégration)를 만들었다. 이 기구는 2012년 해체될 때까지 매년 내는 보고서를 통해 외국인이나 외국출신 프랑스인의 통합문제에 대한 의견을 제시했다. 1991년 E. Cresson 정부는 91-1383법을 통해, 불법노동, 외국인의 프랑스 내 불법 입국 및 체류에 대한 통제를 강화했다. 그리고 1991년 9월 26일 자 회람과 12월 19일 자 회람은 망명신청자의 경제활동을 금지했다. 이런 조치들은 동유럽으로부터의 대거 망명을 제한하기 위한 것이었다. 1993년 7월 22일 자 Pasqua법은 프랑스에서 출생한 외국아동이 성년이 되어 귀화할 경우, 본인이 귀화할 '의지표명(manifestation de volonté)'을 할 때에 한해서 국적을 부여하게 했다. 이로써 프랑스에서 태어난 것만으로는 프랑스인이 될 수 없게 되었다. 1996년 '불법체류 외국인(sans-papiers)'들은 합법화를

---

1 국제이민청의 권한은 2005년 고용 및 이민부(Ministry of Employment and Immigration) 산하 기관인 국가외국인·이민관리사무소(Agence nationale d'accueil des étrangers et des migrations, ANAEM)로 이관되었다.

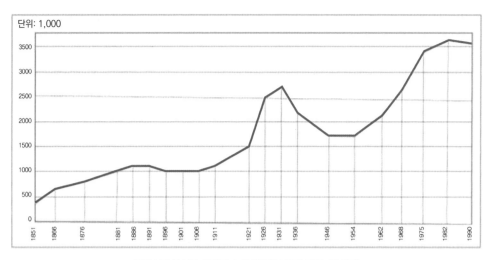

단위: 1,000

프랑스로 들어온 이민자 수의 변화(19세기 중반-20세기)

요구하며 공공건물을 점거했다. 얼마 후 L. Jospin 정부는 8만 명의 불법체류자들을 합법화했다. 1998년 Guigou법은 1993년 Pasqua법이 요구한 귀화 시 '의지 표명' 조항을 폐기하고 프랑스에서 태어난 사람은 성년이 되면 프랑스 국적을 자동 취득할 수 있게 했다. 이 법은 프랑스 영토 내 체류의무와 관련된 속지주의를 다시 강화하였다.

　2000년대와 2010년대에 프랑스의 이민정책은 끊임없이 변화했다. 2001년에서 2003년 사이에는 체류증 없는 외국인이 1만 6천 명에서 2만 8천 명으로 늘어나 이들을 수용할 유치장이 부족했다. 그래서 2004년에서 2010년 사이에 12개의 유치장을 증설했다. 2003년 11월 26일 자 이민통제, 프랑스 내 외국인 체류, 국적에 관한 법은 체류증 발급을 통합기준에 맞춤으로써 불법이민에 대한 통제를 강화했다. 2005년 1월 국제이민청은 국가외국인·이민관리사무소(Agence nationale d'accueil des étrangers et des migrations)로 개편되었다. 2006년 7월 이민과 통합에 관한 법은 프랑스에서 합법적으로 체류한 외국인이 가족재결합을 신청할 수 있게 했다. 또 이 법은 1974년 이래 중단되었던 외국노동인력을 요청할 수 있게 했다. 물론 이것은 호텔-식당, 건설, 공공사업, 계절노동, 상업과 같은 몇몇 분야에 제한된 것이었다. 2007년 N. Sarkozy 대통령은 이민·통합·국가정체성·동반성장부(Ministère de l'Immigration, de l'Intégration, de l'Identité nationale et du Codéveloppement)를 신설했다. 프랑스는 2007년 6월부터 2008년 5월까지 약 3만 명의 외국인노동자를 귀국시켰다. 2009년에도 약 3만 명의 외국인노동자를 귀국시켰다. 2009년 F. Fillon 정부는 이민·통합·국가정체성·동반성장부 산하에 프랑스이민·통합사무소(Office français de l'immigration et de l'intégration)를 신설했다. 2010년 프랑스 인구 6,470만 명 중 360만 명은 유럽연합에서 태어났고, 510만 명은 유럽연합이 아닌 곳에서 태어났다. 2015년 내무부 장관 B. Cazeneuve는 외국인 권리에 관한 법안을 제출해 합법이민과 불법이민 사이의 구별을 없애고자 했다. 2016년 2월 18일 표결에 붙여진 이민에 관한 법은 외국인의 권리를 개방, 수용, 강화하고, 새로운 프랑스 국적취득 가능성을 열어 두었다.

── 이민자녀 언어교육정책

J. Ferry(1832~1893),
프랑스 정치가

프랑스의 이민자녀 교육정책은 1970년대를 기준으로 그 이전과 그 이후로 나누어 볼 수 있다. 먼저, 1970년 이전 교육정책의 J. Ferry법이었다. 이 법으로 **1881년**에는 초등교육이 무상교육이 되었고, **1882년**에는 6세에서 13세 교육이 의무적, 비종교적(laïque)이 되었다. 1882년 법은 프랑스 학교가 프랑스 내 모든 학생을 공화국에 통합시킬 것, 프랑스 내 모든 학생을 동등하게 대할 것을 요구했다. 이 두 원칙에 따라 프랑스 내 모든 학생은 국적, 출신지역, 경제사정 등에 관계없이 동일한 조건하에서 교육을 받을 수 있었다. 이 동화주의 교육에는 별 문제가 없었다. "동화는 몇 달 만에 급속히 이루어졌고 단지 약간 다른 억양만이 이탈리아, 스페인 아동들을 프랑스 아동들과 구분시켜 줄 뿐이었다. 이 구분조차도 늘 쉬운 게 아니었다"(Kerzil & Vinsonneau, 2004: 62-63 재인용). 외국인 아동의 성적 역시 프랑스 아동에 비해 별로 뒤지지 않았다.

그런데 **1946년** 이후 입국한 북부 아프리카 출신 이민가정자녀들은 언어적, 문화적으로 이전의 자녀들과 많이 달랐다. 그들은 프랑스어를 잘하지 못했고 학업도 부진했다. 이런 문제가 지속되자 프랑스 교육부는 **1970년**에 비프랑스어권 학생들을 대상으로 프랑스어를 가르치는 특별반을 만들었다. 이것은 '처우의 평등'을 줄곧 고수해 온 프랑스 교육계로서는 큰 파격이었다. 그래서 M. De Carlo 와 같은 학자들은 이 교육을 프랑스 상호문화교육의 시작으로 보기도 한다. 특별반 중 하나인 **입문반**(classe d'initiation, CLIN)은 1970년 1월 13일 '초등학교 내 외국아동을 위한 시범교실(classes expérimentales d'initiation pour enfants étrangers dans le premier degré)'에 관한 회람에 의해 공식화되었다. 초등학교에 설치된 이 반의 목표는 비프랑스어권 학생들에게 프랑스어를 가르쳐 최대한 빨리 정상적인 학교생활을 하도록 하는 것이었다. 이 입문반은 7세에서 10세 사이의 비프랑스어권 아동을 그 대상으로 했다. 정원은 15명이었고 편성기준은 나이였으며 교수법은 외국어-프랑스어(français langue étrangère, FLE)였다. 입문반은 1977-1978학년도에 절정에 달했는데, 당시에는 12,352명이 844개 교실에서 이 수업을 받았다. 이후에는 점차 감소하여 1988-1989학년도에는 4,075명이 396개 교실에서 수업을 받았다. 한편, 또 다른 특별반인 **적응반**(classe d'adaptation, CLAD)은 1973년 9월 28일 '12세에서 16세 사이에 프랑스로 들어온 비프랑스어권 외국학생의 학업(scolarisation des enfants étrangers non francophones, entrant en France entre 12 et 16 ans)'에 관한 회람에 의해 공식화되었다. 이 적응반의 운영은 입문반과 비슷했으나 좀 더 융통성 있게 운영되었다. 예를 들어, 프랑스어 시간을 늘릴 수도 있었고 교사 한 사람이 모든 과목을 가르칠 수도 있었고 여러 교실에 분산된 학생들을 한자리에 모아놓고 통합보충수업 형태로 가르칠 수도 있었다. 적응반 학생들은 프랑스에 오기 전에 학교를 제대로 다니지 않았거나 학교를 다녔더라도 프랑스어를 제대로 배우지 못한 경우가 많았다. 이런 이유로 입문반과는 달리 적응반은 계속 늘어났다. 1977-1978학년도에는 1,494명이 137개 교실에서 수업을 받았으나 1988-1989학년도에는 3,911명이 244개 교실에서 수업을 받았다. 전체적으로 볼 때, 입문반과 적응반은 양적으로나 질적으로 문제가 있었다. 양적으로 볼 때, 1982년 26,117명의 외국학생이 들어왔지만 수용반 정원은 13,228명에 불과했다. 하지만 수용반에 대한 주된 비판은 질적 문제였다. 질적 문제로는 외국학생에게 맞지 않는 교수법 사용, 프랑스 학생들의 등록과 같은 파행, 과도기 과정인 수용교실에 계속 머물게 한 것, 이런 과정에서 학생들이 느끼는 소외감, 차후 언어교육이 지속되지 않은 것 등을 들 수 있다. 또 20년간

20만 명 이상이 이 수업을 받았지만 이에 대한 평가는 한 번도 없었다. 아무튼 이 수용반은 2012년 '타언어이민학생수업(Unité pédagogique pour élèves allophones arrivants)'으로 대체되었다. 이 수업은 이전에 학교를 다니지 않았거나 거의 다니지 않은 학생들을 일반학급에 통합시키는 것을 목표로 한다.

1970년대에 이루어진 또 하나의 파격적인 교육은 **출신언어문화교육**(enseignement de la langue et de la culture d'origine)이다. 이민학생의 출신언어와 문화를 가르치는 이 교육은 1973년 2월 2일 초등교육에 관한 회람에 의해서 공식화되었다. 이 교육은 초등학교에서 '각성활동(activités d'éveil)'의 일환으로 주당 세 시간씩 실시할 수 있었다. 사람들은 이 교육을 '상호문화적 활동(activités interculturelles)'[2]이라고 부르기도 했는데, 많은 학자들은 이것을 프랑스 상호문화교육의 진정한 출발점이라고 본다. 출신언어문화교육을 도입한 데에는 두 가지 이유가 있었다. 하나는 교육적 이유로, 당시 학자들은 외국학생이 프랑스 학교생활에 잘 적응하게 하려면 프랑스어 보충과 함께 그들의 고유한 언어적, 문화적 정체성을 존중해 주어야 한다고 믿었다. 이들에 따르면, 출신국의 문화와 수용국의 문화, 즉 가정문화와 학교문화 차이는 외국학생들을 심리적으로 불안하게 만들고 그것이 학습에서 부정적인 영향을 끼친다는 것이었다. 프랑스의 '교육연구혁신센터(Centre pour la recherche et l'innovation dans l'enseignement, CERI)' 역시 "널리 인정된 분석 결과에 따르면, 이 학업부진은 종종 심리적인 요인에서 비롯되며 그 근본적인 원인은 정체성 부족, 자신감 결여, 정체성에 대한 가치폄하적 표상에 있다"(Kerzil & Vinsonneau, 장한업 역, 2013: 93-94 재인용)고 주장했다. 결국 당시 학자들은 외국아동의 심리적 문제에 대해 교육적 처방을 내린 셈이다. 이 교육을 도입하게 된 또 하나의 이유는 정치·경제적 이유로, 외국학생이 프랑스의 경제불황으로 부모를 따라 귀국하는 경우 그곳에서의 학업에 지장을 받지 않도록 미리 준비시켜 준다는 것이었다. 실제로 프랑스는 1974년 7월 경제사정이 극도로 나빠지자 이민을 가족이 재결합하는 경우와 고용주가 특별히 요청을 하는 경우로 한정했고, 1977년에는 이미 들어와 있는 외국인에게도 귀국을 종용했다. 당시 노동정무장관이었던 L. Stolélu는 귀국하는 외국인노동자에게 1만 프랑의 귀

---

2 "유럽평의회에 의해 이끌려, 상호문화적 문제가 프랑스 초등학교에 도입된 것은 바로 '상호문화적 활동'이라는 표현을 통해서였다"(Abdallah-Pretceille, 2015: 56).

국장려금까지 제시했다. 이민자의 본국 역시 자국민이 원한다면 언제라도 귀국할 수 있도록 이 출신언어문화교육을 지지했다. 이런 쌍방의 이해관계가 맞물리면서, 1973년 포르투갈을 시작으로 1974년에는 이탈리아, 튀니지, 1975년에는 스페인과 모로코, 1978년에는 유고슬라비아, 1978년에는 터키, 1981년에는 알제리와 이 교육을 실시하기로 합의했다.

실제로 출신언어문화교육은 당사국과의 협약이나 합의에 따라 다양하게 이루어졌다. 장한업(2010: 901-902)은 그 **일반적인 운영 실태**를 다음과 같이 요약한다. 첫째, 출신언어문화교육은 학생이 상기 8개국 중 하나의 국적을 가지고 있고 부모가 원하는 경우에 한해서 실시했다. 하지만 실제로는 부모 중 한 사람이라도 이 국적들 중 하나를 가지고 있으면 그 자녀는 이 교육을 받을 수 있었다. 둘째, 출신언어문화교육은 교육부가 부모에게 이중언어로 된 설문지를 보내 자녀가 이 교육을 받기를 원하는지 물어보고 그 결과에 따라 실시여부를 결정했다. 외국교사들은 현지 학교규정을 준수해야 했고, 교육 후 평가는 했지만 자격이나 학위수여는 하지 않았다. 셋째, 출신언어문화교육은 원칙적으로 초등학생을 대상으로 하였으나 중등학생들도 예외적으로 받았다. 참고로, 1993-1994학년도 이 교육을 받은 초등학생은 10만 명 정도였고 중등학생은 1만 명 정도였다. 넷째, 출신언어문화교육의 구성과 비용은 출신국에서 부담했다. 출신국에서는 장학사와 교사를 파견했고 학생들이 사용할 교과서를 제작, 배포했다. 수용국 학교는 교실을 개방했고 복사기, 시청각 장비 등을 공용했다. 다섯째, 출신언어문화교육과 관련된 제반 문제는 수용국과 출신국으로 구성된 공동위원회에서 논의하고 결정했다.

이렇게 시작된 출신언어문화교육은 **점차 축소**되었다. 1984-1985학년도에는 137,532명이 4,456개 학교에서 수업을 받았지만 1993-1994학년도에는 99,183명이 4,480개 학교에서 수업을 받았다. 출신언어문화교육이 이렇게 축소된 데는 교사의 역량과 자질 부족, (아랍어의 경우처럼) 학교에서 배우는 언어와 집에서 사용하는 언어 사이의 괴리, 이 교육으로 인한 수업 결손 등 여러 가지 이유가 있었다. 하지만 결정적인 이유는 프랑스 초등학교 내 외국어교육을 도입한 것이다. 프랑스는 1989년부터, 초등학교에 외국어를 도입하는 문제를 두고 많은 논의를 거쳤고, 1995년에 마침내 외국어를 도입했다. 이렇게 되자 출신언어문화교육은 방과 후 수업으로 밀려났고 학생들은 이 수업을 '버려진 전통적 수업'으로 여기게 되었다. 이렇게 학생 수가 감소함에도 불구하고 출신언어문화교육은 **여전히 지속**되고 있다. 여기에는 다섯 가지의 주된 이유가 있다. 첫째, 출신국들이 이 교육을 유지하고 싶어 했기 때문이다. 출신국의 입장에서 보면 이 교육은 외국에 나가 있는 자국민과 자국을 연결시키는 일종의 가교 역할을 했다. 둘째, 이 교육이 상대국에서의 프랑스어교육과 연계되어 있기 때문이다. 프랑스는 상대국에서 프랑스어교육을 유지하고 싶었기 때문에 이 교육을 쉽사리 중단하기 어려웠다. 셋째, 프랑스 내 이민자들이 자녀에게 이 교육을 시키길 원했기 때문이다. 이 교육은 자녀들에게는 가족의 뿌리와 정체성을 가르치는 데 유익한 교육이었다. 넷째, 이 교육을 국가 교육과정 속에 포함시켜 두면 이민자들이 공화국 통합 개념에 벗어나 다른 단체나 활동에 관심을 가지는 것을 막을 수 있었기 때문이다. 다섯째, 이 교육을 담당하는 교사들은 경험과 지식이 많은 사람들로, 이민가정자녀에게는 일종의 '역할모형'이 되어 긍정적인 영향을 줄 수 있다고 보았기 때문이다. 2016년 당시 850명의 (알제리, 크로아티아, 스페인, 이탈리아, 모로코, 포르투갈, 세르비아, 튀니지, 터키) 교사들이 이 교육을 담당했고, 8만여 명의 초등학생과 5천여 명의 중학생이 주당 세 시간씩 이 수업을 들었다. 프랑스 교육부는 2016학년도부터 출신언어문화교육을 초등학교 국제영역 속에 편입시켰다. 그 주된 이유는 외국교사들이 '양질의 언어교육'을 하지 못하고 학생들을 '자기만의 논리(logique d'entre soi)' 속에 갇히게 만들기 때문이다.3

—— 상호문화교육의 출현

1975년부터 출신언어문화교육을 실시하자 이에 대한 **비판**도 거세졌다. 이를 비판하는 학자와 교사들은 이 교육이 소기의 목적을 달성하지 못하고 오히려 외국학생의 소외감만 가중시켰다고, 그리고 외국학생이 겪는 어려움은 결국 하층학생이 겪는 어려움과 다르지 않다고 주장했다. 그래서 이들은 이 교육을 모든 학생에게 개방하여, 외국학생에게는 출신언어문화교육이 되고, 프랑스 학생에게는 다른 언어와 문화에 대해 개방적 태도를 기르게 하는 교육이 되게 하자고 제

---

3 *Le Monde*, 2016년 2월 13일 기사

안했다. 교육부는 이런 제안을 받아들여 **1978년** 1월 25일 자 회람을 통해, "학교는 프랑스 학생을 포함한 모든 학생을 대상으로 외국문화교육을 통해 상호문화적 활동을 실시하여 다른 문화에 대해 개방된 태도를 가지게 하라"고 권고했다. 여기서 특히 주목할 단어는 '상호문화적'이라는 용어이다. 왜냐하면 프랑스 교육부가 이 단어를 공식적으로 사용한 것은 1975년이지만 그때는 이민아동을 대상으로 한 것이고, 모든 학생을 대상으로 이 용어를 사용한 것은 이때가 처음이기 때문이다. 프랑스 교육부가 이 교육을 모든 학생으로 확대한 데는 크게 두 가지 이유가 있었다. 하나는 유럽평의회가 상호문화교육을 회원국 학교에서 실시하라고 촉구했기 때문이다. 다른 하나는 이민자 귀국장려책에도 불구하고 많은 이민 아동이 프랑스에 정착했기 때문이다. 이 교육 덕분에 이민아동은 주변화된 위치에서 문화를 소지한 학생의 위치, 나아가서 그 문화를 다른 학생들에게 전수해 주어야 하는 위치로 변했다. 이런 변화는 이민아동에 대한 이미지를 개선하는 데 도움이 되었지만 이와 동시에 이민자 문화에 대한 고정관념과 편견을 심화시키기도 했다.

이런 분위기에서 프랑스 교육계는 상호문화교육에 대해 새롭게 **성찰**하기 시작했다. 여기에는 두 가지 요인이 있었다. 첫 번째 요인은 1980년대부터 새로 학교에 들어오는 이민아동이 감소했기 때문이다. 따라서 이들에 대해 큰 신경을 쓸 필요가 없어졌다. 두 번째 요인은 1970년대 상호문화교육이 이민아동에 초점을 맞춘 나머지 유럽의 건설, 국제교류의 확대, 지역·세대·직업 문화와 같은 다른 문화다양성을 경시했기 때문이다. 이에 프랑스 교육부는 1981년 학교를 단체, 학부모 등 외부협력자들에게 개방했다. 이로써 다양한 상호문화적 실행은 학교 속으로 들어오게 되었고, 사회가 점점 다문화적으로 변하고 있다는 사실을 가르칠 수 있게 되었다. 이때부터 이민은 이런 다양성과 이질성의 여러 형태 중 하나로 여겨지게 되었다.

한편, 상호문화적 활동이 학교와 사회에서 확산되자 이를 **우려**하는 목소리도 높아졌다. 사실, 오랫동안 공화국 정신과 동화주의를 고수해 온 프랑스인에게 언어적, 문화적 다양성에의 개방은 일종의 모험이나 위협이었다. **1984년** 1월 A. Savary 교육부 장관은 사립학교를 통폐합해서라도 국가의 공립적, 단일적, 비종교적 교육을 강화하고자 했다. 그는 이런 취지에서 '상호문화적'이라는 용어를 교육부 공문에서 삭제하기로 결정했다. **1989년** L. Jospin 교육부 장관이 상호문화교육을 다시 언급했지만 얼마 후 이슬람 히잡 사건이 터지면서 이 용어는 공문에서 삭제됐다. 이로써 '상호문화적'이라는 용어는 프랑스에서 적어도 공식적으로는 더 이상 사용할 수 없는 용어가 되었다. 이후 프랑스 교육부는 공화국 모형을 재천명하고 다양한 중앙집권적 조치를 단행했다. 이렇게 되자 교사들은 민족적, 국가적 차이를 언급하기를 꺼렸고, 평등개념을 내세워 학생의 특수성은 고려하지 않게 되었다. 또 프랑스 내 존재하는 이민자들의 열악한 현실이나 프랑스가 이민아동의 출신국을 지배한 사실과 같은 민감한 문제들은 가능한 한 기피했다. 이민아동과 학부모 역시 자신의 문화적 정체성을 지나치게 내세우는 것이 별 도움이 되지 않는다고 보고 그렇게 하기를 자제했다.

── 개발교육, 시민성교육으로의 변화

그렇다고 해서 상호문화교육이 프랑스에서 완전히 사라진 것은 아니다. 이 교육은 유럽평의회, 유럽위원회, 국내 단체들에 의해 여전히 지지받고 있고, 이런 국제기구와 단체에서 중요한 역할을 하고 있는 프랑스가 이 교육을 완전히 외면할 수는 없기 때문이다. 프랑스의 상호문화교육은 1990년대와 2000년대에 '...의 교육(éducation à ...)'이라는 형태로 **지속**되고 있다. 그 대표적인 형태는 개발교육과 시민성교육이다.

먼저, **개발교육**(éducation au développement)은 청소년이나 성인을 대상으로 북반구와 남반구 간의 사회적, 경제적, 문화적 관계를 이해시키고 이들이 지구적 불평등을 줄이는 국제적 연대성의 주역이 되게 하는 일련의 교육적 기술과 방법을 말한다. 개발교육이라는 개념이 프랑스 교육부의 공식문서에 들어간 것은 1980년대다. B. Riondet가 1996년에 쓴 『개발교육』(Éducation au développement)은 이 교육을 "(종종 상당히 나쁜, 그리고 매우 불평등한) 세상을 있는 그대로 이해하게 하고, 다가올 그들의 세상이 그 세상을 구성하는 개인과 민족들을 위해 좀 더 우호적이고 공정하고 성숙한 세상을 만들게 하는" 교육으로 정의했다. B. Riondet에 따르면, 프랑스 교육부는 1983년 회람을 통해서 "중요한 것은 학생들에게 그들이 영위하는 서양문명이 유일한 것이 아님을 알려 주는 것이고, 그들로 하여금 우리 산업사회와 다른 형태의 문명과 발전도 존재함을 이해하고 그것의 풍요로움을 찾아내도록 하는 것이다. 또한 국제적 긴장과 불균형의 원인을 분석하고 우리와 제3세계의 상호의존관계와 우리가 그들과 맺어야 하는 긴밀한 연대성을 이해하도록 하는 것이다"(ibid., p. 43)라고 밝혔다. 이렇게 정의된 개발교육은 상호문화교육과 많은 공통점을 보인다. 첫째, 둘 다 다양성에의 개방과 보편성을 추구한다. 둘째, 둘 다 학교 밖의 사건들과 관련 있는 사회적 맥락 속에서 실행된다. 셋째, 가르칠 새로운 과목을 개발하기보다는 학제적이고 포괄적인 접근을 시도한다. 넷째, 감정적 차원을 넘어서 보다 건설적인 이해의 차원으로 나아가고자 한다. J. Kerzil & G. Vinsonneau(장한업 역, 2014: 128)는 개발교육의 목표를 다음과 같이 정의한다. 저자들은 여기서도 개발교육과 상호문화교육 사이의 유사점을 찾아볼 수 있다고 말한다.

지식: 다양한 차원에서 발전 상황을 알아보기 (...) 조직된 사회에 적용된 정치, 지정학, 인구학, 경제, 사회, 문화적 여건 사이에 존재하는 관계와 남반구-북반구의 관계 이해하기
태도: 다른 생활양식과 사고방식을 앎으로써 문화적으로 풍요로워지고 그것을 통해 관용, 존중, 반인종주의 차원에서 국제사회에 대한 열린 태도를 가지기
행동: 교류, 협력, 협력관계, 연대성의 실천을 권장하기

다음으로, **시민성교육**(l'éducation à la citoyenneté)은 프랑스에서는 1985년부터 대두되었다(Kerzil & Vinsonneau, 장한업 역, 2013: 128). 1985년 11월 14일 자 법령은 이 교육을 "자유를 보장하는 공화국 내에서 이루어지는 교육의 초석"이라고 소개했다. 또 B. Riondet(1996: 45)는 이 교육을 "민주생활의 규칙과 이 규칙의 기반에 대한 이해, 각종 제도와 그 역사적 기원에 대한 지식, 오늘날 인간과 그의 권리를 존중하는 수단과 조건에 대한 성찰"이라고 정의했다. A. Mougniotte(1999: 5)는 이 교육이 "우리 국민의 분열에 대한 두려움, 국민적 연

F. Ouellet,
캐나다 셔브룩 대학
신학-윤리-철학과 교수

대성의 약화에 대한 확인으로부터 제기되었다"고 밝혔다. G. Guillot(1999: 27)는 "시민성은 자기중심주의와 사적 이익추구를 반대하는 보편성에 대한 정치적 표명"이라고 규정했다. 이상의 정의들을 살펴보면, 시민성교육이 마치 다양성을 강조하는 상호문화교육과 어긋나는 것처럼 보일 수 있다. 하지만 그 궁극적인 목적은 같다. 두 교육은 모두 더불어 더 잘사는 것을 강조하고, 정교분리의 원칙을 문제로 제기하고, 교사와 학생 모두와 관련된 교육이다. F. Ouellet(2002)는 상호문화교육과 시민성교육의 주요 관심사와 주제를 다음과 같은 도표로 나타냈다.

상호문화교육과 시민성교육의 관심사와 주제

주요 관심사	관련된 주제
다양성 인정	• 현대성이라는 맥락 속에서의 정체성, 문화, 민족성 • 문화상대주의와 그것을 초월할 필요성 • 상호문화적 관계의 장애물: 선입견, 차별, 이질성, 혐오증, 인종주의 • 반인종주의와 그 문제점들
사회적 결속	• 국가, 공동체, 정부 • 국가주의, 자유주의, 다원적 민주주의 • 시민교육, 민주주의교육
민주적 생활과 의결에의 적극적인 참여	• 의결 민주주의 • 정체성 정책
평등과 공정	• 기회의 평등, 배제, 주변화 • 죄의식과 희생의식의 악순환 • 소수우대정책과 그 역효과 • (시민적, 정치적, 사회적, 문화적) 인권과 시민권
지구상의 생명보호와 지속적 성장	• 환경문제(자연, 자원, 문제점, 체계, 생활공간, 생물계, 공동계획)

이처럼 프랑스의 상호문화교육은 1989년을 기점으로 공식교육에서는 배제되었지만 개발교육, 시민성교육 등의 형태로 여전히 지속되고 있다. 그래서 프랑스 학교에는 상호문화교육, 시민성교육, 개발교육, 인권교육, 평화교육 등이 **혼재**되어 있다고 할 수 있다. J. Kerzil & G. Vinsonneau(장한업 역, 2013: 137)는

"우리는 상호문화적 차원을 배제해서는 안 된다. 이 차원은 문제점들을 그 맥락과 전체성 속에서, 그리고 모든 (개인, 집단, 사회적) 요인을 고려하면서 읽어 내도록 하기 때문이다. 상호문화적 차원은 다양한 문제를 포괄적으로 이해하게 하는 가장 체계적인 접근방식이다"라고 주장한다.

── C. Allemann-Ghionda의 평가

독일 교육학자 C. Allemann-Ghionda는 *Intercultural Education in Schools*(2008)에서 프랑스 상호문화교육을 다음과 같이 평가한다.

먼저, **교육정책** 차원에서 살펴보면, 프랑스는 1970년대 이민학생을 위한 출신언어문화교육으로부터 상호문화교육을 시작했다고 할 수 있다. 하지만 프랑스는 1989년 이후 '상호문화적'이라는 용어를 공식문서에서 사용하지 않는다. 이때의 논리는 문화다양성이 공동체를 위한 풍요로움이라 하더라도 그것이 소수자를 위한 특별한 위상을 가져서는 안 된다는 것

C. Allemann- Ghionda,
독일 쾰른 대학 교수

이었다. 현재 상호문화교육이라는 용어는 단지 유럽평의회의 권고, 특히 외국어로서 프랑스어교육에서만 널리 사용되고 있다(p. 15). 유럽평의회는 문화교류, 타문화 존중, 연대성, 민주주의와 같은 개념들이 교육과정의 내용을 풍요롭게 하므로 편견과 민족중심주의와의 투쟁을 수업시간에 다루기를 권고한다. 이런 권고를 통해서 "유럽평의회는 프랑스 정부가 상호문화교육을 다루라고 촉구하지만, 프랑스는 이 교육을 상식으로 여기지 않고 있다. (...) 유럽연합과 그 조직은 프랑스 내에서 상호문화교육에 대한 논의를 하는 유일한 조직들이다"(idem.).

다음으로, 학교 **교육과정** 차원에서 살펴보면, 상호문화교육은 이 과정 내에 언급되지 않고 있다. 국가 평가와 시험 때문에 교육부는 학교 교육과정 속에 학생이 습득해야 할 지식과 기술을 명시하고 있다. 교사는 이 교육과정의 범위 내에서 자신의 교육방법을 자유롭게 선택할 수 있다. 또 교사는 교육과정이 정한 내용을 다 가르치고 나면 자신이 스스로 주제를 정해 가르칠 수 있다. 그래서 교사들 간에는 상당한 차이가 있을 수 있다. 어떤 교사들은 자신이 상호문화교육

을 하고 있다고 말하지만 정작 상호문화교육이 뭔지는 잘 모르고 있고, 어떤 교사들은 상호문화교육을 하지만 그것을 하고 있다고 말하지 않는다. 이처럼 상호문화교육이 공식정책이 아니기 때문에, 대부분의 프로그램은 학교 밖에서 이루어지고, 주로 프랑스에 막 들어온 이민자에 초점을 맞추고 있다. 많은 교사, 심지어 학자들까지도 상호문화교육을 이민 학생의 통합을 촉진하는 특별한 조치 정도로 여기고 있다.

다음으로, 교육과정 내 **소수언어와 제2언어 학습**은 그리 활성화되어 있지 않다. 프랑스는 이중언어사용을 하나의 능력으로 여기지 않는다. 왜냐하면 대부분의 프랑스 사람은 프랑스어 이외의 언어를 잘 구사하지 못하기 때문이다. 따라서 이민학생이 자신의 언어로 교육을 받는 경우는 드물다. 물론 프랑스에도 프랑스어와 영어, 프랑스어와 독일어를 사용하는 이중언어학교가 있고 국제학교도 있다. 하지만 이민학생은 그런 학교에 가지 않는다. **교육청신입·여행자녀학업센터** (Centres académiques pour la scolarisation des nouveaux arrivants et des enfants du voyage, CASNAV)[4]의 공식과정도 프랑스어 학습에 초점을 맞추고 있다.

다음으로, **교사교육** 내 상호문화교육도 활성화되어 있지 않다. 프랑스 교사가 문화적 차이에 대해서 배울 수 있는 기회는 그리 많지 않다. 국제교육연구센터(Centre international d'études pédagogiques, CIEP)[5]나 교사양성대학(Instituts universitaires de formation des maîtres, IUFM)[6] 정도가 이런 기회를 제공하고 있

---

4 이 센터는 1975년에 창설된 이민자녀학업지원교육·정보센터(Centres de formation et d'information pour la scolarisation des enfants de migrants, CEFISEM)를 2002년에 개편한 것이다. 본래 CEFISEM은 이민학생을 담당하는 교사를 교육시키던 기관이었지만, 1990년 우선교육지구(zones d'éducation prioritaires, ZEP)의 발전, 폭력 방지 등을 담당하기 위해 그 업무 영역을 넓혔다. 2002년 이 CEFISEM의 구조를 조정하고 CASNAV라 불렀다. 그리고 그 업무는 "프랑스에 새로 들어온 학생과 여행 중인 자녀의 학교에, 그리고 학교에 의해 통합시키는 것을 도와주는 것"으로 다시 설정했다. 2012년 이 센터는 교육청타언어사용신입자녀·유랑및여행자녀학업센터(Centres académiques pour la scolarisation des enfants allophones nouvellement arrivés et des enfants issus de familles itinérantes et de voyageurs)로 개명하였으나 그 약자는 똑같은 것을 사용하고 있다.
5 1945년 창설된 이 센터는 교육부 직속 국가공공기관이다. 그 전문성, 교육, 평가 등과 관련해 프랑스뿐만 아니라 외국에서도 인정받고 있는 이 센터는 (일반, 전문, 고급 교육, 학위인정 등) 교육과 (프랑스어, 평가, 인증 등) 언어를 주요 영역으로 삼고 있다. 또한 이 센터는 교육에 있어서의 국제적 협력을 위해 세미나나 학술대회를 개최하고 토론을 하고 정보를 제공하는 장소이기도 하다. 현재 약 250명의 전문가들이 일하고 있다.
6 1989년 사범학교와 지방교육센터를 대신해 설립된 이 학교는 프랑스 교사를 양성하는 곳이

다. 국제교육연구센터는 프랑스어를 외국어나 제2언어로 가르치는 교사들을 교육시키는 기관인데, 이때 상호문화교육에 대해서 약간 언급한다. 상호문화교육은 특히 언어교육과 밀접한 관련이 있으므로 이는 매우 자연스러운 일이라 할 수 있다. 교사양성대학 교수나 일부 대학 교육학과 교수들은 독자적으로 상호문화교육을 가르친다. 예를 들어, C. Clanet는 1990년부터 1998년까지 Toulouse 교사양성대학에서 상호문화교육을 가르쳤다. 하지만 이들의 영향력은 —상호문화교육에 대한 국가의 적극적인 지원이 없기에— 아주 제한적일 수밖에 없다.

다음으로, **이민자와 소수자 학생**들의 학업과 통합은 그리 만족스럽지 못하다. 이민자의 통합과정은 정규수업 밖에서 이루어지고 있다. 이 수업을 듣는 학생들은 프랑스 학생들이 정규수업을 통해 배우는 것을 아주 짧은 시간 내에 배워야 하므로 좋은 성적을 거두기 어렵다. 따라서 이민학생들은 바칼로레아를 거쳐 대학에 가기가 쉽지 않다. 이것은 옛 프랑스 식민지에서 온 학생이 아니면 더욱 어렵다. 설사 옛 프랑스 식민지에서 왔다 하더라도, 그래서 프랑스 교육제도와 비슷한 교육제도하에서 학교를 다녔다 하더라도, 이것은 늘 쉬운 일이 아니다. 그 이유는 이민학생들은 경제적으로 열악한 가정 출신이 많기 때문이다. 이민학생의 통합 문제는 2000년 초반 교외지역에서 일어난 폭동 이후에 매우 중요한 정치적 현안으로 떠올랐다. 공식문서들은 모든 학생들이 동일한 성공 기회를 가지고 있고 따라서 민족적 요인은 고려할 필요가 없다고 말하지만 실제는 이와 많이 다르다.

마지막으로, **성공적인 교육적 사례**는 그리 많지 않다. 다만 교육청타언어사용신입자녀·유랑및여행자녀학업센터(CASNAV)의 몇몇 프로젝트만이 눈에 띌 따름이다. 예를 들어, 이민학생을 다른 초등학교로 보내 거기서 동화를 읽고 이야기하면서 자신의 지식과 능력을 발휘해 볼 수 있다. 불행하게도 프랑스 교사들은 이런 학생들을 별로 신뢰하지 않는 것 같다. 한편, 프랑스 전역에 있는 언어센터들 중 일부는 이민자가 자신의 모국어를 다른 사람에게 가르칠 수 있게 하

다. 교육청마다 한 개 정도 있는 이 학교는 교원선발시험을 준비하는 학생들, 그리고 이론시험에 통과한 연수생들을 받아들여 교육한다. 2005년 당시 초등학교, 중등학교 교원선발시험을 준비하는 학생은 각각 17,591명, 33,909명이었고, 초등학교, 중등학교 교육실습생은 각각 17,385명, 12,997명이었다. 2013년 교수직·교육고등사범학교(École supérieure du professorat et de l'éducation)가 창설되어 이 학교를 대체해, 지금은 존재하지 않는 학교다.

고 있다. 이 이민자는 그렇게 하면서 프랑스어를 좀 더 쉽게 배울 수 있다. 하지만 프랑스 정부는 이민자의 언어를 가르치는 것에 대해서 부정적인 입장을 보이고 있다.

── 성공적인 사례(1): 프랑스 – 독일청소년교류센터

프랑스 대통령 C. de Gaulle과 독일 수상 K. Adenauer는 1963년 엘리제조약(Élysée Treaty)에 서명하고 프랑스–독일청소년교류센터(Office franco–allemand pour la Jeunesse, OFAJ) 설치에 합의했다. 합의 제2항에 따르면, 이 센터의 주된 목적은 "양국 청소년들의 연대관계를 강화하고, 그들의 상호이해를 신장하며, 이런 목적으로 청소년들의 만남과 교류를 장려하고 필요하다면 실현하는 데 있다." 이 센터는 (교육부나 가족부) 장관이 이끄는 운영위원회(Conseil d'Administration)에 의해 운영되는 **자율적 국제기구**다. 현재 70명의 직원이 파리와 베를린, 그리고 자르브뤼켄(Saarbrücken)에 상주하며, 실무는 두 명의 사무총장이 담당하는데, 한 명은 프랑스인이고 다른 한 명은 독일인이다. 이 사무총장 아래 재정·인력·행정, 학교 간/외 교류, 직업교육·대학교류·자원봉사, 상호문화적 양성, 의사소통과 행사라는 다섯 개 분과가 있다. 지금까지 8백만 명의 프랑스와 독일인이 약 30만 개의 교류와 만남 프로그램에 참여했다. 그리고 5,500 이상의 협력자, 단체, 연맹이 이 센터를 지원하고 있다.

2017-2018 프랑스–독일청소년교류 참가자들

다섯 개 분과 중 하나인 '**상호문화적 양성**'에 대해서 간략히 살펴보면, 센터는 프랑스 청소년과 독일 청소년 간의 양질의 만남과 교류를 위해, 그리고 강사, 동반자, 교사들이 상호문화적, 언어적 학습과정에 입문하게 하기 위해, 교류교육과 언어교육을 실시하고 있다. 여기서는 기초교육, BAFA-Juleica교육,[7] 주제교육, 심화연수가 포함된다.

'상호문화적 양성' 프로그램에는 **8세에서 30세 사이**면 모두 참가할 수 있다. 프로그램 기간은 4일에서 3주까지로 매우 다양하다. 이 기간 동안 참가자들은 공동의 활동을 통해 특정 주제에 대해 성찰하고 타문화를 경험하게 된다. 이런 교류는 프랑스와 독일의 청소년들이 서로를 좀 더 잘 이해하고 오늘 그리고 내일의 유럽에 살아갈 시민으로 성장하게 한다. 이 교류의 핵심은 프랑스인과 독일인의 유사점과 차이점의 발견하는 것이다. 여기서 상호문화적 개념은 가장 중요한 개념이고, 교류는 명확한 교육적 목표를 가지고 있다. 언어교육 역시 교류에서 특별한 위상을 가지고 있다. 언어의 사용은 서로 잘 알게 하고 상호문화적 학습을 용이하게 하게 하기 때문이다. 강사-통역사들은 참가자 각자가 자신의 언어로 말하게 하고 필요하면 통역을 해 준다. 만약 제3국에서 온 참가자가 있으면 세 나라 간의 교류도 가능하다. 이 제3국은 대개 폴란드, 체코, 헝가리, 러시아와 같은 중부 및 동부 유럽국이거나 보스니아, 크로아티아, 코소보, 시베리아와 같은 남동부 유럽국이다.

한 가지 구체적 사례를 소개하자면, 14세와 17세 사이의 **프랑스, 독일, 스페인 청소년** 30명은 2015년 5월 21일부터 28일까지 독일 람폴츠하우젠(Lampoldshausen)에서 연수를 받았다. 이 연수는 상호문화학습에 초점을 맞추었는데, 그 목표는 자신의 관점에서 벗어나기, 문화상대성을 인정하고 개방적 태도 가지기, 자문화와 다른 문화를 인정하고 존중하기, 섣부른 판단을 피하기, 차이에서 긍정적인 측면을 인정하기, 다른 문화와 종교의 사람들과 대화하기였다. 상호문화적 활동은 언어활동과 저녁활동으로 구성되었다. 먼저, 언어활동(animation linguistique) 시간에는 인사와 관련된 표현을 배웠다. 이 표현은 '안녕, 어떻게 지내? 좋아-그저 그래-나빠'에 해당하는 프랑스어 표현 'Salut, comment ça va ? Bien-Comme-ci comme ça- Mal', 독일어 표현 'Hallo, wie geht's ? Gut-So lala-Schlecht',

---

7 아동 및 청소년의 상호문화적 교류의 강사를 양성하는 4주간의 프로그램이다.

카탈로니아어 표현 'Hola, ¿qué tal ? Molt bé - Pichí Pichá-Malament'다. 이 표현에 대한 정확한 발음을 익힌 참가자들은 의자를 가지고 원을 만들고, 한 사람만 빼고 모두 의자에 앉았다. 그 한 사람은 원 안 한가운데 선다. 그는 의자에 앉기 위해 노력해야 한다. 그는 앉아 있는 한 사람에게 자신의 모국어가 아닌 말로 '어떻게 지내?'라고 묻는다. 이때 질문을 받은 사람이 '좋아'라고 하면 아무도 움직이지 않아도 된다. 그러면 그 사람은 다른 사람에게 가서 똑같은 질문을 한다. 만약 그 사람이 '나빠'라고 대답하면 그 사람 좌우에 앉아 있던 두 사람은 자리를 바꾸어야 한다. 만약 그 사람이 '그저 그래'라고 대답하면 서 있던 사람까지 포함해서 모든 사람이 일어서서 다른 자리에 가서 앉아야 한다. 이 놀이는 다른 언어를 유희적인 방법으로 배우게 한다. 이렇게 하면 일상생활에서 사용할 수 있는 짧은 문장을 아주 쉽게 배울 수 있다. 다음으로, **저녁활동**(activités en soirée)의 목표는 자신의 나라와 관련된 뭔가를 소개하는 것이다. 저녁을 먹은 후, 세 나라 청소년 집단은 각자가 가져온 음식으로 뷔페(buffet)를 준비했다. 프랑스 청소년들은 거위 간(foie gras)을 가져왔고, 스페인 청소년들은 치즈와 돼지고기 햄을 가져왔고, 독일 청소년들은 부활절을 위해 장식된 과자를 가져왔다. 각 집단은 짧은 일화를 곁들이면서 자신들이 가져온 것을 소개했다. 그들은 달콤한 과자, 짠 과자, 돼지고기 햄, 치즈, 말린 과일 등을 가지고 와 모든 사람이 한 주 내내 즐길 수 있게 했다. '특산물' 저녁은 단지 미각만이 아니라 지역문화에 대한 토론도 자극했다.

── 성공적인 사례(2): 외국어 - 프랑스어교육

외국어-프랑스어교육(français langue étrangère, FLE)은 프랑스에서 상호문화적 접근을 실행하는 거의 유일한 영역이다. 이렇게 외국어-프랑스어교육이 상호문화적 접근을 시도하고 강조하는 데는 크게 세 가지 이유가 있다. 첫째, 외국어-프랑스어교육이 프랑스의 공식적인 교육과정이 아니기 때문이다. 앞서 살펴보았듯이 '상호문화적'이라는 용어는 프랑스의 공식적인 교육에서 '추방'되어 더 이상 사용할 수 없다. 둘째, 외국어교육은 상호문화교육이나 상호문화적 접근을 하기에 가장 좋은 영역이기 때문이다. 셋째, 유럽평의회가 언어를 위한 유럽

공통참조기준을 통해 상호문화적 접근을 적극 권장하기 때문이다.

　　외국어−프랑스어교육에서의 상호문화적 접근은 국제프랑스어권기구(Organisation internationale de la Francophonie, OIF)[8]가 운영하는 공식 사이트에 탑재된 '학생들을 **상호문화적으로 가르치기**(Former les élèves à l'interculturel)'[9]라는 자료를 보면 잘 알 수 있다. 이 자료는 H. Maga가 M. Ferreira−Pinto의 도움을 받아 2005년에 쓴 것이다. 이 두 사람은 모두 국제교육연수센터(Centre international d'études pédagogiques) 소속이고 이 센터는 교사양성대학(Instituts universitaires de formation des maîtres)과 함께 프랑스에서 상호문화교육을 가르치는 몇 안 되는 기관이다. 이 자료는 무엇보다도 먼저 상호문화적 인식이 외국어학습자들이 습득해야 할 일반적인 역량의 일부라는 사실을 강조한다. 그리고 M. Denis(2000: 62)의 다음과 같은 지적을 인용한다.

> "언어수업은 학습자에게 현실에 대한 다른 인식과 분류, 다른 가치, 다른 생활방식을 발견하게 하는 매우 좋은 기회다. 요컨대 외국어를 배운다는 것은 새로운 문화와 접촉한다는 것을 의미한다."

이런 지적은 **유럽공통참조기준** 서문에도 그대로 드러난다.

> "제2언어(또는 외국어)와 제2문화(또는 외국문화)를 배우는 사람은 자신이 모국 언어와 문화를 통해서 얻은 능력을 상실하지 않는다. 또 새롭게 습득하는 능력은 그 이전의 능력과 완전히 독립적인 것도 아니다. 학습자는 의사소통하고 행동하는 두 가지 생소한 방식을 습득하는 것이 아니다. 그는 다중언어화자가 되고 상호문화성을 배운다. 각 언어와 관련된 언어적, 문화적 능력은 다른 언어에 대한 지식을 통해서 수정되고 상호문화적 능력, 인식, 기술에 기여한다. 이 능력은 개인이 보다 풍요롭고 보다 복합적인 인성을 개발하고 다른 외국어를 배우고 새로운 문화적 경험을 해 보게 한다."

---

8 국제프랑스어권기구는 58개 회원국과 26개 참관국들 간의 긴밀한 연대성 형성을 목적으로 한다. 이 기구는 프랑스어라는 하나의 언어와 보편적 가치들을 공유하면서 연대와 잠재력을 인식하는 일종의 운명공동체이다.

9 http://www.francparler−oif.org/images/stories/dossiers/interculturel_former.htm

유럽공통참조기준은 **상호문화성**(interculturalité)을 언어교수법에서 필요한 구성요소로 인정하고, 상호문화성이 이 네 가지와 모두 관련이 있다고 밝힌다. 먼저, **지식**(savoirs)은 사람들이 세상에 대해서 공유한 지식을 말하는데, 여기에는 하루 일과, 식사, 교통수단, 의사소통수단, 통신수단 등 개인의 일상생활과 관련된 지식뿐만 아니라 종교, 금기, 역사, 가치, 신앙과 같은 추상적인 지식까지 포함된다. 인간의 의사소통은 이런 지식을 기반으로 하고 외국어교육은 의사소통을 일차적 목표로 삼기에 이런 지식들은 외국어교육에서도 중요한 지식들이다. 다음으로, **태도**(savoir-être)는 새로운 경험, 다른 사람, 생각, 민족, 문명에 대한 관심과 개방, 자신의 문화적 가치체계와 관점을 상대화하려는 의지, 문화적 차이에 대해서 학생으로서 또는 여행자로서 가지는 관습적인 태도와 거리를 두려는 의지와 능력, 의사소통을 해 보려고 하는 동기 등을 말한다. 다음으로, **능력**(savoir-faire)은 출신문화와 외국문화 사이의 관계를 설정하고 이 두 문화의 고유한 특징들을 찾아낼 수 있는 능력, 문화개념을 이해하고 다른 문화를 가진 사람과 좋은

관계를 맺기 위해 전략을 찾아내고 사용할 수 있는 능력, 자신의 고유한 문화와 외국문화 사이에서 문화적 중재자 역할을 수행하고 문화적 오해와 갈등 상황에서 능숙하게 대처할 수 있는 능력, 고정관념화한 피상적인 관계를 넘어설 수 있는 능력을 포함한다. 마지막으로, **학습력**(savoir-apprendre)은 지식, 태도, 능력을 모두 동원하여 '다른 것을 발견할 수 있는 능력'을 말한다.

2. 독일의 상호문화교육

독일은 프랑스와 함께 유럽의 상호문화교육을 개발하고 발전시키는 데 중추적인 역할을 한 나라다. 그리고 지금도 상호문화교육을 가장 잘 실시하는 나라 중 하나다.

— 이민 역사와 정책

오늘날 독일에는 730만 명의 외국인이 살고 있고, 이주배경을 가진 사람은 1,600만 명에 이른다. 외국인의 비율은 9% 정도인데, 이는 유럽에서 가장 높은 비율이다. 이런 상황을 고려하여 독일은 2005년 1월 1일 새로운 이민법을 공포했는데, 이 이민법의 가장 큰 특징은 독일 역사상 처음으로 자국이 '이민국가'라는 사실을 인정했다는 것이다. 정기섭(2009: 107 – 113)은 제2차 대전 이후 2005년 이민법의 시행까지의 변화를 다음과 같은 여섯 단계로 나누어 설명한다.

첫 번째 단계는 1955년 외국인노동자 모집 협정부터 1973년 외국인노동자 모집 중단까지다. 서독 정부는 1955년 이탈리아, 1960년 그리스, 1961년 터키, 1963년 모로코, 1964년 포르투갈, 1965년 튀니지, 1968년 유고슬라비아와 협약을 맺고 외국인노동자를 들여왔다. 이들은 일정 기간 일하다 돌아가는 사람으로 여겨져 '손님노동자(Gastarbeiter)'라고 불렸다. 1955년에 8만여 명에 불과하던 이주노동자가 1964년에 100만 명을 넘어섰다. 이민은 이후에도 계속되어 1971년에는 220만 명을 넘어섰는데, 이는 전체 노동자의 10%에 달하는 수치였다. 1955년부터 1973년 사이에 독일로 들어온 외국인노동자와 그 가족은 현재까지 독일에 살고 있는 가장 큰 이주배경집단이다.

두 번째 단계는 1973년 11월 외국인노동자 모집 중단부터 1979년 연방외국인담당관 H. Kühn이 새로운 외국인 정책을 내놓기까지다. 1973년 석유파동으로 외국인노동자 모집을 중단하자 새로 들어오는 노동자는 없어졌고 첫 번째 단계에 들어온 외국인 중 82%가 귀국했다. 그럼에도 불구하고 외국인 수는 증가했다. 왜냐하면 귀국하지 않은 외국인들이 1965년부터 시행된 '외국인법'에 따라 본국에 있는 가족을 불러들였기 때문이다. 이로써 1975년에는 외국인이 전체 인구의 6.3%로 증가했고 1980년에는 다시 7.6%로 증가했다. 가족이민으로 아동, 청소년, 여성의 비율이 높아지자 서독 정부는 한편으로는 아동과 청소년의 통합을 위해 노력하고 다른 한편으로는 외국인노동자의 귀국을 장려하는 '이중전략'을 구사했다. 이 단계의 주된 특징은 외국인 문제가 일시적인 문제가 아니라 지속적인 문제라는 사실을 분명히 인식하게 됐다는 것이다.

세 번째 단계는 1979년 H. Kühn이 제안한 외국인정책을 두고 1982년 H.

Kohl 정부가 들어설 때까지 논쟁을 벌인 시기다. H. Kühn은 1979년 말 지금까지의 외국인정책이 노동시장 차원에서만 논의된 것을 비판하고 외국인의 이주현황을 정확히 파악하여 현실적인 정책을 실시해야 한다고 주장했다. 그리고 그 방안으로, 학교에서의 외국학생의 통합, 독일 태생 이민자녀의 국적취득, 합법적으로 장기체류한 외국인에게 자치단체선거의 투표권 부여 등을 제안했다. 그의 제안은 격렬한 논쟁을 야기했지만, 1982년 H. Kohl 정부가 들어서면서 관심사에서 멀어졌다. 이 시기의 주된 특징은 H. Kühn의 제안으로 사회통합을 시도했으나 이 제안들이 수용되지 않음으로써 포괄적인 사회통합정책 마련에 실패했다는 것이다.

네 번째 단계는 1982년 10월 새로운 정부의 수립부터 1990년 외국인법 개정까지다. H. Kohl 정부는 1983년 12월 '외국인 귀국준비촉진법'을 시행하여 1984년 6월 30일까지 귀국할 외국인을 지원하기로 했다. 1990년 7월, 1965년부터 유지해 온 외국인법을 개정하여 외국인이주자를 제한하기로 했다. 이 시기의 주된 특징은 외국인노동자 모집 중단이라는 기조를 유지하고 가족이민을 제한하고 외국인의 귀국을 장려했다는 것이다.

다섯 번째 단계는 1990년 외국인법의 통과부터 1998년 국적취득법 개혁안이 제안될 때까지다. 이 시기의 주된 특징은 외국인정책의 초점이 이주노동자에서 정치망명자, 강제이주독일인으로 옮겨 갔다는 것이다. 1985년부터 1994년 사이에 독일로 망명을 신청한 사람은 유럽연합 전체 신청자 중 64%였고, 1992년 유고슬라비아의 내전으로 44만 명이 망명을 신청해 그 정점에 달했다. 이들의 망명신청에 대한 판정은 꽤 오랜 시간을 필요로 했고 독일은 이들의 체류비용을 부담해야 했기 때문에 정치망명자를 제한하자는 여론이 확산되었고, 극우파는 심한 외국인 적대감을 표출했다. 이 시기의 또 다른 문제는 동구권 국가들이 붕괴하면서 이 지역에 살던 독일인 가족들이 독일로 몰려들어 온 문제였다. 독일 정부는 처음에 이들이 같은 혈통이라는 이유로 독일어과정을 개설해 주는 등 우호적인 정책을 폈으나 서서히 이들이 언어적, 문화적 차이로 통합되기 어려운 러시아인이라는 사실을 깨닫게 되었다. 그래서 1997년에는 국적회복 절차에 독일어 구두시험을 추가했다.

여섯 번째 단계는 새로운 국적법이 제안된 1998년부터 새로운 이주법이 공포된 2004년까지다. 이 시기의 특징은 이주정책의 기조가 변했다는 것이다. 1998년 제안된 국적법은 2001년 1월 1일부터 시행되었다. 이 새로운 법에서 주목할 것은 87년간 지속되어 온 혈통주의(ius sanguinis)를 **속지주의**(ius soli)로 전환한 것이다. 이전까지는 자녀는 부모 중 한 사람이 독일이어야 독일 국적을 취득할 수 있었으나 개정된 국적법에 따르면 부모 모두가 외국인이라도 8년 이상 합법적으로 거주하고 독일에서 자녀를 낳으면 그 자녀는 독일 국적을 자동으로 취득하고 23세가 되면 자신이 계속 독일인으로 남을지를 스스로 결정하게 되었다. 이는 독일 사회가 인구구성상 다문화사회임을 실제로 인정한 것으로 해석할 수 있다. 이 시기에 이루어진 또 하나의 변화는 독일 수상 G. Schröder가 2000년 2월 외국의 고급 전문인력 2만 명과 그 가족의 이주를 허용하겠다고 발표한 것이다. 이것은 1973년 외국인노동자의 모집을 중단한 이후 처음으로 외국인노동자 모집을 허용한 것으로 거센 논쟁을 야기했다. 이 모집과 이전의 모집과의 차이점은 첨단 분야의 고급인력을 선택적으로 받아들였다는 것이다. G. Schröder 총리는 이주위원회를 만들었는데, 이 위원회는 "수십 년간 대표되던 '독일은 이민국가가 아니다'라는 정치적, 규범적 규정은 오늘날의 관점에서 독일의 이주 및 통합 정책을 위한 격언으로서 더 이상 유지할 수 없게 되었다. (...)

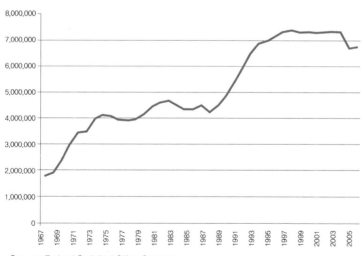

Figure 1: Development of foreign population

Source: Federal Statistical Office Germany

독일 내 외국인 증가

독일은 -처음은 아니지만- **이민국가가 되었다**"고 명시했다. 이러한 맥락에서 2005년 1월 1일부터 시행된 이민법은, 통합과 귀국이라는 이중성을 가진 이전의 외국인법과는 달리, 통합을 법적으로 강제했다. 2007년 국가통합정상회의에서 A. Merkel 수상은 "통합은 인구변화를 통하여 점점 더 중요해지고 있는 우리 시대의 핵심과제"라고 강조했다. 참고로, 2014년 독일의 이주노동자의 수는 약 315만 명 정도로 전체의 노동자의 8.5%에 달한다. 이 중 남자가 56% 정도고 여자는 44% 정도다. 이들의 국적을 살펴보면, 터키 출신이 70만여 명으로 가장 많고, 그다음은 폴란드 30만여 명, 이탈리아 26만여 명순이다.

── 외국인교육학의 출현

1950년대 중반 외국인노동자 문제는 교육계의 관심사가 아니었다. 왜냐하면 이들은 대개 젊고 미혼이었고 계약이 만료되면 본국으로 돌아갈 사람들이었기 때문이다. 이들은 대개 단기간에 큰돈을 벌어 귀국하기를 원했다. 하지만 독일의 생활비가 너무 비싸서 예상만큼 돈을 벌지는 못하면서 그들의 체류기간은 점점 늘어났다. 그러는 사이에 독일에서 결혼하고 아이를 낳는 사람들이 생겨났다. 또 일부 사람들은 본국에 있는 가족이나 친척을 초청했다. 이렇게 되면서 그 자녀의 교육문제가 서서히 대두되었다. 하지만 당시 학교는 이런 변화에 별로 신경 쓰지 않았다. 실제로 1960년 이전까지는 이민자자녀의 교육을 의무교육으로 여기지 않았다. 이에 대한 비판이 일자 1960년 독일 **주**(州)**문교장관회의** (Kultusministerkonferenz, KMK)는 이민자자녀를 취학시키고 이들에게 독일어를 가르치라고 권고했다. 그리고 1964년에는 모든 주가 이민자자녀 교육을 의무적으로 실시하도록 했다. 이렇게 의무화한 데는 두 가지 목적이 있었다. 하나는 그들을 독일사회에 통합시키는 것이고, 다른 하나는 그들이 부모를 따라 귀국할 때 교육적 공백이 생기지 않도록 준비해 주는 것이었다. 학교는 이 두 가지 목적을 달성하기 위해 제2언어로서의 독일어교수법 개발, 이민아동을 대상으로 하는 특별준비반 운영, 독일어 보충수업 실시, 방과 후 모국어수업 실시, 숙제 도와주기 등 다양한 교육적 활동을 실시했다. 이런 활동들은 대개 독일사회에의 동화를 목표로 하고 있었고 결핍된 것을 보충해 준다는 보상적 성격이 강했다. 사회단체들도 여기에 동참했는데, 이 단체들은 외국인을 위해 독일어강좌를 개설하고 내·외국인이 함께 하는 문화행사를 개최했다. 이처럼 학교와 사회단체가 벌인 다양한 교육활동과 이에 대한 학문적 논의를 통틀어 '외국인교육학(Ausländerpädagogik)'이라 불렀다. 참고로, 이 용어는 학교와 사회단체가 교육활동을 할 때가 아니라 이와 같은 구상이나 정책을 차후에 논의하는 과정에서 붙여진 것이다.

A. Holzbrecher,
독일 프라이부르크 대학
교육학과 교수 역임

외국인교육학은 이민자자녀들에 대한 부정적인 생각으로부터 시작되었다. 예를 들어, 사람들은 '그들은 문제를 만든다', '그들은 결함, 특히 언어적 결함을 지니고 있다', '그들은 짐이 될 수 있다'(A. Holzbrecher, 정기섭 외 역, 2014: 72)고 생각했다. 따라서 외국인교육학의 목표는 이민자자녀의 결함, 특히 언어적 결함을 보충해 단기적으로는 학교생활을 잘하고 장기적으로는 독일 사회에 잘 통합되어 '문제'를 만들지 않도록 하는 데 있었다. 이런 외국인교육학의 저변에는 외국인이나 그 자녀의 차이를 인정하고 존중하기보다는 그들이 불쌍하니 도와주어야 한다는 생각이 깔려 있었다. A. Holzbrecher(ibid., pp. 75-77)는 외국인교육학에 대한 비판 또는 지적을 여덟 가지로 요약한다. 이 중에서 여덟째는 외국인교육학에 대한 **직접적인 비판**이 아니기 때문에 생략하고 나머지 일곱 가지만 간략히 정리하면 다음과 같다. 첫째, 언어부족을 보충하는 데 치중한 나머지 이주자를 소외계층으로 만드는 사회적 요인들은 경시했다. 둘째, 사회적 문제들을 교육적인 관점에서만 살펴보려고 했다. 다시 말해, 사회적 문제들을 교육적으로 해결할 수 있다고 믿었다. 셋째, 이민자자녀만을 교육의 대상으로 삼았고, 외국인교육학은 이들을 '문제아', '장애아'로 보는 일종의 특수교육학이었다. 넷째, 학교의 단일문화적, 단일언어적 성격은 전혀 문제시하지 않았다. 이민자자녀들은 기존의 교육체제에 적응하도록 요구받았다. 다섯째, 이민자의 출신국에 대한 정보는 '전형적인 것', '민속적인 것'에 한정되어 오히려 부정적인 고정관념이나 편견을 강화하는 경우가 많았다. 여섯째, 학교나 도시의 축제는 다양성의 풍요로움을 보여 주기보다는 이민자 문화를 '민속화'하는 경우가 많았다. 일곱째, 이민자자녀를 교실에서 출신국의 '전문가'로 활용했는데, 이는 이민자자녀가 막 입국한 경우에는 가능하지만 독일에서 태어나거나 독일에 오래 산 경우에는 그렇지 못하다.

─── 상호문화교육으로의 변화

독일의 상호문화교육은 외국인교육학에 대한 **비판**에서 출현했다. 이런 과정에 큰 영향을 미친 것은 1973년 석유파동이었다(D. Faas, 2008). 이 파동으로 전 세계가 불황에 빠지자, W. Brandt가 이끄는 독일 사민당 정부는 일부 분야를 제외하고는 외국노동자 유입을 중단하고 이미 들어와 있는 사람들에게 귀국을 종용했다. 이런 상황에서 외국인노동자들은 언제 불시에 귀국할지 몰라 매우 불안해했다. 정부는 이런 불안감을 해소하고 이민자자녀가 부모를 따라 귀국할 경우 그곳에서의 적응을 사전에 준비해 주기로 했다. 그래서 구상한 것이 이민자자녀들이 모국에서 온 교사로부터 수업을 받게 하는 것이었다. 실제로 1975년 독일 바덴뷔르템베르크(Baden-Württemberg)주는 초등학교 내에서 출신언어문화교육을 실시했다. 이 교육의 목표는 "가능한 한 그들이 자신의 모국어, 자신의 문화와 문명을 유지하도록 하는 것"이었다. 학생과 학부모는 출신언어문화교육이 가족 내에서, 친척과 지인들 사이에서, 혹은 출신국을 여행할 때 언어장벽을 없애 주고, 문화정체성을 강화시켜 주고, 국제노동시장에서 좋은 기회를 갖게 해 줄 것이라고 여겼다. 하지만 이에 대한 반론도 만만치 않았다. 그 주된 반론은 이 수업이 많은 비용을 요구하는 추가 교육과정이고, 독일어 습득에 별 도움이 되지 않고, 학생의 학습부담만 가중시킬 뿐만 아니라 독일에 계속 살고자 하는 외국인가정의 바람과 일치하지 않는다는 것이었다.

한편, 많은 외국인노동자가 귀국종용정책에 따라 귀국했지만 독일에 잔류하는 사람도 적지 않았다.[10] 이렇게 잔류한 사람들은 본국으로부터 가족을 불러들였고 이들의 출산율은 비교적 높은 편이어서 외국인 수는 계속 증가했다. 외국인의 증가는 학령기 이민자자녀의 증가로 이어졌다. 이에 따라 교육계는 새로운 대책을 마련해야 했다. 이제 이민학생 대책은 별도의 추가적 조치가 아니라 학

---

10 정부는 자진 귀국하는 노동자에게 10,500마르크(약 700만 원)를 주겠다고 했지만, 이 돈을 받고 귀국한 사람은 25만 명 정도에 그쳤고, 그 대부분은 터키인이었다.

교가 당연히 수행해야 하는 과제로 여겨지기 시작했다. 이에 따라 등장한 것이 바로 상호문화교육이다. 독일에서 상호문화교육이라는 용어를 처음 사용한 사람은 J. Vink다(Nieke, 2000: 22). 1974년 그는 외국학생과 독일학생 모두가 서로의 행동양식과 규범에 대해 좀 더 잘 이해하게 만드는 교육이 필요하다고 보고 이를 **상호문화교육**(interkulturellen Erziehung)이라 불렀다. 하지만 당시만 해도 이 교육에 주목하는 사람은 별로 없었다. 이 용어가 보편화된 것은 1970년대 후반이었다. 앞서 언급한 것처럼, 이 시기에는 외국인교육학을 비판하는 목소리가 거세졌다. 비판의 핵심은 외국인과 그 자녀를 뭔가 결핍된 존재들로 인식하는 것, 독일을 여전히 단일문화사회로 전제하는 것이었다. 많은 학자들은 이민자녀가 결핍된 존재가 아니라 독일학생과 다른 경험과 능력을 가진 존재로 이해해야 한다고 주장했다. 그리고 이민자자녀의 차이가 존중되고 그것이 교육의 내용과 방법 속에 반영되어야 한다고 주장했다. 또 이민자자녀의 문화를, 한번 형성되면 영원히 변하지 않은 것이 아니라 주어진 상황에 따라 늘 가변적인 것으로 보아야 한다고 주장했다. 이렇게 등장한 상호문화교육은 모든 학생의 언어적, 문화적 다양성을 인정하고, 외국인혐오와 편견을 거부하고, 상호문화역량을 신장시켜 주는 교육이었다.

1996년 상호문화교육 권고문

하지만 상호문화교육은 1980년대에도 제대로 이루어지지 않았다. 이에 대한 비판과 함께, 많은 학자들은 1989년 독일통일, 90년대 초반 동유럽 공산권 붕괴에 이은 이주민 증가, 1993년 유럽연합의 출현, 90년대 중반 세계화 등 새로운 세계질서에 어울리는 교육적 대응을 요구했다. 1996년 주문교장관회의의 '**학교상호문화교육**(Interkulturelle Bildung und Erziehung in der Schule)' 권고문은 바로 이런 배경에서 나왔다. 이 권고문에 따르면, 16개 독일 주정부는 ① 상호문화적 차원과 관련해 모든 과목을 위한 지침과 교육과정을 점검하고 발전시키고 ② 상호문화적 측면을 학교와 교육의 필수로 다루는 교수자료를 개발하고 ③ 다른 문화들을 주변화하거나 차별하지 않고 비독일 학생들의 정체성을 고려하는 텍스트와 그림을 수록한 교과서만 허용하고 ④ 모든 교과목에 비독일 교사의 채용을 용이하게 하고, 모국어교사와 다른 교사들 간의 협력을 강화하고 ⑤ 상호문화적 측면을 교사연수에 포함시키라고 권고받았다. 16개 주 중 대부분은 이 권고안 이후에 상호문화적 차원을 고려하기 시작했지만, 일부 주는 이 권고안 이전에 이미 그런 움직임을 보였다. 예를 들어, 1985년 노르트라인-베스트팔렌(Nordrhein-Westfalen)의 교육과정은 상이한 민족, 문화규범, 전통을 가진 학생들이 함께 공부하면서 교육이 많이 바뀌었다고 밝혔다. 1995년 이 주의 교육위원회는 모두가 다문화 학교와 사회 속에서 사려 깊게 함께 살아가도록 모든 학교에서 상호문화교육을 실시하고 소수민족 학생들에게 동등한 기회를 보장할 것을 요구했다.

1996년 권고안은 상이한 문화와 사회의 특징과 발전, 문화와 사회들 간의 유사점과 차이점, 인종주의와 외국인혐오증의 원인, 편견의 원인과 결과, 인권과 상이한 문화 속에서의 인권의 의미, 다문화사회에서 소수집단과 다수집단이 함께 살아가기를 제안했다. 주문교장관회의는 이 주제들을 사회, 지리, 역사, 종교와 같은 과목에서 다루는 방법을 제시했다. 하지만 실제로 이렇게 하는 것은 쉽지 않았다. 여기에는 크게 두 가지 이유가 있었는데, 하나는 주의 공식적인 지원이 부족했기 때문이고, 다른 하나는 유럽정체성을 강조해야 했기 때문이다. 예를 들어, 1990년 주문교장관회의의 '교실 내 유럽'이라는 공문은 교육의 목적을 젊은 이들이 유럽정체성을 갖게 하는 데 두어야 한다고 밝혔다. 이에 따라 1994년 바덴-뷔르템베르크(Baden-Württemberg)를 비롯한 몇몇 주는 그들의 교육과정에 유럽적 차원을 포함시키고, 독일의 국가정체성을 좀 더 확장하여 유럽적인 차원으로 옮겨 가야 한다고 밝혔다.

독일 16개 주

2000년대 초반 독일의 문화다양성에 대한 교육적 대답은 **상호문화교육과 반인종주의교육**의 혼합형이었다. Saarland, Thüringen과 같은 주들은 상호문화수업 단원을 개발했고, Berlin, Hamburg, Schleswig-Holstein과 같은 주들은 상호문화교육을 범교과학습주제(cross-curricular theme)로 도입했으며, Bremen, Hessen, Rheinland-Pfalz와 같은 주들은 학교의 특별과제 수행기간에 상호문화적 과제를 수행했고,

Baden-Württemberg, Bayern, Brandenburg와 같은 주들은 위에서 언급한 접근들을 혼용했다. 하지만 상호문화교육을 실시하기 위해 교육과정과 학교법을 개정한 주는 절반도 되지 않았다. 작센-안할트(Sachsen-Anhalt), 자를란트(Saarland) 주 등 몇몇 주는 1996년 권고안이 의무조항이 아니라고까지 반발했다. 반면에, 노르트라인-베스트팔렌과 함부르크주는 상호문화교육의 실행에 있어서 주도적인 역할을 했다. 함부르크 주의 개정된 학교법은 "학교는 모든 문화의 평화로운 공존과 모든 인간의 평등을 가르칠 임무를 수행해야 한다"고 명시했다.

2000년대 후반 독일의 교육적 논쟁은 **종교다양성**에 관한 것이었다. 이 문제는 특히 (독일 국적을 취득한 84만 명을 포함한) 260만 터키 이슬람교도와 관련된 문제였다. 2004-2005학년도 전체 학생의 8.5%가 소수민족이었는데, 이들 중 거의 절반이 터키 출신이었다.11 터키 출신 학생들의 비중이 이렇게 높아지자 몇몇 주는 무슬림학생을 위한 종교교육을 독일어로 실시하였다. 하지만 이슬람 수업에서 다룰 내용, 이슬람공동체의 교육과정에의 개입은 여전히 논쟁거리로 남아 있다.

한편, **2013년** 독일 헌법재판소는 바덴-뷔르템베르크주가 학교에서 교사의 두건(headscarf) 착용을 금지한 것은 잘못이라고 밝히면서도 이 문제는 주 정부가 법률을 제정해 해결하라고 판결했다. 지금까지 Baden-Württemberg, Bremen, Hessen, Niedersachsen, Bayern, Nordrhein-Westfalen, Saarland, Thüringen 와 같은 상당히 보수적인 주들은 교사의 두건 착용을 금지하고 있다. 예를 들어, 바덴-뷔르템베르크주 학교법은 다음과 같이 밝히고 있다.

> "공립학교 교사들은 학생과 학부모에 대한 연방주의 중립성, 또는 정치적·종교적 학교평화를 침해하거나 교란하는 정치적·종교적 또는 다른 소속을 보여서는 안 된다. 특히 교사들은 학생이나 학부모에게 교사가 인간의 존엄성, 인권, 자유민주적 헌법 구조를 침해할 수 있다는 인상을 줄 수 있는 행동을 해서는 안 된다. 기독교의, 특히 서양기독교의 교육적·문화적 가치와 전통의 표현은 상기 행동에 포함되지 않는다. 또 종교적 중립성 요구는 종교교육 수업에는 적용되지 않는다."

---

11 참고로, 독일은 민족이 아니라 국적으로 통계를 낸다.

이 학교법은 기독교와 유대교의 상징은 예외로 허용함으로써 이슬람공동체에 대한 새로운 제도적 차별로 비판받고 있다. 참고로, 프랑스 학교는 기독교나 유태교 상징도 허용하지 않는다. 베를린은 프랑스와 마찬가지로, 모든 종교적 상징을 동등하게 다루기 위해, 학교와 다른 공공기관에서 두건만이 아니라 모든 종교적 상징을 금지하는 유일한 주이고 도시다. 아무튼 이후에는 논란의 소지가 더 많은 조치들이 이루어졌다. 예를 들어, 회교사원에서 독일어를 사용하라고 강요하기, 소수민족 아동의 의무 유치원교육을 독일어능력평가와 연계시키기, 모든 소수집단이 '독일의 가장 중요한 문화'를 수용하게 하기, 독일 국적 취득자들이 독일헌법 준수를 맹세하기, 모든 학교에서 이슬람 종교교육을 독일어로 하기, 자치구·학교·유치원에서 외국인 할당 정하기 등이 이런 조치에 해당한다.

─── 2013년 상호문화교육 권고문

1996년 권고문은 2013년 개정되었다. 이 권고안은 서문과 여섯 부로 이루어져 있는데, 그 주요 내용은 다음과 같다.

먼저, **서문**은 학교에서 상호문화교육을 실시해야 할 필요성을 역설한다. 이 서문에 따르면, 학교는 모든 학생이 포괄적인 교육을 받고 교육적으로 성공할 기회를 가지고, 성공적인 통합과정을 통해 평화적이고 민주적인 공동생활을 하고, 지구촌에서 책임 있는 행동을 할 수 있도록 교육해야 한다. 그리고 학교는 다양성을 다루는 교육적 실행을 실시하고 발전시켜야 한다. 이런 교육적 실행은 모든 교과목에서 협력학습 형태로 이루어져야 하는데, 이것이 바로 상호문화교육의 핵심적인 전제다. 특히 이 교육은 모국어와 외국어 수업을 통한 다중언어교육과 국제교류를 통해 강화될 수 있다. 이는 2011년 '외국어능력 강화를 위한 주교육부장관회의의 권고문'이 특별히 강조한 바다. 이 권고문이 강조하는 상호문화역량(Interkulturelle Kompetenz)은 다른 언어와 문화에 대한 논의, 자신과 타인에 대한 성찰 등과 관련된 역량이기 때문에 다원적이고 상호의존적인 사회에서 매우 중요하다.

제1부는 학교가 준수해야 할 목표와 일반적인 원칙들을 제시한다. 이 원칙들은 학교가 체계적인 상호문화교육을 실시하기 위해 참고할 일종의 지침으로, 다

음과 같은 네 가지 원칙으로 구성되어 있다. ① "학교는 다양성을 정상적이고 잠재력 있는 것으로 인식해야 한다." 이 원칙에 따라 학교는 모든 학생을 존중하고 상호문화대화를 권장하고 모든 학교 구성원이 소속감을 가질 수 있게 해야 한다. 또 학교는 모든 학생이 높은 기대수준을 갖게 하고 이들을 적절히 지원해야 한다. 또 모든 학생의 특수한 경험과 역량을 교육적 자원으로 활용하고 그들의 역량을 지속적으로 발전시키고 확장할 수 있게 지원해야 한다. 또 학교는 개인이나 집단에 대한 차별에 적극적으로 대응해야 한다. 학교의 구조, 일상생활, 규칙 등에서 본의 아니게 차별하거나 배제시키는 일은 없는지 살펴보고, 만약 있다면 이를 적극적으로 시정해야 한다. 아울러 학교는 학생과 부모의 언어적, 문화적 다양성을 상호문화교육을 위한 재원으로 여기고 이를 학교 프로그램에 반영해야 한다. 여러 언어를 구사하는 학생들의 언어능력에 가치를 부여하고 그것을 신장시켜 주어야 한다. 또 학교는 모든 학생과 학부모를 환대해야 한다. 그들 모두에게 개인적인 조언을 하고 정보를 제공하고 포괄적으로 참여할 수 있는 기회를 주어야 한다. ② "학교는 모든 교과시간과 방과 후 활동을 통해 상호문화역량을 신장시키도록 장려해야 한다." 이 역량을 신장시키기 위해서는 지식과 인식, 성찰과 평가, 행동과 자세가 필요하다. 지식과 인식(Wissen und Erkennen)은 사회문화적 현상이나 경향이 어떻게 생성되고 변화하는지, 특히 외국인에 대한 인상이 어떻게 형성되었는지 분석하고 알아보는 것을 포함한다. 성찰과 평가(Reflektieren und Bewerten)는 자신의 고유한 인식 틀을 생각해 보고, 타인의 인식 틀을 긍정적으로 이해하려고 노력하고, 타인의 인식 틀이 자신의 인식 틀과 어긋나더라도 이를 용인하는 것을 포함한다. 행동과 자세(Handeln und Gestalten)는 개인, 학교, 사회에 동등하게 참여시키기 위해 공동책임감을 가지고, 인종주의를 포함한 모든 형태의 차별과 맞서고, 타인과의 의사소통 시 장애가 되는 것을 극복하고, 이해관계를 정중하게 조정하고 갈등을 평화롭게 해결하는 것 등을 말한다. ③ "학교는 학문적 언어능력 신장을 위한 가장 중요한 공간이어야 한다." 이 원칙에 따라 학교는 학생들의 출신, 환경에 관계없이 수업과 방과 후 활동을 통해 이 능력을 신장시켜야 한다. 학문적 언어능력 신장은 모든 학년, 모든 교과목을 통해서 이루어져야 한다. ④ "학교는 학부모와 적극적인 교육적 협력관계를 수립해야 한다." 학교는 존중과 인정의 문화, 학부모의 참여와 협력의 문화를 장려해야 한다. 또한 그들의 언어적·문화적 다양성과 독일에서 한 경험을 고려하고, 다양하고 빈번한 접촉의 기회를 그들에게 제공해야 한다. 학교는 학부모들이 학교생활, 수업, 운영위원회에 적극 참여하도록 권장해야 한다.

제2부는 교육당국의 책무와 관련된 것이다. 교육당국은 모든 학생이 교육, 직업교육, 심화교육을 동등하게 받을 수 있게 하는 최적의 계획을 수립하여 상호문화역량을 길러 주어야 한다. 교사의 상호문화역량을 강화하기 위해서 교사연수를 실시해야 한다. 또 이주배경을 가진 교사, 교직원, 강사의 비율을 높여야 한다. 학부모와의 협력을 확대하고 이들의 잠재력을 활용하고, 학교 교육계획을 상호문화교육을 중심으로 구성해야 한다. 모든 주는 언어교육을 위한 계획을 수립해야 한다. 특히 이민 아동과 청소년은 독일어를 제2언어로 배우고, 모든 학생은 학문적 언어능력을 신장시키는 교육을 받아야 한다.

제3부는 학교의 실행을 강조한다. 학교는 앞에서 제시한 네 가지 일반적인 원칙을 준수하고 구체적인 방안을 통해 이를 실행해야 한다. **첫 번째 원칙**인 "학교는 다양성을 정상적이고 잠재적인 것으로 인식해야 한다"는 원칙을 위해서는 다음과 같은 실행을 해야 한다. ① 새로 들어온 학생을 환대하는 지침서를 개발하고, 특히 독일어능력이 충분치 않은 학생들을 개별적으로 지원하고, 최대한 빨리 학교생활에 통합될 수 있도록 유도한다. ② 학생과 학부모가 이해할 수 있는 정보를 제공하고 조언을 한다. ③ 개인의 학습수준에 맞추어 지원하고 방과 후 수업을 통해 이들을 도와준다. ④ 교육적으로 불리한 위치에 있는 학생들을 위해 또래훈련(Peer-Trainings) '멘토 프로그램', '촉진 프로그램' 등을 운영한다. ⑤ 학생, 학부모, 교직원 간의 분쟁을 학교규정에 따라 평화적으로 해결한다. ⑥ 학생들이 폭력, 인종차별, 유대인 배척, 이슬람혐오감을 비롯한 모든 차별에 맞서도록 한다. ⑦ 출신국과 관련된 다중언어능력을 인정하고 존중한다. **두 번째 원칙**인 "학교는 모든 교과수업시간과 방과 후 활동을 통해 상호문화역량을 신장시키도록 장려해야 한다"와 관련해서는 다음과 같은 실행이 필요하다. ① 수업자료가 학생들의 출신과 관련된 이질성을 비롯한 여러 측면을 제대로 고려하고 있는지 검토하고 필요한 경우에는 이를 개선한다. ② 자신의 입장을 비판적으로 성찰할 수 있도록 수업자료에 다양한 관점을 포함시킨다. ③ 아동과 청소년들의 자존감을 침해하고 이들을 낙인찍지 않은 상태에서 다양한 정보, 사고의 틀, 평

가를 명료화한다. 학교는 학생들이 공통성을 경험할 수 있도록 유도한다. ④ 탐구적이고 협력적인 수업을 통해 다관점성을 갖도록 한다. ⑤ 학부모, 외부협력자, 국제적 학교교류 프로그램과 학교 교육과정을 밀접히 연결시킨다. ⑥ 유럽교육, 민주교육, 지구적 학습, 지속가능발전교육을 실시한다. **세 번째 원칙**인 "학교는 학문적 언어능력신장을 위한 가장 중요한 공간이어야 한다"는 다음과 같은 실행을 요구한다. ① 모든 과목이 언어교육을 핵심과제로 여기고, 학교 교육과정 속에 언어능력과 관련된 목표를 제시한다. ② 언어교육을 실시하여 교육단계 간의 이행을 원활하게 한다. ③ 학생들의 제2언어 학습과정에 각별한 주의를 기울이고 이들을 존중하고 지원하는 방안을 모색한다. ④ 수업시간에 학생들의 다중언어능력을 활용한다. ⑤ 방과 후에 언어를 학습할 기회를 제공한다. **마지막 원칙**인 "학교는 학부모와 적극적인 교육적 협력관계를 수립해야 한다"와 관련해서는 다음과 같은 실행이 필요하다. ① 학교는 새로 들어온 학생의 부모를 환대해야 한다. ② 학부모의 언어능력, 독일학교체제에 대한 경험과 지식을 고려하여 상담한다. 또 학교와 자주 연락할 수 있게 하고 학교생활과 관련된 의견을 교환할 수 있는 공간과 기회를 만든다. ③ 학부모를 수업에 참여시켜 다양성을 인식하고 인정하는 학교문화를 만든다. ④ 학부모가 다른 학부모의 협력자가 될 수 있게 한다. ⑤ 학부모가 학교 의사결정과정에 적극 참여하도록 한다.

제4부는 구체적인 **지원체계**를 밝힌다. 연방정부는 학교에서의 상호문화교육과 상호문화적 개방성을 그 일반적인 지침에 포함시켜야 한다. 상호문화교육은 교육계획의 핵심적, 횡단적 과제이자 학교 교육계획의 골격이고, 이주민 통합을 위한 국가적 행동계획, 모든 교사연수의 필수적 요소여야 한다. 국가기관은 상호문화적 개방성을 위해 학교를 지원해야 한다. 수업자료의 개발을 비롯해 교사를 위한 상담과 자격부여를 위한 프로그램을 마련해야 한다. 연수 시에는 지식 전달의 수준을 넘어서 자신의 고유한 인식, 감정, 의례를 인식하게 해야 한다.

제5부는 학교와 외부협력자와의 **협력**을 강조한다. 학교의 주요 외부협력자는 아동과 청소년의 개별적 요구를 해결해 주는 사회복지사, 청소년복지사, 학교 밖에서 학습기회를 제공하는 지역문화센터, 지역교육센터, 독일−폴란드 청소년교류센터, 독일−프랑스 청소년교류센터처럼 아동과 청소년들이 자신의 관습적인 틀을 탈피하는 경험을 제공하는 국제교환학생기관, 교육협정기관, 아동과 청

소년이 사회에서 공생하도록 가르치는 종교기관, 이주자단체, 아동과 청소년이 직업실습을 하고 자신의 능력을 개발하도록 도와주는 지역 내 회사, 교사들의 상호문화역량을 신장시키고 평가하는 교사교육기관 등을 포함한다.

　　제6부는 '**발전**을 위한 권고'이다. 학교는 상호문화교육을 담당하는 중추적인 기관이다. 학교경영에서 상호문화교육과 지속적인 언어교육은 매우 중요하다. 상호문화교육의 실행과 발전은 교사교육을 통해서 이루어질 수 있다. 학교의 상호문화교육이 성공적으로 이루어지기 위해서는 학교와 지역 간의 긴밀한 협조가 필요하다. 여기에는 공무원, 교육시설, 기업체, 이주민 단체 등이 포함된다.

── H.J. Roth의 상호문화교육의 원리

　　H.J. Roth(정기섭 외 역, 2014: 125 – 128)는 독일 상호문화교육의 **원리**를 열네 가지로 요약한다. ① 상호문화교육은 다문화사회라는 현실에 대한 책임이다. ② 상호문화교육은 사회의 변화를 인식하고 스스로 개혁하는 과정을 실행하려는 일종의 열린 행위이론이다. ③ 상호문화교육은 평화교육과 갈등해소에 기여한다. ④ 상호문화교육은 아동중심의 교육에 기초한다. 이 교육은 아동, 청소년, 성인의 삶 자체를 중시한다. 그래서 이들의 삶과 관련된 개인적인 조건을 교육적 과제 속에 고려하고 반영한다. ⑤ 상호문화교육은 경험에 개방적이다. 이 교육은 사람들이 살아가는 생활세계에 초점을 맞춘다. ⑥ 상호문화교육은 생활세계와의 밀접함, 자기 활동성, 자발성, 개인적·언어적·문화적 차이를 중시한다. ⑦ 상호문화교육은 모든 사람을 대상으로 한다. 그 목적은, 상대주의와 문화복수주의 차원에서 아무런 관계없이 별개로 존재하는 병렬이나 공존이 아니라, 만남과 대화를 통해 각자의 문화적 습관을 자유롭게 만드는 통합이다. ⑧ 상호문화교육은 한 사회의 '다언어성'을 옹호한다. ⑨ 상호문화교육은 기관 또는 학교의 교과목에만 적용되는 것이 아니라 다양한 차원에서 작동하는 '하나의 원리, 즉 교육활동 전반에 걸친 탐색의 지평선'이다. ⑩ 상호문화교육은 문화에 대한 개념을 이론적으로는 구성체로, 실용적으로는 공유하는 '상징적 의미들의 체계'로 확대한다. 이 의미들의 체계는 모든 생활영역에서 항상 생산되고 재생산된다. 따라서 여기서 문화는 의미구성과 정체성 형성의 기능을 가진 '끝없이 이어지는 과정에

있는' 방향설정체계로 이해되어야 한다. ⑪ 상호문화교육은 문화복수주의를 긍정적으로 평가한다. ⑫ 상호문화교육은 목적 개념들의 상호관련성을 중시한다. 이 교육은 "다른 문화 사람들과의 만남, 이런 만남에 방해가 되는 장벽의 제거, 문화적 교류 유도와 문화적 확대"를 중시한다. ⑬ 상호문화교육은 학제적인 접근을 한다. ⑭ 상호문화교육은 유럽적이고 국제적인 관점에서 긴밀한 교류가 증대되는 세계사회를 이해하는 데 기여한다.

── C. Allemann-Ghionda의 평가

C. Allemann－Ghionda(2008)는 독일의 상호문화교육을 교육정책, 학교 교육과정, 교사교육, 소수언어와 제2언어교육, 이민 학생 및 소수민족 학생의 통합, 성공적인 교육개혁 사례라는 네 가지 관점에서 평가했다. 그 주요 내용은 다음과 같다.

먼저, **교육정책**을 살펴보면, 독일은 1970년대 후반부터 유럽평의회의 권유를 수용하여 상호문화교육에 대해 논의하기 시작했다. 이 논의의 핵심은 이민학생을 그들의 사회－문화적, 언어적 유산과 다양성을 존중해 주면서 학교와 사회속에 통합하자는 것이었다. 상호문화교육은 이민학생에 대한 첫 번째 대책이었던 외국인교육학에 대한 비판에서 시작되었다. 외국인교육학이 결핍에 초점을 맞추었다면, 상호문화교육은 다양성에 초점을 맞추었다. 교육정책의 획기적인 변화는 1996년 주문교장관회의 권고문에서 찾아볼 수 있다. 하지만 교육은 16개 주가 자율적이고 독립적으로 관장하는 영역이어서 각 주의 학교법과 교육과정은 이 권고문보다 상위의 지위를 갖는다. 하지만 2001년 첫 번째 국제학업성취도평가(PISA) 이후, 정치계와 교육계는 이민학생을 위한 독일어교육과 그들의 통합을 강조했다. 여기에는 두 가지 큰 이유가 있었다. 하나는 독일학생의 전체적인 학업성취도가 기대 이하였고 특히 이민학생의 읽기능력이 매우 낮았기 때문이다. 다른 하나는 경제협력개발기구(OECD)가 국가의 공식어(독일의 경우에는 독일어) 능력의 강화를 강조했기 때문이다. 여기에다 한 가지 추가하자면, 정치계와 여론이 보수적으로 변했기 때문이다. 2000년 정치적 담론은 선도문화(Leitkultur)를 강조했는데, 이 개념은 어떤 사회에서든 문화들 간의 위계가 있기 마련이고 또 있어야 한다는 것, 다수의 문화는 단 하나라는 것, 그것은 소수에게 강요될 수 있고 강요되어야 한다는 것을 전제로 한다. 이런 선도문화는 이슬람근본주의, 지속적인 테러 등에 영향을 받은 것 같다. 아무튼 이 문화는 상호문화적 관점이나 유럽적 관점과는 매우 다른 관점이다. 이런 경향을 우려한 주문교장관회의는 2013년 또다시 권고안을 제시하며 상호문화교육을 권장하였다.

다음으로 **학교 교육과정**을 살펴보면, 16개 주는 상호문화교육과 이 교육과 관련된 개념들을 학교 교육과정에 다양한 방식으로 포함시키고 있다. 어떤 주는 '다양성의 다양한 표현들을 통합하기' 위해 노력하고, 또 어떤 주는 외국인교육학이라는 낡은 형태를 유지하고 있다. 이처럼 주문교장관회의의 권고와는 달리 상호문화교육을 학교 교육과정에 제대로 포함시키지 못하는 데는 크게 세 가지 이유가 있다. 첫째, 학교 내에 통제, 감독, 평가가 제대로 이루어지지 않았기 때문이다. 이 문제는 표준기준과 중앙교육과정의 도입으로 많이 개선될 것 같다. 둘째, 미세 수준, 정상적이고 일상적인 교실 실행 수준에서의 교육적 연구가 거의 이루어지지 않았기 때문이다. 셋째, 기존의 교사교육이 상호문화적 차원에 큰 영향을 주지 못했기 때문이다.

다음으로, **교사교육**의 경우, 독일에서의 교사교육은 (유아교사교육을 제외하고는) 대학에서 이루어진다. 독일의 모든 대학들은 상호문화교육과 관련된 강의나 세미나를 개설하고 있다. 주로 교육학과에서 개설하지만 다른 학과나 단과대학에서 개설하는 경우도 있다. 교사가 되길 원하는 학생들은 이런 강의나 세미나를 들을 수 있다. 하지만 이 강의나 세미나를 듣는 학생이 얼마인지는 정확히 알 수 없다. 현직교사교육은 의무사항이 아니어서 아주 소수의 교사만이 이 교육을 받고 있고, 교육을 받더라도 아주 소수의 과목만이 상호문화교육이나 이 교육과 관련된 주제를 다룬다. 교사교육과 관련해서 가장 큰 문제는 나이가 많은 교사들은 상호문화교육에 대해서 배울 기회와 상호문화능력을 신장시킬 기회가 거의 없다는 것이다. 예비교사교육과 현직교사교육은 과거 10년 전보다는 많이 나아졌지만, 상호문화교육과 이민학생과 관련된 주제들을 선택적으로, 그리고 부분적으로 포함시키고 있다.

다음으로, **소수언어교육과 제2언어교육** 문제는 좀 복잡하다. 바이에른(Bayern)을 비롯한 다섯 개 주가 출신국과 합의하여 출신언어문화를 가르쳤지만 이 수업은 대개 교육과정의 주변에 머물렀다. 학교, 관리자, 교사들은 이 수업을 영어, 프랑스어 수업과 동등한 위상을 가진 교육으로 여기지 않았기 때문이다. 이 수업은 2001년 국제학업성취도평가 이후 더욱 약화되었다. 따라서 아주 소수 이민학생들만이 가족이나 공동체의 언어를 배우고 있다. 대부분의 이민학생들은 독일어를 제2언어로 배우고 있다. 최근 연구에 따르면, 이중언어교육은 유해하지는 않지만 그렇다고 해서 특별히 유익한 것도 아니라는 게 지배적인 의견이다. 이중언어교육은 독일 서부 지역에서 많이 이루어지고 있는데, 대부분 특정 민족집단을 배려한 것이다. 예를 들어, 쾰른(Köln)이나 볼프스부르크(Wolfsburg)와 같은 도시에는 독일어－이탈리아어 이중언어학교가 있는데, 이는 이 지역에 이탈리아인이 특히 많기 때문이다.

다음으로, 이민학생과 소수민족 학생의 **학업성취와 통합**과 관련해 가장 먼저 상기할 것은 외국학생들의 독일 교육체제 내 학업성취도가 그리 높지 않다는 것이다. 경제협력개발기구와 유엔의 보고서는 독일 내 외국학생의 조기도태 비율이 너무 높다고 계속 비판해 왔다. 독일 교육체제를 보면, 초급학교과정은 4년이며 의무교육이고, 이 과정이 끝나면, 10, 11세의 학생들이 자신의 능력과 취향에 따라 9년 과정의 김나지움(Gymnasium), 6년 과정의 레알슐레(Realschule), 5년 과정의 하웁트슐레(Hauptschule)를 선택할 수 있다.[12] 하웁트슐레에 가는 독일학생은 18%, 외국학생은 40%로 외국학생이 두 배 이상 많고, 레알슐레에 가는 독일학생은 24%, 외국학생은 17.9%로 비슷하며, 김나지움에 가는 독일학생은 33%, 외국학생은 18.2%로 독일학생이 훨씬 많다. 독일에서 독일어를 잘하지 못하는 외국학생은 사회적, 정신적으로 장애가 있는 아동처럼 여겨져 이들을 초급학교 1

---

12 김나지움 과정을 수료하고 졸업시험에 합격하면 아비투어(Abitur)라는 학력증서를 받는다. 이 증서는 당사자가 앞으로 어떠한 전문교육도 받을 능력이 있음을 증명한다. 이 증서를 받은 사람은 자연과학이나 인문과학 분야 대학에 아무런 제약 없이 진학할 수 있다. 그러나 아비투어를 받고도 대학에 진학하지 않는 사람들도 많다. 레알슐레는 과정을 수료하고 졸업시험에 합격하면 미틀러레 라이페(Mittlere Reife)라는 학력증서를 받는다. 이 증서로는 대학에 갈 수는 없지만 사무직이나 행정직(은행원, 경찰, 공무원, 비서, 이공계 기능직 등의) 업무를 담당할 수 있다. 레알슐레 졸업 후 김나지움에 편입하여 아비투어를 받을 수 있다. 하웁트슐레는 과정을 수료하고 졸업시험에 합격하면 하웁트슐압슐루스(Hauptschulabschluss) 증서를 받게 되는데, 이 증서는 직업을 배우기 위한 최소한의 학력은 갖추었음을 증명한다. 하웁트슐레 졸업한 학생은 레알슐레로 편입하여 미틀러레 라이페를 받을 수 있다.

학년부터 특별학급에 배치해 교육을 받게 하기 때문에 이들이 김나지움이나 레알슐레에 진학하기는 상당히 어렵다.

Germany's education system

| | Grade | Fachhochschule (University of applied sciences) | Universität (University) | | Age |

독일의 교육체제

── 성공적인 사례(1): 쾰른 유럽학교와 코알라계획

독일의 **성공적인 교육개혁 사례**로는 쾰른 유럽학교와 코알라계획이다. 먼저, 쾰른 유럽학교(Europaschule Köln)는 노르트라인─베스트팔렌(Nordrhein─Westfalen)주에 있는 종합학교(comprehensive school)로서, 제2언어 습득, 상호문화교육, 만남과 교류라는 세 가지를 그 축으로 삼고 있다. **첫 번째 축**인 제2언어습득은 다중언어주의에 기초한 것으로, 학생들은 5학년부터, 프랑스어, 스페인어, 이탈리아어, 포르투갈어, 네덜란드어, 러시아어, 독일어 중 하나를 택해서 3년간 제2언어로 배운다. 이 교육의 목적은 해당 언어를 완벽하게 구사하는 것이 아니라 이 언어로 일상적인 의사소통을 할 수 있는 수준에 도달하는 것이다. 여기서 주목할

것은 이민학생은 자신의 모국어를 제2언어로 선택할 수 있다는 것이다. 이 경우
이 학생은 해당 언어수업에서 언어조교(language assistant)의 역할을 할 수 있다.
이 '도우미체제(helfersystem)'는 해당 언어를 존중하고 신장시킬 뿐만 아니라 언
어조교로서의 자존감을 강화시킬 수 있다. 이 언어를 3년간 배우고 나면 이 언어
를 계속 공부하여 시험과목으로 선택할 수 있다. **두 번째 축**인 상호문화교육은
유럽과 관련된 지식, 문화적 차이라는 맥락에서 기본적인 도덕적 개념과 규범과
관련된 지식을 다룬다. 이 교육은 다양한 문화와 관점들, 특히 학급에 있는 외국
학생의 출신 언어와 문화들을 비교하고 그것에 대해서 성찰한다. 이 접근에서
(종합학교에서는 하나의 과목으로 되어 있는) 지리, 역사, 정치와 같은 과목은 문화
다양성을 가르치는 데 특히 좋은 과목이
다. **세 번째 축**인 만남과 교류는 교류와 이
동성과 관련된 축이다. 이것은 배우는 언
어를 사용하는 나라에 가 보는 것뿐만 아
니라 축제를 조직하고 공휴일로 제정하는
것까지도 포함한다. 이처럼 쾰른 유럽학교
에서 이루어지는 모든 프로그램은 학교 전
체를 포함하는 통합된 프로그램이다.

독일 쾰른 유럽학교

　　또 하나의 성공적 사례인 **코알라계획**
(Koala project)은 쾰른의 홀바이데(Holweide) 통합종합학교에서 이루어지고 있는
초등학교 프로그램이다. 여기서 '통합'은 장애를 가진 학생과 그렇지 않은 학생이
함께 공부한다는 것을 의미한다. 이 홀바이데 구역은 이민자, 특히 터키 이민자
가 많은 곳이고, 이 학교 학생들 중 40%가 이민학생들이다. 이 학교에서는 2005
년부터 터키어교사와 독일어교사가 모든 학생을 대상으로 공동수업을 실시했다.
터키 학생들은 독일어로 이루어지는 수업시간에 터키어로 대답할 수 있고 우화
나 노래를 독일과 터키의 전통과 관련지어 발표할 수 있다. 소집단활동의 경우,
학생들은 먼저 터키어로 주제를 선정할 수 있지만 그 결과는 독일어로 번역하고
발표해야 한다. 이런 번역활동을 통해서 학생들은 이중언어능력을 신장시킬 수
있다. 대부분의 경우, 독일교사와 터키교사가 함께 가르친다. 독일어로 수업하는
교사는 터키어를 제1언어로 사용하는 학생과 다른 학생을 구분하지 않는다. 이

계획을 실시한 결과, 이민학생들의 구두참여가 늘었고, 교실 내 관용의 분위기가 확산되었다. 코알라계획은 특히 언어들 간의 유사점에 주목하게 한다. 독일어, 터키어뿐만 아니라 학생들이 알고 있는 모든 언어에 동등한 위상을 부여한다. 외국학생은 자신의 어휘를 늘려 가고 점점 유창해지며, 독일학생은 다른 문화에 대해서 많이 배우고 그 결과 다양성을 쉽게 수용한다. 이 계획은 공휴일도 함께 축히하는데, 전통적인 독일, 기독교 공휴일만 축하하는 것이 아니라 다른 문화와 종교의 공휴일도 함께 축하한다.

── 성공적인 사례(2): 국립베를린유럽학교

오영훈과 방현희(2016: 84)는 베를린시에서 운영하는 국립베를린유럽학교 (Staatliche Europa-Schule Berlin)의 상호문화교육을 자세히 소개한다. 먼저 알아 둘 것은 베를린시는 독일에서, 초등학교 1학년부터 두 개의 언어로 가르치는 이중언어학교를 가진 유일한 도시라는 사실이다. 베를린시는 1992년, 학생들의 언어능력을 신장시키고 다른 문화적 배경을 가진 학생들을 위한 상호문화교육 환경을 조성하고자 국립베를린유럽학교를 만들었다. 이 학교에서는 각기 다른 언어를 사용하는 두 집단의 학생들이 두 개의 언어를 사용하는 이중언어교육을 받고 있다. 1992년 당시에는 여섯 개 초등학교에서 (독일어-영어, 독일어-프랑스어, 독일어-러시아어어라는) 세 가지 유형의 이중언어를 사용하는 160명의 학생으로 시작했지만, 지금은 열일곱 개 초등학교(Grundschule)와 열세 개 중등학교(Gymnasium)에 약 6천 명의 학생이 (영어, 프랑스어, 이탈리아어, 그리스어, 폴란드어, 포르투갈어, 러시아어, 스페인어, 터키어라는) 아홉 가지 이중언어수업이 실시되고 있다. 이 학교의 일반적인 교육과정은 다음과 같다.

국립베를린유럽학교 교육과정

교육과정	초등학교	중등학교
독일어 교육과정	독일어, 모국어, 수학	독일어, 모국어, 수학, 물리, 화학
모국어 교육과정	생활, 역사, 정치, 지리	역사, 사회, 지리, 생물, 정치
두 언어 혼용 교육과정	자연과학, 음악, 예술, 체육	윤리, 음악, 예술, 체육

오영훈·방현희(2016: 84 이하)는 이렇게 베를린유럽학교의 일반적인 교육과 정을 소개한 다음, 요안-미로(Joan-Miró) 초등학교와 피노우(Finow) 초등학교 에서 이루어지는 상호문화교육을 좀 더 자세히 설명한다. 요안-미로 초등학교 는 독일어와 스페인어를 가르치는 학교로, 전체 737명 중 518명, 즉 70.3%가 비 독일어권 학생이다. 이들을 출신지별로 나누어 보면, 유럽이 가장 많고, 그다음 은 아메리카, 아시아, 아프리카순이다. 이 학교의 교육목표는 학생들의 상호문화 능력과 언어능력을 길러 주고 독립적인 생활과 자기 주도적 학습을 하도록 하여 미래 지식사회가 요구하는 인재를 양성하는 데 있다. 교육내용을 살펴보면, 영 어, 영양, 방법론, 매체활용, 환경보호, 음악, 예술, 문화 등으로 구성되어 있고, 동물원, 영화관 등 시내를 탐방하는 교외 프로그램도 있다. 그리고 학년대표로 구성된 학생회 프로그램을 통해 학생들에게 민주적 사회구조를 직접 경험하게 한다. 이 학교에서는 초등학교 1학년부터 영어를 제2외국어로 가르치고 있다. 학 생들은 영어를 놀이나 일상생활과 접목하여 즐겁게 배울 수 있다. 영양은 2012 년부터, 4학년부터 6학년까지 생활과 자연과학 과목을 통해서 배우고 있다. 이 학교에서는 생활, 역사, 지리, 자연과학 등은 스페인으로 가르치고, 독일어와 수 학은 독일어로 가르치고, 예술, 음악, 체육 등은 교사의 능력에 따라 독일어나 스페인어로 가르친다.

한편, **피노우 초등학교**는 독일어와 이탈리아를 가르치는 학교로, 전체 571명 중 518명, 즉 90.7%가 비독일어권 학생이다. 이들을 출신지별로 구분해 보면, 유 럽이 가장 많고, 그다음은 아시아, 아메리카, 아프리카순이다. 이 학교는 1969년 일반 초등학교로 개교했지만 1994년 독일어와 이탈리아어로 가르치는 유럽학교 로 변신했다. 이 학교의 교육목표는 Finow라는 교명에 포함되어 있다. F는 '서로' 라는 의미의 부사 퓌어아이난더 (Füreinander)에서 따온 말로, 타 인에 대한 존중과 성찰, 타인과 의 소통을 강조한다. I는 '이탈리 아의'라는 의미의 형용사 이탈리 에니쉬(Italienisch)에서 따온 말 로, 독일어와 함께 이탈리아어를

독일 베를린유럽학교

사용하는 학교임을 나타낸다. N은 '자연과 밀착된'이라는 의미의 형용사 나투어
페어분덴(Naturverbunden)의 첫 글자로, 건강한 식생활과 많은 운동을 강조한다.
O는 '개방성'이라는 의미의 명사 오펜하이트(Offenheit)의 첫 글자로, 학교가 학부
모, 지역사회에 개방되어 있음을 강조한다. 마지막으로, W는 '지식'이라는 의미의
명사 비센(Wissen)의 첫 글자로, 학생들의 지식과 관심을 강조한다. 이런 목표를
가진 이 학교는 상호문화역량, 언어역량, 지향성역량을 특별히 강조한다. 상호문
화역량은 수업시간에 타인의 문화와 언어의 동등성을 이해하고 다양성을 수용하
여 세계에 대해 개방적인 태도를 갖게 한다. 언어역량은 독일어뿐만 아니라 제2
언어인 이탈리아어를 여러 교과목을 통해 습득하고 영어도 잘 구사하는 역량을
말한다. 지향성역량이란 미래의 주요문제를 생각하고 행동으로 옮길 수 있는 역
량을 말한다. 이 학교는 단체식사, 축제, 학부모 참여, 학부모 대상 정보제공 등을
중시하고 있다. 학생들은 단체식사를 통해 환경의 중요성을 배우고 다른 나라의
음식에서 타문화의 가치를 배우고 다양한 상호문화적 경험을 해 볼 수 있다. 축제
는 학생들의 소속감을 높이고 학교를 외부에 알릴 수 있는 좋은 기회가 된다.

성공적인 사례(3): 괴테플라츠의 유럽언어수첩

O. Filtzinger & G. Cicero Catanese(2015: 95－99)는 마인츠(Mainz)시에 있
는 괴테플라츠(GoethePlatz) 시립유치원에서 실시한 **상호문화적 활동**을 소개한
다. 이 활동은 유럽언어수첩[13]을 통해 어떻게 상호문화교육을 실시할 수 있는가

---

13 유럽언어수첩(European Language Portfolio)은 한 언어나 그 이상의 언어를 배우고 있거나
이미 배운 사람이 자신의 언어학습과 상호문화적 경험을 기록하고 그것에 대해서 성찰하
게 하는 자료다. 이 수첩은 언어여권, 언어이력, 증빙자료로 구성되어 있다. **언어여권**
(language passport)은 그 소지자가 유럽공통참조기준(Common European Framework of
Reference)에 따라 자기의 언어능력을 표시할 수 있다. **언어이력**(language biography)은 소
지자가 각 언어에서 한 경험들을 상세히 기술한 것이다. 이것은 학습자가 진전과정을 계획
하고 평가하는 데 도움을 줄 수 있다. 언어여권이 결과를 기록한다면 언어이력은 과정을
기록한다. 마지막으로, **증빙자료**(dossier)는 소지자의 언어능력을 보여 줄 수 있는 개인적
업적을 모아 두는 곳이다. 언어수첩의 모양은 나라와 교육기관에 따라 다르지만, 모두 유
럽인증위원회(European Validation Committee)의 인증을 받아야 한다. 유럽언어수첩은 학
습자의 자율성 신장, 다중언어주의(plurilingualism), 상호문화적 인식을 권장한다. 이 수첩
의 주된 목적은 크게 세 가지이다. 첫째, 학습자가 자신의 제1언어가 아닌 언어를 배우고
사용하는 데 체계성과 일관성을 유지하도록 도와준다. 둘째, 학습자가 모든 수준에서 자신

를 잘 보여 준다. 이 유치원에서 다룬 주된 주제는 '나의 이름과 의미', '가족이 집에서 사용하는 언어들', '내가 매일 접하는 언어들', '학교에서 접하는 언어들', '내가 방문한 장소들', '색깔, 숫자, 신체부위를 다양한 언어로 표현하기', '온 세상의 요리법', '내가 접한 다른 문화들'이다. '나의 이름과 의미' 시간에 참여한 아동들은 자기 이름을 자기 언어로 쓰고 그 의미를 소개했는데, 이 활동은 개인 정체성을 강화시키고 다른 문화와 언어에 대한 호기심을 자극했고, 다른 아동에게 대한 호기심과 관심을 불러일으켰다. 다음으로, '가족이 집에서 사용하는 언어들' 활동에 참여한 아동들은 부모, 형제에게 가정에서 사용하는 언어에 대해서 질문하고 그 대답을 적어 왔다. 이때 아동들은 언어들을 찾아내는 탐정이나 그 언어를 소개하는 기자 역할을 한다. 실제로 아이들은 부모나 다른 어른에게 어떤 언어를 쓰는지 질문하고 대답을 기록하면서 상당히 흥미로워했다. 취학 전 아동은 글을 쓸 수 없기에 찾아낸 모든 언어를 색깔을 칠한 얼굴이나 웃는 얼굴 모양으로 표현했다. 언어를 확인하는 기준을 세우는 것은, 특히 아주 어린 아동에게는 그리 중요하지 않다. 이때 중요한 것은 언어를 확인하는 과정 그 자체다. 사실, 한 언어는 아동이 그 언어로 된 노래를 듣거나 부모가 그 언어를 말하는 것을 듣기만 해도 확인 가능하다. 여기에는 방언도 포함될 수 있다. '내가 방문한 장소들'을 주제로 활동할 때, 아동들은 공원이나 시립도서관을 갈 수 있다. 공원으로 소풍을 나가는 경우, 아동들은 나무나 꽃을 가정에서 사용하는 언어로 소개할 수 있다. 교사는 이런 개인적 언어능력을 존중하고 칭찬해 줌으로써 아동이 가정언어를 계속 유지하고 통달하게 유도할 수 있다. 아동을 데리고 시립도서관을 방문하는 것도 좋은 기회가 될 수 있다. 왜냐하면 도서관에는 다른 언어로 쓰인 책들이 많기 때문이다. 독일어, 프랑스어, 영어, 아랍어, 터키어, 이탈리아어 등 다양한 언어로 쓰인 책들을 보여 주면 아동들은 언어의 다양성을 경험할 수 있다. 유럽언어수첩 자체가 토론이나 실제적 경험의 대상이 될 수 있다. 교사는 그것의 형태, 내용, (쪽수, 디자인과 같은) 구조를 보여 주고 학생들의 의견을 물어볼 수 있다. 5세 이상 아동들에게는 언어설명언어적 (metalinguistic) 활동도 가능하다. 아무튼 유럽언어수첩이 제안하는 활동들은 다

의 언어기술을 확장하고 다양화하는 자신의 노력을 확인하게 함으로써 학습자에게 동기를 부여한다. 셋째, 학습자가 습득한 언어적, 문화적 기술을 기록하여 더 높은 학습 수준으로 올라가거나 국내나 해외에서 직업을 구할 때 참조할 수 있게 한다.

중언어화자 아동에게 상당히 유리한 활동들이다. 이 활동들은 다른 언어와 소리와의 접촉을 통해서 그들의 문화적, 언어적 지식을 넓혀 주고, 얼마 전에 학교에 들어와 독일어를 잘 구사하지 못하는 친구들을 좀 더 잘 이해하게 할 수 있다. 유럽언어수첩 활용 활동이 성공하려면 이주자와 정주자 가족이 이 활동에 모두 참여해야 한다. 이 활동은 가족들이 서로에 대해 좀 더 잘 알 수 있는 기회를 제공하고, 학교가 그들의 자녀의 언어발달에 관련된 좀 더 성확한 조언을 해 줄 수 있는 기회를 제공한다. 게다가 학부모들은 자녀의 자료 수집을 도와주거나 자녀와 함께 가족언어의 역사와 관련된 부분을 채우면서 자녀의 언어수첩의 제작에 참여할 수 있다. 실제로 학부모들은 유치원이나 학교가 자신의 전기(傳記), 언어, 문화에 관심을 보이고 이것들을 더 이상 문제가 아니라 풍요로움으로 보는 것에 대해 매우 흡족해 했다. 학부모들은 자신의 어린 시절, 출신국 등에 대해 이야기하면서 자신의 뿌리를 아이들과 공유할 수 있었다. 이런 경험은 교사들도 할 수 있다. 교사들도 이런 경험 공유에 관심을 보이는 학생들에게 자신에 대해서 말해 줌으로써 이들과 뭔가를 공유할 수 있다. 학생들 중 일부는 부모나 다른 어른에게 한 똑같은 질문을 교사들에게 하고 그것을 자신의 언어수첩에 적어 달라고 요청할 수 있다. 이런 요청과 수락하는 과정에서 학생과 그 가족은 교사를 자신들의 일상생활과 매우 밀접한 사람으로 여길 수 있다. 이것은 교사와 학부모 간의 만남을 훨씬 더 자연스럽게 만들 수 있다.

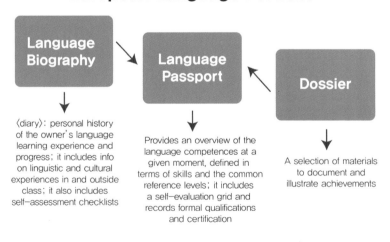

유럽언어 자기자료집 구성

O. Filtzinger & G. Cicero Catanese(2015: 100)는 괴테플라츠 유치원의 사례를 통해 다음과 같은 세 가지 **제안**을 한다. 첫째, 유치원 내 다중언어주의를 교육과정의 일부분으로 강화하기 위해서는 유럽언어수첩과 이 수첩이 강조하는 개념들을 더 많이 사용해야 한다. 둘째, 언어이력을 3세 이하로 낮추어 확대해야 한다. 독일 유치원은 3세 이상만이 아니라 그 이하의 어린이도 받기 시작했는데, 이런 변화 덕분에 가족과 함께 언어이력을 좀 더 일찍 수행할 수 있다. 셋째, 이 활동은 유치원에서 초급학교(Grundschule)로 자연스럽게 이전되어야 한다. 유럽 언어수첩은 다중언어주의 강화를 목표로 하는 프로그램의 실행을 통해 지속성과 일관성을 보장할 수 있다.

3. 이탈리아의 상호문화교육

이탈리아 상호문화교육의 출현과 변화는 영국, 프랑스, 독일, 벨기에, 네덜란드 등과 여러 면에서 비슷하다(Portera, 2004). 교사들은 이민학생의 통합을 위해 처음에는 언어적 어려움의 해결에 초점을 맞추었다. 이때 목표는 이민학생들이 이탈리아어를 가능한 한 빨리 배우게 하는 것이었다. 하지만 이후에는 그들의 출신 언어와 문화를 가르치는 쪽으로 옮겨 갔다. 그리고 다시, 다양한 언어, 문화, 종교를 이해하여 '함께 평화롭게 살기(peacefully living together)'로 옮겨 갔다. 최근에는 여기서 한 걸음 더 나아가, 대화, 접촉, 상호작용의 가능성까지 고려하는 쪽으로 옮겨 가고 있다.

—— 이민 역사와 정책

이탈리아는 오랫동안 이민을 보내다 1974년을 기점으로 이민을 받는 나라로 바뀌었다. 먼저, 이민을 보내던 시기를 크게 구분해 보면 다음과 같다. **1871년부터 1942년 사이**에 이민 간 이탈리아인은 1,900만 명에 달한다(Mascitelli & De Lazzari, 2016). 1900년까지는 주로 아르헨티나, 브라질, 미국으로 갔고, 유럽에는 오스트리아, 헝가리, 독일로 많이 갔다. 1900년부터 제1차 세계대전 발발 전까지는 매년 60

만 명이 이주했는데, 이때의 주요 행선지는 미국이었다. 제1차 세계대전이 종료된 1918년부터 1930년까지 이탈리아인의 이주는 증가와 감소를 반복했다. 1930년대에는 반파시스트 정책으로 인해 이주가 급감했다. **1945년부터 1970년대 초반까지**는 이주가 꾸준히 증가했다. 이때는 주로 독일, 벨기에, 프랑스, 스위스 등 유럽선진국으로 나갔다. 당시 유럽선진국은 전후복구와 경제호황으로 노동력이 많이 부족했다. 이렇게 1870년대부터 1970년대까지 외국으로 이주한 이탈리아 사람은 약 6,000만 명에 달한다.

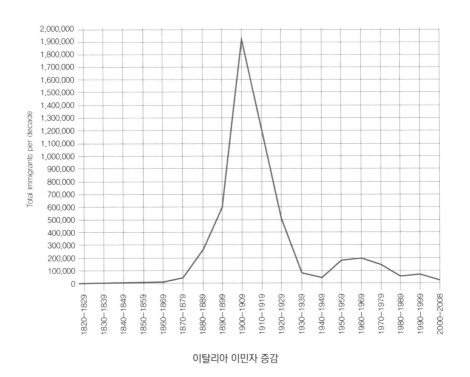

이탈리아 이민자 증감

이탈리아는 **1974년**을 기점으로 전환기를 맞았다. 이 해 이탈리아 역사상 처음으로 이민 오는 사람이 이민 나가는 사람보다 많아졌다. 1973년 석유파동으로 영국, 독일, 프랑스 등 유럽선진국들이 외국인노동자 모집을 중단하고 이미 들어온 노동자에게 귀국을 종용하자 이에 따라 귀국한 사람들이 많았다. 이들을 제외하면 이탈리아로 들어온 외국인은 처음에는 그리 많지 않았다. 따라서 당시 정치인들은 이 문제에 크게 신경 쓰지 않았다. 실제로 수천 명이 서류도 없이 입국해도 별다른 조치를 취하지 않았다. 그런데 1970년대 말 외국인이 다양한 경로를 통해 입국하면서 상황은 조금씩 달라졌다. 당시 외국인 중에는 특히 북아프리카와 유고슬라비아 출신이 많았다. 일부 사람들은 북유럽이 외국인노동력 수입을 중단하자 이탈리아를 유럽으로 들어가는 '뒷문'으로 여겼고, 일부 사람들은 가톨릭 선교회와 같은 지원 단체의 주선으로 일자리를 찾아 입국했다. 이때까지도 이탈리아의 국경통제는 여전히 느슨했다.

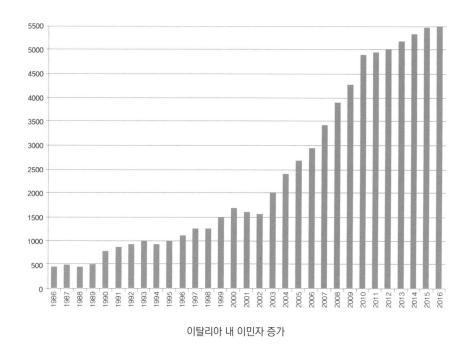

이탈리아 내 이민자 증가

하지만 **1981년**에 이탈리아는 상당히 달라졌다. 이 해 이탈리아는 역사상 처음으로 외국인 통계조사를 실시했고, 국제노동기구(ILO) 협정 NO. 143에 서명했다. 이 서명은 이탈리아가 이민에 대해 취한 첫 번째 법적 조치였다. 이탈리아 정부는 **1986년** 이탈리아 이민정책 수립의 출발점이 되는 중요한 법률을 제정했다. 이 법률은 이민자의 입국과 고용을 규제하는 동시에, 당시 이민 관련 국제규약과 송출국으로서의 경험을 반영하여 내국인과 외국인의 동등한 처우와 동등한 복지의 원칙을 도입했다. 이후 이탈리아 이민법은 상당히 강화되었지만 내국인과 외국인의 동등한 처우는 그대로 유지되고 있다. 1989년에 이민자 수가 최고

조에 달하자 **1990년**에는 마르텔리(Martelli)법을 제정해 외부통제를 강화했다(L. 39/90). 이 법은 22만 명의 외국노동자의 체류를 합법화했는데 이들의 대부분은 북부 아프리카에서 들어온 사람들이었다. 이 법에는 입국 시 비자체제를 엄격하게 하고 외국인력 도입에 할당제를 도입하고 공공질서를 어지럽히는 이민자들은 강제 추방한다는 내용이 포함되었다. 또한 특정 분야 외국인력을 도입할 때 연간 할당 문제는 고용주와 이해관계집단들과 협의를 기치도록 했다.

1994년 외국인 통계는 그간 상당히 큰 변화가 있었음을 보여 주었다. 가장 큰 특징은 이민자들 중에 개발도상국 출신이 많아진 것이었다. 1970년에는 16%에 불과했던 개발도상국 이민자가 1994년에는 52%로 크게 늘어났다. 이들의 출신도 북부아프리카(모로코, 튀니지), 사하라이남 아프리카(세네갈, 나이지리아, 가나, 카메룬), 동유럽(루마니아, 우크라이나, 알바니아), 중국 등으로 매우 다양했다. 이것은 이탈리아 정부가 결코 무시할 수 없는 인구학적 변화였다. 1996년 선거에서 이민법 개혁이 중요한 현안으로 부상했다. 당시 중도좌파 정부는 **1998년** 2월 투르코－나폴리타노(Turco－Napolitano)법(L. 40/1998)을 제정했다. 이 법은 당시 국내 정치, 경제상황뿐 아니라 이탈리아를 유럽으로 들어가는 '뒷문'으로 이용하는 불법이민자를 통제하라는 유럽공동체의 압력을 반영했다. 또 이 법은 인도주의적인 입장에서 망명 규정과 이주 규정을 분리하고, 할당(quotas)에 기초한 입국 규제, 불법입국에 대한 엄정한 대처, 합법적 외국인의 사회통합 지원이라는 세 가지 목표를 내세웠다.

2001년 재집권한 중도우파연합 정부는 2002년 보시－피니(Bossi－Fini)법(L. 189/2002)을 제정했다. 미국의 2001년 9.11 사태를 계기로 이민자 집거지역의 공공질서 파괴와 범죄 문제를 집중적으로 다루면서, 이민과 안보 문제를 연결시키는 대중적 담론이 형성되었다. 당시 집권당은 1998년 투르코－나폴리타노법이 이민을 통제하는 데 효과적이지 못했다고 비판하고 합법적인 이민자의 통합에 관한 조항을 제외한 나머지 모든 이민 친화적 조항을 삭제했다. 하지만 이 법은 노동조합, 이민자 단체 등의 거센 반발로 제대로 시행되지 못했다. **2006년** 중도좌파 정부가 재집권하면서 이민정책은 다시 개방적, 진보적 성향을 띠면서 1998년 법을 복원하려고 했지만 실패했다. **2008년** 다시 우파연합 세력이 집권하면서 이민정책은 다시 규제와 통제로 선회했다. 이 세력은 이민을 안보문제로 다루겠다는 선거공약에 따라 2009년 안보법(Security Package, L. 94/2009)을 제정했다. 이 정부는 불법이민자에게 세놓는 주인을 처벌하고 의료종사자 이외 모든 주정부 공무원은 불법이민자를 발견하는 즉시 보고하게 했다. 또한 불법체류를 범죄로 간주하여 벌금을 부과하고, 2년 이상 실형을 받은 이민자는 추방할 수 있게 했다.

2003년 240만 명 정도였던 이민자는 2015년에 500만여 명으로 늘어났다. 이 수치는 전체 인구의 8.2%에 달하는 수치였다. 이들의 국적은 190개국 이상인데, 이 중 루마니아(21.2%)가 가장 많고, 그다음은 알바니아(10.6%), 모로코(9.9%), 중국(4.6%), 우크라이나(4.4%)순이었다. 아직까지 이탈리아 이민자는 유럽의 전통적인 이민수용국에 비하면 그리 많은 편이 아니지만 최근 들어 특히 북부지방을 중심으로 급속도로 늘어나고 있다. 전체 이민자의 61.8%가 북부지역에 거주하고 있다. 소기업이 많은 이 지역은 자체로는 필요한 인력을 충당할 수 없어 이민자를 많이 받아들일 수밖에 없는 반면에, 농업 중심의 남부지역은 노동조건이 열악하여 내국인 실업과 이민자 수요가 동시에 존재한다(이규용 외, 2015: 231).

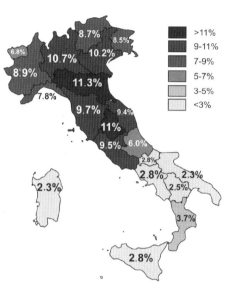

2011년 이탈리아 외국인체류자 비율

이민자자녀의 현황

1999-2000학년도 이탈리아 학교에는 12만 명의 외국학생이 있었다. 이 수는 2003-2004학년도 30만 명으로 증가했고, 2014-2015학년도에는 80만 명으로 다시 증가했다. 이렇게 외국학생이 증가하는 동안 이탈리아 학생들은 점점 감소했다. 그래서 오늘날 외국학생은 전체 학생의 9.2%를 차지한다. 이 중에서 55%는 이탈리아에서 태어났다. 국적별로 보면, 루마니아가 가장 많고 그다음은

알바니아, 모로코, 중국, 필리핀순이다. 외국학생은 학년이 올라가면서 줄어든다. 예를 들어 2014-2015학년도 초등학교 외국학생은 29만 명 정도였지만, 고등학교 외국학생은 18만 명 정도였다. 고등학교의 경우, 이탈리아 출생 외국학생과 외국 출생 외국학생 사이에는 큰 차이를 확인할 수 있는데, 그것은 고전, 과학, 인문 고등학교에는 이탈리아 출생 외국학생이 절대다수인 반면에 기술, 직업 고등학교에는 외국 출생 외국학생이 다수라는 것이다.

이탈리아 출생 외국학생은 다음과 같은 두 가지 **특징**을 보인다. 첫째, 이 학생들은 지역적으로 편중되어 있다. 이탈리아 북동지역과 북서지역에서는 각각 전체 학생의 6.1%, 5.7%를 차지하지만, 중부지역에는 4.8%이고, 남부지역과 섬에는 각각 0.9%, 0.7%에 불과하다. 외국학생의 비율이 특히 높은 도시는 Mantova, Prato, Reggio Emilia다. 둘째, 다른 유럽 이민국가와는 달리 학교 내 변화가 매우 빠르다. 10년 전만 해도 외국학생이 거의 없었던 소도시 학교에도 이제는 외국학생이 적지 않다. 이탈리아를 동화주의 정책의 실시로 외국학생들이 조금씩 줄고 있는 프랑스와 비교해 보면, 이 두 나라 사이에는 큰 차이가 있음을 알 수 있다. 프랑스는 중앙집권국가로서 동화주의 정책을 실시하여 다양성을 단일화하려고 노력하지만, 이탈리아는 자율성을 가진 수많은 도시로 이루어진, 진정한 언어적, 문화적 '바벨탑'이라 할 수 있다.

M. Catarci(2013: 457)는 **이민학생의 현황**을 다음과 같은 여섯 가지로 요약한다. 첫째, 이민학생들은 급속히 증가하고 있다. 이민학생의 비율은 1997년 0.7%에서 2011년 7.9%로 높아졌다. 여기에서 주목할 것은 이민학생의 수보다는 그 증가폭이다. 이민학생의 수는 다른 유럽국가들과 비슷하지만, 그 증가폭은 유럽에서 가장 큰 나라에 속한다. 둘째, 이민학생들은 넓게 퍼져 분포한다. 학생들은 특히 사회-경제적 기회가 더 많은 중북부 이탈리아에 많다. 셋째, 이민학생들의 국적은 매우 다양하다. 2011년 교육·대학·연구부 통계(MIUR)에 의하면 이민학생들의 국적은 187개다. 넷째, 이민학생들의 비율은 초·중·고에서 조금씩 다르다. 초등학교에서의 비율은 9%이고, 중학교에서의 비율은 8.8%이고, 고등학교에서의 비율은 5.8%이다. 다섯째, 이민 온 부모가 이탈리아에서 낳은 학생들이 꾸준히 증가하고 있다. 이들은 전체 이민학생의 42.1%를 차지한다. 비이탈리아어권 신규입국학생들은 전체 이민학생의 5% 정도 된다. 여섯째, 이민학생

들은 이탈리아 학생들에 비해 낮은 학업성취율을 보인다. 학업부진율은 11세 수준에서는 29% 정도지만 15세 수준에서는 70% 이상으로 올라간다. 동일한 나이의 이탈리아 학생들의 학업부진율이 각각 6.6%, 22% 정도임을 감안하면 이는 상당히 높은 수치다. 이런 현상은 부모의 사회−경제적 상황과도 관련 있어 보인다. 10명 중 8명의 이민자들은 이탈리아 노동시장에서 무자격·저임금 업종에 종사하고 있다.

이민자자녀 교육정책

전통적으로 이탈리아 학교 교육은 이탈리아 사람들을 '표준화'하는 데 주력했다. 사실 다문화주의는 이 나라의 문화적 유산이나 전통이 아니었다. 따라서 이런 보수적인 학교 교육에 상호문화적 접근을 도입한다는 것은 결코 쉬운 일이 아니었다.

이탈리아가 상호문화적 관점을 도입하게 된 데는 국제적 배경과 국내적 배경이 있었다(Bussotti, 2017: 52−53). 먼저, **국제적 배경**을 살펴보면, 그 첫 번째 요인은 1989년에 유엔이 아동권리협약(Convention on the Rights of the Child)을 만장일치로 채택하자 이탈리아도 1991년 법률 176/1991로 이것을 비준한 것이다. 이 협약은 아동이 국적, 언어, 법적 지위와 상관없이 교육을 받을 권리가 있음을 명시했다. 이것은 외국아동도, 그 체류가 합법적이든 불법적이든 간에, 이탈리아 학교에 입학하고 교육받을 권리가 있음을 의미했다. 두 번째 요인은 이민이 유럽 전역에 새로운 현상으로 부상하면서 외국학생의 교육문제가 보편화된 것이다. 전통적으로 이민송출국이었던 이탈리아도 1970년대 중반부터 이민수용국이 되었고 이에 따라 외국학생이 늘어나 이런 국제적인 변화를 더 이상 외면할 수 없었다. 세 번째 요인은 프랑스, 독일과 같은 유럽선진국에서의 상호문화교육이 이 새로운 현상을 다루는 데 하나의 개혁적인 접근으로 여겨졌기 때문이다. 다음으로, **국내적 배경**은 교육부의 회람(circular)과 국가공교육위원회(National Public Education Council)의 지시(order)가 학교에 상호문화적 접근을 도입하라고 권고했기 때문이다. 이 기관들은 현재 상황이 신속하고 효율적인 대책을 요구하는 긴박한 상황이라고 규정했기에 일선 학교로서는 이를 그대로 수용해야만 했다. 이런 '긴박한 상황'은 1980년대 말과 1990년대 초에 다문화주의와 상호문화교육에 대한 많은 자료들이 쏟아져 나온 것에서도 그대로 확인할 수 있다. 하지만 이런 자료들은 이론적이고 선언적이었을 뿐 구체적인 지침은 제시하지 못했기 때문에 학교나 교사는 스스로 알아서 교육할 수밖에 없었다.

L. Bussotti(2017)는 이민자자녀 교육정책상 변화를 다음과 같은 네 단계로 설명한다. 이 네 단계는 시간순이 아니고, 각 단계는 어느 한 시기에 다른 단계보다 좀 더 우월하게 나타날 뿐이다.

첫 번째 단계는, 이 문제와 관련해 나온 첫 번째 이탈리아 교육부 회람인 CM 301/1989가 밝히듯이, 외국학생의 이탈리아 학교 배정에 초점을 맞추었다. 동일한 언어집단의 학생을 반당 최대한 4명이나 5명 정도로 한다는 원칙하에 외국학생을 배정했다. 이 학급을 맡은 사람은 주로 학습장애자교육이나 특수교육을 전공한 교사들이었다. 이 회람은 입학 전에 이탈리아에 들어와 오래 산 외국학생과 최근에 들어온 외국학생을 구분했다. 후자에 속하는 학생들은 언어구사와 문화적응 모두에 큰 어려움을 겪는 집단으로 여겨졌다. 반면에 전자에 속하는 학생들은 이탈리아어를 어느 정도 잘 구사하고 새로운 문화에 적응하는 데에도 거의 어려움이 없는 집단으로 여겨졌다. 하지만 이 회람은 외국학생을 이렇게 두 집단으로 구분하면서도 이들의 차이를 어떻게 취급해야 하는지에 대해서는 언급하지 않았다. 단지 오래 전에 들어온 학생들이 새로 들어온 학생들에게 도움을 줄 수 있다고 여겼을 뿐이다. 또 이 회람은 교사가 언어를 크게 필요로하지 않는 활동을 통해 학생들이 의사소통할 수 있는 기회를 제공하라고 권고하면서도, 정규학급에 통합된 학생들의 언어 발달이나 지원에 대해서는 별도로 언급하지 않았다. 그 대신, 학생들이 차이를 수용하고 가치 있게 여기도록 가르쳐야 한다고 강조하면서 문화다양성에 대해서만 간략히 언급했다. 결국 바로 위에서 언급한 교육부 회람 CM 301/1989는 유엔 아동권리협약에서 언급한 보편적 원리들을 반복하는 수준에 그쳤다. 1990년 '초등학교 개혁'에 관한 법률(Law 148/1990)도 보편주의를 강조했다.

두 번째 단계는 보편주의가 다른 주요 원칙들과 혼용된 단계이다. 교육부 회람 CM 301/1989가 나온 지 1년 만에 회람 CM 205/1990이 나왔는데, 이 회람은 상호문화교육을 이탈리아 교육체제에서 다문화주의를 다루는 데 핵심이라고 처음으로 규정했다는 점에서 큰 의미를 갖는다. 이 회람은 크게 세 가지 주제를 다루었다. 첫 번째 주제는 이민학생을, 이탈리아로 들어오기 전에 이수한 학력을 인정하고 이 학생들을 위한 개별화된 프로그램을 개발함으로써, 적절한 학년에 배정하는 행정적인 문제였다. 두 번째 주제는 언어와 문화에 관한 문제였는데, 여기서는 정규수업에 배정하기 위한 이탈리아 언어와 문화를 가르치는 문제와 외국학생의 출신언어문화를 가르치는 문제가 거론되었다. 하지만 외국학생을 위한 이탈리아어 프로그램에 대해서는 별로 강조하지 않았다. 세 번째 주제는 상호문화교육을 이탈리아 내 언어적, 문화적 다양성에 대한 교육적 해답으로 도입하는 문제였다. 이 회람은 학교에 외국학생이 있든 없든 간에 상호문화교육을 모든 학교의 의무교육 기간 동안 적용하라는 지침을 내렸다. 이 회람은 상호문화교육을 다문화사회의 구조적 조건 또는 특징이자 이민학생을 통합시키는 핵심 요소라고 규정했다. 또 상호문화교육을 문화적 관점들 간의 역동적인 중재자로 규정했다. 이 회람은 문화적 차이에 가치를 부여했고 이것을 사회적, 개인적 발달을 위한 재원으로 여겼다. 상호문화교육의 목표는 문화적, 사회적으로 다양한 환경에서 능동적으로 상생할 수 있는 역량을 신장시켜 주는 것으로 설정되었다. 이 회람은 문화변용(acculturation) 개념을 도입하여 이민자들을 서구 유럽사회의 모형에 맹목적으로 동화시키는 것을 막고자 했다. 이 회람은 외국학생들에게 제2언어로서의 이탈리아어를 열심히 배우고 출신언어문화도 긍정적으로 생각하라고 조언했다. 출신언어문화를 긍정적으로 생각하고 여기에 가치를 부여하게 하는 것은 상호문화교육에 포함되어야 하고, 이것을 이탈리아학생이나 외국학생들 모두를 위해서 유익한 일로 여겼다. 또 문화상대주의에 따라 서양문화는 세계 여러 문화 중 하나일 뿐이라고 여겨졌다. 이 회람의 교육적 초점은 이민학생을 이탈리아 사회에 통합하는 것으로부터 다양성에 대한 대답 속에서 사회적 변화를 강조하는 것으로 옮겨 갔다. 교육은 학생의 개인적 특성에 맞추어 이루어져야 한다고 믿었다. 그래서 이 시기 이탈리아 상호문화교육에는 상대주의, 개인주의, 보편주의가 뒤섞여 있었다. 한편, 1990년대에는 세미나, 정규과정, 다양한 활동을 통해 교사에게 최신 정보를 제공하고 관련된 역량을 신장시켜 주려고 했다. 예를 들어, 1992년에는 '상호문화대화 주간(Intercultural Dialogue Week)'을 제정했고, 지역당국은 비정부단체들이 이민자에게 이탈리아어를 가르치는 데 필요한 재정을 지원했다. 교육·대학·연구부의 회람 155/2001은 2000-2001학년도에는 재정의 70%를 전체 학생 중 외국학생의 비율이 10%가 넘는 학교에 배정하라고 지시했다.

세 번째 단계는 1992년 전국공교육협의회(Consiglio Nazionale della Pubblica Istruzione)가 상호문화교육에 대한 지침을 내면서 시작되었다. 이 협의회에 따르면, 학교는 수 세기 동안 전적으로 국가정체성에 기초해 교육했지만, 이제는 국가정체성과 상호문화적 차원 사이에서 균형을 이루는 차원에서 교육해야 한다. 상호문화교육을 위한 새로운 지침들은 상당히 야심찬 것이었다. 이 지침들은 정치인과 국회에 도전하는 것처럼 보였다. 교육 프로그램 개편, 유럽과 국제 교육을 위한 재정 확대, 교사 대상 상호문화연수 실시, 새로운 교육자료 개발, 창의적인 상호문화교육 도입과 같은 조치들은 학교의 현대화와 개방을 위해 필요한 것들로 여겨졌다. 법률의 부재 역시 문제로 제기되었다. 그래서 상호문화교육이라는 새로운 기반 위에 학습권에 관한 법제화가 필요다고 주장했다. 전국공교육협의회는 1993년 '오늘날 인종주의와 반유대주의: 학교의 역할'(CNPI, 24/03/1993)이라는 새로운 문서를 내놓았다. 여기서 협의회는 이탈리아와 나머지 유럽이 '개탄스러운 폭력과 불관용'에 대처해야 한다고 강조했다.

네 번째 단계는 복잡성의 단계이다. 이 단계에서는 이탈리아의 역사와 교육체제의 한계를 재해석하려고 시도했다. 국내 소수언어집단[14]의 문제가 다시 거론되었다. 예를 들어, 협의회는 1993년에 소수언어집단을 새로운 문화집단으로 규정했다. 상호문화교육에 대한 국제적 논쟁은 전국공교육협의회가 이런 확고한 입장을 취하는 데 도움을 주었다. W. Welsch(1992)는 초문화(trans-culture)에 대해서 글을 썼고 R. Fornet-Betancourt(2006)를 중심으로 상호문화에 대해 새로운 철학적 접근을 시도했다. 이 접근은 '탈문화한(de-culturalized)' 문화라는 개념에 기초한 것이었다. G. Tassinari, G. Favaro와 같은 교육학자들과 M. Callari-Galli와 같은 심리학자들은 이 개념을 발전시켰다.

전체적으로 볼 때, 이탈리아 학교들은 최근 몇 년 사이에 새로운 상황을 맞

---

14 내무부 통계에 의하면, 이탈리아 사람들 중 5%는 이탈리아어가 아닌 언어를 모국어로 사용한다(Fiorucci, 2015). 이탈리아 헌법은 언어적 소수집단을 명시적으로 보호하고 있다. 법률 482/1999 역시 12개의 인정된 언어공동체의 학교에서는 소수언어를 가르치는 특별조항을 두고 있다.

이하고 있지만 이 새로운 상황에 어울리는 효과적인 대답은 내놓지 못하고 있다. 이는 이탈리아 외국학생의 학업 성취도가 상당히 낮다는 사실에서도 확인할 수 있다. 교육·대학·연구부의 2012년 통계자료를 보면 2011－2012학년도 학생들의 학업부진율은 다음과 같다(Fiorucci, 2015).

이탈리아 초-중-고 학생 학업부진율

	초등학교	중학교	고등학교	평균
이탈리아 시민권을 가진 학생	0.8%	4.8%	24.6%	10.7%
이탈리아 시민권이 없는 학생	17.4%	46.0%	68.9%	39.5%

이 통계에서 보듯이, 이탈리아 시민권이 없는 학생들의 평균 **학업부진율**은 이탈리아 시민권이 있는 학생들의 그것보다 4배 정도나 높다. 학교별로 보면, 초등학교의 경우에는 22배, 중학교의 경우에는 9.6배, 고등학교의 경우에는 2.8배 정도 높다. 이 두 부류 학생들의 학업부진율은 초등학교, 중학교, 고등학교로 올라가면서 모두 높아지지만, 이탈리아 시민권이 없는 학생들의 학업부진율은 훨씬 더 심각하다. 이탈리아 시민권이 없는 학생들의 학업부진율의 주된 요인은 배치되는 학년, 가족의 잦은 이동, 언어능력 등이다. 다행스럽게도 외국학생의 학업부진율은 서서히 낮아지고 있다. 2011－2012학년도에는 평균 학업부진율이 39.5%였지만 2014－2015학년도에는 34.4%로 낮아졌다. 하지만 2014－2015학년도 이탈리아 학생의 학업부진율이 10.9%라는 점을 감안하면 여전히 3배 이상 높음을 알 수 있다. 또 하나의 문제는 학년이 올라갈수록 부진율이 높아진다는 것이다. 위 통계에서 보듯이, 초등학교에서는 17.4%로 그리 심하지 않지만, 중학교와 고등학교로 올라가면 각각 46.0%와 68.9%로 올라간다. 이는 외국학생들은 고학년으로 올라갈수록 교육적으로 더 많은 어려움을 겪는다는 것을 의미한다. 외국학생들 중에는 이런 어려움 때문에 학업을 포기하는 경우도 많다. 이런 학력 차 때문에 외국학생들은 주로 직업학교로 진학한다. M. Colombo(2014: 88)는 이것을 "사회적 불공정과 구조적 불평등의 지속"이라고 규정한다. 이탈리아의 이 문제는 다른 유럽국가들보다 심각하다. 다른 유럽국가에서 고등학교를 마치는 학생은 평균 25.5%인 데 비해,

이탈리아에서 고등학교를 마치는 외국학생은 10.1%에 불과하다. 대학에 진학하는 경우도 마찬가지다. 다른 유럽국가에서 대학에 진학하는 학생은 평균 21.8%인 데 비해 이탈리아에서는 4%에 그치고 있다. 실제로 이탈리아는 유럽에서 외국학생 대학진학률이 가장 낮은 나라 중 하나다. 또 하나 주목할 것은 이탈리아 대학을 졸업한 외국학생들은 대개 본국으로 돌아간다는 것이다. 이 모든 사실은 이탈리아가 아직 상호문화교육을 제대로 소화하지 못하고 있음을 말해 준다.

─── 상호문화교육의 출현과 변화

중앙집권적 교육체제를 가진 이탈리아는 처음부터 정부의 공식문서를 통해, 상호문화교육이 모든 학생을 대상으로 한다고 밝혔다. 1990년 회람 CM205/1990은 상호문화교육을 처음으로 권장하였는데, 이때 이미 그 대상을 외국학생을 포함한 모든 학생이라고 명시했다. 이 점은 독일이나 프랑스와는 매우 다른 점이다. 1992년 회람 CM122/1992는 상호문화교육에 더 큰 비중을 두었다. 이 회람은 특별히 외국학생의 교육에만 초점을 맞추지 않고 모든 학생을 위한 일반교육에 초점을 맞추었다. 이 회람은 상호문화교육을 유럽평의회의 기조에 따라 정의했다. 즉, 상호문화교육은 이민자자녀교육 과정이 아니라, 국제화와 세계화에 맞추어 설계된, 그래서 국제적으로 통용되는 교육과정으로 여겨진 것이다. 이 회람은 외국학생을 상호문화교육의 기회를 제공하는 존재로 여겼다. 상호문화교육은 그들을 '위해서'라기보다는 그들에 '대해서' 구성되었다. 이 회람은 문화를 교육정책이라는 맥락 속에서 다룬 최초의 정책이었다. 이 회람의 또 다른 특징은 '**다문화적**'과 '**상호문화적**'을 구분했다는 것이다. 이 회람에 따르면, 다문화주의가 불변의 문화적 유산의 '참호(entrenchment)'라면 상호문화주의는 문화들 간의 역동적인 연구다. 이 연구는 학습자를 자신의 문화에서 벗어나 다른 문화와의 창의적인 교류로 옮겨 가게 한다.

1994년 회람 CM73/1994는 상호문화교육을 '다문화주의'에 대한 해결책으로 보았다. 이 회람은 특히 다음 두 가지를 강조했다. 하나는 인종주의와 반유태주의의 방지였다. 주된 교육대상은 주류 이탈리아 학생들이었고 관건은 다양성에 대한 그들의 반응이었다. 이민학생들은 다른 소수집단 학생들과 마찬가지로 편견의 잠재적 희생자가 될 수 있는 사람으로 여겨졌다. 다른 하나는 다문화사회로서의 유럽과 세계의 특징, 초국적 맥락에서 살아가는 법 배우기였다. 이것의 목적은 초국적인 소속감을 가지고 초지역적으로 행동하기를 강조하는 데 있었다.

1998년 입법령 DLgs286/1998 38조는 '외국인교육'과 '상호문화교육'을 언급했다. 여기서 특별히 강조된 것은 이탈리아어교육과 다양성 관리였다. 38조 2항은 "학교공동체는 다양한 언어와 문화를, 상호존중, 문화교류, 관용의 근거를 제공하는 가치로 여기고 환영한다. 이렇게 하기 위해 학교공동체는 출신 언어와 문화를 수용하고 보호하는 창의적인 발상을, 그리고 공통의 상호문화적 활동을 장려하고 지원한다"고 명시한다. 여기서 상호문화교육은 학교공동체의 보다 일반적인 교육으로 정의된다. 1999년 대통령령 DPR394/1999 45조는 이민자교육을 위한 조치 마련을 지시했다. 이 공문에서 상호문화교육은 학교 수준을 넘어섰고 교육의 대상도 아동에서 성인으로 확대되었다. 이때 상호문화교육은 이탈리아로 들어온 사람들을 이탈리아 사회 속에 통합시키는 것으로 여겨졌다.

2006년 교육·대학·연구부가 내린 '외국학생 수용과 통합 지침(Guidelines for the Reception and Integration of Foreign Students)'은 상호문화교육을 이민학생을 주류 이탈리아 사회 속으로 통합시키는 수단으로 강조했다. 그리고 "상호문화교육은 폐쇄된 공동체의 형성과 공고화를 거부하고 동화의 논리를 거부한다. 이 교육은 차이의 공존 속에서 비교, 대화, 상호 풍요로움을 권장하는 방향으로 설계되어 있다"고 밝혔다. 2007년 교육·대학·연구부는 '상호문화적 학교와 외국학생 통합을 위한 이탈리아 방식(Italian Way for Intercultural Schools and Integration of Foreign Students)'이라는 지침을 내렸다. 이 지침은 보편주의, 보통학교, 타인과의 관계에서 개인중심성, 상호문화주의라는 네 가지 일반 원칙을 제시했다. 먼저, 보편주의(universalism)는 1990년대 이후 지속되어 온 원칙이다. 이것은 모든 아동의 교육권을 보장하고, 학교 교육은 성인들이 존중해야 하는 의무이며, 모든 사람은 교육에 접근할 수 있는 평등한 기회를 가져야 한다는 사실을 강조한다. 다음으로, 보통학교(common school)는 보편주의의 구체적인 실현이라고 할 수 있다. 이탈리아는 이 원칙에 따라서 외국학생들을 정규학교 교실에 바로 편입시켰다. 이것은 또래 사회화와 다양성과의 일상적인 접촉에 긍정적인 가치를 부여한 것으로 해석할 수 있다. 다음으로, 타인과의 관계에서 개인중심성(centrality of the person)은 학생의 전기적, 관계적 유일성에 기반을 둔 교육을 의미한다. 이 원리는 2000년 학교개혁에 관한 법률 30/2000과 2003년 법률 53/2000에 의해서도 확인되었다. 이 원리는 모든 학생을 위한 원리지만 특히 외국학생에게는 상당히 중요한 원리다. 왜냐하면 이 원리는 다양성에 큰 비중을 두고 동화의 위험을 줄여 주기 때문이다. 마지막으로, 상호문화주의(interculturalism)는 문화들 간의 대화와 교류를 강조하는 것으로, 모든 학생과 모든 분야와 관련 있다. 이 모든 분야에는 교육과정, 교수법, 연구 분야, 관계, 학교생활, 수업 등이 포함된다. 상호문화적 관점을 선택한다는 것은 다양성을 학교의 정체성이라고 여기고 또 학교를 (출신, 성, 사회조건 등을 포함한) 모든 차이에 개방할 수 있는 장소이자 기회라고 여기는 것을 의미한다.

── C. Allemann-Ghionda의 평가

C. Allemann–Ghionda(2008)는 이탈리아 상호문화교육을 교육정책, 교사양성과정, 이민 학생 및 소수민족 학생의 통합, 성공적인 교육개혁 사례라는 네 가지 관점에서 평가했다.

먼저, **교육정책**과 관련해서 중앙집권적 교육체제를 가진 이탈리아 정부의 공식문서는 상호문화교육을 처음부터 단지 이민학생만이 아니라 모든 학생을 대상으로 한다고 밝혔다. 실제로 교육·대학·연구부는 다양성을 하나의 사회적 현상으로 보고 상호문화교육을 그 교육적 해답으로 제시했다. 그리고 이민학생의 존재를 학교의 엄연한 현실로 인정하고 학교 전체의 변화를 위한 좋은 기회로 여겼다. 하지만 학교는 문화를 정태적인 것으로 보았기 때문에 교육당국의 천명과 학교의 실행 사이에는 상당한 괴리가 있었다. 예를 들어, 많은 교사들은 상호문화교육을 이민학생을 대상으로 하는 특수교육으로 여겼고, 지금도 그런 경향이 강하다. 따라서 "오늘날 상호문화교육의 실행은 도시, 학교, 심지어 교실마다 다르다. 간단히 말하자면, 만약 교사가 상호문화교육을 하고 싶지 않으면 안 해도 된다. 그 어떤 기관도 그것을 문제시하지 않는다. 결국 정책과 실행 사이에는 상당한 괴리가 존재한다"(pp. 22–23).

다음으로, **교사양성**을 살펴보면, 이탈리아 모든 교사양성대학은 상호문화교육

(과 관련된 개념들)을 가르치고 있지만 그 방식과 내용에는 상당한 차이가 있다. 교사양성과정에 상호문화교육을 포함시키느냐 않느냐 하는 문제는 전적으로 해당 대학에 달려 있다. 게다가 다루는 주제도 교수나 강사에 따라 다양하다. 그래서 상호문화교육의 여러 가지 접근방식을 가르치기도 하고, 고정관념, 편견, 이민학생의 교실에서의 역할 등을 다루기도 한다. 전문가들에 의하면, "상호문화교육이 교사교육에 제대로 포함되지 않아서 교사들은 상호문화교육이 정말 어떤 교육인지 몰라 혼란스러워 한다"(p. 23). 그래서 다른 문화에 대한 지식을 제공하거나 다른 풍습이나 음식에 대해서 알아보는 것에 그치는 경우가 많다. 여기에서도 교육정책과 교사양성교육 사이에 상당한 괴리가 존재함을 확인할 수 있다. 교육정책은 지난 20년간 다양성의 이해와 상호문화교육을 권장하고 있다고 말해 왔지만 대학과 연수원의 사정은 상당히 다르다.

다음으로, **이민학생 및 소수민족 학생의 통합**을 살펴보면, 대부분의 이탈리아 이민학생은 동유럽, 북부 아프리카, 중국 출신이어서 이탈리아어나 다른 유럽어와는 매우 다른 언어를 사용하기 때문에 학업과 사회통합에 상당한 어려움을 겪는다. 이탈리아는 14세까지 의무교육을 실시하기 때문에 이들은 적어도 이때까지는 모두 학교 교육을 받아야 한다. 따라서 특별교육을 위해 학급을 나누는 독일이나 헝가리와는 달리, 이탈리아 이민학생이나 소수민족 학생들은 정신적으로 지체되거나 사회적으로 지장을 받는다고 말하기 어렵다. 하지만 사회적 차별과 배제 문제는 학교 내에 여전히 존재한다. 이민학생들은 피부색, 종교 등을 이유로 일반 이탈리아 학생들로부터 차별을 받아 통합에 어려움을 겪고 있다.

마지막으로, **성공적인 교육개혁 사례**는 두 가지 행동노선으로 요약될 수 있다. 첫 번째 행동노선은 이민학생을 통합하기 위한 특별조치들이다. 여기에는 제2언어로서의 이탈리아어교육 실시, 언어지원을 위한 양질의 문화적, 언어적 중재, 단순화한 텍스트 제공, 학부모들의 참여 권장 등이 포함된다. 두 번째 행동노선은 모든 학생을 대상으로 하는 상호문화교육이다. 여기에는 상호문화교육을 모든 과목에 횡단적으로 적용하기, 상호문화적 개방을 확대하기, 다양한 문화, 민족, 종교 집단들 간의 이해를 증진하기 등이 포함된다. 하지만 이 두 번째의 행동노선은 교육정책과 교육과정에서의 천명과는 달리 이탈리아 전역에서 실행되지 못하고 있다. 이를 위해서는 아직도 더 많은 시간, 더 적극적인 교사교육,

교과서의 개정, 상호문화교육에 대한 인식 개선 등이 필요하다.

─ 성공적인 사례(1): 칼치나테 공립학교

『심리학자들의 소식』(*Le Journal des psychologues*, 2006: 62−65)은 이탈리아의 성공적인 상호문화교육 사례를 소개했다. 그것은 **칼치나테 공립학교**(Istituto Comprensorio di Calcinate)의 사례였다. 이 기관은 베르가모(Bergamo)주에 위치하고 있는데, 본래 농촌이었던 이 지역에 1960년대부터 많은 회사들이 들어왔다. 이후 20년 동안 많은 이민자들이 가족을 데리고 들어와 그곳에 정착했다. 그 결과 전체 학생 1,095명 중 164명이 30개국에서 온 외국학생들이었다. 이것은 학교 내에 많은 언어적, 문화적 차이를 만들어 냈다. 이런 현실은 기관종사자들로 하여금 학교의 태도와 역할에 대해서 다시 한 번 생각해 보게 했다. 이때 대원칙은 학교가 차이를 풍요로움으로 여기게 하는 가장 중요한 공간이어야 한다는 것이었다. 다양성, 상호교류, 의사소통, 문화적 풍요로움은 이 학교의 교육목표가 되었다. 교육심리학자들의 도움을 받은 교사들은 '단일성을 넘어서'라는 과정을 만들고 상호문화교수법에 대해 논의하고 연구했다. 교사들은 새로 들어온 학생의 등록을 도와주기 위해 모국어로 작성된 정보와 서류를 포함하는 '환대지침(protocole d'accueil)'을 만들었다. 여기에 외국어를 잘하고 충분한 자격을 갖춘 7명의 문화중재자(médiateurs culturels)를 배치하여 외국아동과 그 가족이 학교에 드나들 때 그들을 도와주게 했다. 이 중재자들은 가족과 학교 사이에 어려움이 생기면 해결해 주었고 학교의 프로그램과 교수법 개발에도 참여했다. 이들은 각 문화정체성의 한계를 극복하고 공동의 가치를 만들어 내는 데 큰 역할을 했다. 교사들은 상호문화위원회가 만든 상호문화적 계획에 따라 교육활동을 설계했다. 칼치나테 공립학교의 역할은 차별화된 교육을 제공하는 데 그치지 않고 환대, 의사소통, 교류의 원칙에 따라 학교를 지역사회에 개방하는 것이었다. 칼치나테 공립학교의 상호문화학교 경험은 이민자들이 밀집한 다른 지역에도 점점 확산되고 있다. 많은 학교가 환대원칙을 준수하고 연구와 실험으로 개발된 상호문화적 프로그램을 통해 새로운 현실에 좀 더 잘 대처하려고 노력하고 있다. 물론 이렇게 한다고 해서 거대한 인구학적, 문화적 변화가 야기한 문제들을 모두 해결할 수는 없다. 하지만 의사소통, 만남, 개방의 가능성은 점점 더 설득력을 얻고 있다.

——— 성공적인 사례(2): 상호문화적 전략

최근 몇 년 동안 교사들은 수업을 상호문화적으로 실행
하기 위해 다양한 전략을 구사하고 있다. E. Nigris(2003:
26)는 그것을 여섯 가지로 요약한다. 이 여섯 가지는 환대
하기 가르치기, 이탈리아어를 제2언어로 가르치기, 문화를
존중하고 비교하기 위해 가르치기, 관점들을 벗어나게 하기
위해 가르치기, 고정관념과 편견을 방지하기 위해 가르치
기, 학습 영역의 변화를 가르치기다. 먼저, 환대하기 가르치
기는 외국학생이 입학했을 때를 위한 것이다. 외국학생을
효과적으로 맞이하려면 '**환대지침**(reception protocol)'이 있

E. Nigris, 이탈리아
밀라노- 비코카 대학 교수

어야 한다. 여기에는 입학 및 등록 절차, '첫 지식(first knowledge)'을 위한 전략,
학급 배정을 위한 기준, 다른 환대시설 등이 포함된다. 이 단계에서 중요한 것은
외국학생의 개인사, 출신학교에 대한 정보, 이탈리아 교육체제와의 비교, 교육방
법 등을 알아보는 것이다. 다음으로, 이탈리아어를 제2언어로 가르치기는 특별한
언어적 필요를 가진 외국학생들을 위한 매우 중요한 전략이다. 외국학생은 이탈
리아어를 의사소통언어와 학습언어로 필요로 한다. '의사소통언어(language for
communicating)'는 일상생활의 구체적인 상황에서 교사나 다른 학생들과 의사소
통을 하는 데 필요한 이탈리아어고, '학습언어(language for studying)'는 여러 과
목에서 개념들을 이해하고 표현하는 데 필요한 이탈리아어다. '의사소통언어'로
서의 이탈리아어는 나이, 출신언어(또는 모국어), 학교 밖에서 언어사용 기회 등
에 달려 있고 비교적 짧은 시간에 학습될 수 있다. 반면에 '학습언어'는 특수한
기술을 요하기 때문에 수년이 걸릴 수도 있다. 제2언어로서의 이탈리아어 학습
과 발달은 교육의 핵심이고, 여기에는 모든 교사가 관련된다. 학습 초기에는 게
시판, 알파벳 도표, 지도, 단순화된 텍스트, 시청각 교구 등이 효과적이다. 다음
으로, 문화를 존중하고 비교하기 위해 가르치기는 상호문화적 실행을 위한 가장
손쉬운 방법 중 하나다. 초창기 학교들은 다양한 문화에 대한 지식을 제공하는

수업을 교육과정 속에 포함시켰다. 그래서 (축제, 놀이, 학교, 음식 등) 일상생활, 언어, 국가의 특징 등을 많이 소개했다. 그런데 이런 인지적 접근에는 적잖은 위험이 있다. 이 접근은 문화를 전통적이고 민속적인 측면으로 축소하거나 동질적이고 경직된 문화관을 만들어 낼 위험이 있기 때문이다. 따라서 이런 위험을 인지하고 여기에서 벗어나려는 노력이 필요하다. 다음으로, 관점을 벗어나게 하기 위해 가르치기는 최근 몇 년 동안 교사들이 성공적으로 실행한 좀 더 상호문화적인 접근이다. 이 경우, 특정 문화적 주제와 요소들은 다른 관점에서 분석된다. 이렇게 하면 동일한 대상에 대해 여러 가지 관점이 존재함을 이해시킬 수 있다. 주지하다시피 민족중심적 태도는 모든 사회집단과 모든 문화에 다 존재한다. '비판적 민족중심주의(critical ethnocentrism)'만이 이런 민족중심적 태도를 피하게 할 수 있다. 상호문화교육은 인지적 측면뿐만 아니라 정의적 측면에도 작용하여 비판적 비교를 시행하고 차이점과 유사점을 객관적으로 인식하게 한다. 다음으로, 고정관념과 편견을 방지하기 위해 가르치기 또한 교사로 하여금 문화적, 인식론적 가정을 재고하도록 유도한다. 민족중심적 태도와 마찬가지로 고정관념과 편견도 누구에게나 존재한다. 근거 없는 고정관념과 편견을 방지하기 위한 첫 번째 단계는 자신이 이것들을 가지고 있다는 사실을 인식하고 인정하는 것이다. 마지막으로, 학습영역의 변화를 가르치기는 가장 복잡한 접근이다. 이 접근은 교육과정이 일부 문화적 요소를 배제하고 있다고 보고 새로운 내용을 도입하거나 기존의 내용을 수정하는 것을 목표로 한다. 이민은 종종 배제된 요소들 중 하나다. 이민과 같은 주제는 여러 학습영역에서 다루어질 수 있다. 문학은 그 대표적인 영역이다. 소설, 수필, 시와 같은 문학은 이 주제를 다각도에서 다루게 한다. 모로코 출신 작가 T. Ben Jelloun처럼 자신의 이민 경험을 다룬 작가의 작품은 상당히 좋은 자료가 될 수 있다. 학자들이 '이탈리아 이민문학(Italian literature of immigration)'이라고 부르는 작품이나 텍스트들은 상당한 기간 이탈리아에 체류한 외국작가들이 이탈리아어로 출간한 것으로, 상호문화적 관점에서 보면 상당히 유용하다. 이런 작품이나 텍스트를 '이탈리아 이주문학(Italian literature of emigration)'이라고 불리는 작품이나 텍스트와 비교해 보는 것도 흥미로울 수 있다. 1870년대에서 1970년대 사이에 2,600만 명이나 나간 이탈리아 이주는 오랫동안 집단기억에서 잊혀져 있었다. 하지만 최근 J. Fante와 같은 이탈리아계 미국작가의 작품들은 이탈리아어로 번역되어 출판되고 있다.

4. 스위스의 상호문화교육

─── 이민 역사와 정책

천연자원이 부족한 스위스는 오래전부터 이민을 많이 보냈다. **15세기**에 이미 많은 사람들이 더 나은 삶을 찾아 이민을 갔다. 이때 나간 사람들은 주로 용병이민과 시민이민이었다. 용병이민의 경우, **1500년부터 1800년까지** 약 90만 명이 나갔다. 하지만 이 이민은 **1800년에서 1850년 사이**에 5만 명 정도로 대폭 줄었고 이후에는 없어졌다. 시민이민의 경우, 19세기에 기근과 가난을 못 이긴 사람들이 당시 '이상향(Eldorado)'으로 여겨진 북아메리카와 남아메리카로 떠났다. **1850년부터 1914년까지** 이렇게 나간 사람은 약 41만 명에 이른다. 이는 당시 유럽 평균을 넘어서는 것이었다. 여기에는 크게 세 가지 이유가 있었다. 첫째, 구체제가 붕괴되면서 많은 사람들이 주변화, 빈곤화를 경험하게 되었고 경제 불황도 지속되었다. 둘째, 스위스 경제가 구조적으로 변화되면서 전통적인 농업과 수공업에 종사하는 사람들이 큰 위기를 맞았다. 셋째, 철도의 확장으로 외국상품이 대거 들어왔고 이는 스위스의 가격경쟁력을 하락시켰다. 이로써 스위스 경제는 더 이상 경쟁력을 유지할 수 없었고 농부들은 두 가지 중 하나를 선택해야 했다. 첫 번째 선택은 농업이 아닌 다른 직업을 가지는 것이었는데, 이직에 대한 준비가 거의 없는 상태라 이것은 쉬운 일이 아니었다. 두 번째 선택은 아메리카 대륙으로 가 농사를 짓는 것이었다. 하지만 그곳에서 땅을 가진다는 것 역시 치열한 경쟁이었기에 결코 쉬운 일이 아니었다. 1890년부터 아메리카 땅값이 상승했고 이에 따라 이민도 줄어들었다. 하지만 스위스 사람들은 1920년대 이후 20세기 내내 다양한 형태로 이민을 나갔다.

한편, **19세기 중반**부터 스위스로 이민 오는 사람들도 있었다. 망명자와 전쟁피해자를 받아들이는 것은 스위스의 전통적인 인도주의 정책이었다. 또 경제적 측면에서도 외국노동자들은 스위스의 산업성장, 서비스업 발달에 적잖이 기여했다. **1850년에서 20세기 초반** 사이에 특히 이민자가 많았다. 이민자가 늘어나자 연방정부는 1880년대부터 망명자와 이민자들을 통제하기 시작했다. 이렇게 한 이유는 이들이 무정부 활동을 벌일지도 모른다고 의심했기 때문이다.

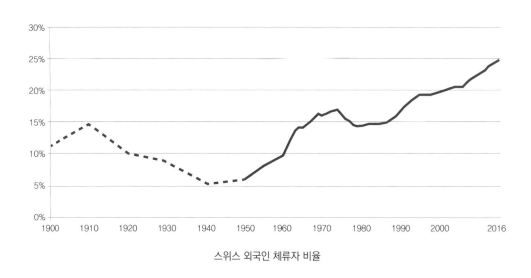

스위스 외국인 체류자 비율

1914년 제1차 세계대전이 발발하자 많은 외국인들이 스위스를 떠났다. 반면에 스위스는 다른 유형의 이민자들을 받아들였다. 이들은 저항하지 않는 사람, 외국군대에서 빠져나온 사람들이었다. 당시 사람들은 이들을 '달갑지 않은 사람들'로 여겼다. 1917년 11월 연방위원회는 이민에 대한 자유조치를 폐기하고 외국인을 담당하는 중앙경찰청을 만들어 이들의 이동을 통제하기 시작했다. **제2차 세계대전** 동안 망명자의 수용은 국가방어 차원에서 이루어졌다. 전쟁이 종료되자 경제부흥을 위해 연방정부는 순환제(système de rotation) 이민정책을 실시했다. 당시 회사들은 이탈리아를 비롯한 이웃나라로부터 많은 노동자를 들여왔다. 이 '이민노동자들'은 일정 기간 체류한 후에 본국으로 돌아가도록 되어 있었다. **1950년대**는 스위스 노동력의 부족, 대규모 공사(터널, 댐, 고속도로, 건설 등)로 인해 외국인노동자들을 대거 수용했다. 처음에는 주로 이탈리아에서 들여왔으나 점차 스페인, 포르투갈 등으로 확대했다. 이 노동자들의 절반은 스위스에서 9개월 일한 다음 본국으로 돌아가는 '계절노동자(saisonniers)'였다. 나머지 절반은 체류증을 매년 갱신하면서 스위스에 장기적으로 체류하는 사람들이었다. 당시

정치인들은 이들이 노동력을 제공하고 돈을 번 다음 본국으로 돌아가기를 기대했다.

한편, 스위스에 이민자들을 많이 보낸 이탈리아는 **1960년대**부터 스위스가 자국 노동자들의 생활여건을 개선하고 체류증 취득을 간소화하고 가족재결합을 쉽게 하라고 요구했다. 이탈리아가 이런 요구를 해오자 일부 사람들은 외국인에 대한 거부감과 혐오증을 보였고, 스위스노동조합은 이민노동자들의 낮은 급여가 스위스노동자들의 급여에 악영향을 미칠까 우려했다. 또 '국민행동(Action nationale)'과 같은 외국인 적대적 운동까지 일어났다. 그래서 1960년대부터 많은 주는 외국인 감축을 요구했다. 연방위원회는 외국인노동력의 할당을 정하는 등 여러 가지 조치를 취했다. 노동이민의 경우에는 문화적 유사성이라는 주관적인 선별기준을 적용했다.

스위스 이민에서 특히 주목할 것은 제2차 세계대전 이후 수많은 난민들이 입국했다는 사실이다. 그 대표적인 나라는 헝가리(1956), 티베트(1963), 캄보디아, 베트남(1979 – 1982) 등이었다. 난민에 대한 우호적인 태도는 **1980년대** 터키, 스리랑카, 아랍, 아프리카 국가들로부터 난민이 들어오면서 점차 바뀌기 시작했다. 난민문제는 **1990년대** 구 유고슬라비아에서 난민이 들어오면서 정점에 달했다.

하지만 스위스는 부족한 인력 때문에 외국인을 계속해서 들여올 수밖에 없었다. **2004년에서 2007년 사이**에는 매년 평균 5만 명 정도 나가고 10만 명 정도가 들어왔다. 2012년 외국인은 전체 인구의 23.3%에 달했다. 이는 스위스가 선진국들 중에서 외국인의 비율이 가장 높은 나라들 중 하나임을 의미한다. 이들 중 대부분은 유럽연합이나 유럽자유무역연합(EFTA) 국가에서 왔다. 이탈리아인은 전체 외국인의 15.6%로 가장 많았다. 그다음은 독일인(15.2%), 포르투갈인(12.7%), 프랑스인(5.6%), 세르비아인(5.3%), 터키인(3.8%), 스페인인(3.7%), 오스트리아인(2%)순이었다. 스리랑카인은 6.3%로 아시아계로서는 가장 많았는데 이들 중 대부분은 옛 타밀 난민 출신들이다. 한편, 15세 이상 영주권을 가진 사람들 중 34.7%(약 233만 명)는 이민배경을 가진 사람들이다. 이들 중 1/3은 스위스 국적을 가지고 있다. 이민배경을 가진 사람들 중 4/5는 본인이 이민자이고, 1/5은 스위스에서 태어난 이민 2세들이다.

이민자자녀의 교육정책

1980년대 말 통계를 보면, 외국학생의 70%는 지중해 인근국가에서 왔다. 이 중 90%는 무자격 단순노동자 가정 출신으로 매우 열악한 계층이었다. 반면에, 스위스 북쪽 인접국(독일, 프랑스, 오스트리아 등)에서 온 사람의 1/3은 중상층(간부, 학자, 예술가 등)이었는데, 이들의 자녀는 지중해 인근국가 출신 자녀보다 훨씬 높은 학업성취도를 보였다. 매우 낮은 학업성취도를 보이는 외국학생 중에는 특히 **포르투갈 출신**이 많았다. P.A. Doudin(1999)은 1995－1996학년도 보(Vaud)주 포르투갈 출신 9학년 학생들의 학업실태를 조사하고 다음과 같은 사실을 확인했다. 대부분의 포르투갈 학생은 ① 포르투갈에서 태어났다. ② 출신국에서 학교를 조금 다니다가 뒤늦게 스위스에 들어왔다. ③ 스위스 학교에 들어와 교육적 도움을 받았다. ④ 학교에 들어올 때 성적이 낮은 경우가 많았다. ⑤ 의무교육을 마치기 전에 학업을 포기할 가능성이 많았다. ⑥ 상당히 낮은 수준으로 의무교육을 마쳤다. ⑦ 직업교육이라는 현실적인 선택을 했다. ⑧ 포르투갈에서는 아버지나 어머니가 없는 결손가정에서 자랐지만 스위스에 와서는 부모가 모두 있는 가정에서 자랐다. ⑨ 수용국의 문화에 통합되면서도 출신국의 문화를 유지하려고 노력한다. ⑩ 그 부모는 초보수준의 교육을 받은 사람들이다. ⑪ 그 부모는 스위스에 영구 정착할 계획이 없다.

한편, 전통적으로 외국학생의 비율은 프랑스어권 스위스에서 높았다. 외국학생들은 프랑스어를 잘 몰라 수업을 제대로 따라가지 못했다. 따라서 가장 급선무는 이들의 **프랑스어 구사능력**을 향상시키는 일이었다. 이처럼 프랑스어권 스위스에서의 상호문화교육은 언어문제로 시작되었다. 제네바(Geneva)주는 비프랑스어권 이민학생들의 학업에 관한 지침을 내렸다. 이 지침의 목표는 한편으로는 비프랑스어권 청소년들을 제네바 학교 속에 잘 통합시키고, 다른 한편으로는 이 청소년들이 본국으로 돌아갈 경우를 대비해 주는 것이었다. 이는 당시 프랑스와 똑같은 형태의 지침이었다. 이 지침은 특히 외국학생을 자기 나이에 맞게 배정할 것, 환대하기와 학습 지원체제를 갖출 것, 제네바에 체류한 지 처음 2년간은 프랑스어능력 부족을 이유로 외국학생의 진급을 늦추지 말 것 등을 권고했다.

이민학생에 대한 또 다른 교육적 조치는 **출신언어문화수업**(cours de langue et de culture d'origine)이었다. 이민학생의 출신국들도 이 수업을 조직하고 지원

함으로써 상호문화교육에 협조했다. 프랑스어권 스위스에서 가장 큰 비중을 차지하는 스페인, 이탈리아, 포르투갈 영사관은 주 1회 활동을 통해 이민2세들이 그들의 출신국과 문화적, 언어적으로 깊은 유대를 맺을 수 있게 했다. 특히 뇌샤텔(Neuchâtel) 공립학교에서 이루어진 출신언어문화수업의 기능적 통합계획은 상당히 흥미로웠다. 이 계획은 정규수업시간 중 두 시간을 (이탈리아 학생과 비이탈리아 학생을 대상으로) 이탈리아어로 수업을 진행하는 것이었다. 이 두 시간은 주위 환경에 대한 지식을 주제별로 다루었다.

한편, 1980년대부터 2000년대까지 20여 년간 스위스의 여러 주들은 **교사교육**을 개선해 왔다. 특히 제네바(Geneva)주는 다른 주들과는 달리, 1996년부터 초등학교 교사교육을 대학의 심리학과와 교육학과에 통합시켰다. 이 4년간의 교육을 마치면 학사학위를 받을 수 있었다. 교사교육에서 문화적, 언어적 복수성을 고려한 데에는 크게 두 가지 이유가 있었다. 첫 번째 이유는 몇몇 교수의 개인적 관심과 관련 있었다. 교육적 자유를 가진 이 교수들은 자신의 관심에 따라 교육 내용을 정할 수 있었다. 두 번째 이유는 학생들의 요구와 관련 있었다. 학생들은 교생실습 때 언어적, 문화적 다양성을 확인하고 이와 관련된 문제들을 교사교육에서 다루어 달라고 요구했다. 현직교사 연수의 경우, 교사의 문화다양성의 이해와 관련된 (오디세이아, 칼레이도라는) 두 개의 중요한 문서가 교사들에게 스위스 학교의 언어적, 문화적 다양성의 중요성에 관한 정보를 제공했다.

상호문화교육의 출현과 변화

스위스 교육체제 내 상호문화적 접근을 분석하는 것은 결코 쉬운 일이 아니다. 왜냐하면 스위스는 **26개 주**(canton)로 이루어진 연방공화국이고, 각 주는 교육에 관한 한 완전한 자율권을 가지고 있기 때문이다. 하지만 오래전부터 주들 간의 조정이 이루어져 온 터라 어느 정도의 통일성은 확보하고 있다.

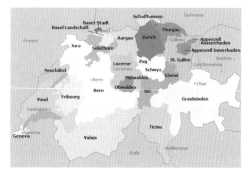

스위스의 26개 주

M. Rey, 스위스 제네바
대학에서 강의

스위스에서 상호문화교육을 가장 먼저 실시한 곳 중 하나는 제네바(Geneva)주다. 이 주는 **1970년**부터 환대교실(classe d'accueil)과 관련된 상호문화적 연구와 실행에 깊은 관심을 보였다. M. Rey[15]가 이끈 제네바 공교육담당국 이민환대·교육과는 유럽평의회와 지속적으로 협력하면서 이 분야에서 주도적인 역할을 해 왔다. 스위스의 방향설정과 논의과정은 프랑스와 비슷했다. 이에 대해 M. Rey는 연구와 활동, 진행과정, 분석 및 개선방안이 유럽평의회의 주도하에 이루어졌기 때문이라고 평가했다. 아무튼 그 영역은 점차 확대되었고 대학도 여기에 동참했다. 예를 들어, P. Dasen은 '교육에서의 상호문화교육적 접근'이라는 강의를 개설했고, 뇌샤텔(Neuchâtel) 대학은 '다문화 상황 속에서 배우기'라는 강의를 개설했으며, 제네바(Geneva) 대학 교육학과와 심리학과는 '상호문화교육의 함정과 도전'이라는 박사과정을 만들었다. J. Retschitzky가 이끈 프리부르(Freiburg) 대학 심리연구소, 취리히(Zürich)주 공교육담당국 외국인교육담당과, C. Allemann-Ghionda가 이끈 스위스교육학회 산하 '상호문화교육연구회' 등이 여기에 동참했다. 이런 활동은 오늘날까지 이어지고 있다. C. Perrgaux(1994), E. Poglia(1995), C. Perregaux, Y. Leanza & P. Dasen(2001)의 책들은 상호문화교육의 질적, 양적 발전의 서막을 알리는 책들이었다. 현재 이민자의 언어를 포함한 언어교육, 교사를 대상으로 하는 상호문화교육, 교사와 학생들에게 문화다양성과 인종주의에 대해서 알리는 정보의 확산은 프랑스어권 스위스에서 이루어지는 상호문화적 접근의 주된 영역들이다.

1970년대 초반부터 1990년대 초반까지 **스위스공교육주국장회의**(Conférence suisse des directeurs cantonaux de l'instruction publique)의 권고문들은 (종종 '상호문화교수법'이라고 불리기도 하는) 상호문화적 접근을 정기적으로 거론했고, 교사양성 프로그램에서도 필수적인 것으로 여겼다. 한 가지 기억해 둘 것은 스위스에서 상호문화교육은 무엇보다도 모든 외국학생에게 교육을 허용하는 투쟁이었다는 사실이다. 사실 법적 지위가 없는 학생들은 교육을 받기가 어려웠다. 진보적인 교육자들은 모든 학생의 교육을 위해 돌파구를 열고 이민학생들에게도 프랑스어를

---

15 M. Rey는 1977-1983년 교사양성을 위한 유럽평의회전문가협회 회장을 역임했다.

가르쳐야 한다고 주장했다. 환대반은 최대한 빨리 프랑스어 구사능력을 길러 자기 나이에 맞는 정규반에 통합시키기 위해 만들어진 것이다. 하지만 외국학생의 학업성적은 실망스러웠다.

F. Ferrer & A. Akkari(2001)는 스위스의 **상호문화교육**의 맥락을 다음과 같이 설명한다. 스위스의 주들은 이민학생의 학교통합에 있어서 자율권을 가지고 있지만 전체적인 이민정책에 있어서는 연방정책을 따르고 있다. 1991년 연방위원회(conseil fédéral)는 이민정책의 주요 원칙을 제시했다. 이 정책의 주된 목표는 스위스와 서유럽 간의 자유로운 이동을 보장하기 위해 유럽 내에 스위스를 통합하는 것, 남에서 북으로, 동에서 서로의 점증하는 이민압력을 관리하는 것이었다. 이 위원회에 따르면, 제한적인 허용정책은 이민 물결을 관리하는 데 꼭 필요하다는 것이었다.

한편, 2008년 T. Ogay는 다섯 명의 동료들과 함께 1993년부터 2006년 사이에 스위스에서 이루어진 **상호문화교육 연구 동향**을 분석한 바 있다. 총 132개의 경험적 연구를 분석했는데, 132개 중 61개(46%)는 프랑스어권 스위스에서 이루어진 것이고, 41개(31%)는 독일어권 스위스에서 이루어진 것이고, 나머지 30개는 이탈리아어권 스위스와 기타 지역에서 이루어진 것이다. 이 연구에서 **첫 번째** 주목할 것은 스위스에서 이루어진 상호문화교육에 대한 연구가 **급증**했다는 것이다. A. Gretler(1995)가 1976년부터 1991년까지 15년간 이루어진 연구를 조사했을 때는 총 65건에 불과했는데, 1993년부터 2006년까지 14년간 이루어진 연구는 총 132건으로 두 배가 넘는다. 이는 스위스 학계가 상호문화교육에 점점 큰 관심을 보이고 있음을 말해 준다. 언어권별로 보면, 프랑스어권 스위스에서 이루어진 연구(61개, 46%)가 독일어권 스위스에서 이루어진 연구(41개, 31%)보다 많았다. 참고로, 프랑스어권 인구는 전체 인구의 23%이고 독일어권은 72%다. 이둘을 연결해 보면, 스위스의 프랑스어권 학자들이 독일어권 학자들보다 상호문화교육에 훨씬 더 큰 관심을 가졌음을 알 수 있다. 하지만 최근 들어 이런 경향은 역전되고 있다. 독일어권 학자들도 상호문화교육에 큰 관심을 보이기 시작했기 때문이다. 실제로 1993년부터 2006년까지 상호문화교육에 대한 연구가 급증한 것은 독일어권 학자들의 연구가 늘어났기 때문이다. 이와는 반대로 프랑스어권 학자들의 연구는 더 이상 많이 늘지 않고 있다. 이런 모든 사실을 종합해 보면, 스위스 학계는 상호문화교육에 점점 많은 연구를 하고 있고, 과거에는 프랑스어권 학자들이 많이 했으나 최근에는 독일어권 학자들이 상대적으로 더 많이 연구하고 있다고 말할 수 있다. **두 번째** 주목할 것은 상호문화교육과 관련해 다룬 주제들이다. T. Ogay 일행은 총 14개의 상이한 주제를 찾아냈는데, 이 중 64%가 '이민학생의 학업생활'과 '교육체제와 문화다양성'이었다. 연구진에 따르면, 상호문화교육에 대한 연구가 이렇게 두 가지 주제에 집중된 것은 상호문화교육에 대한 '제한된' 이해 때문이다. 연구한 주제를 언어권별로 보면, 프랑스어권 학자들이 독일어권 학자들보다 좀 더 다양한 주제를 다루었음을 알 수 있다.

T. Ogay,
스위스 프리부르 대학
교육과학부 교수

연구 대상은 학생들이 압도적으로 많았다. 학생들 중에서는 유치원이나 초등학교 학생들에 대한 연구보다는 중등학교 학생들에 대한 연구가 조금 더 많았다. 이는 이민학생의 교육문제가 유치원이나 초등학교보다는 중등학교에서 더 큰 문제로 여겨져서인 것 같다. **세 번째** 주목할 것은 상호문화교육에 대한 연구가 주로 기관들이 연구자를 고용하여 기관이 직면한 문제에 대한 해결책을 찾아 달라는 소위 위탁연구 방식으로 이루어졌다는 것이다. 총 132건 가운데 41%가 공립 또는 사립 기관이 위탁한 연구다.

연구자들이 자료를 수집하기 위해 사용한 **방법**을 살펴보면, 56%의 연구는 단 한 가지 방법을 사용했다. 이 중 34%는 면담, 32%는 설문지, 30%는 문헌연구, 4%는 관찰이라는 방법을 사용했다. 이 마지막 방법은 단독으로 사용되는 경우는 매우 드물지만 면담과 함께 사용되는 경우는 점점 늘고 있다. 반면에 설문지 방법은 점점 덜 사용되고 있다. 자료 수집 방법을 언어권별로 구분해 보면, 면담은 프랑스어권 연구자(37%)와 독일어권 연구자(35%)에 의해서 비슷한 정도로 사용되고 있다. 반면에 설문지는 프랑스어권 연구자(19%)에게서는 많이 사용되지 않고 독일어권 연구자(35%)에게서는 면담만큼이나 많이 사용되었다. 면담은 정반대였다. 다시 말해, 면담은 프랑스어권 연구자(22%)가 독일어권 연구자(12%)에 비해 더 많이 사용했다. 다음으로, 사용된 분석방법을 보면, 양적 분석과 질적 분석이 동일하게 36%였다. 그리고 이 둘을 같이 사용한 경우도 27%나 되었다. 양적 분석만 하는 연구는 시간과 함께 줄고 있고, 이 두 가지를 함께 사용하는 연구가 늘고 있다. 학생을 분석하는 연구는 질적 방법보다는 양적 방법을 더 많이 사용했다. 위탁연구도 양적 연구가 많았다. 프랑스어권 연구자는 질적 연구를 선호하고, 독일어권 연구자는 양적 연구를 선호하는 경향을 보였다. 이상의 내용을 표로 나타내면 다음과 같다(Ogay et al., 2008: 186).

프랑스어권 연구와 독일어권 연구 비교

영역	프랑스어권 연구	독일어권 연구
연구 수	• 많지만 늘지 않고 있음	• 적지만 점점 늘고 있음
연구 주제	• '이민학생의 학업생활'과 '교육제도와 문화다양성'이라는 주제를 선호하지만 다른 주제도 다룸	• '이민학생의 학업생활'과 '교육제도와 문화다양성'이라는 주제에 집중되어 있음
연구 대상	• 학생들을 집중적으로 다루지만 다른 대상도 다룸	• 학생들을 집중적으로 다룸
연구 유형	• 위임받아 이루어진 연구는 많지만 연구비를 지원받아 이루어지는 경우는 적었음	• 위임받아 이루어진 연구는 적지만 연구비를 지원받아 이루어지는 경우는 많았음
자료 수집 방법	• 면담이라는 방법을 선호함. 관찰, 문헌, 설문지라는 방법은 비슷한 빈도로 사용됨. 비교연구는 별로 없고, 장기적인 연구, 사례연구, 연구 - 행동이 많음	• 면담과 설문이라는 방법이 비슷한 정도로 많이 사용됨. 관찰이라는 방법은 거의 없음. 비교연구는 상당히 많음. 연구 - 활동이 적음
분석 방법	• 질적 연구를 상당히 선호함	• 양적 연구를 상당히 선호함

한편, 132건의 연구를 **프랑스어권 연구자와 독일어권 연구자**로 나누어 보면, 상호문화교육에 대한 경험적 연구의 구상이나 방법에 있어서 많은 차이가 있음을 알 수 있다. T. Ogay 일행은 이런 차이를 다음과 같은 몇 가지 요인으로 설명했다. 먼저, 대학 차원에서 볼 때 상호문화교육은 스위스 독일어권 대학에서는 거의 정착하지 못했다고 할 수 있다. 이 대학 내에서 이루어진 상호문화교육에 관한 연구도 많지 않고, 이것들은 대부분 교육학과가 아닌 과에서 이루어진 것들이고, 이마저도 계속적으로 이루어지지 않고 있다. 따라서 상호문화교육은 스위스 독일어권 대학에서는 주변적인 위상을 가지고 있고, 일부 교수들이 자신의 개인적 관심에 따라서, 그것도 상호문화교육을 한다고 밝히지도 않은 상태에서 연구하는 수준에 머물고 있다고 말할 수 있다. 반면에 상호문화교육은 1987

년 제네바(Geneva) 대학 내에 '상호문화교육'이나 P. Dasen 교수가 선호하는 '교육에서의 상호문화적 접근'이라는 이름하에 자리를 잡았다. 몇 년 후, '교육에서의 언어적, 문화적 복수성'이라는 자리를 추가로 만들었고, 이 자리는 C. Perregaux가 차지했다. 2004년에는 프리부르(Freiburg) 대학은 교육학과 내 교육인류학 자리가 만들어졌다. T. Ogay가 이 자리를 차지하고 '상호문화 및 비교교육' 석사과정을 만들었다. 이렇게 상호문화교육이 프랑스어권 대학 내에 자리를 잡았기 때문에 그 수도 많고 유형도 다양했다. 특히 연구 유형의 다양성은 제네바(Geneva) 대학 P. Dasen의 지도하에 나온 박사학위 논문들에서도 확인할 수 있다. 하지만 앞서 언급한 것처럼 프랑스어권 내 상호문화교육에 대한 연구는 점점 줄어드는 반면 독일어권 내 상호문화교육에 대한 연구는 최근 몇 년 전부터 활기를 띠고 있다. 독일어권 내 이런 변화는 2001년에 교사를 양성하는 고등사범학교의 창설과 관련 있어 보인다. 이것은 또한 독일어권 내 상호문화교육에 관한 연구가 '이민학생의 학업생활'과 '교육제도와 문화다양성'이라는 주제와 학교에 다니는 학생들에게 상당히 집중되어 있는 현상과도 관련 있어 보인다. 한가지 뜻밖의 사실은 스위스 프랑스어권 학자들과 독일어권 학자들 간의 학문적 교류가 거의 없다는 사실이다. 이들은 오히려 이웃 나라 학자들과 더 많이 교류하고 있다. 스위스 프랑스어권 학자들은 프랑스학자들과 많이 교류하고, 스위스 독일어권 학자들은 독일학자들과 많이 교류하고 있다. T. Ogay 일행은 이런 현상에 대해서 유감을 표하고 "가장 먼저 해야 할 일은 프랑스어권 연구자들과 독일어권 연구자들 간의 의사소통과 협력을 복원하고, 상호문화적 연구와 실행을 같이하는 것"(idem., p. 191)이라고 강조한다.

성공적인 사례(1): 스위스사범대학장회의 권고안

스위스사범대학장회의(Conférence suisse des rectrices et recteurs des hautes écoles pédagogiques)는 2007년 교사들을 대상으로 상호문화교육을 실시하라고 권고했다. 이 권고문에는 다음과 같은 여섯 가지 권고가 포함되어 있다. **권고 1. 교육담당자들의 역할**을 분명히 할 것. 상호문화교수법은 교육담당자들이 이 교수법의 발전을 위해 협력할 때 비로소 효과적일 수 있다. 이 교육담당자들은 교사교육담당자, 교육정책담당자, 교육연구담당자를 말하는데, 이들은 자신의 역할을 성실히 수행해야 한다. 먼저, 교사교육담당자는 학생들의 상호문화역량을 신장시키고, 자신의 교육이 학생들의 요구에 부응하는지 확인하고, 모든 교과 교사들을 대상으로 연수를 실시하고, 학교가 상호문화성을 잘 구현하는지를 평가해야 한다. 다음으로 교육정책담당자는 자신이 수립한 목표와 전략이 상호문화성과 양립 가능한 것인지를 확인해야 한다. 그리고 외국어, 수학, 과학뿐만 아니라 사회, 제1언어와 관련된 표준기준도 제시해야 한다. 또한 언어적, 문화적 이질성의 지속적인 증가에 따라 학교에서 이루어져야 할 변화와 학습과정을 지원함으로써 교육체제 내에서 통합적인 구조를 만들어 내야 한다. 이렇게 하기 위해서는 선별적이고 분리적인 구조를 없애고 학생들이 이동할 수 있는 공간을 확충하고 다양한 유형의 교사들 간의 (권력) 차이를 줄이거나 없애야 한다. 마지막으로 교육연구담당자는 교사교육 기관에서 실시하는 상호문화교수법과 관련된 개념들의 효능을 연구하여야 한다. 그리고 다양한 교육체제에서, 특히 종교, 언어, 문화와 관련해 실행되고 있는 통합적 실행이나 차별적 실행에 대해 연구하고 그 결과를 보고해야 한다. 이렇게 하려면 교사교육담당자, 교육정책담당자와 긴밀히 협력해야 한다. **권고 2. 통합된 개념들을 장려**하기. 상호문화교수법담당자, 특히 교사교육담당자는 통합된 개념을 장려해야 한다. 주지하다시피, 학교는 모든 학생들이 함께 배우는 곳이고, 교실은 재능, 실행, 동기, 성별, 사회문화적 출신, 언어가 다른 학생들이 모여 생활하는 곳이다. 따라서 모든 수준의 교사들은 이런 현실이 요구하는 역량, 예를 들어 각 학생에게 적합하고 차별화된 교육을 제공할 수 있는 능력, 교육언어를 제2언어로 가르칠 수 있는 능력, 학교의 모든 관계자들과 상호문화적으로 상호작용할 수 있는 능력을 갖추어야 한다. 마찬가지로, 학교관리자, 교육전문가, 심리학자들도 상호문화교수법이 요구하는 역량을 갖추어야 한다. 이주배경 아동이나 청소년을 대상으로 한 진단검사는 그들을 분리된 구조 속에 고립시키지 말고 정규학급에 통합시키기 위한 합당한 조치를 취하기 위한 것이어야 한다. 이런 의미에서 이민경험과 다중언어사용은, 종종 특수교수법의 개념에서 그렇게 하듯이, 장애나 단점으로 간주되어서는 안 된다. **권고 3. 상호문화교수법의 포괄적 개념을 확고히** 하기. 교사교육기관은 상호문화교수법의 포괄적, 특수적, 명시적, 조정된 개념을 확고히 해야 한다. 상호문화적 접근은 신규·현직 교사교육 속에 통합되어야 한다. 이에 대해서는 '단 하나'의 상호문화교수법 개념이 존재하는 것이 아니라 이 개념을 각 기관의 특수성에 맞추어 적절해야 한다는 사실을 상기할 필요가 있다. 상호문화교수법의 포괄적 개념은 다음과 같은 네 가지 요소를 포함해야 한다. ① 상호문화교수법의 내용을 실행하는 전략, 이 영역에서 양질의 교육을 보장하는 계획 ② 신규교사교육과 현직교사교육에서 다루어져야 할 내용의 소개 ③ 특정 교육에서 별도로 다루거나 다른 수업에서 통합적으로 다루어야 할 내용 선정 ④ 지식, 기술(savoir-faire), 태도(savoir-être)의 통합적 발전 전략. 상호문화교수법의 포괄적 개념에 의해서 부과된 임무를 성실히 수행하려면 상당한 재원이 필요하다. 이 재원은 (신규교사교육, 현직교사교육, 연구와 발전, 서비스, 특히 이동서비스와의 협력 등) 교사교육기관 내에서 연결망을 구축하는 데, 구역, 지역, 국가, 국제적으로 특화된 서비스들의 협력을 권장하는 데, 그리고 상호문화교수법의 발전과 정기적인 감독을 위해서 필요하다. 교사교육기관들은 이런 재원을 반드시 확보하고 있어야 한다. 교사교육기관 내에서 상호문화교수법의 실행을 조정하는 책임자를 두는 것도 중요하다. 양질의 발전이 이루어지기 위해서 이 책임자는 상호문화교수법의 다섯 가지 영역들(권고 6 참고)이 신규교사교육과 현직교사교육 속에 포함되어 있는지 확인해야 한다. **권고 4. 협력자의 역량을 신장**시키기. 기관들 내에서 상호문화교수법을 최적화하기 위해서 이 기관들은 자격 있는 사람들을 충분히 확보하고 있어야 한다. 상호문화교수법의 책임자들뿐만 아니라 상호문화교수법의 내용을 통합적으로 전수하는 교수들 역시 이 영역과 관련된 교육을 지속적으로 받아야 한다. 이 지속적인 교육은 상호문화교수법의 내용, 방법, 조직과 관련된 문제를 다루는 데 필요한 높은 수준의 자격을 갖추게 할 것이다. 상호문화교수법 영역에서 일하는 전문가, 교수, 직원들이 (추가적인) 자격을 취득하게 하거나 서로 협력하여 일할 수 있는 환경을 조성해야 한다. **권고 5. 국가적, 국제적으로 개방**하기. 교사교육기관들은 자신의 단언어적(monolingue), 단문화적(monoculturel) 전통에서 벗어나기 위해서 다음과 같은 다섯 가지 조치를 취해야 한다. 이 조치들은 ① 다른 출신과 문화를 가지고 있거나 이민가정 출신인 교수들과 기술 요원을 채용하기 ② 다언어적 경력을 가지고 있거나 이민가정 출신의 사람들을 교사교육과정에 받아들일 때 심리적, 구조적 장벽을 낮추고 이들이 과정을 잘 이수하도록 지원하기 ③ 간

부를 채용할 때 상호문화적, 국제적 교육을 받은 직원을 선발하기 ④ 학생들과
교수들에게 국내적, 국제적 이동 가능성을 제공하기 ⑤ 신규교사교육과 현직교
사교육, 연구와 발전, 서비스의 제공과 같은 영역에서 국내적, 국제적으로 교류
하고 협력하기를 권장하기다. **권고 6. 상호문화교수법 영역에서 실행**하기. 교사
를 대상으로 상호문화교수법 연수를 실시할 때는 다양한 영역을 가르쳐야 한다.
이 영역들은 스위스사범대학장회의의 <자료 60호>에 기술된 표준교육과정에
따른 것이다. 다음은 영역을 기술할 때 고려해야 하는 다섯 가지 교육영역이다.
① 사회와 학교 내 문화적 차이에 대한 지식. 이 지식은 사회와 학교의 구성원칙
(특히 학교의 선별기능, 경쟁원칙의 제도화)에 대한 이해, 사회변화와 자신의 고유한
행동과 창조의 가능성 확인에 필요한 조건(수 세기에 걸쳐 형성되고 지금은 우리의
체계 속에 자리 잡은 차이에 대한 지식, 국내적, 경제적, 종교적, 정치적, 지리적 맥락에
좌우되는 권력관계에 대한 지식)에 대한 이해를 전제로 한다. 현재의 구조, 내용,
방법을 분석하는 능력, 그것들을 떠받치고 있는 규범적 가치를 통찰하는 능력(사
회와 학교의 기능 작용의 원칙을 이해하기, 그 결과를 확인하기) 역시 이 영역의 일부
가 된다. ② 세계이주와 그 결과에 대한 지식. 세계적인 이민과 그 결과에 대한
지식(지구화된 사회들의 자연스러운 현상으로서 이민)은 이민이 우리의 세상에서 본
질적이고 불가피해졌다는 사실, 들어오고 나가는 것은 인간의 존재와 학교 현실
의 일부가 되었다는 사실을 아는 것을 전제로 한다. 이와 더불어 이민이 야기한
문제들, 예를 들어 새로운 존재들의 출현, 그들의 언어상실, 새로운 언어학습, 정
체성의 변화, 가정이나 직업상 변화들을 아는 것, 그리고 이런 변화가 부모와 그
자녀들에 의해 그들의 사회적 소속과 그들이 경험해 온 전통에 따라서 다르게
해석될 수 있다는 사실을 아는 것이 중요하다. ③ 상황, 재능, 능력이 다른 학생
들의 성공적인 학습환경을 조성하는 방법론적, 교수법적 능력. 이것은 학생들이
본국과 가정에서 습득한 능력, 재원, 경험을 고려하고 포함시키는 능력의 습득을
전제로 한다. 이 능력은 (일반적으로 여전히 단언어적, 단문화적인 중간계층의 자녀들
로 구성된) 학교의 문화와 규범을 재고하기, 특히 다중언어주의를 고려하는 적절
한 이동공간을 만들기, 수업내용을 다양한 관점에서 접근하게 하기, 적절한 언어
교수법의 원리를 활용하여 다언어적 정체성과 학습언어를 권장하기 등을 포함한
다. ④ 상호문화의사소통의 능력과 재능. ('외국' 사람과 상호작용하고 다문화환경에

서 개인으로서 또 교사로서 행동할 수 있게 하는 자기성찰과 상호문화적 경험과 같은)
상호문화의사소통의 능력과 재능은 사람들이 문화와 행동 간의 상호작용을 인식
하고, (나이, 성별, 경제상황, 직업, 사회적 맥락 등의) 차이의 복수성을 인식하는 것
을 전제로 한다. 이와 더불어 개인은 자신의 차이들에 의해서 구성됨을 이해하
고, 우리가 외국문화와 자신의 문화에 대해 실행하는 (고정관념, 상투적인 생각, 편
견과 같은) 일반화를 설명하고 평가하고, (특히 학부모와 협력해야 하는 경우) 만남
의 과정에서 내리는 문화적 판단을 정당하게 평가하게 하는 전략을 개발해야 한
다. ⑤ 학교와 교육현장에 있는 그대로의 상호문화적 환경 속에서 사회적 역량을
전수할 수 있는 방법론적, 교수법적 능력. 이 능력, 즉 다른 곳에서 온 사람들과 적
절하게 상호작용할 수 있는 능력은 모든 학교구성원이 신장해야 하는 능력이다.
이질성을 주제로 삼고, 만남의 과정에서 내리는 문화적 판단을 정당하게 평가할
수 있게 하는 전략을 개발하고, 관점의 변화를 권장해야 한다.

5. 아일랜드의 상호문화교육

아일랜드는 전통적으로 이민을 많이 보낸 나라다. 이는 1963년 J.F.
Kennedy[16] 미국 대통령이 아일랜드에서 한 연설에서도 잘 드러난다. 그는 "대
부분의 국가는 석유, 철, 강철, 금, 아니면 다른 작물을 수출했지만, 아일랜드는
사람 단 하나만 수출했다"(I. Glynn, 2012)[17]고 말했다.

── 이민 역사와 정책

실제로 1800년 이후 아일랜드를 떠나 외국으로 간 사람은 1천만 명이나 된
다. 그 첫 번째 요인은 종교였다. 1600년대에 약 2만 5천 명의 가톨릭교도가
Carib 지역과 Virginia로 떠났다. 1680년대에는 퀘이커교도(Quakers)와 개신교도
들이 대서양 해안으로 이주했다. 1710년대부터는 아일랜드 북부 Ulster주 장로

---

16 케네디 집안은 19세기 후반 아일랜드에 닥친 대기근을 피해 미국 매사추세츠주로 이주한
   가톨릭 집안이다.
17 https://www.ucc.ie/en/emigre/history/

교도들이 해외로 나갔다. 이런 유형의 이민은 1814년 나폴레옹 전쟁이 끝날 때까지 지속되었다. 두 번째 요인은 가난이었다. 아일랜드는 1815년 Waterloo 전투[18] 이후 가격이 하락하면서 경제적으로 큰 어려움을 겪었다. 1815년부터 아일랜드 대기근(1846 – 1852)까지 80만~100만 명의 사람들이 북아메리카로 갔다. 이들 중 절반은 미국으로 갔고 나머지 절반은 캐나다로 갔다. 19세기 영국 산업혁명 시기에는 Ulster주 농부들이 Belfast로 대거 이주했다. 또 아일랜드의 산업화가 지체되자 가난한 농촌 사람들은 대서양과 아일랜드해를 건너 이주했다. 1845년에서 1855년 사이에 180만 명이 미국으로 이주했는데, 이들 중 대부분은 이곳에 먼저 이주해 온 사람들보다 훨씬 가난한 사람들이었다. 대기근 시기에 이주한 사람들은 외국, 특히 미국에 거대한 아일랜드 공동체를 만들었다. 이 거대한 연결망 덕분에 대기근 이후에도 수십 년간 많은 아일랜드 사람들이 미국으로 이주할 수 있었다. 19세기에 아일랜드에서 태어난 사람들 중 절반이 이민 갔다는 사실만으로 아일랜드가 얼마나 가난한 나라였는지를 쉽게 짐작할 수 있다. **19세기 중엽부터 제1차 세계대전** 시작까지, 소위 '대규모 이민시대(Age of mass migration)'에 아일랜드만큼 많이 이민 간 유럽국가도 없다. 해외이주는 제1차 세계대전의 발발, 1920년대 미국의 이민제한, 1930년대 경제공황 등으로 한동안 주춤했다. 하지만 제2차 세계대전이 일어나면서 이주는 다시 활발해졌다. 전쟁에 동원된 영국노동자를 대체하기 위해 수많은 아일랜드 사람들이 영국으로 갔기 때문이다. **1960년대** 중반까지의 아일랜드의 경제위기, **1980년대**의 경제위기로 매년 4만 명 정도가 이주했다. **2000년에서 2005년 사이**에도 매년 평균 27,000명 정도가 이주했다. **2006년** 이후에는 다시 1990년대 초반과 비슷한 수준으로 높아졌다.

한편, **1990년대 초반** 유럽, 특히 러시아, 루마니아 등 동유럽에서 많은 사람들이 아일랜드로 들어오기 시작했다. **1996년** 아일랜드는 이민사에 있어서 획기적인 전환기를 맞았다. 들어오는 사람이 나가는 사람보다 처음으로 많아진 것이다. 그 주된 이유는 급격한 경제성장으로 건설, 재정, 정보기술, 의료 등을 포함한 많은 분야에서 노동력이 전례 없이 필요했기 때문이다. **1990년대 중반부터** 2000년대 초반까지는 재외 아일랜드 사람들이 귀국하고 난민신청자가 늘어나면

---

18 1815년 6월 18일 오늘날의 벨기에 워털루 인근에서 벌어진 전투다. 나폴레옹이 이끄는 프랑스 북부군은 제7차 대프랑스 동맹의 주요 2개국 군대에게 패배를 당했다.

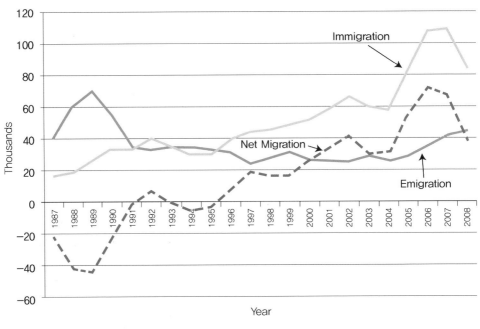

아일랜드 이민자 증감

서 이민자 수는 계속 늘었다. **2001년에서 2004년까지**는 비유럽연합 이민자, 난민 신청자가 늘어났다. **2004년에서 2007년까지**는 유럽연합의 확대에 따라 이민의 유형이 비유럽연합 이민에서 유럽연합 이민으로 옮겨 갔다. 새로 가입한 유럽연합 회원국으로부터의 이민자가 증가하면서 이민은 전례 없는 수준에 달했다. **2007년에서 2009년까지**는 새로 가입한 유럽연합 회원국으로부터의 이민이 줄어들면서 순이민[19]은 줄어들었다. 한편, 아일랜드 이민정책은 유럽에서도 좀 독특하다. 왜냐하면 아일랜드는 영국과 공유한 공동여행구역(Common Travel Area)에 의해 큰 영향을 받기 때문이다. 다른 유럽연합 회원국과는 달리, 아일랜드와 영국은 쉥겐(Schengen)조약국이 아니기 때문에 여전히 나머지 유럽연합국에 대해서도 국경통제를 실시하고 있다.

---

19 연중에 한 지역으로 들어오는 사람 수와 그 지역을 떠나는 사람 수의 차이를 말한다.

이민자자녀 교육정책

2011년 통계에 의하면, 아일랜드 인구 450만 명 중 60만 명, 즉 전체 인구의 15%가 외국인이었다. 이들의 국적은 약 200개나 된다. 아일랜드 학교에 다니는 학생의 9% 정도가 이민가정자녀다(Augustyniak, 2013). 초등학교에는 10% 정도, 중등학교에는 8% 정도의 이민가정자녀가 있다. 이들은 다양한 문화, 언어, 경험을 가지고 있고, 아일랜드에 들어온 시기, 아일랜드에 체류한 기간 등에 있어서도 다르다. 어떤 학생은 아일랜드에 잘 통합되고 어떤 학생은 그렇지 못하다. 다행히도, 경제개발협력기구(OECD)의 다른 대부분의 나라에서와는 달리, 이들은 아일랜드 태생 친구들과 대등한 성적을 거두고 있다. 이는 이들의 사회적-경제적 배경이 아일랜드 태생 친구들의 그것과 비슷하거나 그 이상이기 때문인 것 같다.

아일랜드는 이렇게 외국인과 그 자녀가 많아지면서 다문화국가가 되었다. 하지만 아일랜드의 민족적, 문화적, 언어적, 종교적 다양성은 아주 오래된 것이라는 사실을 잊지 말아야 한다. 언어만 보더라도 아일랜드는 게일어를 공식어로 가르치고 영어를 일상생활에서 사용하는 이중언어국가이다. 게일어가 학교 필수과목이기 때문에 40% 정도의 사람들은 이 언어를 어느 정도 구사할 수 있다. 하지만 이 언어를 능숙하게 구사하는 사람은 3% 미만이다. 한편, 아일랜드 전역에는 아일랜드 유랑자(Irish Travellers)라고 불리는 공동체가 있는데, 이들은 전체 인구의 7%에 달한다. 이들은 수 세기 동안 그들 고유의 문화와 관습을 유지한 채 아일랜드에서 살아왔다. 그들의 관습 중 하나는 한곳에 머물다가 다른 곳으로 옮겨 다니는 습성이다. 유랑자의 자녀들은 **1960년대**부터 초등학교에 많아졌다. 유랑위원회(Commission on Itinerancy)는 **1963년** 보고서를 발간하고 유랑자들을 아일랜드 사회에 동화시키고자 했다. 이 보고서에 의하면, 거의 모든 유랑자들은 문맹이었다. 따라서 이 유랑자자녀를 위한 특별교육이 필요하다고 보고 분리적 접근을 제안했다. **1980년대** 유랑자자녀 담당교사들은 보다 진보적인 접근이 필요하다고 보고 학교의 규범을 개선하라고 요구했지만 동화주의적 규범은 바뀌지 않았다. 1979년 첫 베트남 난민이 들어왔을 때도 정부는 그들을 아일랜드 사회 속에 동화시키려고 했다. **1992년** 보스니아 난민자녀들이 학교에 들어오자 이들을 위한 지원 프로그램을 도입하였는데, 그것은 영어 학습 지원이었다. 그들은 비교적 쉽게 동화되었고 아일랜드의 구성원이 되었다. 1990년대에는 유랑자학생, 난민학생을 포함한 외국학생이 계속 증가했다. 이에 교육과학부(Department of Education and Science)는 2002년에 *Guidelines on Traveller Education*을 발간하고, 분리적 접근정책을 통합적 접근정책으로 대체했다. 이때부터 문화다양성은 학교의 현실로 여겨지기 시작했다. 정부는 1995년 *White Paper on Education*을 통해 이를 인정하고 1998년 교육법(Education Act)은 학교가 아일랜드 사회 내의 가치, 신념, 언어, 전통의 다양성을 존중하고, 학교, 학생, 부모, 교사, 교직원, 각종 공동체 간의 협력관계를 조성해야 한다고 명시했다. 1999년 초등학교 교육과정은 학생들의 종교, 문화적 신념, 전통과 관련된 다양성을 인정하고 차이를 존중하라고 권고했다. 당시 상호문화교육의 몇몇 측면들은 사회·환경·과학(SESE), 인성·건강교육(SPHE) 과목에 포함되었다. 초등교사들은 다른 문화, 종교, 국적에 대한 잘못된 개념과 부정적 고정관념을 시정하기 위해 노력했다. 이들을 지원하기 위해 아일랜드교사협회(Irish National Teacher's Organization)는 2002년 *Intercultural Guidelines for Schools*를 모든 초등학교에 배부했다. Mary Immaculate 대학은 *Intercultural Education in the Irish Primary Classroom*과 *Towards a Framework for Intercultural Education in Irish Classrooms*라는 소책자를 배포했다. 국가교육과정평가원(National Council for Curriculum and Assessment) 역시 2005년에 *Intercultural Education in the Primary School*을 제작, 배포했다. 2010년 이민·거주·보호법(Immigration, Residence and Protection Bill)은 이민자도 아일랜드인과 동등한 교육을 받을 수 있게 하고, 외국인의 자녀도 그 법적 지위와는 상관없이 초등학교와 중등학교에 등록할 수 있게 했다.

— 상호문화교육의 출현과 변화

아일랜드 상호문화교육은 1960년대부터 1990년대까지 국제적으로 널리 통용된 **다문화교육**과 **반인종주의교육**을 종합, 개편한 것이었다. 국가교육과정평가원에 따르면, 상호문화교육은 "인간생활의 모든 영역에서 다양성의 정상성을 존중하고 찬양하고 인정하는 교육이다. 이 교육은 다양한 생활양식, 관습, 세계관이 자연스럽게 발전되어 왔다는 사실, 이런 인간생활의 넓은 폭은 우리 모두를 풍요롭게 한다는 사실을 강조한다. 또 이 교육은 평등과 인권을 신장시키고 부당한 차별에 맞서고 평등을 지지하는 가치들을 강조한다." 아일랜드교사협회에 따르면, 상호문화교육은 문화적 차이를 존중하고 반인종주의를 장려하는 것이지 단순히 다양한 문화에 대한 지식이 아니다. 이 교육은 다른 문화, 종교, 국적에 대한 부정적인 고정관념과 잘못된 개념을 시정하고, 지역 및 아일랜드 문화들에 대한 비판적 성찰을 통해 다른 문화에 개방된 태도를 취하고 이 문화를 존중하고 인정하도록 유도한다. 또 상호문화교육은 문화다양성의 긍정적인 측면을 강조하고 집단과 사회들 사이의 권력 차이에 대해 생각해 보게 한다.

아일랜드 상호문화교육은 그 최초 법적 근거를 1948년 유엔 세계인권선언(Universal Declaration of Human Rights)에서 찾는다. 이 선언 제26조는 "교육은 모든 국가, 인종 또는 종교 집단들이 서로 이해하고 너그러운 마음으로 포용하며 친선을 도모하도록 해야" 한다고 밝힌다. 1966년 국제인종차별철폐협약(International Convention on the Elimination of all Forms of Racial Discrimination) 제5조는 모든 국가가 "인종차별을 철폐하고 방지하고 (...) 인종, 피부색, 국가, 민족과 관계없이 만인의 권리를 보장해야 한다"고 명시한다. 1989년 유엔 아동권리협약(Convention on the Rights of the Child) 제29조는 아동교육이 부모와 자신의 고유한 문화정체성, 언어, 가치와 아동이 살고 있는 나라의 국가적 가치를 존중하고, 아동의 출신국의 가치, 자신과 다른 문화를 존중하도록 하는 방향으로 이루어져야 한다고 명시한다. 1995년 유럽연합의 국내소수민족보호기준협약(Framework Convention for the Protection of National Minorities) 제6조는 국가가 상호문화적 대화를 장려하고 국내에 사는 모든 사람들의 상호존중, 이해, 협력을 원활히 하는 조치를 취해야 한다고 밝힌다.

이런 법적 근거를 가진 아일랜드의 상호문화교육도 처음에는 외국학생의 교육에서 출발했다. 앞서 살펴보았듯이, 1980년대부터 유랑자자녀, 베트남, 보스니아 등에서 온 난민자녀들로 인해 외국학생의 수가 늘어났다. 교육부는 1990년대 중반부터 여러 가지 교육적 조치를 취했지만 이때까지만 해도 상호문화교육은 교육과정 전체와 관련된 것으로는 여겨지지 않았다. 상호문화교육이 본격적으로 부상한 것은 2000년대 초반부터다. 아일랜드교사협회는 **2002년** *Intercultural Guidelines for Schools*를 제작했고, Mary Immaculate 대학은 *Intercultural Education in the Irish Primary Classroom*과 *Towards a Framework for Intercultural Education in Irish Classrooms*를 배포했다. 국가교육과정평가원은 2005년에 *Intercultural Education in the Primary School*을 제작, 배포했다. 이렇게 학교를 위한 상호문화교육 지침을 제시하고 관련 자료를 만들어 배포함으로써 다른 문화, 종교, 국적에 대한 부정적인 고정관념을 완화시키고 다른 문화의 발전과 이 문화에 대한 관용을 권장했다. 상호문화교육은 모든 학생에게 매우 중요하다. 왜냐하면 이 교육은 학생들이 점점 다양해지는 사회를 살아가도록 준비시켜 주기 때문이다. 이제 한 문화에 기초한 교육은 학생의 발달과 능력을 신장시키지 못한다. 따라서 학교의 과제는 상호문화주의를 장려하는 것이 아니라 그것을 가르치는 것이다. 아일랜드의 상호문화교육은 모든 참여자에게 유익한 교육이다. 이 교육은 모든 학생이 다양성을 이해하고 상상력, 비판적 사고 기술, 편견과 차별을 찾아내고 맞설 수 있는 능력을 개발하도록 도와준다. 상호문화교육의 모든 과제를 수행하기 위해 아일랜드교사협회와 국가교육과정평가원은 아일랜드 학교가 다양한 교육 수준에서 실행해야 할 과제를 정하고 있다. 상호문화교육은 교육과정 속에 추가되어야 하는 하나의 과목도 아니고, 어느 특정 과목에 포함되어야 할 별도의 내용도 아니다. 그것은 모든 과목을 통해서 통합될 수 있는 교육으로의 접근이다.

—— 성공적인 사례(1): *Intercultural Education in the Primary School*

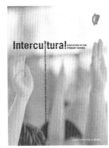

아일랜드 상호문화교육에서 매우 중요한 자료는 *Intercultural Education in the Primary School*이다. 이 자료는 국가교육과정평가원이 R. Tormey에게 집필을 의뢰하고 Mary Immaculate 대학 교육취약계층연구센터(Centre for Education Disadvantage Research)의 자문을 거쳐 발간한 초등학교

R. Tormey, 아일랜드
리머릭에서 초등 및
중등교사를 양성

상호문화교육 지침서이다. 2005년에 발간된 이 자료는 비록 문서

형태의 지침서지만 아일랜드뿐만 아니라 다른 나라에도 충분히 적용될 수 있는 훌륭한 자료이므로 아일랜드의 성공적인 사례로 좀 더 자세히 소개하고자 한다.

이 지침서는 상호문화교육의 출발점을 차이와 다양성에서 찾는다. "아일랜드는 오랜 민족적, 문화적, 언어적, 종교적 다양성을 가진 나라다. (...) 최근 이 다양성은 이민으로 인해 더욱 확장되었다"(p. 3)고 밝히고, 상호문화교육을 통해서 "모든 아동이 점점 다양해지는 사회 속에 참여할 수 있게"(p. 13) 해야 한다고 강조한다. 이 지침서는 상호문화교육을 "생활의 모든 차원에서 다양성의 정상성을 존중하고 인정하고 평등과 인권을 신장시키고 부당한 차별에 도전하고 평등을 뒷받침하는 가치를 가르치는 교육"(p. 169)이라고 정의한다. 이 지침서는 2002년에 발간된 *Guidelines on Traveller Education in Primary Schools*가 제시한 **상호문화교육의 목표**를 그대로 따른다. 즉, 상호문화교육은 ① 사회 내 복수주의를 확산시킬 여건을 조성하고 ② 학생들이 자기 고유의 문화를 좀 더 잘 알고 다른 유형의 행동방식과 가치체계가 존재한다는 것을 이해하게 하고 ③ 학생들이 다른 문화와 생활양식을 존중하고 서로를 이해하고 소중히 여기게 하고 ④ 평등에 대한 합의를 공고히 하고 ⑤ 학생들이 편견과 차별에 대해 근거 있는 선택을 하고 이 선택에 따라 행동하게 하고 ⑥ 유사점과 차이점을 인정하여 가치를 부여하게 하고 ⑦ 학생들이 자신에 대해서 말하고 자신의 문화와 역사에 대해서 설명하게 한다.

이렇게 상호문화교육의 정의와 목표를 제시한 후, 이 지침서는 **상호문화교육의 특징**을 다음 일곱 가지로 요약한다(p. 20). ① 상호문화교육은 **모든 학생**을 대상으로 한다. 모든 학생은 점점 다양해지는 국가와 세계에서 살아가야 하므로 교사는 학생들을 이런 국가와 세계에 대해 준비시켜 주어야 한다. 모든 학생을 대상으로 하는 상호문화교육에는 다음과 같은 다섯 가지 이점이 있다(p. 21). 첫째, 문화적, 사회적 차이에 대한 학생들의 관심을 유발할 수 있고, 둘째, 차이를 정상적으로 여기게 함으로써 학생의 상상력을 신장시킬 수 있고, 셋째, 학생들에게 자신의 고유한 문화적 실행에 대해서 성찰하고 질문을 던지게 함으로써 비판적 사고력을 길러 줄 수 있고, 넷째, 학생들의 감수성을 신장시켜 줄 수 있으며, 다섯째, 인종주의를 방지할 수 있다. ② 상호문화교육은 **모든 영역**, 즉 지식과 이해, 기술과 능력, 태도와 가치 속에 내포되어 있다. 교육은 본래 학생의 정신적, 도덕적, 인지적, 정의적, 미학적, 사회적, 신체적 측면 모두와 관련된 것이다. 따라서 상호문화교육 역시 학생의 모든 영역과 관련되어 있다. 상호문화주의나 인종주의는 지식에 의해서만 영향받는 것은 아니다. 이 두 가지는 감정, 느낌, 태도 등에 의해서도 많은 영향을 받는다. 단지 학생들에게 정보를 제공하거나 인지적 발달만 강조한다고 해서 인종주의를 막을 수 없다. 특히 다양성에 대한 긍정적인 정의적 반응과 차별받은 사람들에 대한 공감은 상호문화교육의 핵심적인 요소들이다. ③ 상호문화교육은 **모든 과목**, 전반적인 학교생활과 관련되어 있다. 상호문화교육은 언어, 수학, 과학과 같은 개별 교과목이 아니라 모든 교과목과 관련된 일종의 교육철학이다. 상호문화교육을 통해 모든 교과목을 연결하면 교과목들 간의 일관성을 유지할 뿐만 아니라 풍요로운 학습경험이 될 수 있다. 나아가 상호문화교육은 학교생활 전반과 관련 있다. 상호문화교육은 학교나 교실에서 단 한 번의 (one-off) 일시적인 유행이어서는 안 된다. 그것은 학교생활 모든 분야의 중심이어야 하고, 숨은 교육과정(hidden curriculum)과 학교정책에 온전히 반영되어야 한다. 한마디로 상호문화교육은 학생의 일상생활이어야 한다. ④ 상호문화교육은 **현실 세계**에 초점을 맞춘다. 교육과정에서 학습의 기본적인 원칙은 학생이 가진 지식과 경험이 새로운 이해를 위한 출발점이어야 한다는 것, 그리고 학생이 아는 것으로부터 모르는 것으로, 단순한 것에서 보다 복잡한 것으로, 구체적인 것에서 추상적인 것으로 옮겨 가야 한다는 것이다. 학생의 현실세계는 교사들이 상호문화적 주제에 대해 탐구하고 자신의 상호문화역량을 신장할 수 있는 좋은 기회를 제공한다. 학생들도 그들의 현실세계에서 불공정, 차별, 갈등을 경험할 수 있다. 현실세계를 관찰하는 것은 학생들이 차별받는 친구나 사람들에 대해 공감해 보게 하는 기회가 될 수 있다. 많은 학생들은 자신들이 언젠가 불공정하게 취급받은 적이 있음을 기억할 것이다. 이런 경험은 학생들이 차별의 희생양이 된 다른 사람들에 대해서 온전히 공감할 수 있게 도와줄 것이다. ⑤ **언어**는 상호문화역량 신장에 핵심이다. 학생은 자신의 제1언어가 무엇이든 또 학교에서 사용하는 언어가 무엇이든, 언어와 경험의 상호작용을 통해서 자신의 생각을 표현하고 새로운 개념을 습득한다. 그렇게 하면서 학생은 세상을 이해하는 법을 배운다. 따라서 언어는 학습과정에서 매우 중요한 역할을 한다. 학생들은 자신의 경험과 느낌을 언어로 표현할 수 있어야 한다. 만약 어떤 학생이 소수집단의 구성원에 대해서 부적절한 언어를 사용한다면 그는 언어가 얼마나 유해한지를 깨달아야 한다. ⑥ 상호문화교육은 어느 정도의 **시간**을 필요로 한다. 잘못된 신념, 태도, 행동을 고치는 능력과 상호문화역량은 단시일에 신장되지 않는다. 사회의 속성을 이해하고 언어와 기술을 발달시키고 이런 사회 속에서 행동할 수 있는 능력을 신장시키는 데는 많은 시간이 필요하다. 상호문화역량의 신장은 하나의 수업이나 한 학기의 수업을 통해서 완성될 수 없다. 이것은 진행 중인 과정(on-going process)이다. 이해, 기술, 가치는 점차적으로만 형성될 수 있다. ⑦ **학교** 상황은 학습을 촉진하는 데 중요하다. 학생에게 상호문화역량의 지식, 기술, 태도를 가르칠 때 학교는 좋은 장소가 될 수 있다. 학생들은 태도, 가치, 기술이 학교공동체 구성원들에게서 어떻게 다루어지는지를 보면서 이것들을 배울 수 있다. 예를 들어, 학생들은 학교와 교육기관이 어떤 점에서 인종주의적일 수 있는지를 살펴봄으로써 '간접 인종주의'와 '제도적 인종주의(institutional racism)'를 이해할 수 있다. 만약 학교에서 어느 한 민족 집단의 문화가 다른 민족 집단의 문화를 무시한다면 그것은 제도적 인종주의가 된다. 학교 정신(school ethos)과 관련된 정책수립과 실행을 담당하는 사람들은 모든 학생의 문화, 신념, 생활방식이 학교에서 제대로 존중받고 있는지를 늘 지켜보아야 한다.

*Intercultural Education in the Primary School*은 이렇게 상호문화교육의 정의, 목표, 특징을 밝힌 다음, 이 교육에서 다루어야 할 다섯 가지 주요 **학습내용**을 제시한다. 그것은 '정체성과 소속감', '유사점과 차이점', '인권과 책임', '차별과 평등', '갈등과 갈등해소'다. 그리고 이 다섯 가지의 주요 학습내용을 '지식과 이해', '기술과 능력', '가치와 태도'라는 세 개의 영역과 연결시킨다. 이것을 차례로 소개하면 다음과 같다.

정체성과 소속감 내용

	정체성과 소속감
가치와 태도	• 자기를 존중하기: 자기집단과 개인정체성에 가치를 부여하기 • 다른 사람을 존중하기: 문화와 표상에 가치를 부여하기 • 민주적 원칙을 따르기: 모든 사람은 말할 권리와 다른 사람의 말에 귀를 기울일 책임이 있음을 인정하기 • 개인에게 차이를 만들어 내는 능력이 있다고 믿기

지식과 이해	• 아일랜드 유산의 다양성을 이해하고 다양한 집단들이 현대 아일랜드 사회에 기여한 바를 이해하기 • 유럽 및 다른 문화에 대한 지식 • 아일랜드 사람들이 전 세계에 기여한 바를 이해하기
기술과 능력	• 개인 내적 기술 • 개인 간의 기술 • 민주적 과정에 참여하는 능력

유사점과 차이점 내용

유사점과 차이점	
가치와 태도	• 다양성을 존중하기: 다양한 관점과 문화적 표현에서 파생되는 가치를 확인하기 • 집단에 대한 고정관념에 대해 합리적으로 의심하기
지식과 이해	• 다양성은 인간생활의 정상적인 부분임을 이해하기 • 다양한 사회 속에서 민주적 결정 수립의 도전과 기회를 이해하기 • 문화는 우리를 결정하지 못한다는 것을 이해하기 • 인종주의가 일종의 우월감이고 다양성에 대한 모독이라고 이해하기
기술과 능력	• 다르다고 여긴 것에서 유사점을 찾는 기술과 그 정반대도 찾는 능력 • 대화에 참여하는 기술과 반대 의견에 대응하는 능력 • 의견, 해석, 관심, 확신을 표현하는 자신감과 언어를 발달시키기 • 자신의 의견을 바꿀 수 있는 능력 • 다양한 배경을 가진 사람들과 지낼 수 있는 능력 • 다른 사람들과 협력하여 일할 수 있는 능력

인권과 책임 내용

인권과 책임	
가치와 태도	• 권리를 박탈당한 사람들에 대해 공감하기 • 인권과 관련된 원칙들의 적용에 합의하기 • 개인이 차이를 만들 수 있다고 믿기
지식과 이해	• 세계인권선언(1948), 유엔아동권리협정(1989)에 대한 지식 • 인권과 관련된 주요 원칙들을 이해하기 • 권리보호와 관련된 사람들의 상호의존성을 이해하기 • 인권투쟁의 사례에 대한 지식 • 인종주의를 인권침해로 이해하기
기술과 능력	• 인권개념을 모든 상황에 적용할 수 있는 능력 • 균형 잡힌 판단을 내릴 수 있는 능력 • 인권침해에 도전할 수 있는 능력

차별과 평등 내용

	차별과 평등		
가치와 태도	• 차별을 받은 사람들에 대한 공감 • 평등 신장에 합의하기 • 개인에게 차이를 만들 수 있는 능력이 있음을 믿기 • 편견과 고정관념에 대한 합리적인 의심		
지식과 이해	• 평등과 불평등에 대한 지식과 이해 • 직접적, 간접적 차별에 대한 지식과 이해 • 인종주의를 일종의 차별의 형태로 이해하기 • 편견과 고정관념을 일종의 차별로 이해하기		
기술과 능력	• 유인물, 인상, 개인들 간의 대화, 그리고 자신 속에 있는 고정관념과 편견을 인식할 수 있는 능력 • 균형 잡힌 판단을 내릴 수 있는 능력 • 차별에 맞설 수 있는 능력		

갈등과 갈등해소 내용

	갈등과 갈등해소		
가치와 태도	• 평화로운 과정을 갈등해소의 수단이라고 합의하기 • 다른 사람들의 입장에 대해 열린 마음을 가지기 • 다른 사람들의 관점으로부터 배우는 데 합의하기		
지식과 이해	• 개인들 간, 지역적, 국제적 차원에서 갈등을 일으키는 요인들을 이해하기 • 갈등해소의 원칙들을 이해하기 • 다양한 사회에서 민주적 결정수립 과정을 이해하기 • 개인들 간, 지역적, 국제적 차원에서 갈등의 정의적, 물리적 효과를 이해하기 • 갈등을 인간생활의 정상적인 부분으로 이해하기		
기술과 능력	• 결정을 내리기 전에 다양한 자료를 검토할 수 있는 능력 • 갈등해소 과정에 적극 참여할 수 있는 능력 • 자신의 의견을 바꿀 수 있는 능력		

이 지침서의 또 다른 장점은 상호문화교육을 초등학교에서 가르치는 열다섯 개 과목과 연결시켜 설명한다는 것이다. 이것은 앞서 소개한 상호문화교육의 일곱 가지 특징 중 세 번째 특징인 "상호문화교육은 모든 교과목(…)과 관련되어

있다"와 그 맥을 같이 한다. 그것을 간략히 요약하면 다음과 같다. ① **언어** (language). 학생들은 사물이나 개념에 이름을 붙여서 세계를 이해한다. 따라서 언어는 개인의 인지력, 감성, 상상력 신장에 매우 중요한 역할을 한다. ② **게일 어**(Gaeilge). 고학년 학생들은 이 시간을 통해 아일랜드어와 다른 유럽 켈트어들 (웨일스어, 브르타뉴어, 스코틀랜드어 등) 간의 관계를 이해하고, 나아가서 아일랜 드, 영국, 유럽국가들이 역사적으로 다문화적이고 다언어적이었음을 이해할 수 있다. ③ **영어**(English). 영어는 역사적으로 아일랜드 게일어 공동체의 제2언어였 지만, 지금은 아일랜드의 명실상부한 공용어다. 학생들은 이 과목을 통해 영어와 (앵글로-색슨어, 그리스어, 라틴어, 노만-프랑스어, 스칸디나비아어, 아일랜드어와 같 은) 다른 언어들 간의 관련성을 이해할 수 있다. 영어로 번역된 외국 시나 산문 을 배우는 것은 이들 언어가 오늘날 영어에 기여한 바를 생각해 볼 수 있는 좋 은 기회가 된다. ④ **수학**(mathematics). 이 과목을 통해 신장시키는 수학적 문해 력(literacy)은 세상의 통계자료를 이해하는 데 매우 중요하다. 또한 상호문화교육 의 핵심인 평등과 불평등 개념 역시 수학의 핵심개념이다. 학생들은 다른 문화적, 민족적 배경을 가진 학생이 자신들과는 다른 수학적 규칙과 전략을 적용할 수 있 다는 사실을 이해할 필요가 있다. ⑤ **사회·환경·과학**(social, environmental and scientific education). 이 교육은 학생들이 사회적, 환경적, 과학적 문제를 비판적 으로 그리고 사실에 근거해서 이해하도록 한다. 그리고 지역환경에 대한 관심을 가지게 하고, 인간, 유기체, 지구 사이의 완전한 상호의존성을 이해하게 한다. ⑥ **역사**(history). 역사는 과거 사건들을 다양한 관점에서 이해시키는 과목이다. 또 한 학생이 아일랜드인과 유럽인으로서의 정체성을 갖게 해 주는 중요한 과목이 다. 이 과목을 통해 학생들은 다양한 민족이 오늘날 아일랜드를 만드는 데 기여 했다는 사실도 배울 수 있다. ⑦ **지리**(geography). 이 과목은 지역, 자국, 외국에 살고 있는 사람들의 다양한 방식의 삶을 가르쳐 다양성의 정상성을 이해하게 한 다. 또 다양한 문화적, 민족적, 사회적, 종교적 배경을 가진 사람들이 한 중요한 기여를 생각해 보게 한다. 사람들의 사회적, 경제적 상호작용을 이해함으로써 학 생들은 인간의 상호의존성을 좀 더 잘 이해할 수 있다. 특히 지리는 지구의 자연 적, 인간적 조건의 다양성을 이해하게 하고 다양한 환경에서 온 사람들에 대해 공감하게 한다. ⑧ **과학**(science). 탐구와 실험 과정에서 습득한 분석적 사고기술은 사회를 분석하는 과정에도 그대로 전이될 수 있다. 학생들은 오늘날 과학과 기술의 발달이 많은 민족들에 의해 수 세기 동안 축적된 산물임을 이해해야 한다. ⑨ **예술**(art education). 이 교육은 학생들이 다양한 예술 활동을 통해 자신의 생각, 느낌, 경험을 표현하고, 상상력을 발휘해 문제를 창의적으로 해결하게 하고, 자기표현을 통해 자존감과 자신감을 가지게 한다. ⑩ **시각예술**(visual arts). 이 시간에 학생들은 자신의 세계관에 큰 영향을 미치는 (텔레비전, 광고, 잡지, 거리패션 등에서 접할 수 있는) 시각적 이미지를 분석하고 이에 대해 토론할 수 있다. 이것은 소수집단과 외국인에 대한 고정관념을 알아보는 데 큰 도움을 줄 수 있다. 또한 시각예술은 아동의 상상력 신장에도 기여할 수 있다. ⑪ **음악**(music). 이 과목은 학생이 아일랜드 음악을 포함한 다양한 유형의 음악에 대해 열린 마음을 갖고 이해하고 반응하게 하고, 음악을 통해서 자신의 생각, 느낌, 경험을 표현하는 능력을 길러 주고, 음악적 실행에의 참여를 통해 자존감과 자신감을 신장시켜 줄 수 있다. ⑫ **연극**(drama). 연극은 자신을 어느 한 특정 상황 속에 던져 보게 하고, 가상인물의 상황, 갈등, 선택을 경험하게 하고, 자신의 개성을 통해 이 모든 것에 반응하게 하고, 새로운 관점을 가지게 한다. 연극은 학생들이 다른 사람들과 함께 긍정적인 감정적 참여하게 하는 '안전한 공간'을 제공한다. ⑬ **체육**(physical education). 체육은 공정한 경기, 집단 내 협력, 승패의 수용을 이해시키는 데 효과적이다. 그리고 학생들이 다른 사람들과 관계를 맺고 의사소통을 하는 법을 가르치고 자존감과 자신감을 높여 준다. 춤과 놀이 단원은 학생들에게 다양한 기원을 이해시킬 수 있다. ⑭ **사회·개인·건강**(social, personal and health education). 이 교육은 학생의 개인적 발달과 행복을 가능하게 해 주고, 자신과 타인을 존중하고 보살피게 하고, 모든 사람의 존엄성을 인정하게 하고, 사회적 책임감과 능동적이고 참여적인 시민성을 고양시켜 주고 민주적인 삶을 영위하게 한다. ⑮ **종교**(religious education). 이 교육은 아일랜드 사회가 개인의 특정 종교를 선택할 수 있는 권리를 인정하고 다양한 종교적 신념의 실행, 문화, 생활방식을 관용한다는 사실을 가르쳐 준다. 또 이 교육은 종교들 간의 이해와 관용을 가르치는 중요한 기회가 된다.

*Intercultural Education in the Primary School*은 상호문화교육의 세 가지 주요 방법을 소개한다. 첫 번째 방법은 **능동적 학습**(active learning)인데, 이는 글

자 그대로 학생이 자신의 학습에 능동적으로 참여하는 것을 말한다. 이 학습은 학생들을 육체적, 인지적, 감성적으로 참여시키고, 학생이 자신의 능력과 자기효능감에 맞게 행동하도록 권장하고, 학습내용을 학생의 현실세계와 관련 있는 것으로 구성하여 학생을 학습의 중심에 위치시키고, 신뢰와 지원의 분위기 속에서 학생이 자신의 생각을 자유롭게 말하고 새로운 기술을 시도해 보게 한다. 또한 능동적 학습은 타인과의 협력 속에서 배우게 한다. 이렇게 하면 학생은 자신의 지식을 스스로 구성하고 문제를 다양한 관점에서 바라보고 친구들과의 대화를 성찰해 볼 수 있다. 이 지침서는 이런 능동적 학습이 책임감 있는 시민성의 의미를 일깨워 줄 수 있다고 본다. 두 번째 방법은 **토론**(discussion)인데, 이 방법은 학생이 질문을 던지고 자신의 생각과 태도를 비교해 보고 정보를 분석하고 종합하는 기술을 익히게 한다. 여기에는 질문하기, 적극적으로 청취하기, 순서대로 발표하기, 다른 관점의 가치를 인정하기, 이견을 비개인적(non-personal) 방식으로 해결하기 등이 포함된다. 이런 "토론은 시, 글, 음악, 시각예술, 체육활동을 포함해 모든 교과목을 통해 이루어질 수 있고 (...) 상호문화교육에서 핵심적인 역할을 한다"(p. 139). 세 번째 방법인 **집단 활동**(group work)은 참여자들이 공동의 목표를 달성하기 위해 협력하는 것을 말한다. 이 지침서는 E. Cohen의 집단 활동 전략을 인용하면서 ① 새로운 발상을 집단에 소개하기 ② 정보를 요청하기 ③ 발상들을 설명하기 ④ 발상을 요약하거나 종합하기 ⑤ 사람들이 결정할 준비가 되어 있는지 물어보기 ⑥ 말없이 있는 사람에게 의견을 물어보기 ⑦ 다른 사람의 발표를 청취하기 ⑧ 훌륭한 제안과 발상에 대해 칭찬하기 ⑨ 합의할 준비하기를 강조한다.

　　*Intercultural Education in the Primary School*의 제6장은 평가를 비중 있게 다룬다. 이 지침서에 따르면 "사정(assessment)은 교수와 학습 과정의 핵심적인 요소다. 사정의 주된 기능은 교사에게 학생의 개념 이해 정도, 기술 숙달 정도를 비롯한 학생의 발달에 대한 지속적이고 상세한 정보를 제공하는 것"(p. 151)이라고 말하고, 초등학교에서의 사정의 기능, 사정 오류의 원인, 입학 아동에 대한 사정 등을 자세히 소개한다. 초등학교에서 널리 사용되고 있는 방법은 교사의 관찰, 교사가 만든 과제와 평가지 사용, 활동사례, 계획서, 자기자료집(portfolio), 진단검사, 표준화된 검사 등이 있다. 하지만 이것들은 어디까지나 정

보만 제공할 뿐이고 그것을 해석하는 것은 결국 교사의 몫이다. 따라서 교사는
이 방법들의 장단점을 잘 알고 있어야 한다.

─── 성공적인 사례(2): 이민학생 환대지침

아일랜드 교사들은 새로운 학생이 학교에 들어오면 다음
과 같은 사항들을 점검해야 한다(Augustyniak, 2013: 22).

J. Augustyniak
폴란드 코샬린 기술대학
교육학 교수

① 학생과 학부모의 이름의 정확한 발음은 무엇인가?

② 학생은 어떤 언어를 사용하는가?

③ 학생은 이 언어를 어느 정도로 잘 구사하는가?

④ 인사하기와 같은 필수표현(제발, 감사합니다, 같이 하세
   요, 멈추세요, 잘했어요 등)을 학생의 언어로는 어떻게
   하는가?

⑤ 학생은 이전에 공식교육을 받았는가?

⑥ 학생이 이 학교에서 알고 있는 학생(들)이 있는가?

⑦ 특정 과목의 교수와 학습과 관련해 어떤 문제가 있는가?

⑧ 학생의 특별한 관심은 무엇인가?

⑨ 학생의 종교는 무엇인가? 그것은 어떻게 실행되는가? 이 종교를 위해 학
   교와 교실에서 고려해야 할 것은 무엇인가?

⑩ 음식, 장식물, 옷과 관련해서 학생에게 특별히 문제가 되는 것이 있는가?

⑪ 교실 상호작용에 영향을 미칠 수 있는 문화적 실행이 있는가?

⑫ 지배 민족 집단의 구성원에게는 문제가 되지 않지만 학생의 출신문화에
   서는 부적절하거나 무례하다고 여겨지는 행동이 있는가? (예를 들어, 아동
   이 성인과 눈을 쳐다보는 것은 아프리카 문화에서 무례할 수 있고, 바로 옆에 바
   짝 앉는 것은 어떤 문화에서는 무례하게 여겨질 수 있다.)

새로 들어온 학생의 가장 큰 어려움은 영어능력의 부족이다. 그래서 교사들
은 모든 수단과 방법을 동원해서 이 학생들에게 영어를 가르치려고 노력한다.
처음에는 언어의 이해와 표현에 초점을 맞춘다. 학습 초기에는 신체언어, 시각적

자료, 비디오, 사진, 놀이, 활동 등이 유용한 자료다. 또 교사들은 두 명의 같은 국적 학생을 한 조로 묶는다. 이 중 한 학생은 영어를 잘하고 학교생활도 잘 알고 있어야 한다. 그래서 이 학생이 통역이나 번역을 통해서 다른 학생의 언어적 어려움을 덜어 주어야 한다. 이런 영어교육과 '도우미'제도 외에도, 영어가 유창하지 못한 학생들을 위해서는 다음과 같은 배려가 필요하다(Augustyniak, 2013: 23).

① 영어를 잘 못하는 학생은 대답은 하지 말고 듣기만 할 수 있게 허용한다.
② 학급 전체 활동보다 부담이 덜한 소집단 활동과 짝 활동을 실시한다.
③ 과제수행에 문제가 있으면 언제든 어디서든 학생을 도와준다.
④ 사진, 그림, 지도 등 시청각 자료를 가능한 한 많이 사용한다.
⑤ 글로 답하기보다는 말로나 시각적으로 대답할 수 있게 허용한다.
⑥ 학교생활 내내 짝이 되어 줄 학생이 있으면 '도우미'체제를 도입한다.
⑦ 나선형 접근을 하는 경우라면 보다 낮은 수준을 사용한다.
⑧ 학급 도서관에 다른 제1언어들로 쓰인 책들을 배치한다.
⑨ 학생이 주제, 어휘 등을 좀 더 잘 다루기 위해 컴퓨터를 사용할 수 있게 허용한다.
⑩ 학생의 과제를 줄여 주어 높은 성공률을 거두게 한다.
⑪ 새로운 나라에 대해 논의할 때는 지도를 사용한다.
⑫ 다양성을 보여 주는 포스터(poster)를 사용한다.
⑬ 다양한 나라의 노래와 놀이를 사용한다.
⑭ 학생이 학급에 적응하면 다른 학생들에게 기본적인 단어를 가르치라고 권장한다.
⑮ 예술을 자기표현이나 대화의 출발점으로 활용한다.
⑯ 다른 교사나 외부집단에 도움을 청한다.
⑰ 특정 주제의 날이나 주(週)를 많이 만든다.
⑱ 가능한 한 실제(authentic)자료를 사용한다.
⑲ 교육과정 내 상호문화적 요소들을 활용한다.

국제기구의 상호문화교육

유럽 선진국들은 제2차 세계대전 전후 복구를 위해서 많은 외국인노동자를 받아들였다. 이들은 대개 단기간 노동계약으로 들어왔으나 여러 이유로 장기체류 또는 영주하게 되었고 이에 따라 그들의 자녀들도 점증했다. 이렇게 되면서 전혀 예상치 못한 사회문제들이 발생했다. 스위스 출신 작가 M. Frisch의 말처럼 **"노동력을 불렀더니 사람이 왔다**(Wir riefen Arbeitskräfte, und es kamen Menschen). 노동계는 외국인노동자의 처우문제를, 교육계는 그 자녀의 교육문제를 다루어야 했다. 교육계에서는 이주배경자녀의 수용국 언어문제가 가장

M. Frisch(1911~1991),
스위스 극작가

급선무였다. 그래서 모든 학생에 대한 처우의 평등을 90여 년간 고수해 오던 프랑스도 1970년 이주배경학생을 위한 프랑스어 보충반을 만들었다. 1973년 석유파동으로 또 다른 고민을 해야 했다. 이 파동으로 전 세계가 경제 불황에 빠지자 유럽 선진국들은 그간에 들여온 외국인노동자의 귀국을 종용했고, 그 자녀가 본국에 돌아갔을 때 그곳에서 잘 적응하도록 준비해 주어야 했다. 그래서 1970년대 중반에 등장한 것이 출신언어문화교육이다. 대부분의 학자들은 이 교육을 상호문화교육의 출발점으로 본다. 학교에서 이 교육을 하게 되면서 교사와 교육학자들은 수용국의 언어와 문화와 출신국의 언어와 문화의 관계에 대해서 생각하고 연구하기 시작했다. 이런 일련의 흐름을 주도한 것은 유럽평의회였다. 유럽평의회는 1970년대부터 상호문화교육을 다문화사회의 교육적 대안으로 제시했다. 1993년에 출범한 유럽연합의 회원국은 모두 유럽평의회 회원국이다. 따라서 유럽연합은 자연스럽게 유럽평의회의 상호문화교육을 적극 지지했다. 전 세계에서

가장 큰 교육기구라 할 수 있는 유네스코는 처음에는 국제이해교육을 권장했으나 1970년대부터 상호문화교육에 관심을 보였고 2006년에는 상호문화교육지침(*UNESCO Guidelines on Intercultural Education*)까지 발간하면서 이 교육을 권장했다. 이런 의미에서 우리는 여기에서 이 세 기구에 대한 일반적인 소개, 상호문화교육과 관련된 활동의 역사 등을 차례로 살펴보도록 하겠다.

1. 유럽평의회의 상호문화교육

유럽평의회(Council of Europe)는 이 세 기구 중에서 상호문화교육에 가장 먼저 관심을 보였고 지금도 이 교육을 가장 적극적으로 권장하고 있다. 먼저, 유럽평의회의 출현배경과 상호문화교육 실태를 살펴보면 다음과 같다.

—— 유럽평의회 소개

영국의 W. Churchill은 1943년 3월 21일 BBC 라디오 방송에서, 유럽에 평화를 재건하고 유지하려면 초국적인 조직이 필요하다고 역설했다. 그는 1946년 9월 취리히(Zurich) 대학 연설에서도 이를 재차 강조했다. 하지만 유럽평의회 창설에 대한 본격적인 논의는 1948년 네덜란드 헤이그(Hague)에서 이루어졌다. 이 자리 모인 30개국 800여 명의 정치인, 정부관리, 시민단체는 유럽평의회의 구조에 대해서 논의하고 '사회적 진보와 안전을 보장하는 경제적, 정치적 통합', '심의하는 의회의 구성', '인권헌장의 준비'를 권고했다. 그다음 해 **1949년** 5월 5일 벨기에, 덴마크, 프랑스, 아일랜드, 이탈리아, 룩셈부르크, 네덜란드, 노르웨이, 스웨덴, 영국은 런던조약을 맺고 유럽평의회를 창설했다. 그해 8월 스트라스부르(Strasbourg)에 모인 각국 장관들은 P.H. Spaak를 초대의장으로 선출했다. 이 초대회장은 인권, 교육, 문화, 스포츠, 청소년 정책을 논의하는 정부 간 협력체제 구축을 강조했다. 같은 해 그리스, 터키가 새로운 회원국으로 가입했다. 1949년부터 1969년까지 독일(1950), 아이슬란드(1950), 오스트리아(1956), 키프러스(1961), 스위스(1963), 몰타(1965)가 가입했다. 1961년에는 문화협력위원회(Council for

Cultural Cooperation)가 창설되
었는데, 이 위원회는 핀란드와
같은 비회원국에게도 개방되
었다. 1976년에는 포르투갈이,
1977년에는 스페인이 가입했
다. 이후에도 신규가입이 이어
졌고, 2007년 몬테네그로가 가
입함으로써 지금처럼 47개 회
원국이 되었다. 회원국의 인구

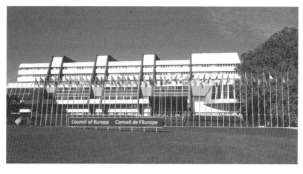

프랑스 스트라스부르 유럽평의회 본부

는 총 8억 2천만 명에 달하고 매년 5억 유로의 예산을 집행한다. 이 예산은 회원
국들이 그 인구와 국내총생산에 비례해 지출한다.

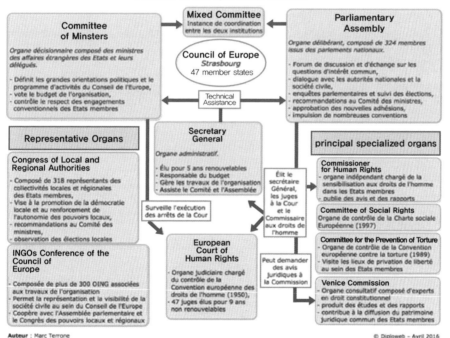

유럽평의회의 주요 조직

유럽평의회는 2,100여 명의 상근직원을 둔 거대한 **조직**이다. 이 직원들은

47개 회원국에서 개인적 능력, 회원국 간 공정한 배분 등을 고려해 채용된다. 이들은 영어와 프랑스어에 능통해야 하고 제3언어도 잘 구사해야 한다. 유럽평의회는 독일어, 스페인어, 이탈리아어, 러시아어 등 다양한 언어도 사용한다. 유럽평의회는 장관회회, 의원의회, 사무국, 유럽인권재판소, 유럽인권위원회 등으로 구성된다.[1]

장관회의(Committee of Ministers)는 유럽평의회의 집행기구로서, 47개 회원국의 외무부장관으로 구성된다. 모든 회원국은 영어 알파벳순으로 6개월씩 의장직을 맡는다. 외무부장관들은 매년 5월이나 11월에 한 번 모이지만, 그 대리인들은 매주 수요일에 모인다. 외무부장관이나 그 대리인은 유럽평의회의 활동을 결정하고 회원국과 관련된 문제를 공동으로 해결한다. 이들은 국방을 제외한 모든 주제를 다룬다. 장관회의는 유럽평의회의 기본 가치들을 옹호하고, 회원국들의 약속 준수를 감독하고 합의와 협약을 결정한다.

의원의회(Parliamentary Assembly)는 유럽평의회의 심의기구로서, 장관회의와 함께 유럽평의회의 주축을 이룬다. 의원의회는 8억 2천만 명을 대표하지만 법률 제정권은 없다. 의회는 회원국 국회가 선출한 324명의 의원과 동수의 대리인으로 구성된다. 여기에 파견된 의원들은 자국의 정치적 상황을 반영해야 한다. 의원 수는 나라마다 다른데, 안도라나 모나코같이 작은 나라는 2명을 파견하고, 프랑스, 영국과 같이 큰 나라는 18명을 파견한다. 의회는 스트라스부르에서 매년 4회, 매회 1주일씩 공개로 열린다. 회기가 아닐 때는 사무처(Bureau)나 위원회가 그 기능을 대신한다. 10개의 위원회는 각각 정치, 법률 및 인권, 경제 및 발전, 사회·건강·가족, 이민·난민·인구, 문화·과학·교육, 환경·농업 및 지역·권역, 남녀기회평등, 감사, 진행규칙·면제·제도를 담당한다. 의원의회는 모든 주제를 자유롭게 다루고, 장관회의에게 내리는 권고(recommendation), 자신의 입장을 밝히는 결정(resolution), 장관회의가 제출한 문건, 조약 초안, 회원 가입 등에 대한 의견(opinion) 중 하나로 그 입장을 표명한다. 의원의회는 회원국의 공동의 이해와 관련된 문제를 논의하고, 각국 정부와 시민단체와 협의하며, 의회 차원에서 조사를 실시하고 선거를 감독한다. 동시에 유럽인권재판소 판사, 유럽평의회 사

---

1 https://books.google.co.kr/books?id=yp3jBAAAQBAJ&pg=PT4&hl=ko&source=gbs_selected_pages&cad=2#v=onepage&q&f=false

무총장, 사무차장, 인권위원장을 선출한다. 또한 신규회원가입을 승인하고 협약을 추진한다.

── 상호문화교육 확산

"유럽평의회는 교육영역에서 확실히 자리 잡은 권위 있는 기관들 중 하나로, 상호문화교육의 확산을 위해 수많은 발의를 해 왔다. 상호문화교육과 관련된 자료들의 변화는 유럽평의회 내 교육정책의 변화로 여겨질 수 있다"(Huber, 2012: 17). 이처럼 상호문화교육을 강조해 온 유럽평의회는 **인권, 민주주의, 법치주의**를 그 핵심가치로 삼는다. 이런 핵심가치를 가진 유럽평의회가 1950년대 이후 유럽에 들어온 이민자들[2]의 인권에 관심을 보인 것은 당연한 일이다. 1970년 대부터는 특히 이들의 자녀의 교육문제에 큰 관심을 보였다. R. Ryba(2000: 249)에 따르면, 이 시기에 이미 유럽평의회는 "많은 유럽 교육체제에서 늘 나타나는 국가주의적이고 민족중심적인 요소를 제거하는 데 고군분투했다."

M. Rey(1986)는 1970년부터 1984년까지의 유럽평의회 교육적 조치를 다음과 같이 정리했다. 먼저, 유럽평의회 장관회의는 **1970년** 이민노동자 자녀의 학업에 대한 결의를 공포했다. 이 결의는 회원국에 세 가지 권고를 했다. 그것은 첫째, 이민자 자녀를 수용국 교육에 잘 통합시키고, 둘째, 출신국과 문화적, 언어적 관계를 유지하고, 셋째, 이민자 자녀가 본국으로 돌아갔을 때 그곳에서 다시 잘 적응하도록 준비해 주라는 것이었다. **1973년** 제8차 유럽교육장관 상설회의는 이민자와 그 가족의 교육문제에 대한 결의를 공포했다. 그리고 1974년에는 이민

---

2 D. Faas 외(2014: 300)에 따르면, 제2차 세계대전 이후 유럽의 이민사는 네 가지 단계로 나눌 수 있다. 첫 번째 단계는 제2차 세계대전 종전부터 1973년 석유파동까지의 단계다. 이 단계의 특징은 그리스, 이탈리아, 포르투갈, 스페인으로부터 독일과 프랑스로 가는 소위 '남쪽에서 북쪽으로'의 이민이었다. 두 번째 단계는 1973년 석유파동부터 1989년 공산주의 체제 붕괴까지의 단계다. 이 시기의 특징은 유럽공동체들이 경제통합 정책을 추진함에 따라 '남쪽에서 북쪽으로'의 이민은 서서히 줄어들고 수용국들이 이미 들어온 사람들을 사회 속에 통합시키기 위해 노력했다는 것이다. 세 번째 단계는 1989년 유럽의 공산주의 체제가 붕괴되면서 '동쪽에서 서쪽으로'의 이민이 늘어난 단계다. 네 번째 단계는 2001년 9.11 사건 이후 이민을 안전 문제와 관련짓기 시작한 단계다. 유럽연합 회원국들은 유럽연합 밖에서 노동자들을 들여왔다. 그리고 이 시기에는 중유럽 및 동유럽, 지중해 지역에서 와서 수개월 또는 수일 머무는 다양한 형태의 단기 이주가 늘어났다.

자들의 교육에 관한 임시회의를 개최했다. 1975년 제9차 유럽교육장관 상설회의는 회원국이 이민자자녀에게 기회의 평등을 보장하고, 출신국의 언어와 문화를 잘 유지하고 수용국의 언어와 문화를 배워 자신의 역량을 발휘할 수 있게 하는 조치를 시행하라고 요구했다. 이런 조치를 실행하기 위해 유럽평의회 장관회의 산하 문화협력위원회(Council for Cultural Cooperation)는 전문가 모임을 구성했다. 여기에는 스위스의 M. Rey, 프랑스의 L. Porcher 등 7개국에서 온 9명의 전문가가 참석했다. 이들은 이 활동을 '상호문화교육'이라는 관점에서 실시하기로 합의했다. 이들이 이렇게 합의한 것은 이 관점이 유럽평의회의 민주주의 교육, 기회의 평등, 차이점과 유사점의 고려, 복수주의, 상호 풍요로움이라는 이상에 가장 적합하다고 보았기 때문이다. 이 실무진은 1983년까지 활동했다. 1976년 유럽문화장관 임시회의는 이민노동자들과 출신국의 관계를 조정하기 위해 관련 국들 간 협력이 필요하다고 주장했다. 1982년 의원의회는 여성이민자들과 관련된 권고를 내렸다. 1983년 제13차 유럽교육장관 상설회의는 이민자의 교육에 대한 결의를 만장일치로 채택하고, 상호문화적 차원이 교육에서 매우 중요하다고 강조했다. 또 이민자자녀의 특수한 요구에 초점을 맞춘 기존의 교육을 새로운 다문화사회의 요구에 초점을 맞추는 교육으로 전환할 것을 주문했다. 이로써 교육체제는 모든 아동이 자신의 배경과 상관없이 사회 속에 온전히 참여하는 데 필요한 지식을 전수하고 능력을 키워 줄 것을 요구받게 되었다. 1984년 장관회의는 제2세대 이민자들에 대한 권고를 내렸다. 같은 해 열린 또 다른 장관회의는 교사들을 대상으로 상호문화 연수를 실시하라고 권고했다. 1986년 장관회의 산하 문화협력위원회는 "상호문화주의: 발상에서 교육적 실행으로, 실행에서 이론으로(L'interculturalisme: de l'idée à la pratique didactique et de la pratique à la théorie)"라는 보고서를 제출했다. 당시 유럽평의회는 유럽사회가 다문화적이 되었고, 앞으로 더 다문화적으로 변할 것이라고 보았고, 이것이 유럽사회 전체의 잠재적인 풍요로움의 원천이라고 보았다. 그리고 모든 문화는 각각의 특수성을 지니고 있어서 똑같이 존중받아야 하고 결코 다른 문화에 위협이 되지 않는다고 보았다. 이런 관점에서 유럽평의회는 '다문화(multiculturel)'에서 상호문화 (interculturel)로 넘어가기 위한 전략을 개발해 다양한 문화들이 각자의 고유한 정체성을 유지한 채 상호 침투하게 해야 한다고 역설했다. 이처럼 1980년대 중반 유럽평의회는 '문화적으로 다른(culturally different)' 사람들을 위한 특수교육이라는 개념을 버리고 그것을 '문화적으로 보완되는(culturally supplement)' 사람들의 일반교육이라는 개념으로 대체했다(Perotti, 1995). **1990년대부터** 유럽평의회는 상호문화교육을 '상호성(reciprocity)'이라는 용어로 정의하려고 시도했다. 이 상호성은 교육적 차원과 정치적 차원을 가지고 있었다. 정치적 차원은 1989년 중유럽과 동유럽의 변화와 관련 있다. 이때부터 유럽평의회는 중유럽과 동유럽과의 협력을 강화하고 인권, 특히 소수자의 권리를 강조했다. 유럽평의회는 1991년 역사 교과서 내 국가주의적 편견을 찾아내고 이것을 제거하는 연구를 지원했다. 유럽평의회 문화협력위원회는 **1993년** '민주주의, 인권, 소수자: 교육적, 문화적 측면(Democracy, human rights, minorities: educational and cultural aspects)'이라는 사업을 진행했다. Th. Mangot가 이끈 이 사업은 1997년까지 지속되었다. 유럽평의회는 **1995년**에 *Education Pack*을 발간했다. '청소년 및 성인 대상 비공식 상호문화교육을 위한 발상, 수단, 방법, 활동'이라는 부제를 단 이 지침서는 유럽평의회가 가장 성공적인 출판물이라고 자부하는 지침서다. 유럽평의회 청소년국(Youth Department)은 **2000년** *Intercultural Learning T-Kit*을 발간했다. 이 책은 상호문화학습을 인권교육과 함께 교육의 중심에 위치시켰다.

2000년 교육장관회의는 '문화다양성선언(Declaration of Cultural Diversity)'을 채택했다. 이 선언은 문화적으로 다른 실행들의 공존과 교류를 장려하고, 문화적으로 다른 서비스와 산물의 제공과 소비를 강조했다. 이 선언에 따르면, 정보의 자유와 자유스러운 창조적 표현을 위한 조건이 보장되지 않으면 문화다양성은 존재할 수 없다. 유럽평의회는 2002년 '상호문화교육의 새로운 도전: 유럽에서의 종교적 다양성과 대화(The New Challenge of Intercultural Education: Religious Diversity and Dialogue in Europe)'라는 사업을 시행했다. C. Birzéa가 주도한 이 사업은 상호문화교육의 종교적 차원을 정규교육과정과 방과 후 교육과정에 포함시켰다. 이 사업은 종교를 하나의 '문화현상'이라고 보고, 상호종교대화를 상호문화교육에 포함시킬 것을 요구했다. 이는 2001년에 일어난 9.11 사건과 관련 있어 보인다. 2004년 이 사업은 '안정적이고 응집력 있는 사회 건설(Building

Stable and Cohesive Societies)'이라는 정부 간 활동 프로그램 속에 포함되었다. 2003년 유럽평의회 유럽교육장관들은 '새로운 유럽 맥락 내 상호문화교육(Intercultural Education in the new European Context)' 선언을 채택했다. 이 선언은 유럽사회의 다양한 문화적 특징의 보호와 배제 및 주변화의 철폐를 강조한다. 이 선언은 또한 상호문화적 발상을 교육과정, 학교 교과서, 교사연수에 포함시킴으로써, 상호문화적 차원을 각국의 교육정책에 도입할 것을 주장한다. 유럽평의회는 2003년 *Facets of interculturality in education*을 발간했다. 같은 해 유럽평의회 산하 반(半)자치기구인 유럽외국어센터(European Centre for Modern Languages)는 *Mirrors and Windows*를 출간했다. 이 책의 목표는 상호문화의사소통역량을 신장시키는 것이다. 이 책은 일곱 가지의 주제를 통해서 다음과 같은 목표를 달성하고자 한다. 첫째, 학생들이 자신의 문화에 기초한 자신의 고유한 가치, 행동, 사고방식에 대해서 성찰하게 돕는다. 둘째, 가치, 행동, 사고방식 내 상호문화적 차이들을 인식하게 한다. 셋째, 문화에 의해서 결정된 언어사용의 다양한 측면들을 파악하게 한다. 넷째, 관찰, 해석기술, 비판적 사고를 실행하도록 한다. 다섯째, 다양한 관점을 이해하고 수용하게 한다. 여섯째, 공통적인 기반을 협상하게 한다. 일곱째, 공감, 개방된 마음가짐, 타인존중의 태도를 기른다. 이 책은 일곱 개 단원으로 구성되어 있는데, 각 단원은 독립적이어서 정해진 순서 없이 사용될 수 있다. 여기서 다루는 주제는 유럽언어공동참조기준(*Common European Framework of Reference for Languages*)의 주제들과 관련 있다. 그리고 각 단원은 다음과 같은 순서로 구성되어 있다. 첫째, 서론은 단원의 주제에 대한 일반적인 정보를 제공한다. 둘째, 자기의 고유한 문화에 대해서 생각해 보게 한다. 그림, 과제, 질문은 학생들이 자신의 가치, 관습, 행동, 태도에 대해서 생각해 보게 한다. 셋째, 다른 문화를 발견한다. 다른 문화에 대한 읽기자료, 민족지학적 과제 및 프로젝트는 다른 문화에 대한 개방과 독립적인 학습을 유도한다. 넷째, 언어활동은 학생들이 문화를 통해 언어를 좀 더 잘 배우게 한다. 한편, 유럽평의회의 협약과 활동은 상호문화교육을 회원국 내에 장려하는 추진력이 되어 왔다. 이는 2005년 '사회－문화적 다양성을 가르치기 위한 정책 및 실행(Policies and Practices for Teaching Socio-cultural Diversity)' 사업에서도 잘 드러난다. 이 사업의 목적은 학교에서 다양성을 관리하게 도와주는 유럽의 공유된 원칙을 개발하고 실행하는 데 있다. 이 사업은 교육과정, 교사연수를 통한 다양성교육, 농촌과 도시에서 다양성연수를 강조한다. 유럽평의회는 2007년 *Religious diversity and intercultural education: a reference book for schools*를 발간했다. 이 자료의 주된 목적은 2003년 유럽장관상설회의 최종선언, 2004년 Wroclaw 선언, 2005년 바르샤바 행동계획으로 천명된 유럽인들의 소망을 실행에 옮기는 것을 도와주는 것이다. 이 자료는 정책결정자, 교사, 강사, 활동가가 인권에 기초해 종교다양성 문제를 다루는 것을 도와준다. 2007년 유럽평의회 회원국 장관들은 포용적 교육을 위한 조치, 특히 사회−문화적으로 배제된 사람들을 위한 조치의 실행을 촉구했다. 장관들은 또한 상호문화주의, 다언어주의, 능동적 시민성을 포함한 사회적 결속을 위한 핵심기술을 장려하는 프로그램을 요구했다. 2008년 유럽평의회는 *White Paper on Intercultural Dialogue*를 발간했다. 이 백서는 상호문화대화를 "상호 이해와 존중을 기초로 한 상이한 민족적, 문화적, 종교적, 언어적 배경과 유산을 가진 개인 및 집단들 간의 개방적이고 정중한 의견 교환 과정"이라고 정의하고, 이 대화를 문화다양성과 사회적 결속 사이의 균형을 유지하기 위한 수단으로 여겨야 한다고 역설했다.

또 이 백서는 상호문화교육을 인권, 민주주의, 법치주의와 같은 보편적인 가치들을 지지하고 강화하기 위해, 그리고 사람들 간의 상호이해를 돕기 위해 필요한 핵심영역들 중 하나로 삼았다. 이 백서는 상호문화역량의 교육·학습, 상호문화대화를 위한 공간 마련, 국제적 차원에서의 상호문화대화 실행을 강조한다. 또한 상호문화역량을 핵심역량으로 규정하고, 모든 사람이 상호문화대화에 참여하여 이 역량을 신장해야 한다고 강조한다.

2009년 유럽평의회는 *Policies and Practices for Teaching Socio−cultural Diversity*를 발간했다. 12명이 공동 집필한 이 책은 네 개 장으로 이루어져 있다. 제1장은 유럽평의회의 '사회−문화적 다양성을 가르치기 위한 정책 및 실행'을 기술하고, 제2장은 여러 가지 유형의 다양성을 설명하고, 제3장은 교사교육에서의 새로운 도전을 언급하고, 제4장은 이 도전에 대한 대답으로 교사 대상 다양성교육을 권장한다. 이 중에서 제2장을 좀 더 자세히 살펴보면, 다양성은 문화, 언어, 종교, 성별, 장애, 성적 지향과 관련된다. 이 책의 저자들에 의하면, "다양성은 문화적, 사회적, 역사적으로 만들어진 다양한 함축과 해석을 가진 개념이다. 민주주의, 시민성, 시민사회, 공정, 상호문화성 등과 마찬가지로, 다양성은 모든 것을 포함하는 개념보다는 관련된 활동을 통해서 명시되는 개념이다. 그래서 이 책은 다양성의 개념을 정의하는 대신 다음과 같은 일곱 가지 사실을 강조할 것을 제안한다(pp. 18–19). 첫째, 모든 인간은 유일한 존재다. 둘째, 개인들과 집단들은 다른 개인이나 집단과 다른 능력을 가지고 있다. 셋째, 인간은 문화적으로 구성된 세계 속에서 성장하고 살고 있기 때문에 문화적으로 형성되었다고 할 수 있다. 넷째, 특정 사회 또는 문화적 맥락에서의 다양성은 특정한 방식으로 구조화되어 있다. 다섯째, 각 문화 내에는 내적 복수성이 존재한다. 여섯째, 인간은 늘 상호작용하고 협력하고 함께 살아가는 지속 가능한 사회적 형태를 추구해 왔다. 일곱째, 인간은 단지 차이점에 의해서만이 아니라 공통점에 의해서도 특징지어져 왔다. 한편, 이 책은 '상호문화적(intercultural)'이라는 용어가 상호의존성과

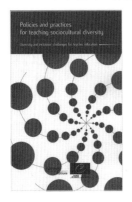

상호작용을 강조하고, "상호문화교육은 '문화'를 넘어서고, 상호문화대화와 결합하여, 학교와 교사교육기관이 자신의 시야를 넓혀 모든 유형의 다양성을 포함하게 하는 교육적 접근처럼 여길 수 있다"(p. 30)고 강조한다. 그리고 M. Rey(2008)를 인용하여, 상호문화교육은 다음과 같은 것을 강조하는 전략으로 여겨져야 한다고 역설한다. 상호문화교육은 첫째, 우리의 자아중심적, 사회중심적, 민족중심적 확신과 우리의 단문화적 규범에 의문을 제기하는 전략이고, 둘째, 고정관념적 심상과 표상을 바꾸고 편견을 극복하는 전략이고, 셋째, 권력관계를 변화시키고 다양하게 하고, 가치 절하된 개인과 집단에게 그리고 그들이 자신을 표현하는 능력, 문화적 기본구조, 방법에 동등한 비중을 두는 전략이고, 넷째, 문화, 사회계층, 제도, 교육영역, 학교 교과목, 과학적 주제 간의 그리고 모든 나이, 언어, 민족성, 문화, 종교의 사람들 간의 장벽을 제거하고 관계를 강화하는 전략이고, 다섯째, 개인, 집단, 공동체들 간의 협상과 의사소통을 가르치고 권장하는 전략이고, 여섯째, 지역적, 국가적, 국제적 공동체와 관련하여 개인에게 부과되는 책임감을 연결하는 전략이다.

2012년 유럽평의회는 *Intercultural Competence for All*을 발간했다. '이질적인 세상에 살아가기 위한 준비'라는 부제를 단 이 책은 상호문화교육을 통해 길러야 할 상호문화역량에 초점을 맞춘다. 제1장은 상호문화교육을 위한 기본체제(framework)를 다루고, 제2장은 상호문화교육과 관련된 교류, 협력, 인정을 다룬다. 이 책은 21세기 "시민들이 다양한 사회 속에 함께 살아갈 수 있도록 도와주는 교육이 필요하고, 바로 이런 이유로 우리 모두는 상호문화역량을 신장시킬 필요가 있다"(p. 5)고 강조한다. 또 "상호문화역량은 모든 개인을 위한 핵심적인 전제이고, 이것은 저절로 습득되는 것이 아니기 때문에 평생 동안 신장되고 학습되고 유지되어야 한다"(p. 6)고 강조한다. 나아가서 "상호문화역량을 모든 교육의 중심에 놓는 적절한 정책 없이는, 특히 상호이해에 필요한 지식, 태도, 기술을 신장시키는 일상적인 실행 없이는, 그 어떤 지속 가능한 사회적 변화도 불가능하다"(p. 6)고 역설한다. 이 책은 이 상호문화역량을 길러 주는 교육이 바로 상호문화교육이라고 본다. 그리고 이 상호문화교육은 국제연합, 유럽평의회, 유럽연합에 의해 지지받고 있다고 말한다(pp. 16–18). 이 책에서 특히 주목할 점은 상호문화교육을 '다양성을 위한 교육(education for diversity)'으로 보고 있다는 것이다. 다시 말해, "다양성 개념을 상호문화교육의 핵심개념들 중 하나"(p. 23)로 보고 있다는 것이다. 이 책은 다문화주의, 복수문화주의, 상호문화주의를 구분하여 설명한다. **다문화주의**(multiculturalism)는 "다언어적, 다민족적, 다종교적일 수밖에 없는 사회의 자연스러운 상태"를 가리킨다. 다문화주의가 한 공동체 내 여러 집단의 존재를 강조한다면, **복수문화주의**(pluriculturalism)는 "개인에 의한 다른 문화의 측면들의 통합"(p. 23)을 가리킨다. 이 주의는 개인이 여러 문화에 복합적으로 소속되어 있음을 강조한다. **상호문화주의**(interculturalism)는 집단들의 상호작용적 차원, 그들이 공동 프로젝트를 수립하고 공유된 책임감을 확인하고 공동의 정체성을 만들 수 있는 능력에 주목한다. 따라서 "상호문화주의는 '그들'과 '나' 모두에 영향을 미친다"(p. 24). 상호문화주의는 다른 문화들에 대한 지식과 더불어 자신의 문화를 다양한 참조체계에 비추어 문화현상을 좀더 잘 이해하는 것을 강조한다.

2014년 유럽평의회는 유럽연합과 함께 '비공식학습/교육 활동 내 상호문화대화를 위한 지침(Guidelines for intercultural dialogue in non-formal learning/education activities)'을 내렸다. 이 지침의 목표는 청소년을 지도하는 사람들이 그들의 교육 활동 속에 상호문화대화를 포함시키는 것을 도와주는 것이다. 이 지침은 학습 원칙, 방법론, 실행 등을 소개하고 있다. 이 지침은 용어 해설에서, *UNESCO Guidelines on Intercultural Education*(2006)의 상호문화교육에 대한 정의를 그대로 사용한다. 그리고 "상호문화교육은 일차적으로는 공식교육을 가리키지만 상호문화학습은 대개 비공식교육을 가리킨다"라고 구분한다. 유럽평의회는 2015년 유럽연합과 함께 *Guidelines for intercultural dialogue in non-formal learning/education activities*를 발간했다. 이 지침은 자신의 수업에 상호문화대화를 도입

하고자 하는 청소년 활동기획자나 강사들에게 도움을 주기 위해 만들어졌다. 이 지침이 말하는 상호문화대화는 단지 의사소통을 위한 정강(platform)이 아니다. "그것은 서로에 대한 학습 수단인 동시에 서로로부터의 학습을 위한 수단이다. 그것은 사회적 변혁에 기여하고, 평등한 기회와 사회적 정의가 보장되는 세상, 더 나은 세상을 만드는 데 기여하는 진행 중인 과정이다"(p. 5). 유럽평의회는 2018년 유럽연합과 함께 *Intercultural Learning T-Kit* 개정판을 발간했다.

요컨대, 유럽평의회는 1970년대에는 주로 이주배경자녀의 언어교육, 그들의 학교 내 통합에 초점을 맞추었고, 1980년대에는 모든 학생이 긍정적인 자아상을 가지게 하는 것으로 발전했고 1990년대에는 문화집단들 간의 원만한 관계형성이라는 보다 포괄적인 접근으로 확장되었다. 그리고 지금은 문화, 민족, 언어, 종교, 성별 등 다양한 형태의 문화다양성을 가르치는 '시민성교육'으로 옮겨 가고 있다.

2. 유럽연합의 상호문화교육

유럽연합은 1993년에 공식 출범한 국제기구다. 유럽연합 회원국은 모두 유럽

평의회의 회원국이므로, 상호문화교육에 대해서도 동일한 입장을 표명하고 있다.

── 유럽연합 소개

유럽연합의 기원은 1946년 9월 영국 수상 W. Churchill이 스위스 취리히(Zurich) 대학에서 한, 유럽기구 구성에 대한 연설까지 거슬러 올라간다. 이런 점에서 유럽연합의 기원은 유럽평의회의 기원과 같다고 할 수 있다. 그는 이 연설에서 유럽에도 국제연합과 같은 기구를 만들어야 한다고 주장했다. 1950년 5월 프랑스 외무부 장관 R. Schuman은 J. Monet가 구상한 석탄 및 철광석 채굴을 위한 프랑스-서독 간의 공동사무소 설치계획을 공식 건의했는데, 이 건의로 최초의 유럽공동체 구상은 구체화되었다. 1951년 4월 프랑스, 서독, 이탈리아, 벨기에, 네덜란드, 룩셈부르크가 석탄 및 철광석 채굴에 관한 조약을 체결함으로써 유럽석탄철강공동체(ECSC)가 출범했다. 또 1957년 프랑스, 서독, 이탈리아, 벨기에, 네덜란드, 룩셈부르크가 로마조약을 맺고 유럽경제공동체(ECC)를 출범시켰다. 1967년 브뤼셀조약을 통해 유럽의회, 유럽연합위원회, 유럽이사회가 탄생하고, 기존에 있던 유럽석탄철강공동체, 유럽경제공동체, 유럽원자력공동체가 하나로 통합되었다. 1973년에는 덴마크, 아일랜드, 영국이 가입하면서 유럽공동체는 확장되었다. 1981년에는 그리스가, 1986년에는 포르투갈과 스페인이 가입했다. 1990년에는 동독과 서독이 통일하면서 여기에 자동으로 편입되었다. 1985년에는 독일, 프랑스, 베네룩스 3국 등 5개국이 쉥겐(Schengen)조약을 맺고 국경을 개방하고 정보를 공유하기로 했다. 1987년에 발효된 단일유럽의정서(Single European Act)는 유럽공동체를 유럽연합으로 발전시킬 수 있는 발판을 마련했다. 그러나 1991년 소련의 붕괴로 그 위성국가들이 유럽공동체에 가입을 희망하자 이에 위기를 느낀 유럽공동체 지도자들은 1993년 '코펜하겐(Copenhagen) 기준'을 도입했다. **1993년 11월 마스트리흐트**(Maastricht)**조약**이 발효되면서 유럽연합이 공식 출범했다. 이 조약에 따라 유럽연합은 회원국으로부터 사법권과 일부 외교·안보권을 위임받았고 초기 유로를 도입했다. 많은 경제학자들은 유럽연합이 이때부터 공동시장을 넘어서 완전한 경제통합 단계에 이르렀다고 본다. 1995년에는 오스트리아, 스웨덴, 핀란드가 가입했다. 1999년 1월 1일 유럽경제통화동맹(European Economic and Monetary Union)이 공식출범함으로써 유로(Euro)는 동맹국의 공용 화폐가 되었다. 유로화는 2002년 1월부터 6월까지 각국의 통화와 함께 사용되다가 2002년 7월부터는 유일한 법정통화가 되었다. 2004년에는 헝가리, 키프로스, 체코, 에스토니아, 리투아니아, 라트비아, 몰타, 폴란드, 슬로바키아, 슬로베니아가 유럽연합에 가입하면서 역사상 가장 크게 확장되었다. 2007년에는 루마니아와 불가리아가 가입했다. 또한 2007년 슬로베니아, 몰타, 키프로스, 슬로바키아, 에스토니아, 리투아니아, 라트비아가 차례로 유로지역(euro zone)에 가입하면서 기존 12개의 유로지역 회원국이 19개로 확장되었다. **2009년 12월 1일 리스본**(Lisbon)**조약**이 발효되면서 유럽연합은 대대적인 개혁을 단행했

다. 유럽연합의 세 기둥3이 하나의 법인으로 통합되었고, 유럽연합위원회에 위원장 자리가 생기면서 회원국의 영향을 좀 덜 받게 되었으며, 유럽연합 수석외교관의 권한이 확대되어 유럽연합이 공통적인 외교와 안보정책을 수립할 수 있게 되었다.

벨기에 브뤼셀 유럽연합 본부

유럽연합의 주요조직은 유럽집행위원회, 각료이사회, 유럽이사회, 유럽의회, 유럽사법재판소다.

유럽집행위원회(European Commission)는 유럽연합의 집행기구다. 이 위원회는 각국의 정부가 지명한 위원 28명으로 구성된다. 위원의 임기는 5년이고, 28명 중 1명이 위원장을 맡고 6명이 부위원장을 맡는다. 위원은 대개 각국에서 무역, 재무, 외교 등 주요부처에서 장관을 역임한 사람들이다. 이들은 각국 정부에 의해 지명되지만 정부의 간섭 없이 유럽연합의 정치, 행정 기능을 수행한다.

각료이사회(Council of the European Union 또는 Council of Ministers)는 유럽위원회와 함께 '이중의 행정부(dual executive)' 기능을 수행한다. 이 이사회는 회원국 간의 정치적 조정과 협력을 주관하는 정부 간 기구(intergovernmental institution)다. 일반적인 사안을 다룰 때는 외무부장관이 참석하고, 전문적인 사안

---

3 첫 번째 기둥은 기존의 유럽석탄철강공동체, 유럽경제공동체, 유럽원자력공동체와 관련된 조약들이고, 두 번째 기둥은 공동외교안보정책에 관한 회원국 간의 협력에 관한 조항이고, 세 번째 기둥은 내무 및 사법 분야에 관한 회원국 간의 협력에 관한 조항이다.

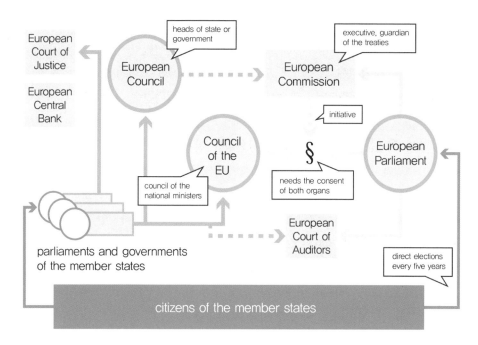

유럽연합의 주요 조직

을 다룰 때는 재무부장관, 농산부장관 등 해당 장관이 참석한다. 각료이사회 산하에는 상주대표부와 실무진이 있다. 브뤼셀에 있는 상주대표부(Committee of Permanent Representatives)는 각료이사회를 대신해서 가벼운 사안을 처리하고, 실무진(working groups)은 상주대표부의 업무를 지원한다.

유럽이사회(European Council)는 회원국 간 정치적 합의를 요하는 주요 의제를 다루는 최고 의결기구다. 여기에는 유럽이사회의 의장, 회원국의 국가 원수, 유럽집행위원장 등이 참여한다. 이사회 의장은 구성원들이 선출하며, 임기는 2년 6개월이고 연임 가능하다. 이 이사회의 특징은 심의가 비공식적으로 이루어진다는 것이다. 심의는 당사국 없이 열리며, 국가원수는 외무부장관만을 대동하고, 유럽집행위원장은 한 명의 부위원장으로부터만 도움을 받을 수 있다. 주요기능은 일반적인 정치적 방향 결정, 조약수정 및 회원국 확대 결정, 외교안보 정책 결정, 중요한 제도상 변화, 주요기구의 책임자 임명 등이다.

유럽의회(European Parliament)는 28개 유럽연합 회원국 시민이 5년에 한 번 직접선거로 선출하는 의원들로 구성된다. 현재 의회는 2019년에 선출된 751명의 의원으로 구성되어 있다. 의장은 주요 정당4에서 배출되는데, 임기는 2년 6개월이다. 의회는 상임위원회(Standing Committees)와 특별위원회(Special Committees)로 구성된다. 상임위원회는 20개 정도이고, 특별위원회는 한시적으로 운영된다. 유럽의회는 입법을 주도적으로 할 수는 없지만, 정책수정을 요구하거나 거부권을 행사할 수 있다. 또한 유럽집행위원회의 위원 임명에 동의를 하고 불신임 투표를 통해 위원을 해임함으로써 이 위원회를 견제할 수 있다. 또한 유럽연합의 예산 감독권을 가진다. 본부는 프랑스 스트라스부르에 있다.

유럽사법재판소(European Court of Justice)는 유럽연합의 재판소다. 유럽의회, 각료이사회, 유럽집행위원회 등이 법률을 제정하고 집행하지만, 때로는 이것들이 로마조약, 마스트리흐트조약 등 유럽연합의 기본조약과 불일치할 수 있다. 이때 유럽사법재판소는 통일적인 법 해석을 실시한다. 또한 회원국이 유럽연합 조약·법률로 정한 의무를 이행하지 않는 경우 유럽집행위원회의 요청에 따라 그 위법 사실을 확인하고 고액의 벌금을 부과할 수 있다.

── 상호문화교육의 확산

유럽연합에서 상호문화교육에 특별한 관심을 가진 기구는 유럽집행위원회, 각료이사회, 유럽이사회다. 각료이사회는 **1997년** 6월 비엔나(Vienna)에 '유럽인종주의·외국인혐오증감시센터(European Monitoring Centre on racism and xenophobia, EUMC)'를 창설했다. 이 센터의 창설에는 많은 유럽국가 소수자의 자치에 대한 열망과 유럽통합 과정 사이의 갈등, 1990년대 초반의 실업 증가, 1990년대 중반과 후반의 민족 간 긴장이라는 배경이 있었다. 이 센터의 주된 업무는 인종주의와 외국인혐오증의 실태를 파악하고 이런 태도의 원인을 분석하고 이에 맞서는 좋은 실행 사례를 홍보하는 것이다. 이 센터는 1998년 12월 유럽평의회와 협력협정을 맺었다. 이 센터는 2003년 12월 유럽연합기본권센터(European Union Agency for Fundamental Rights)로 개편되었다. 이 새로운 센터는 제3국민의 공정한 대우 보장, 이민물결 관리, 난민통합을 위한 공동정책개발이라는 임무를 부여받았다. 유럽연합 자문기구인 지역위원회(Committee of the Regions)는

---

4 최대 정당은 182석을 차지하고 있는 유럽인민당이다.

1999년 *Intercultural Education in the European Union*을 발간했다. 이 자료의 목적은 상호문화교육 분야에서 지역, 권역, 그리고 권역들 간에 이루어진 사업, 프로그램, 협력활동, 연결망, 정책 등과 같은 구체적인 실행들을 분석하여 그 최상의 실행을 확산하고, 회원국 간의 발상, 경험, 전문기술을 좀 더 활발히 교류시키는 데 있다. 이 자료는 11개의 사례연구(case studies)와 17개의 성공적인 실행의 예(example)를 소개하는데, 여기서 한 가지 주목할 것은 이 기구가 상호문화교육의 범위를 매우 넓게 설정하고 있다는 점이다. 여기에는 교육체제 내 비차별 헌장(벨기에), 난민 및 이민자의 통합(덴마크), 집시를 위한 원격학습(프랑스), 이중언어사용(이탈리아), 상호문화유치원(스웨덴), 외국청소년교육(오스트리아), 지역소수자 언어(핀란드), 교사연수(그리스), 유랑자교육(아일랜드), 다언어교육(룩셈부르크) 등이 포함된다. 유럽이사회는 2000년 6월 인종이나 민족에 상관없이 모든 사람을 평등하게 대우하라는 지령(Council directive) 2000/43/EC을 내렸다. 이 지령은 비차별 원칙이 모든 영역에서 보장되어야 하지만 특히 교육 영역에는 더욱 철저히 보장되어야 한다고 강조한다. 유럽집행위원회는 2000년 유럽평의회와 함께 *Intercultural Learning T-Kit*를 발간했다. 이는 유럽평의회와 유럽연합의 협력관계를 잘 보여 준다. 유럽연합 교육위원회(EU Council of Education)는 2001년 시민성과 사회적 결속에 특별한 관심을 보였다. 교육의 목적은 "특히 민주주의를 강화하고 개인과 집단들 사이의 불평등과 불공정을 줄이고 문화다양성을 증진시킴으로써 사회를 발전시키는 것"을 포함한다. 2003년 유럽이사회는 장기체류 제3세계 국민들의 지위와 관련된 지령 2003/109/EC를 제안했는데, 이는 2004년에 채택되었다. 이 지령에 의하면, 적어도 5년간 유럽연합에 체류한 제3세계 국민들은 교육과 직업 훈련에서 평등한 대우를 받을 수 있다. 이 지령 12조는 제3세계 국민을 사회에 온전히 통합하는 데 평등한 대우가 매우 중요하다고 보고 있다. 유럽집행위원회 교육문화총국(Directorate-General for Education and Culture)은 2004년 *Integrating Immigrant Children into Schools in Europe*을 발간했다. 유럽집행위원회는 2005년 '평생학습 핵심역량에 대한 유럽의회 및 이사회의 권고(Recommendation of the European Parliament and of the Council on key competences for life-long learning)'를 발표했다. 이 권고는 상호문화역량과 시민역량을, 개인이 점점 다양해지는 사회 속에 참여하고 갈등을 해소하는 데 필요한 지식과 기술로 정의한다. **2006년** 유럽의회는 '평생학습 핵심역량들(Key Competences for Lifelong Learning)'에 대해 권고했다. 유럽연합은 **2008년**을 '상호문화대화의 해(Year of Intercultural Dialogue)'로 정하고 '이민과 이동성: 유럽연합 교육 체제의 도전과 기회'라는 시안을 채택했다. 이 시안은 국제학업성취도평가(Programme for International Student Assessment, PISA), 국제독해력향상평가(Progress in International Reading Literacy Study, PIRLS) 등을 종합하여, 이주배경학생의 하업성취도가 일반 학생보다 낮다는 사실, 독일을 비롯한 일부 국가에서 이민 2세대 학생은 이민 1세대 학생보다 학업성취도가 낮다는 사실을 지적한다. 또한 수용국 언어교육은 다양성을 존중하는 출신국 언어교육과 더불어 사회적 결속을 강화하는 방식이라고 강조한다.

유럽의회는 **2008년** C. Allemann-Ghionda에게 비교연구를 위탁했다. 이 연구의 목적은 유럽 여러 나라의 교실이 상호문화교육을 어떻게 실시하고 있는지를 살펴보는 것이었다. 그녀의 결론에 따르면, 상호문화교육은 모든 회원국이 사용하는 용어가 아니고, 여러 나라가 상호문화적 정책을 실행하고 있지만 그 용어와 접근방식은 상당히 다르다. '구이민수용국'인 프랑스는 상호문화교육으로부터, 영국은 다문화교육(또는 반인종주의교육)으로부터 멀어졌다. 그 대신 프랑스는 언어적, 문화적 동화, 연대성, 기회 평등, 무종교성을 강조하는 교육으로 옮겨 갔고, 영국은 소수민족의 학업, 국가적 결속, 시민성교육, 종교를 강조하는 교육으로 옮겨 갔다. 유럽의회는 2009년 이주배경자녀 교육에 관한 결의안을 제출했다. 이 결의안은 더 나은 교육 체제를 만드는 데 도움이 되는 측면들, 예를 들어 학교와 지역사회의 협력, 언어교육, 출신국 언어와 문화의 권장, 학부모교육, 예비학교 운영, 자격 인정, 시민사회와의 협력, 체육 등 다른 과외활동의 통합적 기능, 교사교육 등을 정책수립 시 고려할 것을 권장했다. 유럽연합은 **2014년** 유럽평의회와 함께 '비공식 학습/교육 활동 내 상호문화대화를 위한 지침(Guidelines for intercultural dialogue in non-formal learning/education activities)'을 내렸다. 이 지침의 목표는 청소년 활동을 담당한 사람들이 그들의 프로젝트 속에 상호문화대화를 포함시킬 수 있도록 도와주는 데 있다. 이 지침은 학습원칙, 방법론, 실행 등을 소개한다. 이 지침은 그 용어 해설에서 상호문화교육을 *UNESCO Guidelines on Intercultural Education*(2006)이 정의한 그대로 인용하고, '상호문화교육'은 주로 공식교육을 가리키지만 '상호문화학습'은 대개 비공식교육을 가리킨다고 말한다. 유럽연합은 **2016년** *Education to Foster Intercultural Understanding and Solidarity in Europe*을 발간했다. 유럽연합의 Erasmus＋ 프로그램의 일환으로 제작된 이 자료에 의하면, "상호문화학습과 상호문화대화는 민족적, 종교적, 언어적, 문화적 분리를 막는 데 도움을 준다. 공유한 가치들을 토대로 우리의 차이를 건설적, 민주적으로 다루는 공간을 교육과정에 포함시키는 것은 점점 다원화되는 사회에 매우 중요하다. 이런 대화는 또한 다양성을 인정하고 사회에서 소외된 소수자들의 참여를 지원하여 사회적 결속을 좀 더 공고히 하는 창의적 노력을 통해 강화될 수 있다. 상호문화학습과 상호문화대화는 분리된 공동체들 간의 평화로운 공존의 문화로부터 고정관념과 차별에서 자유로운 개방된 포용적 사회로 옮겨 가게 하는 훌륭한 수단이다"(p. 3).

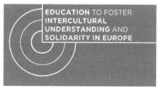

유럽연합은 **2016년** *Education Policies and Practices to Foster Tolerance, Respect for Diversity and Civic Responsibility in Children and Young People in the EU*를 발간했다. 바로 위의 자료와 마찬가지로 Erasmus＋ 사업의 일환으로 발간된 이 자료는 모두 여섯 장으로 되어 있다. 제1장은 오늘날 유럽의 문제를 소개하고, 제2장은 관용, 다양성, 시민책임감을 강화하기 위한 공식교육의 역할을 소개하고, 제3장은 학교 전체가 관용을 강화하는 데 노력할 것을 권장하고, 제4장은 다양성을 위한 교사 교육 및 연수를 강조하고, 제5장은 비정부조직과 청소년센터의 역할을 강조하고, 제6장은 결론 및 정책을 제시한다. 이 자료의 서론은 **다문화교육**과 **상호문화교육**을 다음과 같이 구분한다. "일부 공적 논의에서 다문화교육 개념은 구분과 분리를 조장하고 병렬체제를 암시한다. 대부분의 학자들이 이 개념을 이런 의미로 사용하지는 않지만(Banks, 2009), 우리는 일반적으로 상호문화교육이라는 용어를 사용할 것이다. (...) 상호문화교육은 문화를 정태적, 결정적으로 보는 것을 경계하며, 이것을 역동적, 진화적인 것으로 인식한다"(p. 28). 이 자료는 상호문화교육이 "서로 다른 배경을 가진 사람들이 의사소통하고 협력하는 데 필요한 지식, 태도, 기술을 신장시키는 것을 목표로 한다"(p. 34)고 밝힌다. 이런 교육적 접근은 인권과 사회정의라는 원칙에 기초하고 있다. 그리고 이 자료는 다음과 같은 열네 가지를 주된 결론으로 제시한다(pp. 8-9). ① 타인의 존중은 학습될 수 있다. ② 민족적 혼성을 장려하는 학교정책은 민족 간 협력, 관용의 강화를 위한 조건을 만든다. ③ 학교가 작동하는 방식은 차이를 만들어 낸다. ④ 포용적 교실을 만들기 위한 새로운 효과적 방법이 최근에 개발되고 있다. ⑤ 비정규 활동은 관용과 이해를 신장시킬 수 있다. ⑥ 사회적, 감성적 학습을 강화하는 접근들이 중요하다. ⑦ 실질적인 지도력과 관리(governance)는 매우 중요하다. ⑧ 교사들은 다양성 연수를 필요로 한다. ⑨ 교육은 학교와 다

른 이해당사자(stakeholder) 간의 공유된 책임감이다. ⑩ 학교들은 국내 및 국제 비정부단체와 같은 제3영역의 경험을 좀 더 잘 활용할 수 있다. ⑪ 학교 교육과정은 다양성을 좀 더 잘 구현할 필요가 있다. ⑫ 모국어교육은 개인의 정체성과 행복에 큰 영향을 끼친다. ⑬ 새로운 매체는 위협인 동시에 기회이다. ⑭ 불관용과의 투쟁, 다양성 존중과 관련된 좀 더 많은 연구와 자료가 필요하다.

2016년 유럽연합이 내놓은 '2016년 유럽연합 내 아동 및 청소년의 관용 교육 정책들(Education Policies to Foster Tolerance in Children and Young People in the EU/2016)'은 상호문화교육에 있어서, 2016년 *Education Policies and Practices to Foster Tolerance, Respect for Diversity and Civic Responsibility in Children and Young People in the EU*와 비슷한 입장을 보였다.

요컨대, 유럽연합은 1993년 출범 이래 상호문화교육을 확산시키기 위해 노력하고 있다. 우리는 이런 노력에서 세 가지 큰 특징을 찾아볼 수 있다. 첫째, 유럽집행위원회, 각료이사회, 유럽이사회, 유럽의회 등 주요 기관 모두가 여기에 동참하고 있다. 둘째, 보고서, 자료 등을 통해 상호문화교육의 실태를 분석하고, 지령, 지침 등을 통해 상호문화교육을 회원국에 적극 권장하고 있다. 셋째, 유럽평의회와 적극 협조하고 있다. 이는 유럽연합의 회원국이 모두 유럽평의회의 회원국이라는 사실을 감안하면 지극히 자연스러운 일이다.

3. 유네스코의 상호문화교육

국제연합은 유럽평의회나 유럽연합과는 달리 유럽을 포함한 전 세계 모든 나라와 관련된 국제기구다. 이 기구는 국제연합헌장(1945)과 세계인권선언(1948)을 시작으로, 인권, 정의, 평등, 평화, 다양성, 국제이해, 환경보호, 지속가능발전, 기후변화 등 광범위한 현안을 다루고 있다. 국제연합의 산하 유네스코는 상호문화교육에 대해서도 큰 관심을 표명하고 있다.

── 유네스코 소개

유네스코의 전신은 1922년 국제연맹(League of Nations) 산하 국제지적협력위원회(International Committee on Intellectual Cooperation)라고 볼 수 있다. 이 위원회에는 A. Einstein, M. Curie 등 저명한 과학자들도 참여했다. 1926년 국제지적협력연구소(International Institute of Intellectual Cooperation)가 파리에 설립되었다. 프랑스 정부의 재정 지원을 받은 이 연구소는 국제지적협력위원회가 만든 정책과 계획을 실행했다. 이 연구소는 대학, 도서관, 지적 재산, 예술, 정보, 매체 등 다양한 분야에서 활발한 활동을 전개했다. 하지만 이런 활동은 제2차 세계대전으로 중단되었다. 세계대전이 끝난 직후인 **1945년 11월 런던**에 모인 국제연합 44개국은 국제연합교육과학문화기구(United Nations Educational, Scientific and Cultural Organization, UNESCO)를 만들기로 했고, 이때 서명한 유네스코헌장은 1946년 11월에 발효되었다. 이후 유네스코는 교육, 과학, 문화와 관련해 수많은 활동을 실행해 왔다.

프랑스 파리 유네스코 본부

아래의 표에서 보다시피 유네스코는 총회, 집행위원회, 사무국으로 구성되어 있다.

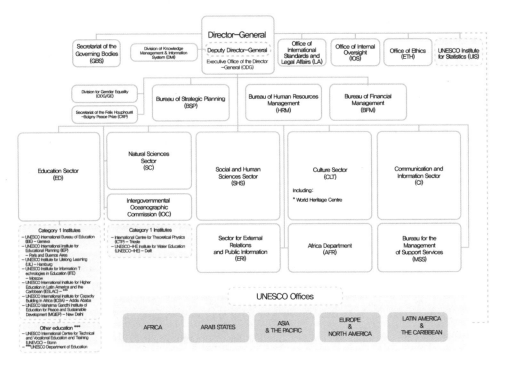

유네스코의 주요 조직

    총회(General Conference)는 최고의 결정 기구로서, 2년에 한 번씩 열린다. 총회의 주요 임무는 집행위원회 위원의 선출, 사무총장의 임명, 가입승인, 정책·사업계획·예산 심의와 의결, 국제조약 및 권고 채택 등이다.

    집행위원회(Executive Board)는 총회에서 선출된 58명으로 구성되며 임기는 4년이다. 매년 2회 이상 소집되며, 주요 임무는 총회 의사일정 준비, 총회에서 채택한 사업 실행 및 예산 집행 감독, 사무총장 추천 등이다.

    사무국(Secretariat)은 파리 본부와 세계 각지에 설치된 지역사무소 및 부속기관으로 구성된다. 집행위원회가 추천하고 총회가 선출하는 사무총장은 6년 동안 사무국을 이끈다. 사무국의 주요 임무는 총회와 집행위원회에 제출할 사업 계획 및 예산안을 준비하고, 전반적인 활동상황을 보고하고, 총회가 결정한 사업 계획과 예산에 따라 각종사업을 추진하는 것이다. 사무국 산하에는 교육, 자연과학, 인문·사회과학, 문화, 정보·통신·기술 다섯 개 분과가 있다. 본부에는 전 세계 170여 개국에서 선발된 2,300여 명이 일하고 있는데, 이들의 분야는 전문서비스 분야와 일반서비스 분야로 나뉜다. 다섯 개 지역(아프리카, 중동, 아시아－태평양, 유럽－북미, 라틴－카리브) 58개의 지역사무소에는 680명의 직원이 일하고 있다.

── 상호문화교육의 확산

유네스코는 1945년 창설 후 지금까지 다양한 교육을 제안해 왔다. 유네스코가 처음 권장한 교육은 1946년부터 실시한 국제이해교육(Education for International Understanding)이다. **1947년** 국제이해교육세미나활동보고서(*Working Papers of the Seminar on Education for International Understanding*)는 국제이해교육을 "모든 국민들이 서로를 좀 더 잘 알고, 그들이 물질적, 정신적으로 상호의존적인 형제라는 사실을 깨닫고, 각자가 가진 다양한 형태의 유산을 서로 존중, 전승, 발전시키도록 유도하는"(Sem. Rep./I–page 3) 교육이라고 정의한다. 이러한 국제이해교육은 **1953년**부터 유네스코가 추진한 협력학교사업(Associated School Projects)을 통해 전 세계에 확산되었다. 유네스코가 '상호문화'에 관심을 가지기 시작한 것은 **1974년**에 나온 '국제이해, 협력, 평화를 위한 교육과 인권, 기본 자유와 관련된 교육 권고(*Recommendation concerning Education for International Understanding, Cooperation and Peace and Education relating to Human Rights and Fundamental Freedom*)'에서다. 이 권고는 "회원국들은 (…) 그들의 차이를 상호 존중해야 한다. 이런 학습은 국제적, 상호문화적 이해를 장려하는 수단으로서, 무엇보다도 외국어학습, 문명 · 문화유산학습을 중시해야 한다"(ibid., p. 3)고 강조한다. 여기에서 말하는 '상호문화적'이라는 용어는 문화들 간의 상호 영향 정도를 의미하는 것으로 보이지만, 이 형용사가 유네스코 권고에 등장했다는 것 자체가 주목할 만한 일이다(장한업, 2015). 이 권고에는 '상호문화적 차원(intercultural dimension)', '상호문화교육(intercultural education)'이라는 표현이 나온다. 앞서 언급했지만, '상호문화적'이라는 용어는 1970년대 중반 유럽평의회가 유럽 내 이주배경자녀의 교육과 관련해 모든 회원국에 널리 확산시킨 용어다. 우리가 보기에, 유럽평의회의 이러한 움직임이 유네스코에도 영향을 미친 것 같다. 유네스코는 **1976년** '성인교육확대권고(Recommendation on the Development of Adult Education)'를 의결했다. 이 권고는 '상호문화'라는 용어는 사용하지 않았지만 상호문화교육과 관련된 요소들을 많이 담고 있다. 여기서 '성인교육'은 성인이 자신의 지식을 풍부하게 하고, 기술적 또는 직업적 자격을 향상시키고, 자신의 행동이나 태도를 바꾸게 하는 조직적인 교육과정 일체를 말한다(p. 1). 그리고 그 목적 중 하나는 "국내적, 국제적 차원에서 관습과 문화의 다양성을 이해하고 존중하도록 하는 것"(p. 3)이다. 이 성인교육은 특히 이민노동자, 난민, 소수민족과 관련해서 다음과 같은 두 가지 목적을 제시한다. 하나는 이들로 하여금 수용국 사회에 일시적 또는 영구적으로 통합되는 데 필요한 언어적, 일반적 지식, 기술적, 직업적 자격을 갖추게 하는 것이고, 다른 하나는 이들이 자신의 출신국 문화, 발전, 사회적 변화와 지속적으로 연결될 수 있도록 하는 것이다(p. 6). 상호문화에 대한 유네스코의 보다 진지한 관심은 **1994년** '평화·인권·민주주의교육 선언 및 통합실천요강(Declaration and Integrated Framework of Action on Education for Peace, Human Rights and Democracy)'에서 찾아볼 수 있다. 이 선언 및 실천요강은 최종보고서를 제출했는데, 이 보고서 부록 XIV는 '상호문화교육(Intercultural Education)'이라는 용어를 사용하며, 상호문화교육에 대해서 다음과 같이 설명한다. "유럽평의회 상호문화교육 사업 책임자인 Rey는 상호문화교육이 교육과 더 넓은 사회 사이의 연결에 관한 것이라고 말했다. 상호문화라는 용어는 공동체들 간의 상호관계와 상호작용을 의미한다. 한 나라 내 여러 공동체들의 전통과 구조를 이해할 필요가 있지만, 가치, 생활양식, 문화는 형성되고 수정될 수 있다. 상호문화교육은 또한 정체성에 관한 것이다. 그것은 각 개인은 여러 가지 겹치는 정체성들을 가지고 있다고 전제한다. 정체성과 관련해서 특히 언어는 강력한 요인이다. 따라서 상호문화교육은 출신국 언어와 수용국 언어 학습 모두와 관련이 있다. 인권교육은 고정관념에 기초한 타인의 인식을 넘어서는 상호문화적 접근방식에 기초할 필요가 있다. 인권 관련 법률문서는 개인들, 공동체들 간 관계의 기초를 형성할 수 있는 보편적 가치에 기준을 제시한다. 학교는 그 자체로 그러한 공동체이다. 따라서 교사와 학생들의 관계는 학습과정에서 매우 중요하다." **1996년** 국제21세기교육위원회(International Commission on Education for the Twenty-first Century)는 "*Learning: The Treasure Within*"이라는 보고서를 제출했다. 이 보고서는 교육을 '필요한 유토피아(necessary Utopia)'라고 규정하고 이 유토피아를 실현하기 위해서는 지역공동체에서 세계공동체로의 전환, 사회적 결속에서 민주적 참여로의 전환, 경제성장에서 인권신장으로의 전환이 필요하다고 보고, 이러한 전환기의 교육은 다음과 같은 4가지 축을 중심으로 이루어져야 한다고 주장한다. 이 보고서가 가장 강조한 것은 '**함께 살기 위한 학습**(learning to live together)'인데, 이 학습은 다른 사람들과 그들의 역사, 전통, 지적 가치에 대해서 좀 더 잘 이해함으로써 이루어진다. 이 학습은 또한 사람들이 점점 상호의존하게 되었다는 사실을 인정하고 미래의 위협과 도전에 공동으로 대처할 필요가 있다는 인식하에, 사람들이 공동의 프로젝트를 실행하고 불가피한 갈등을 지혜롭고 평화롭게 해결하도록 하는 '새로운 정신(new spirit)'을 만들어 냄으로써 이루어질 수 있다(p. 20). 이는 다음과 같은 세 가지 학습에 의해 구체화된다. 첫 번째 학습은 '**알기 위한 학습**(learning to know)'이다. 이것은 "충분히 폭넓고 일반적인 교육을 소수의 주제에 대해 심도 있게 공부할 수 있는 기회와 결합함으로써"(p. 21) 이루어질 수 있다. 이것은 일종의 '배우기를 배우는 과정'으로서, 교육이 제공하는 기회들을 잘 활용하기 위한 것이다. 두 번째 학습은 '**행동하기 위한 학습**(learning to do)'이다. 이 학습은 "단지 할 일을 하는 학습만이 아니라 좀 더 넓게, 종종 예견하기 어려운 다양한 상황에 대처하고 팀을 이루어 일할 수 있게 하는 능력까지 포함해야 한다"(p. 21). 세 번째 학습은 '**존재하기 위한 학습**(learning to be)'이다. 이 학습은 "자신의 개인성을 좀 더 개발하고 자율성, 판단력, 개인적 책임감을 가지고 행동할 줄 아는 것"을 말한다. 다시 말해, 이 학습은 기억력, 논리력, 상상력, 신체적 능력, 미적 감각, 타인과의 의사소통능력, 지도자의 권위와 같이 개인 속에 내재된 보물과 같은 재능을 온전히 개발하도록 하는 것이다. 이 보고서는 상호문화교육을 직접 언급하지 않았지만, 가장 중요한 축인 '함께 살기 학습'이 상호문화교육의 목표와 거의 일치한다는 점, 이 보고서가 2006년 *UNESCO Guidelines on*

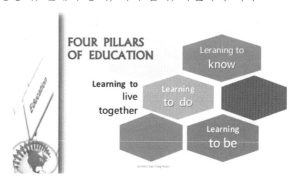

교육의 네 가지 축

*Intercultural Education*의 토대 중 하나라는 점에서 상호문화교육과 관련지을

수 있다.

유네스코는 2001년에 '유네스코세계문화다양성선언(UNESCO Universal Declaration of Cultural Diversity)'을 했다. 이 선언은 문화를 "사회나 사회집단의 영적, 물적, 지적, 정적 독특한 특징의 일체"라고 정의하고, 여기에 문학, 생활양식, 공생방식, 가치체계, 전통, 신념을 포함시켰다. 이 선언은 상호문화적(intercultural)이라는 용어를 두 번 사용하는데, 한 번은 "상호문화대화는 평화를 보장하는 최상의 수단"이라는 표현을 통해서, 또 한 번은 "상호문화적 교류의 발전"이라는 표현을 통해서다. 유네스코는 2005년 Convention on the Protection and Promotion of the Diversity of Cultural Expressions를 발간했다. 이 자료는 문화다양성을 "집단과 사회의 문화들이 표현되는 다양한 방식"(p. 13)이라고 정의하고, 이 문화다양성은 문화적 표현의 다양성을 통해 인류의 문화적 유산이 표현, 보존, 전달되는 다양한 방식에 의해서뿐 아니라 이 다양한 방식의 예술적 창조, 생산, 확산, 분배, 향유를 통해서도 나타난다고 본다. 이 자료에서 눈여겨

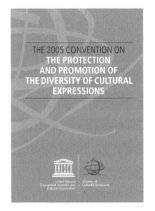

볼 것은 이 자료가 상호문화성을 강조하고 있다는 점이다. 여기에서는 상호문화성(interculturality)을 "다양한 문화들의 존재와 공정한 상호작용과 아울러, 대화와 상호존중을 통해 공유된 문화적 표현을 만들어 낼 가능성"(p. 14)이라고 밝힌다. 상호문화성에 대한 언급은 이 자료의 아홉 가지 목표 중 네 번째 목표인 "상호문화성을 강화하여 사람들 간의 다리를 만든다는 정신으로 문화적 상호작용을 확대한다"(p. 6)는 표현에서도 확인할 수 있다.

2005년에 채택된 라바트 공약(Rabat Commitment)은 상호문화교육이 취학 전 교육에서부터 성인교육에 이르기까지, 그리고 준공식(non-formal) 교육, 문해력 운동, 비정규 활동에 이르기까지, 양질의 교육의 핵심이 되어야 한다고 강조했다. 이 노력의 중요성은 2008년 '상호문화 이해와 대화를 위한 교육'에 관한 코펜하겐(Copenhagen) 회의에서 다시 강조되었다. 유네스코는 2006년 3월 Expert Meeting on Intercultural Education이라는 보고서를 발간했다. 11개국 전문가들은 언어와 문화의 관계, 상호문화교육을 위한 행동계획, 종교 간(interfaith) 교육과 상호문화교육의 연계 등과 관련해 발표하고 토론했다. 이 발표의

주된 목적은 여러 나라 전문가들로부터 *UNESCO Guidelines on Intercultural Education*의 초안을 위한 조언을 듣고 상호문화교육의 기초자료를 수집하는 데 있었다. 이 발표에서 특히 주목할 것은 핀란드 전문가 J. Lasonen의 '국제화, 지역화, 세계화 맥락 속의 상호문화교육'이라는 발표다. 그녀는 다문화교육과 상호문화교육이 종종 동일한 것을 가리키는 것처럼 보이지만 그 의미는 다르다고 주장한다. 그녀에 따르면, 다문화교육과 상호문화교육은 모두 교육의 구조와 내용을 다문화사회에 맞추어 바꾸기를 제안하지만, 다문화

교육은 "종종 소수집단이 다문화사회에 살고 일할 수 있도록 준비시켜 주어 그 집단이 새로운 나라에 잘 적응시키려는 취지에서 사용되고", "상호문화교육은 학습자들이 상이한 문화들 간의 통역과 중재자로서 행동하도록 도와준다"(p. 21). 그녀는 다문화역량과 상호문화역량도 구분한다. **다문화역량**(multicultural competence)이 "소수집단에 관련된 윤리적 정책, 전략, 결정을 신장시키는 능력"이라면, **상호문화역량**(intercultural competence)은 "국제적, 다문화적 환경 속에서 일하고 상이한 문화들 간의 학습에 기여하고 협력하는 능력"이라고 할 수 있다. 그녀에 따르면, 상호문화교육의 역할은 상호문화의사소통과 상호문화대화를 통해 상호문화학습을 위한 최상의 환경을 제공하는 것이다.

유네스코는 **2006년** *UNESCO Guidelines on Intercultural Education*을 발간했다. 이 지침은 점점 다문화적으로 변하고 있는 사회의 핵심주제들, 예를 들어 문화와 정체성, 문화와 교육, 문화와 언어, 문화와 종교, 문화다양성과 문화유산, 다수문화와 소수문화, 다문화주의와 상호문화주의 등을 다룬다. 이 주제들은 국제21세기교육위원회(International Commission on Education for the Twenty-first Century)가 1996년에 제시한 네 가지 교육 축(존재하기 위한 학습, 알기 위한 학습, 행동하기 위한 학습, 함께 살기 위한 학습)하에, 세계인권선언, 조약, 협약, 서약과 같은 기존의 국제표준규정, 국제학술대회의 결과물들을 참조하여 선정되었다. 이 지침서는 다음과 같은 세 가지 원칙을 내세운다. 첫 번째 원칙은 "상호문화교육은 모든 사람을 위한, 문화적으로 적절하고 효과적인 양질의 교육을 통해서 학습자의 문화정체성을 존중한다"고, 두 번째 원칙은 "상호문화교육은 사회

속에 능동적이고 온전하게 참여하는 데 필요한 문화적 지식, 태도, 기술을 모든 학습자에게 제공한다"이며, 세 번째 원칙은 "상호문화교육은 모든 학습자가 개인, 민족, 사회, 문화, 종교 집단과 국민들 간의 존중, 이해, 연대에 기여하는 데 필요한 문화적 지식, 태도, 기술을 제공한다"이다. "상호문화교육으로 볼 때, 2006년은 유네스코의 *UNESCO Guidelines on Intercultural Education*으로 두드러진다. 이 지침서는 상호문화교육 영역에서 국제적 활동을 하는 데 필요한 지침으로 여겨질 수 있는 몇 가지 반복되는 원칙들을 제시한다. 이 지침서는 모든 학습자가 개인, 민족, 사회, 문화, 종교 집단, 국민들 간의 이해와 연대성에 기여하기 위한 적극적이고 완전한 참여를 강조한다"(Silkorskaya, 2017: 11).

유네스코는 **2008년** *World Report on Cultural Diversity*를 발간했다. 이 보고서는 다양한 직업 배경을 가진 15명의 전문가들로 구성된 자문위원회(Advisory Committee)에서 작성한 것이다. 이렇게 다양한 전문가를 초빙한 것은 지리-문화적 특수성과 다학제적 전문성 사이의 균형을 확보하기 위해서다. 이 보고서의 목적은 문화다양성의 다양한 측면을 다루고, 공동의 개념 및 이론을 비판적으로 살펴보고, 정체성, 대화, 언어의 미래, 상호문화교육, 매체 복수주의, 문화산업, 사업세계, 지역적 지식, 생물다양성, 지속가능발전, 인권 등 매우 다양한 주제에 대한 정책-기반의 권고를 하는 데 있다. 여기서 상호문화교육을 언급했다는 사실은 주목할 만하다. 유네스코의 **2009년** *Investing in Cultural Diversity and Intercultural Dialogue*는 상당히 방대한 자료다. 모두 8장으로 구성되어 있는데, 각 장은 문화다양성, 상호문화대화, 언어, 교육, 의사소통, 창의성, 국제적 전략, 문화다양성 및 인권을 자세히 다루고 있다. 제2장 상호문화대화 부분에서는 상호문화역량에 대해서도 언급한다. 이 자료에 의하면, "상호문화대화는 상호문화역량에 상당히 많이 달려 있다. '자신과 언어적, 문화적으로 다른 사람들과 상호작용할 때 효과적이고 적절하게 처신하는 데 필요한 일련의 능력들'(Fantini, 2007)로 정의되는 상호문화역량은 본질적으로 의사소통적 능력이지만, 세계에 대한 자신의 이해와 관점을 다시 한 번 생각해 보게 한다. 이 능력들은 문명들 간의

'충돌(clash)'이 아니라 '동맹(alliance)'으로 옮겨 가게 하는 수단이다"(p. 45). 이 자료에 따르면, **상호문화주의**(interculturalism)는 "다른 문화를 경험하고 이 문화의 진실을 받아들이는 것이다. 따라서 이 주의는 다른 문화와 그 진실이 나에게 직접 영향을 미치고, 나에게 침투하고, 나를 변화 혹은 변형시키고, 나의 대답뿐만 아니라 나의 질문, 추정, 신화에도 질문을 던져 보게 한다. 따라서 나의 내부에는 두 개의 신념이 만나게 된다. 이 만남의 공간은 한 사람의 (머리가 아니라) 가슴이다. 만약 공동의 주장(co-insistence)이 없다면, 다시 말해 서로의 가슴으로의 침투가 없다면 공동의 존재(co-existence)도 없다. 따라서 이것은 타인을 내부로부터 접근하는 문제다(idem)". 이 상호문화주의를 교육에 접목하면, 그것은 자신의 문화, 언어, 가치, 세계관, 지식 체제에 뿌리를 둔 학습 그리고 동시에 다른 형태의 지식, 가치, 문화, 언어에 개방된, 그래서 이런 것들을 감상할 줄 아는 학습을 가리킨다. "**상호문화교육**의 궁극적인 목적은 '함께 살기 위한 학습'이다. 왜냐하면 지식, 문명, 문화, 언어는 분리나 대립의 관점이 아니라 상보적 분포(complementary distribution)로 여겨져야 하기 때문이다"(p. 113). 이 보고서는 다문화교육과 상호문화교육의 관계에

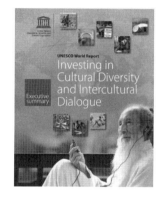

대해 다음과 같이 말한다. "상호문화교육은, 1억 9천만 명이 자신이 태어난 나라를 떠나 사는 다문화사회로의 진전과 함께, 오늘날 훨씬 더 큰 의미를 가지게 되었다. 따라서 다문화교육은 상호문화교육에 의해서 보완되어야 하고, 문화다양성을 통한(through) 교육은 문화다양성을 위한(for) 교육과 함께 이루어져야 한다"(p. 113)고 말한다. 이 보고서에 따르면, 특히 예술은 상호문화적 개방과 관련된 태도를 기르는 데 큰 도움을 줄 수 있다. 예술교육은 민족중심주의, 취향의 상대성, 편견, 고정관념, 선입견, 차별, 인종주의와 같은 주제들을 다루는 데도 도움을 줄 수 있다. 공식교육에서 예술교육은 일반적으로 춤, 음악, 미술, 연극, 공예 등을 포함한다. 예술교육에서 할 수 있는 한 가지 방법은 유사성으로부터 출발하는 것이다. 예를 들어, 만약 북아메리카 교사가 일본 악기인 코토(koto)를 수업시간에 소개하고자 한다면, 교사는 모든 문화가 공통적으로 음악의 진가를 인정한다는 사실을 알려 준 다음, 학생들에게 좀 더 친숙한 악기들과 이 악기를 비교할

수 있다.

유네스코는 2010년 *Education for Intercultural Understanding*을 발간했다. 이 자료에서 주목할 것은 '상호문화이해교육'이라는 용어다. 이 책의 저자인 J. de Leo는 이 용어를 '상호문화교육'과 동의어로 사용한다. 이는 유네스코가 오랫동안 지지해 온 '국제이해교육(Education for International Understanding)'이라는 용어의 영향 때문인 것 같다. 아무튼 이 자료는 상호문화(이해)교육을 지속가능발전교육(Education for Sustainable Development)과 연결시킨다. 참고로, 유네스코는 2004년 이 지속가능발전교육을, "모든 사람들이 양질의 교육 혜택을 받을 수 있으며, 이를 통해 지속 가능한 미래와 사회변혁을 위한 가치, 행동, 삶의 방식을 배울 수 있는 교육"이라고 정의했다. 유네스코는 2014년 *Global Citizenship Education*을 발간했다. 이 자료는 2013년 9월 유네스코가 서울에서 개최한 세

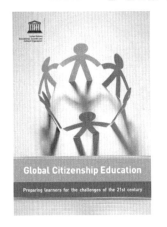

계시민교육에 관한 자문회의의 결과를 토대로 만들어졌다. 여기에서는 점점 상호연결되고 상호의존적인 세계에는, 전 인류와 관련해 지속적으로 제기되는 갈등, 기아, 기후변화, 에너지 안전, 불균형적 인구 분포, 모든 형태의 불평등과 부정 등을 학습자들이 해결할 수 있게 하는 변혁적 교육(transformative pedagogy)이 필요하다고 본다. 또한 지구화와 관련된 시민성을 길러 주는 교육의 필요성을 강조한다. 이런 점에서 이 교육은 상호문화교육, 건강교육 등과 같은 다른 교육 프로그램과 겹치고 또 서로 강화하는 목표, 방법, 결과를 가지고 있다(p. 15). 이 보고서는 세계시민교육과 관련된 교육으로, 국제이해교육, 지속가능발전교육, 인권교육, 상호문화교육, 민주주의교육 등을 열거하고 있다(p. 27).

요컨대, 유네스코는 1940년대 중반부터 국제이해교육을 확산시켰으나 1970년대 중반에는 상호문화교육에 대해 관심을 보였다. 이는 유네스코의 본부가 프랑스에 있고, 같은 프랑스에 있는 유럽평의회가 1970년대 초반부터 상호문화교육을 강조한 것과 무관하지 않은 것 같다. 유네스코의 상호문화교육에 대한 본격적인 관심은 1990년대 중반에 나타났고, 10여 년 뒤인 2006년에는 *UNESCO Guidelines on Intercultural Education*라는 지침서까지 발간하여 이 교육을 적

극 권장하였다. 2010년대 중반에는 세계시민교육, 지속가능발전교육 등을 제안하면서도 이 교육들을 상호문화교육과 연결시키고 있다.

이상으로 우리는 유럽평의회, 유럽연합, 유네스코와 같은 국제기구가 상호문화교육을 어떻게 보고 어떻게 확산시켜 왔는지를 살펴보았다. 크게 볼 때, 유럽평의회는 1970년대부터 상호문화교육을 발전시키고 확산해 왔다. 따라서 상호문화교육에 관한 한 가장 권위 있는 기구라 할 수 있다. 이런 유럽평의회의 노력은 1993년에 창설된 유럽연합에 의해 그대로 이어지고 있다. 유럽연합의 회원국이 모두 유럽평의회의 회원국이라는 점을 고려하면 이는 지극히 당연한 일이다. 한 가지 큰 차이점이 있다면, 유럽평의회가 상호문화교육 지침서 및 교재를 만들어 배포했다면 유럽연합은 상호문화교육과 관련된 회원국의 정책을 주로 분석하고 권장하고 있다는 점이다. 유네스코는 1974년 상호문화라는 단어를 처음 사용했고, 1994년 비교적 구체적인 언급을 했고, 2006년에는 *UNESCO Guidelines on Intercultural Education*을 발간했다. 유네스코가 상호문화교육에 관심을 가지게 된 것은 유네스코 본부가 파리에 있어 유럽평의회의 영향을 많이 받아서인 듯하다.

지금까지 '상호문화'와 관련해 언급된 상호문화주의, 상호문화교육, 상호문화역량, 상호문화대화, 상호문화도시를 표로 나타내면 다음과 같이 나타낼 수 있다.

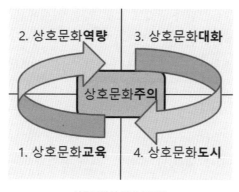

상호문화의 여러 영역들

상호문화주의는 1970년대 초반 캐나다에서 다문화주의라는 용어에 반대해서 출현한 용어다. 이 주의의 핵심은 퀘벡의 프랑스어 공동체와 다른 여러 문화

공동체 간의 상호작용이라는 이상이다. G. Bouchard(Cantle, 2013에서 재인용)에 따르면, 이 주의는 동화주의와 다문화주의를 모두 거부하고 균형과 공정을 내세우는 중도 모형이다. **상호문화교육**은 1970년대 중반 교육 현장에서 이민자 자녀의 학업 문제를 해결하기 위해 출현한 교육이다. 그 핵심은 이민자 자녀의 문제를 제대로 해결하기 위해서는 이들에게 수용국의 언어와 문화를 가르치는 것과 더불어 이들의 출신국의 언어와 문화도 존중해야 한다는 것이었다. 이민자들의 수와 비율이 늘어나면서 이 교육은 유럽평의회, 유럽연합, 유네스코와 같은 국제 기구의 지지 속에 '다문화시대의 교육적 해답'으로 서서히 자리 잡았다. 상호문화교육의 목표는 **상호문화역량**의 신장이다. 이 역량은 "자신과 언어적, 문화적으로 다른 사람들과 상호작용할 때 효과적이고 적절하게 처신하는 데 필요한 일련의 능력들"(Fantini, 2007)을 말한다. 이런 역량은 상호문화대화를 실행하는 데 필수 역량이다. **상호문화대화**는 "민족적, 문화적, 언어적 배경과 전통이 다른 개인들이나 집단들이 상호 이해와 존중을 바탕으로 개방적이고 예의 바른 의견 교환을 실행하는 과정이다"(유럽평의회, 2008). 상호문화대화에서 중요한 것은 ① 우리와 다른 관점으로 세계를 보는 사람들을 이해하고 그들로부터 배우기(자기의 가설에 의문을 제기하고, 자신의 판단을 유보하기) ② 다양한 문화적 전통과 신념에서 공통점과 차이점을 찾아내기 ③ 갈등을 비폭력적으로 해결해야 한다는 합의를 이끌어 내기 ④ 문화다양성을 민주적인 방식으로 관리하도록 도와주기 ⑤ 다양성을 위협으로 보는 사람과 풍요로 보는 사람 사이에서 중재자 역할을 하기 ⑥ 사회다양성의 민주적 관리, 사회응집력의 신장과 관련된 최상의 실행을 공유하기 ⑦ 새로운 계획을 함께 세워 나가기다. 이런 상호문화대화는 어떤 도시가 **상호문화도시**(intercultural city)가 되기 위한 조건들 중 하나다. 상호문화도시라는 개념은 영국의 '싱크탱크'인 코메디아(Comedia)가 수행한 '상호문화도시: 다양성을 최대한 활용하기(The Intercultural City: Making the Most of Diversity)'라는 연구에서 처음 출현했다. 2008년 유럽평의회와 유럽의회는 상호문화도시를, 문화다양성을 증진하고 권장하는 도시의 설계 및 운영 프로그램으로 권장하고 확산시켰다. 상호문화도시가 되려면 ① 다양한 국적, 출신, 언어, 종교, 신념을 가진 사람들로 구성되어 있고 ② 정치적 지도자와 시민이 다양성을 긍정적으로 인식해야 하고 ③ 모든 유형의 차별과 적극적으로 맞서 싸워야 하고 ④ 행정, 기관, 서비스를 다양한 사람들의 필요에 맞추어야 하고 ⑤ 문화적 다양성과 갈등을 다룰 전략과 수단을 구비하고 있어야 하고 ⑥ 공공장소에서 다양한 집단의 혼성과 상호작용을 권장해야 한다. 상호문화도시 프로그램은 유럽 이외도 호주, 캐나다, 일본, 이스라엘, 멕시코, 모로코, 미국 등 140개 도시(2020년 현재)에서 시행되고 있다. 한국의 경우, 안산시가 아시아에서 두 번째, 전체에서 140번째 상호문화도시로 가입했다.

상호문화교육 교육과정

상호문화교육은 '요람에서 무덤까지(from the cradle to the grave)'[1] 이루어져야 한다. 상호문화교육을 평생 해야 하는 데는 크게 두 가지 이유가 있다. 하나는 21세기 다문화사회에 살아가는 모든 사람은 아주 어릴 때부터 상호문화역량을 신장시켜야 하기 때문이다. 상호문화역량은 "문화가 다른 사람들과 효과적으로 그리고 적절하게 의사소통하는 데 필요한 일련의 인지적, 정의적, 행동적 기술들"(Wikipedia)을 말한다. 여기서 '효과적으로'라는 것은 상호작용에 참여한 모든 사람이 바라는 목적을 달성하는 데 도움이 되는 것을 의미하고, '적절하게'라는 것은 관련된 문화적 규범, 상황의 특징, 참여자들 간의 관계에 부합하는 것을 의미한다. 다른 하나는 상호문화역량은 한 번 습득하면 영원히 지속되는 것이 아니기 때문이다. 우리는 늘 새로운 상호문화적 상황을 만나고 이때마다 그 상황에 효과적이고 적절한 상호문화역량을 발휘해야 한다. 또 한 번 습득한 기술이나 태도라도 시간이 흐르면 약화 또는 퇴화될 수 있어서 그때마다 새롭게 보강해야 한다.

1. 비공식, 공식, 준공식 상호문화교육

'요람에서 무덤까지'는 크게 가정, 학교, 지역공동체로 나눌 수 있다. 모든 사람은 한 가정에서 태어나 자라고 학교에서 교육을 받고 지역공동체에서 일을

---

1 이 문구는 영국 경제학자 William Beveridge가 그의 보고서에서 사회보장제도의 목표로서 강조한 문구로, 완벽한 사회복지를 의미한다.

한다. 가정에서는 부모로부터 도덕, 관습, 종교 등 다양한 가치를 전수받고, 학교에서는 교사로부터 세상을 살아가는 데 필요한 지식과 기술을 배우고, 지역공동체에서는 동료나 선후배와 함께 협력하여 일을 한다. 상호문화교육은 이 세 곳에서 명시적으로나 암시적으로 이루어진다. 이렇게 가정, 학교, 지역공동체에서 이루어지는 상호문화교육 각각을 흔히 **비공식**(informal), **공식**(formal), **준공식**(non-formal) 상호문화교육이라고 한다. 1995년에 유럽평의회가 발간한 *Education Pack*은 비공식 상호문화교육과 공식 상호문화교육으로 나누고, 2014년에 유럽평의회와 유럽연합이 공동의 발간한 *Developing intercultural competence through education*은 비공식 상호문화교육, 공식 상호문화교육, 준공식 상호문화교육으로 나눈다.

—— 비공식 상호문화교육

비공식 상호문화교육은 부모, 형제, 친구 등과의 대화나 경험을 통해서 이루어진다. 이것의 주된 특징은 자발성(spontaneity)과 예측불가성(unpredictability)이다. **자발성**이란 어떤 의도나 계획 없이 주어진 상황에 따라 자연스럽게 이루어진다는 것을 의미하고, **예측불가성**이란 언제 어디서 교육할지 예측할 수 없다는 것을 의미한다. 상호문화교육을 하고자 하는 부모는 아무리 대대로 전해 온 관습이라도 이 관습이 불합리하거나 근거가 없다고 여기면 이 관습을 무시하고 어긋나게 가르칠 수 있다. 예를 들어, 남자에게 파란색 옷을 입히고 여자에게 분홍색 옷을 입히는 관습이 근거가 없다고 생각하면 남자에게 분홍색을 입히고 여자에게는 파란색 옷을 입힐 수 있다. 또 남자에게 총이나 자동차를 사 주고 여자에게 인형을 사 주는 관습이 근거 없는 관습이라고 생각하면 이와 반대로 할 수도 있다. 또 부모는 다양한 배경을 가진 사람들을 만나 볼 수 있는 곳으로 자녀를 데리고 갈 수도 있다. 이런 교육은 자녀가 아주 어릴 때부터 이루어질 수 있다. 비록 상호문화역량을 신장시키는 교육을 위해 특별한 접근을 하지 않는다 하더라도 부모는 자연스럽게 교육하고 있고 자신의 가치를 전수하고 있다. 한편, 비공식 상호문화교육은 성인이 되어서도 이루어진다. 아동과 성인의 차이점은 성인은 사람들과의 새로운 상호작용과 경험을 추구함으로써 자기 학습에 보다 큰 책임감을 느껴야 한다는 데 있다. 이 새로운 경험은 다른 문화를 가진 사람들과의 상호작용, 새로운 기술과 태도에 대한 성찰과 실행, 자신의 상호문화역량의 지속적인 신장에 초점을 맞추어야 한다. 이와 같은 비공식 상호문화교육은 상호문화학습(intercultural learning)이라고 불리기도 한다.

─── 공식 상호문화교육

공식 상호문화교육은 주로 학교에서 이루어진다. 교사는 자신이 가르치는 학생의 나이나 자신이 가르치는 과목과는 상관없이 상호문화교육을 실행할 수 있다. 공식 상호문화교육은 대개 계획된 수업, 강독, 연수 등을 통해서 이루어진다. 이 교육은 공식 **교육과정**(official curriculum)을 준수해야 하고 교육부나 평가원과 같은 외부 기관에 의해 통제를 받는다. 그리고 교과서와 교재가 학습활동을 선택하고 계획하는 데 지대한 영향을 미친다. 일부 교사들은 상호문화교육과 상호문화역량이 자신의 관심과 수업에 매우 중요하다고 생각한다. 이들은 주로 개인적 세계나 사회적 세계를 가르치는 사람들이다. 특히 집단 내나 집단들 간의 의사소통과 언어를 가르치는 교사, 즉 국가어(national language)나 외국어 교사는 상호문화역량을 매우 중시한다. 역사, 지리, 도덕, 사회, 심리와 같은 사회 과목을 가르치는 교사도 상호문화역량의 구성요소인 태도, 지식, 기술, 행동을 신장시키는 데 중요한 역할을 할 수 있다. 문학, 철학과 같은 인문 과목을 가르치는 교사도 당연시되는 것을 의문시하고 성찰하게 함으로써 상호문화역량 신장에 일조할 수 있다. 이들과는 달리, 일부 교사들은 상호문화교육과 상호문화역량이 자신의 수업에 별로 중요하지 않다고 여긴다. 이들은 주로 자연 과목을 가르치는 교사들인데, 이들 역시 상호문화역량 신장에 기여할 수 있다. 자연 세계를 관찰하고 분석할 때 필요한 분석기술과 열린 태도는 상호문화역량의 구성요소들과 관련된다. 또한 자연 세계의 본질과 기원에 대한 상반된 관점은 물리, 화학, 생물 시간에서도 다루어질 수 있다. 실제로 역사상 많은 학자들이 자신의 새로운 관점을 제시하다가 다른 사람으로부터 박해를 받고 처형되기도 했다. 학생들은 이런 사실을 두고 토론함으로써 상호문화역량을 신장할 수 있다.

상호문화교육은 학교가 교육과정을 다문화사회의 현실에 맞추어 개편하라고 요구한다. 일반적으로 **상호문화적 학교**는 다음과 같은 네 가지를 위해서 노력해야 한다(*Education Pack*, 1995: 42). ① 소수문화집단 학생을 위한 평등한 교육기회를 보장해야 한다. ② 문화적 차이에 대한 인식을 개선하여 차별에 맞서게 해야 한다. ③ 사회 내 문화복수주의를 지지하고 확산시켜야 한다. ④ 다양한 관점을 제시하고 공동의 목표를 추구하게 함으로써 학생이 갈등을 효과적으로 다룰 수 있도록 도와주어야 한다.

학교가 상호문화교육의 주체로서 할 역할은 두 가지다. 하나는 소수집단을 위한 역할이고 다른 하나는 다수집단을 위한 역할이다. 먼저, **소수집단** 학생을 환대하고 적응시키고 포용하는 것은 학교의 매우 중요한 역할이다. 이 경우 상호문화교육은 소수집단의 기본적 필요를 충족시킬 수 있는 프로그램을 제공해야 한다. 이 프로그램은 주류문화에 기반을 두지만 상황에 따라 가변적이어야 하고, 학생이 주류 문화의 문화적 규범을 서서히 이해하고 이 사회 속에서 개인적 자율성과 자신감을 갖게 해 주어야 한다. 다음으로, **다수집단** 학생들을 위해서는 다음과 같은 요소들을 학교 교육과정 속에 포함시켜야 한다(ibid.: 43).

① 문화의 민족중심적 관점, 그리고 문화들 간의 위계를 만들 수 있다는 생각을 거부하기
② 한 특정 지역에 공존하는 다양한 문화들의 특성을 객관적으로 고려하기
③ 학생들의 세계관을 개방하기

한편, 학교는 자신의 **입장**에 대해서 다시 생각해 보아야 한다. 왜냐하면 학교는 본의 아니게 다른 집단과 문화에 대한 부정적인 고정관념을 전수하고 강화시킬 가능성이 많기 때문이다. 교사, 학생, 학부모, 관리자, 교육청 등 교육과 관련된 모든 사람들은 학교가 어떻게 운영되고 있는지 비판적으로 살펴보아야 한다. 만약 소수집단에 대한 불평등한 대우나 편견이 있다면 그것을 과감히 시정해야 한다. 또 교육기관은 상호문화교육을 모든 교사의 연수에 핵심적인 요소로 포함시켜야 한다. 그리고 교과서와 교재도 다른 문화를 가진 사람의 입장에서 점검하고 개편하여 학생들이 다른 관점을 '정상적'인 것으로 수용할 수 있게 해야 한다. 예를 들어, 여러 나라 역사 교과서가 Waterloo 전쟁을 어떻게 묘사하고 있는지 살펴볼 수 있고, 지리 교과서에 나오는 지도는 어느 나라나 지역을 한가

운데 두는지 살펴볼 수 있다. 학교가 이런 변화를 실행한다는 것은 결코 쉬운 일이 아니다. 하지만 이런 변화 덕분에 얻을 수 있는 이익도 그만큼 크다.

— 준공식 상호문화교육

준공식 상호문화교육의 목표는 공식 상호문화교육의 그것과 같다. 이 둘 사이의 주된 **차이점**은 교육자와 교육방법이다. 이 교육의 교육자는 청소년센터, 문화센터, 국제교류센터, 지역공동체 등에서 청소년이나 성인을 교육하는 사람들이다. 하지만 가장 효과적인 교육자는 청소년이나 성인 자신이다. 이들은 서로서로를 가르치면서 많은 것을 배울 수 있다. 교육방법에 있어서도 두 교육은 다음과 같은 여섯 가지에서 차이점을 보인다(*Education Pack*, 1995: 44). ① 준공식 상호문화교육은 자발적이다. 공식 상호문화교육에서 찾아볼 수 있는 강제성이 없기 때문에 참여자는 교육과정 중 일부 접근이나 과목을 거부할 수 있다. ② 준공식 상호문화교육 담당자는 학생들의 주의와 관심을 끌기 위해 더 많은 노력을 해야 한다. ③ 준공식 상호문화교육 시에는 참여자들과 좀 더 밀접한 관계를 유지해야 한다. 이렇게 하면 이들과의 의사소통이 좀 더 원활하게 이루어질 수 있다. ④ 교육내용은 참여자의 현실과 필요에 적합한 것이어야 한다. ⑤ 목표 설정과 활동 선정이 좀 더 자유롭다. ⑥ 능동적, 참여적 방법은 더 많은 참여를 유도할 수 있다.

준공식 상호문화교육의 경우, **지역공동체**의 참여가 매우 중요하다. 실제로 이 교육은 협력정신(partnership)과 공동체 행동(community action)에 기초하는 경우가 많다. 예를 들어, 지역 축구팀은 타국에서의 원정 경기에 참여할 지지자들을 위한 행사를 준비할 수 있다. 회사는 다른 나라나 지역에서 새로 들어온 직원들을 위해서 회합의 자리를 마련할 수 있다. 학교는 다른 나라 학교와의 교류에 참여하는 자녀의 학부모를 대상으로 안내 연수를 실시할 수 있다.

이상에서 살펴본 세 가지 유형의 상호문화교육은 어느 정도 다 연결되어 있다. "많은 측면에서 준공식 상호문화교육은 공식 상호문화교육 없이는 존재할 수 없다"(idem.). 이 두 교육은 비공식 상호문화교육의 영향을 받지 않을 수 없다. 실제로 고정관념과 편견이 만연한 가정에서 자란 학생을 학교에서 제대로 교육하기란 결코 쉬운 일이 아니다.

2. 상호문화교육의 일반적 교육과정

교육과정은 "교육목표를 달성하기 위하여 선택된 교육내용과 학습활동을 체계적으로 편성·조직한 계획"(네이버 두산 백과)을 말한다. 따라서 교육과정을 수립하려면 교육의 '목표', '내용', '활동'(방법)을 설정해야 한다. 그리고 이것들이 교육현장에서 제대로 실행되었는지를 살펴보는 '평가'도 포함해야 한다.

상호문화교육이 하나의 교육이라면 이 교육도 목표, 내용, 방법, 평가로 구분해 설명할 수 있어야 한다. 하지만 이 교육을 이렇게 구분해 설명하기란 결코 쉽지 않다. 실제로 상호문화교육을 이렇게 구분해 설명한 연구는 거의 없다. 여기에는 몇 가지 이유가 있는 것 같다. 첫째, 상호문화교육은 단일성을 예외로 보고 다양성을 규범으로 보는 일종의 교육철학(Abdallah-Pretceille, 1999)이지 영어, 수학, 지리와 같은 독립된 교과목이 아니기 때문이다. 둘째, 상호문화교육은 교육현장에서 활동 형태로 이루어진 후 이론화되었기 때문이다. 주지하다시피 활동은 이론보다 훨씬 다양하다. 셋째, 상호문화교육을 연구하는 학자들은 학자마다 교육의 '목표', '내용', '방법', '평가' 중 어느 하나에 치중해 논의해 왔기 때문이다. 예를 들어, M. Abdallah-Pretceille는 교육목표를 주로 논하였고, M. Bennett은 교육방법을 주로 연구하였고, D. Deardorff는 교육평가를 주로 논하였다. 넷째, 상호문화교육은 학교, 지역, 국가에 따라 다양한 형태로 이루어지고 있기 때문이다. 따라서 상호문화교육을 영어나 수학처럼 하나의 교육과정을 만들어서 제시한다는 것 그 자체가 무리일 수 있다. 하지만 학교에서 가르치는 교사나 지역단체에서 활동하는 강사들은 비록 의도적으로 단순화시킨 것이라도 어느 정도의 일관성을 가진 교육과정을 기대하고 있다. 우리가 볼 때, 모든 과목을 아우르는 교육철학을 하나의 교육과정으로 만드는 것은 필요한 일종의 **필요악**이다.

상호문화교육의 전제와 원칙들

M. Abdallah – Pretceille(장한업 역, 2010)는 상호문화교육이 단순한 교육적 선택이 아니라 교육철학이고 현대사회의 지향점이라고 말한다. 그리고 상호문화교육이 당위성을 다음과 같이 요약한다. ① 현대사회는 점점 **복합적인 사회**로 변하고 있다(p. 18). 교통수단의 발달로 인적, 물적 교류가 활발해졌고, 통신수단의 발달로 지적 교류도 전례 없이 활발해졌다. 현대사회는 국제화를 넘어 세계화, 지구촌화하였다. ② 이렇게 활발한 인적, 물적, 지적 교류는 개인으로 하여금 이타성(altérité)과 **다양성**을 점점 더 많이 경험하게 한다(p. 13). 게다가 사회의 민주화는 개인에게 좀 더 많은 자율성과 선택권을 부여하고 있다(p. 22). 이제 개인은 '하나의 큰 돌로 된(monolithe)' 국가문화가 아니라 수많은 하위문화를 향유하며 살고 있다. ③ 다양한 문화를 가진 사람들과의 만남이 늘어나면서(p. 77) 타인에 대한 단편적인 지식보다는 타인과의 **원만한 관계** 형성 능력이 점점 중요해지고 있다(p. 87). 이제는 타인에 대해서 말하는 것이 아니라 타인과 함께 행동할 줄 알아야 한다. ④ 타인과의 원만한 관계 형성에서 가장 중요한 것은 **자기중심주의**, 문화중심주의, 민족중심주의에서 탈피할 수 있는 능력이다(p. 141). 왜냐하면 모든 사람은 자기중심적이고 민족중심적인 경향을 갖고 있기 때문이다. ⑤ 자기중심주의나 민족중심주의에서의 탈피는 저절로 이루어지는 것이 아니기 때문에 어릴 때부터 **체계적인 교육**을 받아야 한다(p. 127). 이 교육은 "자신의 참조 기준을 객관화하고 그것과 거리를 두고 절대적인 상대주의에 빠지지 않으면서 일련의 지속적인 탈중심을 거쳐 상대성을 배워 나감으로써 다른 관점이 존재한다는 사실을 받아들이도록 하는 것"(p. 141)이다.

이런 당위성을 가진 상호문화교육은 몇 가지 원칙하에서 이루어진다. 여기서는 유네스코가 제시한 원칙과 S. Martineau가 제시한 원칙을 차례로 소개하기로 하겠다.

유네스코는 *UNESCO Guidelines on Intercultural Education*(2006: 32)을 통해 다음과 같은 세 가지 원칙을 제시한다. **원칙 1.** 상호문화교육은 모든 학습자의 문화정체성을 존중하고 각자에게 문화적으로 가장 적절한 양질의 교육을 제공한다. **원칙 2.** 상호문화교육은 학습자가 사회생활에 적극적이고 온전하게 참여하는 데 필요한 문화적 지식, 태도, 능력을 신장시켜 준다. **원칙 3.** 상호문화교육은 모든 학습자에게 개인, 민족집단, 사회집단, 문화집단, 종교집단, 국민들 간의 존중, 이해, 연대에 필요한 문화적 지식, 태도, 능력을 제공한다.

S. Martineau(2006)는 '상호문화교육의 정신으로 들어가기 위한 몇 가지 원칙들(Quelques principes pour intervenir dans l'esprit de l'éducation interculturelle)'[2]을 제시한다. ① 각자에게서 **인간성 인정**하기. 20세기의 역사를 살펴보면 인간이 다른 인간을 동류로 여기지 않은 경우가 적지 않았다. "누군가를 존중하는 것, 그의 역사를 존중하는 것은 그가 다른 인간이나 저급한 인간이 아니라 같은 인간에 속한다는 것을 고려하는 것이다"(Maalouf, 1998: 124). 따라서 상호문화교육은 그 어떤 인종주의도 용납하지 않는다. 이 원칙은 상호주관성과 깊은 관련이 있다. 상호주관성은 '나의 이성적 판단이 올바르고 보편적이라고 주장하기 위해서는 타인 또한 나와 똑같은 판단을 내릴 수 있는 사람으로 보아야 한다'는 것인데, 이는 타인을 온전한 주체로 인정하는 것을 의미한다. 이렇게 타인을 온전한 주체로 인정해야 '유비적 해석'이나 상호문화성도 가능해진다. ② 자기 자신과 자신의 **고유의 문화 알기**. 상호문화교육의 정신으로 가르친다는 것은 자기 자신의 고유한 문화적 틀을 인식한다는 것을 전제로 한다. 이는 자민족중심주의로부터 벗어나기 위한 첫 걸음이다. 이렇게 하기 위해서는 무엇보다도 먼저 자기 자신이 한 문화의 '산물'이고 복수적 존재임을 인정해야 한다. "다양성은 인간 본성을 구성하고, 자신의 고유한 다양성의 인정은 타인의 다양성을 인정하기 위한 조건들 중 하나다"(ibid., p. 145). 이 원칙은 R. Mall의 '생성된 장소에 묶여 있음-생성된 장소에서 벗어남'과 관련지어 이해할 수 있다. 자기 자신이 문화의 산물이라고 여기는 것은 '생성된 장소에 묶여 있음'을 이해하는 것이고, 자신이 여러 개의 문화를 향유한다고 여기는 것은 자신의 향유하고 있는 문화 중 그 어느 것도 절대시하지 않는다는 것이고, 이는 곧 '생성된 장소에서 벗어남'을 이해하는 것이다. 이와 같은 이해는 상호문화교육이 매우 강조하는 탈중심의 과정이기도 하다. ③ 차이를 **열린 마음**으로 알아보기. 상호문화교육은 민족적, 문화적, 종교적, 언어적 차이에 대해 관심을 가지길 요구한다. 이런 차이에 대해서 알아야만 자기 자신도 알 수가 있다. 달리 말하자면 "다른 곳에 대한 학습은 늘 자신

---

2 http://www.cnipe.ca/IMG/pdf/Martineau-2006-Quelques-principes-pour---.pdf

에 대한 학습이다"(Porcher & Abdallah-Pretceille, 1998: 145). 여기서 차이를 안다는 것은 한 사회나 공동체의 문화적 특징 전체를 열거할 수 있다는 것이라기보다는 민족적, 문화적, 언어적 배경이 다른 사람을 알고 그가 자신이 놓인 상황을 어떻게 이해하는지를 안다는 것이다. 이 원칙은 상호문화성과 관련시켜 이해할 수 있다. '차이를 열린 마음으로 알아보기'는 좀 더 편안한 마음으로 차이에 다가감을 의미하는데 상호문화성은 이렇게 문화적 차이에 다가가는 방법으로 '겹침'을 활용할 것을 권장한다. ④ **차이 수용**하기. 차이를 안다는 것은 반드시 차이를 받아들인다는 것을 의미하는 것은 아니다. 역사를 살펴보면 차이를 알고도 받아들이지 않는 경우가 많았다. 과거 식민주의자들은 차이에 대한 지식을 식민지 사람들을 동화시키거나 지배하거나 아니면 격리하기 위해 활용하였다. 상호문화교육은 차이에 대한 지식을, 이런 보호를 가장한 통제주의(paternalisme)가 아니라 우호적인 개방 차원에서 활용하라고 조언한다. 한 가지 강조하고 싶은 것은 차이를 받아들이는 것이 반드시 자신을 부정하라는 의미는 아니라는 사실이다. "만약 사람이 내딛는 발걸음마다 자신과 자기 자신의 것들을 부정하는 느낌을 갖는다면 타인을 향한 과정은 잘못된 것이다"(Maalouf, 1998: 53). 이 원칙은 위에서 언급한 "자기 자신과 자신의 고유의 문화를 알기"라는 두 번째 원칙과 같은 맥락에서 이해할 수 있다. 즉 자기 자신을 아는 것과 타인에게 개방되는 것은 동시에 일어나는 두 가지 운동이다. 나는 타인을 알면서 나를 알게 되고, 이렇게 하면서 나는 우리의 차이점과 공통점을 분별하게 된다. ⑤ 자신의 판단을 **잠정 유보**하기. 여기서 중요한 것은 의사소통의 윤리를 실천하는 것과 대화를 위한 최적의 조건을 만드는 것이다. 이렇게 하려면 타인의 말에 귀를 기울이고 그를 이해하려고 노력해야 한다. 이렇게 하려면 각자가 타인과 대화할 수 있는 능력을 가지고 있어야 한다. 좀 더 성숙한 새로운 판단은 바로 이 대화에서 나온다. 이 원칙은 현상학의 '판단중지'와 그 맥을 같이 한다. 앞서 살펴보았듯이, 판단중지는 진리에 좀 더 가까이 가기 위해 섣부른 판단을 잠정적으로 유보함을 의미한다. 이 원칙은 또한 상호문화철학의 '명령', 즉 "어떤 관점이 절대적인 입장을 취하고 자신의 관점 이외의 관점은 인정하지 않는다면, 이 관점은 그것이 어떤 것이든, 참된 것, 좋은 것, 아름다운 것으로 여기지 말라"(Mall, 2010: 75)와 일치한다. 또 이 원칙은 공감을 강조하고 있다는 점에서도 상호문화철학과 그 맥을 같이 한다. 앞서 살펴보았듯이, 공감은 현상학과 상호문화철학이 모두 권장하는 타인에게 접근하는 최상의 방법이다. ⑥ **비판적인 자기 분석** 실행하기. 이 원칙은 타인과 타인의 차이를 제대로 고려하지 못하게 하는 태도와 행동을 거부하라는 것이다. 타인과 타인의 차이를 제대로 고려하지 못하게 하는 것은 자기중심주의다. 따라서 비판적인 자기 분석이 선행되어야 한다. 자신을 알고 난 다음, 그리고 타인을 알고 난 다음, 나는 타인의 차이에서 수용할 수 있는 것과 수용할 수 없는 것을 구분할 수 있게 된다. 이 경우 나는 내 안에서 또는 내 문화 안에서 차이를 거부하는 것이 무엇인지를 알 수 있게 된다. 이 원칙은 '자기 자신과 자신의 고유의 문화를 알기'라는 두 번째 원칙과 자연스럽게 연결된다.

자기의 판단이나 분석을 비판적으로 살펴본다는 것은 탈중심의 과정을 밟는 것이고 이런 과정은 자기 자신과 자신의 고유한 문화를 제대로 이해할 수 있도록 해 준다. ⑦ **협상과 합의**를 위해 노력하기. "단어의 힘은 동작의 잔인성을 막을 수 있다. 우리는 언어가 침묵하고 단어들이 양보하면 폭력이 바로 출현하고 자리잡는다는 사실을 잘 알고 있다"(Kattan, 2001: 84). 상호문화의사소통은 의사의 교환인 동시에 정체성의 협상이므로, 대화는, 좌절을 최소화하고 또 각자가 자신의 정체성을 유지한 채 공통의 영역을 찾으려는 의도에서, 끝없이 지속되어야 한다. "의사소통이 두절되면 상호문화성도 없어지기 때문이다"(Martineau, 2006: 3).

S. Martineau,
캐나다 퀘벡 아 트루와 리비에르
대학 교수

　이 일곱 가지 원칙들은 서로 분리된 것들이 아니라 서로 얽혀 있고 서로 영향을 주는 것들이다. 이 원칙들은 교사가 지식과 학생들 사이만이 아니라 학교와 학부모 사이의 중재자로 역할을 할 때도 중요한 지침이 될 수 있다. 교사는 이런 원칙에 입각해 상호문화교육을 함으로써 학생들에게 "사회문화적 혼성의 의사소통상황을 분석하고 의사소통에 효과적으로 참여할 수 있게 하는" 전략적인 역량들을 신장시켜 줄 수 있다.

── 상호문화교육의 정의 및 목표

이런 전제와 원칙에서 출발한 상호문화교육은 다양하게 정의되고 다양한 목표를 가질 수 있다. 우리는 이것들을 크게 세 부류로 나누어 설명하고자 한다. 첫 번째는 유럽평의회, 유네스코, 유럽연합 등 국제기구가 제시한 정의와 목표이고, 두 번째는 상호문화의사소통을 연구하는 학자들이 상소한 정의와 목표이고, 세 번째는 상호문화교육을 교육현장과 관련해 연구한 학자들의 내린 정의와 목표이다. 이 세 부류는 그 표현방식에 있어서 다소 차이가 있지만 근본적으로는 같은 것들이라고 할 수 있다.

그럼 먼저, 유럽평의회, 유네스코, 유럽연합 등 **국제기구가 제시한 정의와 목표**부터 살펴보기로 하자. 유럽평의회는 1970년대부터 수많은 자료를 통해서 상호문화교육을 정의하고 권장해 왔다. 그중에서 가장 주목할 것은 1995년에 발간한 *Education Pack*이다. 이 자료집은 "차이를 우리 사회들의 현실"이라고 규정하고(p. 13), 상호문화교육을 **"차이에의 긍정적인 접근"**(p. 42)이라고 정의한다. 이 자료집은 "우리 인간은 모두 여러 가지 면에서 다르다"고 전제하는데, 이 '여러 가지 면'에는 민족, 성, 성적 지향, 나이, 신체특징, 취미, 생활수준, 신앙 등이 포함된다. 지구상에 흩여져 사는 인간들이 이런 차이를 보이는 것은 지극히 당연하다. 하지만 인간의 역사를 살펴보면, 차이를 존중한 적보다 무시나 거부한 적이 훨씬 많았던 것 같다. 그 결과 사람들 사이에는 많은 오해, 갈등, 배제, 심지어 전쟁까지 일어났다. 이런 유감스러운 일을 막으려면 차이를 가지고 차별하지 않게 하는 교육을 체계적으로 실시해야 한다. 이 자료집에 따르면, "상호문화교육의 포괄적인 목표는 여러 사회들 간의, 그리고 다수 문화집단과 소수 문화집단 간의 상호관계를 조성하고 강화하는 것"(p. 44)이다. 이 목표를 달성하려면, 첫째, 차이를 가지고 주변인으로 만들지 말고, 둘째, 다양한 문화적 정체성을 인정하여 소수자를 존중하고, 갈등을 일으키는 이해관계를 평화적으로 해결하도록 해야 한다. 상호문화교육이 이 포괄적인 목표를 달성하기 위해서는 모든 집단이 그 대상이 되어야 한다. 왜냐하면 이 포괄적인 목표는 다수집단과 소수집단 모두를 교육의 대상으로 삼을 때 비로소 달성 가능한 것이기 때문이다.

상호문화교육이 **'모두를 위한 교육**(Education for all)**'**이라는 것은 유네스코가

2006년에 발간한 *UNESCO Guidelines on Intercultural Education*에서도 다시 확인할 수 있다. 이 지침은 상호문화교육을 "모두에게 양질의 교육을 제공하는 문제에 대한 해답"(p. 8)이라고 정의한다. 이 지침에서 특히 주목할 것은 상호문화교육을 다문화교육과 비교하여 설명하고 있다는 것이다. 즉, **다문화교육**은 "다른 문화들에 대한 학습을 통해 이 문화들을 수용하거나 아니면 적어도 관용하게 한다." 하지만 **상호문화교육**은 이런 "소극적인 공존을 넘어서고, 다른 문화집단들을 이해하고 존중하고 이 집단들 간의 대화를 통해 다문화사회를 함께 살아갈 발전적이고 지속적인 방법을 찾아내게 한다." 이 지침서에 의하면 다문화교육이 소극적인 공존을 목표로 한다면 상호문화교육은 적극적인 공존 또는 상생을 목표로 한다.

상호문화교육이 '차이에의 긍정적인 접근'이라는 유럽평의회의 정의는 유럽위원회가 2004년에 발간한 *Integrating Immigrant Children into Schools in Europe*이라는 보고서에서도 확인할 수 있다. 이 보고서는 상호문화교육을 "상호문화적 관계 개선"(p. 58)이라고 정의하고 **상호문화교육의 목표**를 세 가지 차원으로 구분하여 설명한다(p. 57). 첫 번째 차원은 문화다양성 학습의 차원이다. 이 차원에서의 상호문화교육은 학생들 간의 [차이에 대한] 존중과 관용의 가치를 이해시키고자 한다. 두 번째 차원은 국제적 차원이다. 이 차원에서의 상호문화교육은 남반구와 북반구의 경제적 불평등 문제, 이민의 역사와 원인 등에 대해 가르침으로써 오늘날의 문화다양성을 역사적, 사회적 맥락에서 이해하도록 한다. 세 번째 차원은 유럽의 차원이다. 이 차원에서의 상호문화교육은 유럽 사람들의 문화적 특징, 유럽적 통합의 역사, 각국의 유럽 내에서의 전반적인 위상 등을 살펴보게 하여 유럽정체성을 확인하고 이를 강화시키도록 한다.

유럽평의회의 창립회원국이자 유럽연합의 회원국인 아일랜드가 2005년에 발간한 *Intercultural education in the primary school*은 상호문화교육을 "인간 생활의 모든 영역에서 **다양성의 정상성**을 존중, 찬양, 인정하고, 평등과 인권을 신장하고, 불공정한 차별에 도전하고, 평등을 떠받치는 가치들을 제공하는 교육"(p. 169)으로 정의한다. 그리고 다음과 같은 일곱 가지 상호문화교육의 목표를 소개한다(p. 3). 첫째, 사회 내에서 복수주의를 인정하게 유도한다. 둘째, 학생들이 자신의 고유한 문화를 인식하도록 하고, 다른 행동방식과 다른 가치체계들이 존재한다는 사실을 이해하게 한다. 셋째, 자신의 고유한 생활방식과 다른 방식들을 존중하고 학생들이 서

로 이해하고 존중하도록 한다. 넷째, 평등을 위해 노력하도록 한다. 다섯째, 학생들
이 편견과 차별에 대해서 더 많은 정보를 가지고 판단하고 행동하도록 한다. 여섯
째, 유사점과 차이점을 인정하고 가치 있게 여기게 한다. 일곱째, 모든 학생이 자신
에 대해서 말하고 자기의 문화와 역사에 대해 분명히 말할 수 있게 한다.

이와 같이 유럽평의회, 유럽연합, 유네스코와 같은 국제기구, 그리고 아일랜
드 국가교육과정평가원과 같은 국내기구들은 상호문화교육을 나름대로 정의하고
그 목표를 제시하고 있다. 이와 더불어 상호문화교육을 연구하는 학자들 역시
상호문화교육을 나름대로 정의하고 있다. 여기에서는 우리가 보기에 가장 대표
적인 것 세 가지를 소개하도록 하겠다.

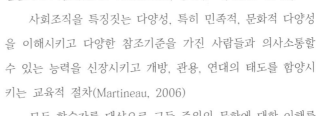

교사가 단독으로, 좀 더 일반적으로는 학교 전체가 상이한 문화를 가진 학
생들 사이에 상호작용, 협력, 이해라는 긍정적인 관계를 수립할 목적으로 행하는
일련의 조치(Kerzil & Vinsonneau, 장한업 역, 2013: 61-62)

사회조직을 특징짓는 다양성, 특히 민족적, 문화적 다양성
을 이해시키고 다양한 참조기준을 가진 사람들과 의사소통할
수 있는 능력을 신장시키고 개방, 관용, 연대의 태도를 함양시
키는 교육적 절차(Martineau, 2006)

모든 학습자를 대상으로 그들 주위의 문화에 대한 이해를
증진시켜 그들의 편견을 줄이고 그들로 하여금 인종주의, 차별,
문화적 불평등에 대해 비판적 시각을 가지게 하며 민족중심주
의에서 벗어나 교류하게 하는 것(Meunier, 2007)

O. Meunier,
프랑스 아르투와 대학 교수

한편, 상호문화교육의 목표를 **상호문화역량의 신장**이라고 할 수도 있다. 유
럽평의회는 2014년 *Developing intercultural competence through education*
을 통해 이미 "학습자들의 상호문화역량의 발전과 향상"을 상호문화교육의 핵심
목표(p. 22)라고 밝힌 바 있다. 그리고 K. Cushner & J. Mahon(2009: 312)과 같
은 학자들도 "상호문화역량은 상호문화교육의 장기 목표들 중 하나로 여겨질 수
있다"고 말한다. 일반적으로 이 상호문화역량은 "문화가 다른 사람들과 효과적
으로 그리고 적절하게 의사소통하도록 하는 일련의 인지적, 정의적, 행동적 기술

들"(Wikipedia)을 말한다. 이 상호문화역량은 "인지적, 정의적, 행동적 기술들"이
므로, 지식, 태도, 기술, 행동 모두를 포함한다. 문제는 여기에서 말하는 지식, 태
도, 기술, 행동이 구체적으로 무엇인지, 그리고 이것들이 어떻게 서로 연결되어
있느냐가 분명치 않다는 것이다. 이 두 문제는 결코 쉬운 문제가 아니다. 1960년
대부터 지금까지 수많은 학자가 이 문제에 대한 대답을 찾아보
았지만 여전히 만족스러운 수준에 이르지 못하고 있다. 대부분
의 학자들은 지식, 태도, 기술, 행동과 관련된 요소들을 저마다
제시하는 데 만족했다. B. Spitzberg & G. Changnon (2009: 36–
43)에 의하면, 상호문화역량과 관련된 이론적 모형은 22개나 되
고 이 역량과 관련된 개념은 300여 개나 된다.

D. Deardorff, 미국
듀크대학 교수

    우리는 여기서 D. Deardorff가 2006년에 제시한 **상호문화
역량 과정모형**(Process Model of Intercultural Competence)을 중심
으로 앞에서 언급한 두 가지 문제에 답을 찾아보기로 하겠다.

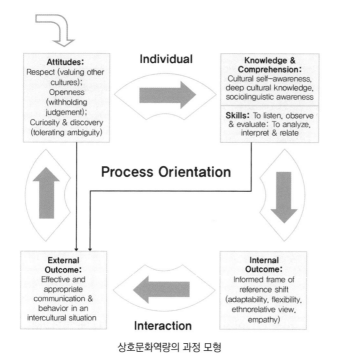

상호문화역량의 과정 모형

    이 모형은 상호문화역량을 태도, 지식, 기술, 행동으로 나눈다. **태도**(attitudes)
에는 다른 문화에 대한 존중, 판단을 유보하는 개방성, 모호함과 불확실성을 인내

하는 관심(curiosity)과 발견이 포함되고, **지식**(knowledge)과 이해(comprehension)에는 문화적 자기인식, 심층적 문화 지식, 사회언어학적 인식이 포함된다. **기술**(skills)에는 청취-관찰-평가하기, 분석-해석-관련짓기가 포함된다. 이상의 태도, 지식, 기술을 갖추면 내적 결과(desired internal outcome)를 기대할 수 있는데, 여기에는 적응력, 유연성, 민족상대적 관점, 공감이 포함된다. 여기서의 적응력은 다른 의사소통 방식과 **행동**에 적응하고 새로운 문화적 환경에 적응함을 말하고, 유연성은 적절한 의사소통 방식과 행동을 선택하여 사용함을 말한다. 이 내적 결과는 그 다음 단계인 외적 결과로 이어지는데, 이 외적 결과는 상호문화적 상황에서의 효과적이고 적절한 의사소통과 행동을 말한다. 이 모형에서 한 가지 더 확인할 수 있는 것은 태도, 지식, 기술, 행동 간의 관계다. 이 모형에 의하면 상호문화역량은 태도에서 시작하여 지식과 기술을 거쳐 행동으로 나타난다는 것이다.

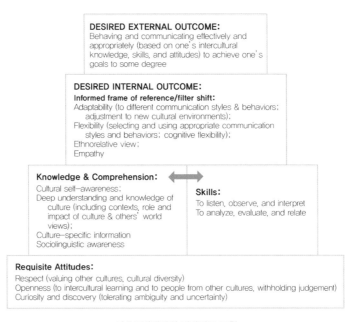

상호문화역량의 피라미드 모형

이는 D. Deardorff가 이전에 제안한 **상호문화역량의 피라미드 모형**(Pyramid Model of Intercultural competence)에서도 확인할 수 있다. 이 모형을 보면, 태도가 가장 아래에 가장 넓게 차지하고 있고, 그 위에 지식과 기술이 위치하고 있고,

그 위에 내적 결과, 외적 결과가 차례로 위치하고 있다. 이 피라미드 모형은 빙산 (iceberg) 모형을 연상시킨다. 다시 말해, 빙산 가장 아래에 가장 거대한 태도가 있고, 그 위에 지식과 기술이 있고, 이런 것들은 내적 변화를 일으키고, 마침내 외적 행동으로 나타난다는 것이다.

요컨대 상호문화교육이 신장하고자고 하는 상호문화역량은 "문화적으로 다양한 세계 속에서 민주시민이 되기 위해 요구되는 핵심역량"(Huber (ed.), 2014: 21)이라고 할 수 있다.

── 상호문화교육의 내용

앞에서 말한 것처럼, 상호문화교육은 "차이에의 긍정적인 접근"(*Education Pack*, p. 42)이다. 차이에 긍정적으로 접근한다는 것은 차이를 존중한다는 것이고, 이는 다양성을 인정한다는 것이다. 여기서 말하는 차이는 인간이 보일 수 있는 모든 차이를 말하지만, 상호문화교육에서 특히 주목하는 차이는 민족적, 문화적, 종교적 차이다. 따라서 상호문화교육은 민족, 문화, 종교가 다른 사람들 간의 **만남**을 그 주된 내용으로 삼는다고 할 수 있다.

이는 앞서 소개한 *Education Pack*만 보아도 잘 알 수 있다. 이 지침서 제2장은 문화, 정체성, 고정관념, 편견, 민족중심주의, 차별, 외국인혐오증, 불관용, 반유태주의, 인종주의를 그 내용으로 제시한다. 이 중에서 정체성, 민족중심주의, 외국인혐오증은 '민족'과 관련 있고, 문화, 고정관념, 편견은 주로 '문화'와 관련 있고, 불관용과 반유태주의는 '종교'와 관련 있다.

프랑스의 기회평등·통합재원연대(Ressources pour l'Egalité des Chances et l'Intégration)[3]는 상호문화적 만남에 장애가 되는 것을 민족중심주의, 이국정취, 범주화, 고정관념, 편견이라고 본다.

아일랜드가 2005년에 발간한 *Intercultural education in the primary school*에 따르면 "상호문화교육의 내용은 초등학교 교육과정 속에 포함되어 있다. (...) 상호문화적 지식, 이해, 기술, 능력, 가치, 태도의 통합과 교육을 지원하

---

3 이 연대는 2005년 이민, 통합, 차별방지를 위해 창설되었다. 현재 Auvergne−Rhône−Alpes, Occitanie, Provence−Alpes Côte d'Azur, Hauts−de−France, Grand Est로 이루어진 이 조직은 새로 들어온 사람들의 통합, 평등 권장, 차별 방지 영역에서 행정기관과 협력하고 있다.

기 위해 상호문화교육의 내용을 다섯 가지 주제로 제시하고 있다. 이 주제들은 서로 겹치고 얽혀 있다"(p. 53). 이 주제들은 정체성과 소속, 유사점과 차이, 인간의 권리와 책임, 차별과 평등, 갈등과 갈등 해소다.

이상의 세 가지 교육자료가 제시하는 내용을 바탕으로 상호문화교육의 주요 내용을 선정해 보면 모두 열두 가지다. 그것은 **문화, 차이, 다양성, 정체성, 고정관념, 편견, 민족중심주의, 외국인혐오증, 인종주의, 갈등, 차별, 불관용**이다. 이것들을 연결해 보면, 먼저 문화는 인간이 자신에게 주어진 현실에 적응하는 방식이고, 주어진 현실이 다르면 그 적응방식인 문화도 달라진다. 따라서 문화적 차이는 자연스러운 것이다. 그래서 문화적 차이는 인정하고 존중해야 한다. 문화적 차이를 존중하면 그것은 다양성이라는 가치 개념으로 변한다. 문화적 차이는 개인의 정체성과도 밀접한 관계가 있다. 개인의 정체성은 '나는 누구인가'라는 질문인데, 여기에 대답하려면 성, 계층, 지역, 연령, 종교, 언어, 민족 등을 거론해야 한다. 이 요소들은 거의 다 문화적 요소들이다. 정체성을 구성하는 요소들은 범주화와도 관련된다. 사람들은 어떤 사람을 보면 '저 사람은 여자', '이 사람은 중국사람'이라는 식으로 나누어 인식하기 때문이다. 이런 범주화는 고정관념과 편견의 기저를 이룬다. 고정관념은 한 사람이나 집단에 대한 경직된 지속적인 범주화의 결과다. 고정관념은 과잉일반화로 인해 대상에 대해 부정적인 인상인 편견으로 이어질 가능성이 많다. "자신이 속한 사회집단을 우선시하고 이 집단을 유일한 참조모형으로 삼는 경향"(Petit Robert)인 민족중심주의는 대표적인 편견이다. 민족중심주의가 작동하면 외국인혐오증도 아주 쉽게 일어난다. 외국인혐오증은 외국인이나 이방인으로 여겨진 사람에 대한 두려움이나 증오를 말한다. 혐오증의 대상이 특히 피부색에 의한 구분이면 그것은 인종주의가 된다. 인종주의는 사람의 자질이 인종에 의해서 영향을 받는다는 신념이고, 다른 인종의 구성원은 자기 인종의 구성원보다 못하다는 신념이다. 이런 외국인혐오증이나 인종주의가 심해지면 상이한 민족들 간에는 갈등이 아주 쉽게 일어난다. 이런 갈등이 행동으로 이어지면 그것은 차별이 된다. 차별은 어떤 사람을 그가 속한다고 여겨진 집단, 계층, 범주에 기초해서 편파적으로 하는 대우를 말한다. 자신과 다른 사고, 신념, 행동을 거부하는 불관용(intolerance)은 대표적인 차별 중 하나다.

상호문화교육의 주된 내용을 이루는 열두 가지(문화, 차이, 다양성, 정체성, 고정관념, 편견, 민족중심주의, 외국인혐오증, 인종주의, 갈등, 차별, 불관용) 중에서 문화, 차이, 다양성은 앞에서 이미 다루었으니 여기서는 생략하고 나머지 아홉 가지에 대해서, 어원, 정의, 유형, 사례 등을 중심으로 좀 더 자세히 알아보기로 하자.

정체성

정체성의 **어원**은 '동일한 것(the same)'이라는 의미를 가진 라틴어 idem까지 거슬러 올라간다. 이 단어에서 '동일성(sameness)'이라는 중세라틴어 identitatem이 파생했고, 이 단어가 14세기 중세프랑스어 identité를 거쳐 1600년경 영어로 들어가 identity가 되었다(*Online Etymology Dictionary*).

사전들은 정체성의 의미를 여러 가지로 제시한다. 예를 들어, *Merriam-Webster Dictionary*⁴는 다음 세 가지 의미를 제시한다.

① 개인을 구별 짓는 특성이나 개성, 심리적 동일시(identification)에 의해서 만들어진 관계
② 묘사되거나 기술된 것과 동일한(same) 것이 되는 조건
③ 한 물건의 객관적 현실을 구성하는 것에서의 동일성(sameness)

이 정의에서 보다시피 정체성은 사람과 사물 모두와 관련된 단어다. 정의 ①은 사람과 관련된 것이고, 정의 ②와 ③은 사물과 관련된 것이다. 쉽게 말해, 정의 ①은 어떤 실종된 사람을 찾을 때, 정의 ②는 분실한 물건을 찾을 때 사용하는 정의라 할 수 있다. 사물의 정체성은 객관적이고 논리적이다. 어떤 물건을 보고 '이건 내 가방이다'라고 한다면 그 가방의 '정체'를 확인한 것이다. 물론 (공항에 내버려진 여행용 가방처럼) 어떤 물건을 보고도 그 정체를 모를 수도 있다. 이때 사람들은 그것을 '정체불명의 물건'이라고 부른다. 예를 들어, 하늘에서 이상한 물체를 보면 그것을 UFO(unidentified flying object)라고 부르는데, 여기서 unidentified는 그 물체의 객관적 정체를 파악할 수 없다는 것이다. 사람

---

4 https://www.merriam-webster.com/dictionary/identity

의 정체성은 사물의 정체성보다 훨씬 더 복잡한 문제다. 이 정체성은 객관적, 논리적 정체성에다 주관적, 심리적 정체성까지 포함하기 때문이다. 사람의 외모는 객관적이지만 시간과 함께 바뀌고 심리는 보이지 않아 판단하기가 어렵다. 그래서 어떤 사람을 잘 모르거나 이해하기 힘들면 "도대체 너의 정체가 뭐야?"라고 말한다. 이렇게 사람의 정체성은 복합적이고 추상적이기에 A. Mucchielli(1986: 5)는 사람의 정체성을 "개인의 기준들과 정의들의 합계이고 내적 감정이다. 이 정체감은 존재의 의지를 중심으로 조직된, 통일성, 일관성, 소속, 가치, 자율성, 신뢰 감정을 포함한 다양한 감정들로 구성된다"고 말한다.

S. Freud(1856~1939),
오스트리아 정신분석학자

정체성 개념은 지난 수 세기 동안 많은 철학자, 심리학자, 사회학자들의 주요 관심사였다. 정체성(identity)이라는 단어를 처음 사용한 학자는 S. Freud로 알려져 있다. 그는 '유태인의 내적 정체성'이라는 표현을 통해서 이 단어를 최초로 사용했다.

미국 정신분석학자 E. Erikson은 1960년대에 정체성 개념을 발전시키고 이 개념을 널리 확산시켰다. 그는 제2차 세계대전에 참전한 병사들의 심리적 장애를 기술하기 위해 '자아정체성(ego-identity)'이라는 용어를 사용하고, 이를 "개인이 자기 자신에 대해서 가지는 연속성과 단일성을 지닌 주관적인 느낌" (Erikson, 1968)으로 정의했다. 그리고 1972년에는 정체성의 심리사회적 발달 단계(Stages of Psycho-social Development) 이론을 제시했다. 이 이론에 따르면, 개인의 정체성은 일생 내내 형성되지만, 정체성 추구의 절정은 청소년기다. 그의 연구들은 특히 정체성 구성에서 탐구(exploration)와 참여(engagement)의 중요성을 강조했다.

E. Erikson(1902~1994),
미국 발달심리학자

J. Marcia(1980)는 E. Erickson의 이론을 발전시켜 **정체성 지위이론**(Identity Status Theory)을 만들고, 탐구와 참여의 조합 방식에 따라 획득(achievement), 유예(moratorium), 폐쇄(foreclosure), 혼미(diffusion)라는 네 가지 정체성 지위를 제안했다.

James Marcia(1980): Identity Status

Commitment

Foreclosure
e.g., take over
daddy's shoe store

Achievement
e.g., apply to grad
school

No
search

Exploration
/search

Diffusion
e.g., drop out; flip
burgers, don't worry

In Moratorium
e.g., take night
course to find out

No commitment

네 가지 정체성 지위

H. Tajfel과 J. Turner(1986)가 개발한 **사회정체성이론**(Social Identity Theory)은 집단적 자아 문제를 다루었다. 이 이론은 범주화와 사회적 비교라는 두 개의 계열에 기초했고, 개인은 다른 집단들에 비해서 더 가치가 있다고 여겨지고 집단에 소속하기를 원한다는 것을 전제했다. 이 이론은 개인에게 한 문화집단에 소속하는 문제가 얼마나 중요한지를 잘 보여 준다. 그리스 심리학자 X. Chryssochoou(2003, 2004)는 이 다양한 이론들을 연결하여 자아인식(connaissance), 자아확인(affirmation), 다른 사람들에 의한 자아인정(reconnaissance)이라는 정체성의 세 가지 측면들을 소개했다. "이때 사회적 인정은 정체성 형성에 지대한 영향을 주는 핵심적 요인으로 여겨진다. 이것은 소수문화집단 구성원들이 종종 겪는 인정의 거부의 해로운 결과에 대해서 깊이 생각해 보게 한다"(Licata & Heine, 2012: 99-100). 실제로 사회심리학자들은 사회적 상호작용이 정체성 형성에 큰 역할을 한다고 주장한다.

정체성은 여러 가지 특징을 가지는데, 이 중에서 특히 관계성, 복수성, 가변성을 잘 이해할 필요가 있다. **관계성**이란 나의 정체성이 누구와의 관계 속에서 결정된다는 것이다. 예를 들어, 부모-자식, 남편-아내, 사장-직원, 교사-학생에서 보다시피, 부모라는 정체성은 자식이 있어야 생기는 것이고, 남편이라는 정체성은 아내가 있어야 생기는 것이다. **복수성**은 나의 정체성이 하나가 아니라 여러 개라는 것이다. 어느 한 성인 남자는 가정에서는 남편이고 부모고, 직장에서는 부장이고, 동호회에서는 총무일 수 있다. 그는 어떤 상황이 주어지면 그 상황에 적합한 정체성을 택하고 이 정체성에 걸맞게 말하고 행동한다. **가변성**이란 정체성이 고정된 것이 아니라 시간의 흐름에 따라 변한다는 것이다.[5] 예를 들어, 어느 한 사람이 고등학교를 졸업하고 대학에 가면 대학생이 되고, 결혼하여 자식을 낳으면 부모가 되고, 직원으로 일하다가 승진하면 사장이 된다. 이런 세 가지 특징을 좀 더 깊이 생각해 보게 하기 위해 *Education Pack*(1995: 29)은 자신을 양파라고 생각하고 1부터 5까지 자신을 소개할 수 있는 단어를 써 보세 한다. 여기서 1은 자기가 생각하는 가장 중요한 정체성이다.

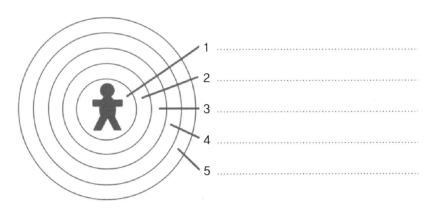

정체성의 양파

사람들은 다섯 개 빈칸에 여러 가지를 적을 수 있다. 일상생활에서 역할(딸, 친구, 학생, 제빵사, 은행원 등)을 적을 수도 있고, 자신이 선택할 수 있는 것(정당, 의상 등)을 적을 수도 있다. 또 자신이 태어난 곳, 자신이 살고 있는 곳을 적을 수도 있고, 소수집단에 속하는지 아닌지를 적을 수도 있다. 또 자신의 성(sexuality)이나 성차(gender)를 적을 수도 있고 종교를 적을 수도 있다.

자신의 정체성에 대해서 생각해 보게 하는 또 하나의 방법은 신분증을 살펴보는 것이다. 신분증은 자신의 정체성을 확인시킬 때 가장 많이 보여 주는 물건이다. 다음은 구글에서 'carte d'identité'를 치면 나오는 프랑스 신분증이다.

---

5 이런 의미에서 G. Verbunt(2001, 장한업 역, 2012: 50)의 다음 비유는 매우 흥미롭다. "현대인은 상황이 그에게 좀처럼 허용하지 않는 일관성을 유지하려 애쓰며 살아간다. 일관성을 유지하려는 이런 노력은 마치 균형 상태에서 불균형 상태를 거쳐 다시 하나의 균형 상태로 옮겨 가는 보행자처럼 늘 새로 시작해야 한다. 정체성은 안정된 상태가 아니라 역동적이다."

이 신분증에서는 여러 가지 정체성을 확인할 수 있다. 먼저, 사진은 신분증 소지자와의 외모의 동일성을 증명해 준다. 하지만 사진과 신분증을 제시할 당시의 모습은 다를 수 있다. 머리를 짧게 했을 수도 있고, 안경을 쓸 수도 있고, 드문 일이지만 성형을 했을 수도 있다. 다음으로, 880692310285라

프랑스 여성의 신분증

는 숫자도 정체성으로 여겨질 수 있다. 하지만 이것은 특정 상황에서나 유효할 뿐이다. 다음으로, Nationalité Française는 신분증 소지자의 국적, 즉 국가정체성을 나타낸다. 이것 역시 공항과 특정 장소에서나 유효할 뿐이다. 그리고 이런 국적을 가진 사람은 6천만 명이 넘는다. 다음으로, Corienne Berthier라는 이름과 성도 정체성이 될 수 있다. 하지만 동명이인이 있다면 이 역시 완벽한 정체성이라고 볼 수 없다. 다음으로, F는 성 정체성을 나타낸다. 알다시피 지구의 인구의 절반이 여성이다. 다음으로, 06.12.1965라는 생년월일 역시 하나의 정체성이 될 수 있다. 하지만 같은 날에 태어난 사람이 이 여성 하나만은 아니다. 다음으로, PARIS 1ER는 신분증 소지자의 지역 정체성이다. 이것은 신분증 소지자가 파리 1구에 사는 파리 시민임을 확인시켜 준다. 다음으로, 1M70은 신분증 소지자의 키가 170cm임을 나타낸다. 마지막으로 서명도 정체성의 일부가 된다. 이 신분증에는 모두 10개의 정체성이 있지만 그 어느 것도 단독으로는 소지자의 완전한 정체성이 될 수 없다. 이 모든 것을 다 합해도 완전한 정체성에 가까울 뿐이다.

정체성을 크게 나누면 개인정체성과 사회정체성으로 나눌 수 있다. 먼저, **개인정체성**(identité personnelle)은 사회화의 산물로, '자아(Soi)'를 구성한다. 상호작용주의 사회학자들은 이 정체성이 사회적 상호작용에서 생겨난다고 주장한다. 다시 말해, 이 정체성은 상호작용 이전에는 존재하지 않는다. 그런데 이 정체성은 살아가면서 끊임없이 변한다. 정체성 작업은 일생 동안 이루어지고, 개인적인 경험에 따라 수정된다. 정체(正體)성은 결코 정체(停滯)된 것이 아니다. 다음으로, **집단정체성**(identité collective)은 소속감이 특히 강조되는 공동체적 정체성(identités communautaires)(국민, 민족 등)과 좀 더 일시적이고 가변적인 사회적 정

체성(identités sociétaires)(가족, 직장, 교회 등)으로 구성된다. 대표적인 집단정체성으로는 성(gender), 민족(ethnic), 계층(class), 국가(nation) 정체성 등이 있다. 초창기 집단정체성 학자들은 이 집단적 의식을 생리적, 심리적, 지역적 특성으로부터 파생된 '타고난(natural)' 혹은 '본질적(essential)'인 것으로 보았으나, 사회적 구성주의(social constructionism)에 기반을 둔 이후 학자들은 모든 집단적인 의식을 사회적 산물이라고 보았다.

J.S. Phinney,
미국 캘리포니아 주립대학
교수

미국 심리학자 J.S. Phinney(1993: 61-79)는 민족정체성 형성과 관련해 흥미로운 모형을 제시했다. 이 모형은 청소년의 민족정체성 발달과정을 민족정체성 무관심(unexamined ethnic identity) 단계, 민족정체성 탐구(ethnic identity search) 단계, 민족정체성 성취(ethnic identity achievement) 단계로 나누어 설명한다. 다음은 각 단계에서 청소년이 보이는 주된 양상이다.

① 민족정체성 무관심 단계

- 개인은 자기 고유의 민족성을 경험해 본 적이 없고 그렇게 하는 데 관심도 없다.
- 일부 소수민족 학생들은 본래부터 지배문화의 태도를 수용한다.
- 일부 학생에게 민족성은 사소한 일처럼 여겨져 혼미(diffusion)나 폐쇄(fore-closure)로 이어질 수 있다.

② 민족정체성 탐구 단계

- 탐구해 보도록 만드는 상황을 경험하면 탐구를 시작한다.
- 그 상황은 (공공연한 인종주의처럼) 긴급할 수도 있고 (상처를 덜 주는) 점차적인 것일 수도 있다.
- 친구나 가족과 이야기를 해 보고, 책을 읽고, 수업을 듣고, 문화적 관습을 배우고, 문화행사에 참여한다.
- 분노, 죄책감, 당황 등을 느껴 감정적으로 격해질 수 있다.
- 꽤 오랫동안 이 단계에 머물 수 있다.

③ 민족정체성 성취 단계

- 자신의 민족정체성 갈등 문제를 해결하고, 소수집단의 구성원임을 받아
  들이고, 다른 문화에 대해 개방적인 태도를 취한다.
- 가장 좋은 결과는 안전한 민족정체성, 주류문화를 향한 긍정적인 태도를
  갖는 것이다.
- 개인은 차분하고 자신만만하다.

고정관념

고정관념(stereotype)이라는 단어는 그리스어 stereos와 프랑스어 type을 합
성해 만든 말이다. 여기서 stereos는 '딱딱한'이라는 의미고,
type는 '원형(原形)'이라는 의미다. 이 둘을 합쳐 만든 프랑스
어 stéréotypé는 '딱딱한 원형으로 인쇄된'이라는 의미를 가진
형용사였고 이것이 1798년 영어로 들어가 '판으로 찍어내는
기술'이 되었다. '변함없이 지속되는 형상'이라는 의미는 1850
년에 생겼고, '한 사람이나 집단의 전형적인 특징에 대한, 미
리 만들어지고 지나치게 단순화된 개념'이라는 의미는 1922년
에 생겼다(Online Etymology Dictionary). 이 마지막 의미를 1922
년 사회과학에 도입한 사람은 W. Lippmann이다. 그는 고정
관념을 **'우리 머릿속의 그림들**(pictures in our heads)'이라고

W. Lippmann
(1889~1974),
미국 언론인

했다. 그에 따르면, 사람은 외부 실체를 바로 이해하는 것이 아니라 이 '머릿속의
그림', 즉 고정관념을 통해서 이해한다는 것이다. 이후 이 개념은 다른 학문 영역
에서도 널리 사용되었다.

고정관념은 한자로 **固定觀念**이라고 적는다. 여기서 관(觀)은 '보다'라는 뜻이
고 념(念)은 '생각하다'라는 뜻이니, 고정관념은 뭔가를 '보고 생각하는 것이 고정
되어 있음'이라고 해석할 수 있다.

사회심리학자들은 고정관념을 "어떤 특징을 구성원들 간의 실제적인 차이를
무시하고 거의 모든 구성원에게 부여하는, 한 인간집단에 대한 **일반화**"(Aronson

et al., 2018: 514)라고 정의한다. *Education Pack*(1995: 31)은 이것을 "한 인간집단에 대해 공유된 신념 또는 생각"이라고 정의한다. 이런 고정관념은 자신이 실제로 한 경험과 '하나를 보면 열을 안다'는 논리가 만나면 생긴다. 예를 들어, "난 이 도시에 가본 적이 있어. 가게 여점원이 불친절했지. 그래서 이 도시 사람들은 불친절해"(Chaves et al., 서영지 역, 2019: 77)라고 말한다. 여기서 도시에 가보고 여점원을 만난 것은 개인의 경험이고, 여점원 한 사람을 가지고 이 도시에 사는 전체 사람들을 평가하는 것은 '하나를 보면 열을 안다'는 논리다. 이렇게 해서 내린 결론은 틀리기 쉽다. 이 도시의 사람들이 모두 불친절할 가능성은 거의 없기 때문이다.

고정관념을 이해하려면 무엇보다도 먼저 **범주**를 잘 이해해야 한다. 범주란 "동일한 성질을 가진 부류나 범위"(네이버사전)를 말한다. 인간은 태어나자마자 수많은 범주를 만든다(Cikara & Van Bavel, 2004). 예를 들어, 피부색도 하나의 범주인데, 신생아는 피부색이 같은 사람들 사이에서 자라면 3개월 만에 그 피부색을 선호하게 되지만, 만약 두 가지 이상의 피부색을 반복적으로 접하면 이런 선호를 보이지 않는다(Anzures et al., 2013). 사회심리학자들에 의하면, 인간은 (피부색과 같은) 차이를 분류하는 능력을 가지고 태어나고, 환경은 이 차이를 가지고 범주를 만드는 데 지대한 영향을 미친다. 바로 위에서 예로 든 신생아는 피부색의 차이를 인식할 수 있는 능력을 가지고 태어나지만, 그가 하나의 피부색만 접하는 환경이냐 여러 피부색을 접하는 환경이냐에 따라 특정 피부를 선호하거나 하지 않게 된다는 것이다. 신생아가 자라서 3세가 되면 이미 성별, 피부색 등 몇 가지 범주를 구분하고 특정 범주에 대한 분명한 선호도를 보인다. 일반적으로, 사람들은 다른 집단에 속하는 것보다 자기집단에 속하는 것을 더 선호한다. 여자아이는 남자아이보다 더 이른 시기에, 그리고 더 강하게 여성을 선호하는 경향을 보인다. 이런 현상은 5~7세에 정점에 이르고, 이후부터는 점차 완화된다 (R. Brown, 2010; 박희태 & 류승아 역, 2017: 242). 아무튼 사람들은, 동물이나 식물을 분류하여 자연을 이해하듯, 사람들을 성별, 나이, 피부색 등을 분류하며 사회를 이해한다. 어떤 특징을 가진 사람을 만나면 과거에 만난 비슷한 특징의 사람들을 떠올리고 그것을 기준으로 그를 분류하고 대한다(Anderson & Klatzky, 1987; Macrae & Bodenhausen, 2000). 이런 **범주화**(categorization) 과정은 일생 동안 지속된다. 그리고 "우리는 깨어 있는 시간 중 대부분을 이미 만들어진 범주들을 떠올리는 데 보낸다"(Allport, 1954: 19). 이런 범주와 범주화는 일상생활에서 매우 유용하다. 만약 이것이 없다면, 우리는 어떤 사람을 만날 때마다 그를 분석하고 분류해야 하는데, 이것은 시간적으로나 정신적으로 큰 낭비다.

하지만 "고정관념은 범주와 동일한 것이 아니다. 그것은 범주가 동반하는 고정된 생각이다"(Allport, 1954: 187). 예를 들어, 흑인(Negro)은 하나의 범주고, 이 범주가 동반하는, 흑인은 '게으른' 사람들, '미신에 사로잡힌' 사람들과 같은 생각은 고정관념이다. 주지하다시피 흑인 중에서도 부지런한 사람

G. Allport(1897~1967),
미국 사회심리학자

이 있고, Martin Luther King과 같이 미신과는 거리가 먼 사람도 있다. 하지만 고정관념을 가진 사람들에게 이런 사실은 그저 예외일 뿐이다.

R. Brown(2010; 박희태 & 류승아 역, 2017: 122－131)에 따르면, 고정관념은 다음과 같은 세 가지 기원을 가지고 있다. 첫 번째 기원은 **사회문화적 기원**이다. 이것은 고정관념들이 가족, 학교, 책, 텔레비전, 신문 등에 의해서 사회문화적으로 전달되고 재생산된다는 것이다. 예를 들어, D. Katz & K. Braly(1933)는 프린스턴 대학생들을 대상으로 설문을 실시했는데, 독일인에 대해서는 응답자 중 78%가 '과학적인 사고를 가진', 65%가 '부지런한' 사람이라고 응답했고, 흑인에 대해서는 84%가 '미신에 사로잡힌', 75%가 '게으른' 사람들이라고 응답했다. 34년이 지난 1967년에 프린스턴 대학생을 대상으로 동일한 설문을 실시한 결과, 독일인에 대해서는 47%가 '과학적인 사고를 가진', 59%가 '부지런한'이라고 응답한 반면, 흑인에 대해서는 13%가 '미신에 사로잡힌', 26%가 '게으른'이라고 응답했다. 이 두 설문 결과를 비교해 보면, 그동안 독일인에 대한 긍정적인 고정관념은 별로 변하지 않았고 흑인에 대한 부정적인 고정관념은 크게 개선되었음을 알 수 있다. 이런 고정관념의 변화는 미국 사회문화의 변화와 관련 있다는 것이 바로 사회문화적 기원이다. 실제로 제2차 세계대전 전에는 '흑인은 게으르다'와 같은 부정적인 표현이 허용되었지만 전후에는 이런 표현이 점차 금기시되었다. 두 번째 고정관념의 기원은 소위 '**일말의 진실**(grain of truth)'이다. 이것은 어떤 사람이 경제적으로 취약한 집단에서 태어나면 이 사람은 저소득, 고실업률, 열악한

주거환경, 낮은 교육수준 등의 특성을 가지게 되고, 이런 특성들 때문에 '게으른', '어리석은'과 같은 부정적인 고정관념의 대상이 된다는 것이다. 세 번째 고정관념의 기원은 **이념**(ideology)이다. 이것은 어느 한 집단이 다른 집단보다 더 많은 재산, 권력, 특권을 가지는 것이 당연하다는 논리 때문에 고정관념이 생긴다는 것이다. 즉, 열악한 집단을 '게으른', '어리석은'으로 묘사함으로써 그 집단의 권리를 박탈하고 우월한 집단의 특권을 인정힘으로써 그 사회체세를 합리화한다는 것이다. 이 고정관념의 정당화 기능은 C. Hoffman & N. Hurst(1990), M.G. Alexander et al.(1999)에 의해서 입증되었다.

이런 기원을 가진 고정관념은 문화가 다른 사람들 간의 이해와 의사소통에 큰 장애물이 될 수 있다. L. Samovar et al.(2013, 이두원 외 역, 2015: 407)은 그것을 네 가지로 나누어 설명한다. 첫째, 고정관념은 일종의 **여과지**(filter)다. 고정관념은 자신이 이미 가지고 있는 정보와 일치된 정보만 선택한다. 여성은 가정을 돌보는 사람이라는 고정관념은 여성의 사회 진출을 가로막았다. 둘째, 고정관념은 특정적인 문화 정보가 모든 구성원에게 적용된다는 가정이다. 앞서 살펴보았듯이, '흑인은 게으르다'라는 고정관념을 가지고 있으면 모든 흑인을 그렇게 생각하게 된다는 것이다. 셋째, 고정관념은 지나치게 단순화, 과장, 일반화되어 성공적인 의사소통을 어렵게 만든다. 고정관념이 사실을 왜곡하는 것은 반쪽 진실과 종종 거짓 전제와 가정에 기초하기 때문이다. 넷째, 고정관념은 변화에 저항한다. 고정관념은 어린 시절부터 형성되고 집단 내에서 반복되고 강화되어 시간이 흐르면 흐를수록 견고해진다.

이런 고정관념의 폐해를 줄이려면 아주 어린 나이부터 체계적인 **교육**과 경험이 필요하다. 왜냐하면 고정관념은 아주 어릴 때부터 형성되기 시작하기 때문이다. D. Meshel & R. McGlynn(2004: 462)에 따르면, 다른 집단과 긍정적인 접촉을 한 아이들은 그렇지 않은 아이들보다 부정적인 고정관념을 적게 가진다. 고정관념의 폐해를 줄이는 또 하나의 방법은 자신의 고정관념에 대해서 끊임없이 자문해 보는 것이다. 예를 들어, 미국 농구 선수들은 거의 다 아프리카계 선수인데, 그렇다면 왜 아프리카계 미국인들이 농구에서 두각을 나타내는 걸까? 대부분은 긴 손과 다리, 몸의 유연성 등 이들의 신체적 조건을 떠올릴 것이다. 실제로 기존의 연구들에 의하면, 흑인 남성은 백인 남성에 비해 더 멀리, 더 높이 뛸 수 있다고 한다. 하지만 자유투에 있어서는 백인 선수들의 성적이 더 좋다고 한다. 이는 미국 농구 선수 중에 흑인이 많은 것은 반드시 신체적 조건 때문이 아님을 의미한다. A. Rattansi(2007, 구정은 역, 2008: 135)는 이것을 미국 흑인과 백인 청소년들의 스포츠 환경 차이를 가지고 설명한다. 그에 따르면, 백인 청소년들은 교외의 넓은 공간에서 다른 친구들과 큰 접촉 없이 자유투 연습을 할 수 있지만, 흑인 청소년들은 도심의 좁은 공간에서 여러 아이들과 부대끼며 공을 지키고 빼앗는 연습을 많이 하기 때문에 좋은 농구 선수가 될 수 있다.

L. Samovar et al.(ibid.: 408)은 자신의 고정관념을 **평가**하

기 위해서 다음과 같은 질문을 던져 보기를 권한다.

① 내가 가진 고정관념은 누구를 대상으로 하는가?
② 내가 가진 고정관념의 내용은 무엇인가?
③ 내가 가진 고정관념의 기원은 무엇인가?
④ 나는 왜 내 고정관념이 정확하다고 믿는가?
⑤ 나는 고정관념의 대상이 된 사람들을 실제로 얼마나 만나 보았나?

L.A. Samovar, 미국
샌디에고 주립대학 교수

S. Ting-Toomey & I. Chung(2005: 238-255)은 고정관념을 **억제**하는 방법으로 "융통성 없는 고정관념과 융통성 있는 고정관념을 구별하는 것을 배우라"고 조언한다. 고정관념은 단단히 자리 잡고 있어서 이와 반대되는 것에 대해서는 강하게 저항한다. 융통성 있는 고정관념을 시도할 때 자신에게 익숙한 것을 새롭게 평가할 수 있다. 이런 시도를 하기 위해서는 "새로운 정보와 증거에 개방적이어야 하고", "자신이 불쾌하게 느끼는 영역을 알고 있어야 한다."

── 편견

편견(prejudice)은 라틴어 접두사 prae-(-전에)와 명사 iudex(판단)을 합쳐 만든 말이다. 이 둘을 합친 praeiudicium은 중세라틴어 prejudicium이 되고, 이것이 고대프랑스어 préjudice를 거쳐 1300년경 영어 prejudice가 되었다. 영어로 들어갔을 때의 의미는 '악의', '모욕'이었다. 지금처럼 '미리 가진 (하지만 반드시

부정적이지는 않은) 생각'이라는 의미는 14세기 후반에 생겼다(*Online Etymology Dictionary*).

편견은 한자로 偏見이라고 쓴다. 여기서 偏(편)은 '치우치다'라는 뜻이고, 見(견)은 '보다'라는 뜻이다. 따라서 편견은 개인적인 감정으로 인해 어떤 대상을 한쪽으로 '치우쳐 봄'을 의미한다. 인간도 감정의 동물인 만큼 자신의 감정에 따라 사물이나 사실을 '치우쳐서' 볼 가능성이 많다. 예를 들어, 백인이 흑인의 등을 밀면 장난이라고 생각하고 흑인이 백인의 등을 밀면 폭력이라고 생각한다면 이미 동일한 사실을 '치우쳐서' 보는 것이다.

사회심리학자들은 편견을 광의로 정의하기도 하고 협의로 정의하기도 한다. **광의**로 정의하는 사람들은 편견을 "구별 가능한 사람들 집단을 단지 그들이 그 집단의 구성원이라는 이유로 적대시하고 부정적으로 여기는 태도"(Aronson et al., 2018: 471)라고 정의하고, 여기에 인지적, 정의적, 행동적 요인을 모두 포함시킨다. 여기서 말하는 인지적 요인은 고정관념을 말하고, 정의적 요인은 편견을 말하고, 행동적 요인은 차별을 말한다. 또 다른 광의로서의 정의는 "직간접적으로 다른 집단에 대해 집단 내 구성원이 갖는 부정적 태도, 감정, 행동"(R. Brown, 2010; 박희태 & 류승아 역, 2017: 31)이라는 정의다. 반면에 편견을 **협의**로 정의하는 사람들은 편견을 정의적 요인으로 한정한다. 현성용 외(2008)는 편견을 "어떤 집단이나 집단구성원에 대한 비합리적인 부정적인 평가"로 정의하고, "고정관념은 어떤 집단이나 구성원의 특징에 관한 인지적 신념이라는 점에서 평가적 감정을 의미하는 편견과 구분된다"고 말한다. 예를 들어, 중국인은 게으르다는 생각은 고정관념이고 그래서 중국인은 싫다는 감정은 편견이라는 것이다. *Education Pack*(1995: 31)은 편견을 "잘 알지도 못하는 다른 사람, 다른 민족에 대해서 내리는 판단"이라고 정의한다. 이 판단은 긍정적일 수도 있고 부정적일 수도 있지만, 대개 '잘 알지도 못하는' 상태에서 내리는 판단인 데다 인간 고유의 자기중심주의(egocentrism)나 자민족중심주의(ethnocentrism) 때문에 부정적일 가능성이 많다.

편견은 사회화 과정을 통해 형성된 것이기 때문에 한번 형성되면 쉽게 바뀌지 않는다. "편견은 원자보다 부수기가 더 어렵다"라는 Einstein의 말도 같은 맥락에서 이해할 수 있다. 이를 예시하기 위해 미국 사회심리학자 G. Allport(1954:

13-14)은 **유태인에 대한 두 사람의 대화**를 소개한다.

> X씨: 유태인과의 문제는 그들이 자기집단만을 챙기는 데 있어요.
>
> Y씨: 하지만 공동모금운동(Community Chest campaign) 기록을 보면, 그들은, 그 인구 비율로 볼 때, 유태인이 아닌 사람들보다 훨씬 더 많이 기부를 하고 있어요.
>
> X씨: 그걸 보면 그들이 늘 환심을 사서 기독교 활동을 방해하려고 한다는 것을 알 수 있지요. 그들은 돈만 생각해요. 유태인 금융업자가 그렇게 많은 것은 바로 이 때문이지요.
>
> Y씨: 하지만 최근 한 연구에 의하면, 유태인 중에서 금융업에 종사하는 사람의 비율은 아주 낮고 유태인이 아닌 사람들보다 훨씬 낮아요.
>
> X씨: 그것 보세요. 그들은 존중받는 사업에는 뛰어들지 않아요. 그들은 영화 사업에 뛰어들고 나이트클럽을 운영하고 있지요.

여기서 X씨는 유태인에 대한 편견을 가지고 있고 그것은 감정과 결부되어 있다. Y씨는 공동모금운동 보고서와 최근 연구 결과를 논거로 제시하면서 X씨의 편견을 바꾸어 보려고 하지만, 이런 노력은 별 소용이 없다. 그는 속으로 '나한테 사실적 자료들을 들이대지 마. 내 마음은 이미 결정되어 있어'라고 말하고, 상대방이 제시하는 자료들을 불신하고 그것을 유대인을 더 혐오하는 이유로 삼았으며 또 새로운 논리를 만들어 유대인들을 비난한다.

다행스럽게 X씨처럼 자신의 편견을 노골적으로 드러내는 사람들은 점점 줄어들고 있다. 어떤 사람은 편견을 갖지 말아야 한다는 순수한 마음에서 자신의 감정을 억누르기도 하고, 또 어떤 사람은 인종주의자, 성차별주의자, 동성애혐오주의자로 불리지 않기 위해 자신의 신념을 숨기기도 한다(Devin, Plant, Amodio, Harmon-Hones, & Vance, 2002; Plant & Devine, 2009). 예를 들어, 불과 50년 전만 해도 흑인대통령은 차치하고 흑인후보자에게 투표한다는 것을 상상도 못했지만, 2008년 B. Obama는 약 53%의 득표율로 제44대 미국대통령에 당선되었다.

그러나 편견은 아직도 계속되고 있다. 특히 국제이주자가 많아지면서 점점 많은 사람들이 다른 민족에 대한 편견을 만들어 내고 있다. 미국의 경우, 백인들은 백인의 비율이 줄어들고 있다는 사실에 위협을 느끼고, 라틴계 미국인, 아프리카계 미국인, 아시아계 미국인을 불신과 편견으로 대하고 있다(Craig & Richeson, 2014). 그래서 많은 학자들은 편견을 줄일 수 있는 방법을 찾기 위해

M. Sherif
(1908~1988),
미국 사회심리학자

노력해 왔다. 사회심리학자들은 그 방법 중 하나로 **접촉**을 강조한다. M. Sherif et al.(1961)의 연구와 그 후속 연구들은 접촉이 집단 간 편견을 줄이려면 다음과 같은 여섯 가지 조건이 충족되어야 한다고 주장한다(Aronson et al., 2018: 465-466). ① 양측이 목표를 달성하기 위해 서로 의존적이어야 한다. 상호의존성 (interdependence) 상황은 두 집단이 그들 모두에게 중요한 것을 얻기 위해 서로 의존하는 것을 말한다. 예를 들어 두 집단이 같은 차로 여행하다가 그 차가 진흙에 빠지면 모두 내려 그 차를 밀어야 한다. ② 두 집단이 같이 추구해야 할 공동의 목표가 있어야 한다. 앞서 든 예에서 '차를 진흙에서 빼내기'는 두 집단의 공동 목표가 된다. ③ 양측이 동등한 위상을 가져야 한다. 접촉의 핵심은 사람들로 하여금 고정관념이 틀렸다는 것을 깨닫게 하는 것이다. 그런데 이것은 양측이 동등한 위상을 가졌을 때만 가능하다. 만약 그렇지 않다면 사람들은 그들의 상호 작용을 위상 차이에 따라 평가하게 될 것이다. 앞에 든 예를 다시 들자면, 만약 두 집단 사이에 힘의 차이가, 어른과 아이나 남성과 여성처럼, 현격하다면 기존의 편견을 개선하기 어렵다. ④ 양측이 우호적이고 비공식적인 상황에서 서로를 알게 되어야 한다. 두 집단을 한 공간 속에 두는 것만으로는 편견을 개선하기는 어렵다. 이들이 함께 식사하고 편안하게 어울릴 수 있는 상황을 마련하는 것이 필요하다. ⑤ 양측이 다른 집단 많은 구성원들에게 노출되어야 한다. 이렇게 함으로써 일상적 상황에서 알게 된 다른 집단 구성원이 그 집단의 일반적인 사람이라고 인식하게 된다. 그렇지 않으면 그 사람이 예외적인 사람이라고 생각하게 되고 그러면 편견은 지속될 수 있다. ⑥ 양측이 그들 집단, 기관, 공동체의 사회적 규범이 평등을 지지하고 장려한다는 사실을 알아야 한다. 사회적 규범은 큰 영향력을 가지고 있어서 사람들이 다른 집단의 구성원에게 다가가도록 할 수 있다. 예를 들어, 사장이나 교수가 직장이나 교실에서 존중과 수용의 분위기를 만들면 직원이나 학생들은 이 규범에 맞추어 행동한다.

─── 민족중심주의

민족중심주의(ethnocentrism)는 ethno−(민족)와 centrism(중심주의)을 합쳐 만든 말이다. 많은 학자들은 이 용어를 19세기 오스트리아 사회학자 L. Gumplowicz가 만들었다고 주장한다. 하지만 이에 동의하지 않는 학자들은 그가 이 용어를 만든 게 아니라 이 개념을 널리 확산시켰을 뿐이라고 주장한다. *Online Etymology Dictionary*에 의하면, 이 용어가 '자기 민족이 문명의 중심이라는 생각'이라는 의미로 쓰이기 시작한 것은 1902년부터다. 이 단어는 20세기 후반에 널리 유행하였다.

S. Nanda & R. Warms(2011: 10)에 따르면, "민족중심주의는 자신의 문화가 다른 문화보다 우월하다는 개념이다. 이는 자신의 문화를 기준으로 다른 문화를 측정해야 한다는 개념이다. 자신의 문화 또는 사회적 위치에서 좁은 렌즈를 통해 다른 문화를 볼 때 우리는 자기중심적이 된다." 여기서 말하는 '좁은 렌즈'는 고정관념, 편견, 인종주의 등이 될 수 있다.

M. Herskovits(1967: 61)에 따르면, "민족중심주의는 자신의 생활방식이 다른 모든 것보다 우월하다고 여기는 사람들의 입장이다. 유년기 문화화(enculturation) 과정을 거친 사람들은 대개, 그것을 표현하든 하지 않든, 자기 문화에 대해서 이런 감정을 갖는다." 민족중심주의는 모든 사람으로 하여금 다른 문화를 자기 문화를 기준으로 해석하고 평가하도록 한다. 민족중심주의는 자기에게 잘 알려지지 않아 이해하기 힘든 문화에 대해서는 부정적인 가치판단을 내리게 한다. 이 민족중심주의는 **방어적 민족중심주의**(defensive ethnocentrism)와 **공격적 민족중심주의**(offensive ethnocentrism)로 나눌 수 있다(Akkari, 2009).[6] 전자는 한 집단이 자기의 고유한 문화, 언어, 역사적 유산 등을 보존하고자 하는 의지를 가리킨다. 이 유형의 민족중심주의는 다수든 소수든 모든 문화에서 찾아볼 수 있다. 예를 들어, 유럽에서 지역어(regional language)를 사용하는 사람들은 자신의 언어를 국가어(national language)나 국제어의 압력으로부터 지켜 내고자 한다. 반면에 공격적인 민족중심주의는 식민주의와 밀접히 연결되어 있고, 단지 자신의 문화적

---

6 file:///C:/Users/user/AppData/Local/Microsoft/Windows/INetCache/IE/QRFT94PW/Carnet−Akkari.pdf

특징들이 최고의 것이라고 생각할 뿐만 아니라 다른 민족이나 문화가 자발적으로든 강제적으로든 이 특징들을 수용해야 한다고 여긴다.

L. Samovar et al.(2013, 이두원 외 역, 2015: 419-422)은 또 다른 구분을 제안한다. 이들은 민족중심주의를 긍정적, 부정적, 극히 부정적인 민족중심주의로 나누어 설명한다. 먼저, **긍정적**(positive) 민족중심주의는 자신의 문화를 다른 모든 문화보다 선호하는 것이다. 사람들의 정체성과 여러 가지 신념은 자신이 태어난 집단의 문화에서 비롯되기 때문에 이는 자연스러운 현상이다. 이런 민족중심주의는 그 문화의 구성원에게 정체감과 소속감을 갖게 해 줄 수 있다. 하지만 이것 역시 지나치면 문제가 된다. 예를 들어, 거의 모든 문화가 가진 창조신화나 민간설화는 종종 아이들로 하여금 자신의 문화에 대해 지나친 우월감을 갖게 만든다. 또 자기 나라의 역사, 지리, 문학, 언어, 정부만 가르치고 다른 나라의 것은 가르치지 않으면 학생들은 민족중심주의자가 될 가능성이 많다. 다음으로, **부정적**(negative) 민족중심주의는 자신의 문화가 모든 것의 중심이고 따라서 다른 문화는 이것을 기준으로 측정되고 평가되어야 한다는 신념이다. 이 민족중심주의는 개인이나 집단이 자신의 신념과 가치관이 전적으로 옳다고 믿을 때 시작된다. 수천 년 동안 그래왔듯이, 중국은 자국을 '중국(中國)', 즉 '가운데 나라'라고 지칭하는데, 이렇게 되면 학생들은 자국이 세계의 중심이고 나머지는 변방이라고 생각하게 된다. 각국에서 만드는 지도도 해당국을 지도의 중심에 위치시킴으로써 비슷한 기능을 수행한다. 한국에서 사용하는 지도는 한국을 가운데 놓고, 프랑스에서 사용하는 지도는 프랑스를 가운데 놓는다. 오스트레일리아나 남아프리카공화국 지도는 아예 북반구와 남반구를 뒤바꾸어 제시한다.

한국 지도

호주 지도

마지막으로, **극히 부정적**(extremely negative) 민족중심주의는 자신의 문화가 모든 것의 중심이라는 생각을 넘어서, 다른 문화집단 구성원도 자신의 문화를 수용해야 한다는 신념이다. 이 신념은 동화주의와 아주 쉽게 이어진다. 실제로 20세기 전반에 팽배한 극단적인 민족중심주의는 타민족을 학살하고 문화적 탄압을 자행했다. 예를 들어, 1930년대 일본은 제국의 조선 식민통치를 정당화하고 한민족의 정체성을 말살하기 위해 신사참배와 창씨개명을 강요하고, 한글 말살, 역사 조작 등을 감행했다.

상호문화교육의 목표 중 하나는 학생들이 민족중심적인 행동을 자제하게 하는 것이다. 이때 가장 좋은 방법은 **문화상대주의**(cultural relativism)를 이해하고 수용하게 하는 것이다. 문화상대주의는 상이한 문화를 가진 사람들의 행동을 그 고유한 문화적 기준에 비추어 분석하고 평가하는 것이다. 문화상대주의는 역사, 특징 등 다른 문화에 대한 얼마간의 지식을 요구한다. 하지만 문화적 실행과 관련된 모든 행동을 정당화하고 수용하는 절대적 또는 극단적 문화상대주의는 지양해야 한다. 상호문화교육은 인권과 같은 보편적인 가치를 훼손하는 모든 문화적 실행은 비판의 대상이 되어야 한다고 본다. 예를 들어, 할례, 명예살인, 이와 비슷한 다른 문화적 실행들은 문화상대주의라는 이름으로 정당화될 수 없다. 극단적인 문화상대주의는 전통적인 문화를 지나치게 이상화하고 그 속에 머물게 한다. 그것은 개인의 인간적 문화에 속할 수 있는 권리를 부정하고, 개인을 그 어떤 변화에도 꿈쩍하지 않는 가치체계 속에 가두어 버린다.

L. Samovar et al.(2013, 이두원 외 역, 2015: 422-423)은 민족중심주의의 **부정적 결과를 줄이기 위한 방안**으로 두 가지를 제안한다. 첫째, 독단에 빠지지 않도록 노력해야 한다. 이렇게 하기 위해서는 "미국과 유럽에서는 금속 또는 플라스틱으로 만든 식기 도구를 쓰지만 중국, 한국, 일본에서는 젓가락으로 먹는다. 세계 일부 지역에서는 사람들이 음식을 손으로 먹는다. 한 방법이 다른 방법보다 더 옳은가?"라는 질문에 스스로 대답해 보아야 한다. 이 질문에 대한 대답은 여러 가지일 것이다. 중요한 것은 질문과 대답 자체가 아니라 이 질문과 대답에 자신의 독단이 얼마나 개입되어 있는지 생각해 보는 것이다. 둘째, 새로운 시각에서 열린 마음을 가지려고 노력해야 한다. 이는 "우리 문화가 다른 문화보다 어떤 면에서 우월하다는 비교 평가를 내릴 때, '그 평가가 정말 맞는가?', '객관적

증거는 무엇인가?'라는 두 개의 질문을 근거로 평가를 해야 할 필요가 있다"(Triandis, 1994: 39).

외국인혐오증

외국인혐오증(xenophobia)은 1903년 xeno-(외국인)와 phobia(두려움)을 합쳐 만든 말이다. 이 단어는 19세기 말에는 agoraphobia(광장공포증)이라는 의미로 쓰였다(*Online Etymology Dictionary*).

외국인혐오증은 한마디로 '**외국인에 대한 두려움**'이라 할 수 있다. 좀 더 정확히 말하자면, "외부인(outsider)으로 여겨지는 개인이나 집단을 두려워하거나 혐오하는 성향"(김세균 외, 2006: 13)을 말한다. 외국인혐오증에서는 다음과 같은 논리적 악순환을 확인할 수 있다. 그것은 '나는 나와 다른 사람들을 두려워한다.

M. Eminescu
(1850~1889), 루마니아
후기 낭만주의 시인

왜냐하면 나는 그들을 잘 모르기 때문이다. 그리고 나는 그들을 잘 모른다. 왜냐하면 나는 그들이 두렵기 때문이다'이라는 논리다. 차별과 인종주의와 마찬가지로 외국인혐오증은 고정관념과 편견으로 증식한다. 다른 나라 사람이나 소수집단 구성원에 대한 두려움은 종종 배제, 적의, 폭력으로 이어진다. 외국인혐오증은 외부 영향으로부터 자국을 보호하고자 하는 권력자들에 의해서 많이 이용되어 왔다. 예를 들어, 루마니아 독재자 Ceausescu는 자국 시인 M. Eminescu의 다음과 같은 시를 자주 인용하였다(*Education Pack*, 1995: 33).

He who takes strangers to heart (외국인을 가슴으로 맞이하는 사람은)
May the dogs eat his parts (개들이 그 사지를 물어뜯을 것이고)
May the waste eat his home (쓰레기가 그 집을 덮을 것이고)
May ill-fame eat his name! (오명이 그 이름을 더럽힐 것이다!)

외국인혐오증은 20세기에는 주로 서구 선진국에서 찾아볼 수 있는 현상이었다. 유럽 선진국들은 특히 제2차 세계대전 이후, 정확하게는 50, 60년대 경제를 발전시키는 과정에서 외국인노동자들을 많이 받아들였고, 이와 함께 외국인혐오증도 점차 확산되었다. 외국인혐오증이 이렇게 부상한 데는 인종주의를 공공연하게 표명하지 못하게 한 것도 한몫했다. 주지하다시피, 제2차 세계대전을 겪으면서 인종주의 이념과 담론은 전 지구적 차원에서 대대적으로 비판받았고 따라서 이 이념을 공연히 주장하기가 어려워졌다. 그래서 사람들은 인종주의와 아주 밀접한 관련이 있으면서도 보다 포괄적인 외국인혐오증을 활용하기 시작했다. 사실 외국인혐오증은 인종주의와 아주 밀접한 관련이 있다. 그래서 일부 연구에서는 이 둘을 혼용하기도 한다(김세균 외, 2006: 12). 그러나 이 둘은 몇 가지 차이점을 보인다. 역사적으로 볼 때 **인종주의**는 19세기 제국주의와 식민주의와 함께 강압적인 노동력 사용과 지배가 정당화되던 시대의 이념이라면, **외국인혐오증**은 노동력과 상품의 자발적인 이동이 이루어지는 현대에 더 확산된 이념이다. 내용상으로 볼 때, 외국인혐오증은 인종주의보다 좀 더 포괄적이다. 외국인혐오증은 외국인이 존재하는 곳이면 어디라도, 그곳이 굳이 백인이 지배하는 국가가 아니라도 발생할 수 있는 현상이다. 실제로 오늘날 외국인혐오증은 서구 선진국에 국한되지 않고 지구촌 전역에 확산되고 있다(김세균 외, 2006: 15-16). 또 외국인혐오증은 '다르다'에 바탕을 두고 있어 '우월하다'에 바탕을 둔 인종주의보다 훨씬 더 포괄적이다. 만약 이 둘이 겹치면 민족, 종족, 인종에 대한 차별은 극에 달할 수 있다. 실제로 오늘날 유럽에는 외국인혐오증과 인종주의가 중첩되어 나타나고 있다. 아무튼 외국인혐오증은 지구화, 세계화의 진척과 함께 세계의 어떤 나라에서도 발생할 수 있는 보편적인 현상이다.

김세균(김세균 외, 2006: 29-33)은 외국인혐오증 유발 요인을 사회·경제적 요인, 법·제도적 요인, 정치·사회문화적 요인으로 나누어 설명한다. 먼저, **사회·경제적 요인**은 외국인 인력의 지속적인 유입과 장기체류 및 정주와 관련 있다. 이들이 특정 도시나 지역에 집단적으로 거주하게 되면 이들을 '우리'(동질성)와 다른 '그들'(이질성)로 여기고 이들에 대해 배타적인 태도를 보이게 된다. 이들에 대한 태도는 경기가 침체되고 노동시장이 위축되어 실업률이 높아지면 더욱 나빠진다. 다음으로, **법·제도적 요인**은 이민자를 수용하는 나라의 사회통합 유형과 관련 있다. 일반적으로 실행되고 있는 유형은 차별배제형, 동화형, 다문화주의형이다. 차별배제형은 외국인노동자의 유입을 3D업종 같은 특정 경제영역에 한정하고, 복지혜택, 국적이나 시민권 취득, 선거권과 피선거권 부여는 거부하는 유형이다. 독일, 한국, 일본 등이 이 유형에 속한다. 동화형은 외국인노동자나 이민자가 출신국의 언어와 문화를 포기하고 주류사회의 언어와 문화를 받아들이기를 요구한다. 영국, 프랑스 등이 여기에 속한다. 다문화주의형은 외국인노동자나 이민자가 자신의 언어와 문화를 간직하고 주류사회 속에서 공존하게 하는 유형이다. 이 유형에 속하는 대표적인 나라는 미국이다. 이 세 유형 중에서 외국인에 대해 가장 배타적인 유형은 차별배제형이고 가장 우호적인 유형은 다문화주의형이다(여기에 상호문화주의를 추가하면 가장 우호적인 유형은 상호문화주의형이다.).

차별배제형, 동화주의, 다문화주의, 상호문화주의 구분

	경제적 권리	시민 및 사회적 권리	문화적 권리	공동체 형성 및 응집력
차별배제형	✓			
동화주의	✓	✓		
다문화주의	✓	✓	✓	
상호문화주의	✓	✓	✓	✓

마지막으로, **정치·사회문화적 요인**은 정당, 매체, 교육과 관련 있다. 우선, 집권당이 좌파냐 우파냐에 따라 외국인혐오증은 약화되기도 하고 강화되기도 한다. 일반적으로 집권당이 좌파이면 외국인혐오증은 약화된다. 반면에 우파나, 특히 극우파이면 외국인혐오증은 강화된다. 독일의 경우, 과거 민족사회주의에 대한 반성 의식이 강해 외국인혐오증이 상대적으로 낮다. 다음으로, 매체도 외국인혐오증 유발에 상당히 중요한 역할을 할 수 있다. 예를 들어, 프랑스 주간지 Charlie Hebdo[7]는 2011년부터 무함마드를 부정적으로 묘사한 만평을 몇 차례 게시한 게 화근이 되어 2015년 이슬람원리주의자들로부터 끔찍한 테러를 당했다. 이것

---

7 '샤를리'라는 이름은 만화 PEANUTS의 주인공인 Charlie Brown에서 따왔다. 샤를리는 찰리의 프랑스식 발음이다. 그리고 '에브도'는 '주1회의'라는 프랑스어 형용사 에브도마데르(hebdomadaire)의 약자다. 이 주간지는 특정 정파를 지지하지는 않지만 반종교적 성향이 강하다.

을 두고 일부에서는 주간지가 지나쳤다는 비판을 했고 다른 일부에서 '내가 샤를리다(Je suis Charlie)'라고 외치며 표현의 자유를 옹호했지만, 분명한 것은 신문이나 TV와 같은 매체가 외국인혐오증을 상당히 쉽게 유발시킬 수 있다는 것이다. 마지막으로, 교육도 이 혐오증과 무관하지 않다. 민주주의 교육은 타인의 존중을 가르치지만, 경우에 따라서는 교과서 자체가 외국인을 부정적으로 보게 하는 내용을 제시할 수 있다. 한국 학교에서 여전히 사용하는 '다문화학생'이라는 용어도 넓은 의미에서 보면 외국인혐오증을 유발시킨다고 할 수 있다.

"코란, 그것은 똥이다."

　　외국인혐오증을 완전히 없앤다는 것은 불가능하다. 이유는 외국인을 싫어하는 사람의 감정 자체를 어떻게 하기 어렵기 때문이다. 흔히 외국인혐오증을 줄이거나 없애기 위해서는 외국인에 대한 다양한 정보를 제공하여 설득하고 태도를 변화시켜야 한다고 말하지만, 이런 조치들이 외국인혐오증을 없애거나 줄이는 데 큰 효과가 없다는 것이 통설이다. 실제로 정보는 감정 변화에 큰 영향을 미치지 못한다. 외국인혐오증 문제를 해결하기 위해서는 각계각층의 사람들이 모두 함께 노력해야 한다. 우선, 정치인은 **인종차별금지법**과 같은 법을 제정하여 소수집단이 차별받지 않게 하고 외국인 증오 범죄를 엄격하게 처벌하게 해야 한다. 다음으로, 언론인은 뉴스를 보도할 때 소수집단에 대한 부정적인 고정관념을 주입하거나 강화하지 않도록 유의해야 한다. 비정부기구 종사자는 외국인들이 일상생활이나 노동현장에서 차별받지 않는지 감시하고 만약 그런 사례가 있으면 관계 당국에 시정을 요구해야 한다. 마지막으로, 학교는 지속적이고 체계적인 교육을 통해 학생들이 국제이주의 보편성과 필요성을 제대로 이해하고 근거 없는 외국인혐오증을 갖지 않도록 해야 한다.

── 인종주의

　　인종주의(racism)라는 단어는 유럽에서 1928년에 생겼고 1935년부터 널리 사용되었다(*Online Etymology Dictionary*). A. Rattansi(2007, 구정은 역, 2008: 14)에

의하면, 이 단어는 1930년대 독일 나치의 유덴라인(judenrein), 즉 '유대인 청소'와 관련해 사용되었다. 나치는 유대인을 별개의 인종으로 여겼고, 유대인이 정통 독일인 계보로 여겨진 아리안 인종에 위협이 될 것이라고 믿었다. 이 단어가 미국에 도입된 것은 1930년대 후반이다.

인종주의는 "인간의 특성, 능력 등이 인종에 의해 결정되고, **우월한 인종과 열등한 인종이 있다는 신념**"(*Education Pack*, 1995: 33)이라고 정의할 수 있다. 논리적으로 볼 때, 이런 신념을 수용하는 것 자체가 다양한 인종이 존재한다는 것을 인정하는 것이다. 유럽평의회는 이런 인종주의를 단호히 거부한다. 왜냐하면 지구상에는 "인간이라는 단 하나의 인종만이 있기 때문이다"(ibid.: 34). "M. Marger는 인종주의를, ① 인간은 자연적으로 상이한 신체형으로 구분되며 ② 신체적 특징은 본질적으로 그들의 문화, 개성 및 지적능력과 연관되어 있고 ③ 이들의 유전학적 형질에 기초해서 몇몇 집단들은 천부적으로 다른 집단에 비해서 월등하다는 세 가지 기본적인 생각으로 구성된 체계 혹은 이데올로기로서 정의한다"(김세균 외, 2006: 13). 하지만 "인종주의는 원칙적으로 편견이다. 왜냐하면 '인종(Rassen)'은 원래 존재하지 않기 때문이다"(서정일 역, 2015: 135).

인종주의의 역사는 매우 깊다. 고대 이집트 예술작품을 보면 이집트 사람들은 이미 자신을 아프리카 사람들이나 아시아 사람들과 구분 짓고 있음을 알 수 있다. 그리스 사람들은 자신들을 야만인들과 구분했다. 당시 야만인(barbarians)은 그리스어를 못하거나 서툰 사람들을 가리켰다. 이는 중국 사람들이 한자를 모르는 사람들을 오랑캐라고 불렀던 것과 비슷하다. 로마 시대에는 인종주의가 조금 완화되었다. 외지 출신 비(非)로마인도 황제 자리에 오르는 경우가 있었다.

중세 유럽에서는 기독교와 유대교의 갈등으로 인종주의가 기승을 부렸다. 1096년 프랑스, 독일, 잉글랜드에서 일어난 유대인 대학살 사건과 1492년 스페인에서 유대인을 대거 추방한 것은 그 대표적인 경우다. 18세기 인종주의에 가장 큰 영향을 미친 사람은 스웨덴 식물학자 C. Linné다. 그는 1735년부터 여러 연구 결과를 발표하면서 동식물 분류를 확장시켜 인간까지 분류하기에 이르렀다. 그는 인간을 네 개의 부류로 나누었는데, 아메리카누스(americanus)는 피부가 붉고 성마른 담즙질에 경직된 특

C. Linné(1707~1778),
스웨덴 식물학자

성을 보이고, 에우로파이우스(europaeus)는 피부가 희고 쾌활하고 다혈질이고, 아시아티쿠스(asiaticus)는 피부가 노랗고 우울질이며, 아페르(afer)는 피부가 검고 느린 점액질로 방탕하다는 것이었다(Rattansi, 2007, 구정은 역, 2008: 51-52).

18세기 독일 철학자 I. Kant는 인종이론을 최초로 정립한 학자로 여겨지고 있다. 그는 1764년 "어떤 사람의 피부색이 새카맣다는 것은 (...) 어리석은 사람이라는 것을 분명히 보여 주는 증거"(ibid.: 53)라고 말했다. 19세기에는 다양한 인종이론이 나왔는데, 이 이론들은 다음과 같은 네 가지 공통점을 보인다. 첫째, 인간은 서로 구별되는 영속적인 특징을 가진 몇 가지 인종으로 나눌 수 있고, 이렇게 분류된 인종은 인간의 다양성을 이해하는 데 핵심적인 개념이다. 둘째, 다양한 인종들은 피부색, 얼굴 모양, 머릿결 등 서로 구분하게 해 주는 뚜렷한 물리적인 특징이 있다. 셋째, 여러 인종들은 제각각 구분되는 사회적, 문화적, 도덕적 특징을 천성적으로 공유한다. 넷째, 타고난 재능과 아름다움에 따라 인종을 일관된 위계질서로 나열할 수 있다. 가장 위에는 백인이 있고 가장 아래에는 흑인이 있다. 1864년 영국 사회학자 H. Spencer는 '적자생존'이라는 말을 만들고, 백인의 우월한 기술과 세련된 관습이 백인이 '적자'임을 보여 주는 것이고, 따라서 백인이 흑인을 다스리는 것은 필연적이라고 주장했다. 1880년대부터 1930년대까지 미국과 유럽에서는 인종주의와 같은 맥락인 우생학이 널리 유행하였다. 나치 독일은 이 우생학에 근거해, 1945년까지 600만 명에 이르는 유대인, 슬라브인, 폴란드인을 대량 학살했다. 이 홀로코스트(Holocaust)[8]는 인간의 폭력성, 잔인성, 배타성, 광기가 어디까지 갈 수 있는지를 극단적으로 보여 주었다. 1950년 7월 UNESCO는 **과학적 인종주의**[9]를 거부하는 성명을 발표했다. 영국에서는 1970년대와 1980년대에 인종주의에 반대하는 의미에서 Black이라는 용어를 쓰기 시작했다. 이후 미국과 서유럽 전역에는 인종주의에 반대하는 운동이 나름 성공해서 '인종주의자'라고 불리는 것을 매우 수치스러운 것으로 여기게 되었다. 그래서 정치인이나 일반인들 중에서 스스로를 인종주의자라고 자처하는 사람은 거의 없어졌다. 하지만 1980년대 이후 영국, 미국, 프랑스에서는 이전의 공공연

---

8 이 용어는 1950년 나치의 유대인 학살을 분석하면서 널리 확산되었다.
9 이것은 "언어와 그 밖의 과학적인 기술들을 이론적으로 동원해 특정 그룹이나 인구 집단이 지능, '문명', 그리고 기타 사회적으로 정의된 습성에서 열등성을 타고난다는 주장을 입증하고자 하는 시도를 가리킨다"(Rattansi, ibid.: 160).

한 인종주의와는 다른 은밀한 인종주의가 나타났다. 이 새로운 인종주의는 생물학적 차원을 배제하고 문화적인 차이와 민족성 문제만 거론하여 인종주의에 대한 비판을 피하려는 **신종 인종주의**다.

1993년 벨기에서 수행된 한 연구에 의하면, 사람들을 다음과 같은 네 가지 부류로 나누는 것이 가능하다고 한다(*Education Pack*, 1995: 22).

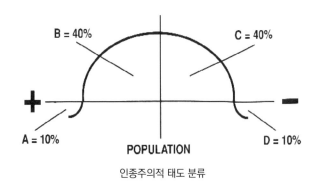

인종주의적 태도 분류

여기서 각 부류는 다음과 같은 특징을 보인다.

A: 인종주의 문제를 인식하고 있고 반인종주의 운동에 어느 정도 적극 참여하는 사람들

B: 관용적인 태도를 가지고 있지만 반인종주의 활동에는 참여하지 않는 사람들

C: 인종주의적 경향을 보이지만 인종주의적 행동에는 참여하지 않는 사람들

D: 인종주의적 태도를 공공연하게 표출하는 사람들

이 비율은 나라마다 다를 수 있다. 하지만 이 도표를 본 다른 나라 반인종주의자들은 이 비율이 그들의 추정과 거의 일치한다고 말한다.

Education Pack(1995: 34–36)은 이런 유해한 인종주의에서 벗어나려면 다음 네 가지를 잊지 말아야 한다고 권고한다. 첫째, 인종주의는 한갓 **신화**(myth)일 뿐이다. 인종은 생물학적 현상이라기보다는 사회적 현상이고 일종의 신화다. 위에서 살펴보았듯이, 이 신화는 인간과 사회에 엄청난 해악을 끼쳤다. 그리고 아직도 수많은 인간의 정상적인 발달과 효율적인 협력을 가로막고 있다(UNESCO,

1950). UNESCO의 초대총장을 지낸 영국 생물학자 J. Huxley는 1935년 *We Europeans*라는 글에서 "인종주의는 신화다. 그것도 위험한 신화다. 그것은 만약 그대로 드러내면 흉측하기 그지없을 이기적인 경제적 목적들을 교묘히 은폐한다"고 말한다. 인종주의는 인간을 인위적이고 근거 없이 구분하려는 시도다. '인종관계(race relations)', '인종차별(racial discrimination)'이라는 용어를 사용하는 것만으로도 인종주의자들이 만든 사악한 전제를 용인하는 것일 수 있다. 둘째, 인종주의는 **이념**(ideology)이다. 인종주의는 순전히 이념적 구성이다. 왜냐하면 '인종들(races)'은 없기 때

J. Huxley(1887~1975),
영국 생물학자

문이다. 사람들의 신체적, 문화적 특징과 그들의 기초적 자질이나 잠재력 사이에는 아무런 상관관계가 없다. 인종주의는 사회적 불평등과 배제를 허용하고, 사회적 불평등과 억압을 정치적으로, 또 문화적으로 정당화하며, 그 대상이 된 사람이 이것을 일종의 운명처럼 받아들이게 만든다. 최근에 출현한 신인종주의(Neo-Racism)는 신체적 특징이 아니라 문화적 차이를 출발점으로 삼고 있지만 그 이념적 틀은 변하지 않았다. 셋째, 인종주의는 **역사**에 깊이 뿌리박혀 있다. 영국, 프랑스, 벨기에 등 옛 제국주의 국가들은 인종주의적 이념을 지지했다. 19세기 인류학자, 생물학자, 사회학자들이 흑인들을 하위 인종으로 취급하는 데 필요한 과학적 논거를 제공했다. 이들은 특정 피부색을 가진 사람들은 이미 정해진 유전적, 사회적 특징을 가지고 있다고 주장했다. 그래서 흑인이 백인보다 도덕적, 사회적, 지적으로 열등하다고 믿었고 그들을 다룰 때 동일한 인간적 가치를 적용할 필요가 없다고 생각했다. 그래서 그들은 아프리카 사람들을 소나 말처럼 부리면서도 양심의 가책을 별로 느끼지 못했다. 넷째, 인종주의는 **다양한 형태**를 띨 수 있다. 인종주의는 은밀할 수도 있고 공공연할 수도 있다. 또 개인적 차원에서 이루어질 수도 있고 제도적 차원에서 이루어질 수도 있다. 전자는 개인적 인종주의로, 살해, 상해, 소유물 파괴 등으로 나타날 수 있다. 후자는 좀 덜 분명한 제도적 인종주의로, 이것은 주택 구입, 분리 학교, 차별적 고용, 진급 체계, 교과서 등을 통해서 나타날 수 있다. 이 제도적 인종주의는 "국가기구가 피부색이나 문화, 민족적 출신 배경 같은 이유 때문에 시민들을 위해 수행해야

할 전문적이고 적절한 서비스를 하는 데에 실패하는 것을 말한다"(Rattansi, ibid., p. 226). 만약 이런 인종주의에서 벗어나려면 이런 개인적 인종주의와 제도적 인종주의에 대해서 늘 경계하고, 만약 그런 것이 확인되면 법적, 제도적 규제를 통해서 이를 변화시켜야 한다.

—— 갈등

갈등(conflict)의 어원은 라틴어 confligere다. 여기서 con-은 '같이'라는 뜻이고, fligere는 '부딪히다'라는 뜻이다. 15세기 초 이 단어의 과거분사 conflictus에서 영어 conflict가 나왔다. '상반되다'라는 의미로 사용한 것은 1640년대부터다(*Online Etymology Dictionary*). 갈등(葛藤)의 한자 어원은 무척 흥미롭다. 갈(葛)은 '칡'을 말하고, 등(藤)은 '등나무'를 말한다. 이 둘은 따로 있으면 문제가 없지만 같은 자리에 있으면 서로를 감아 떼어 낼 수가 없다. 왜냐하면 칡은 왼쪽에서 오른쪽으로 감아 올라가고, 등나무는 오른쪽에서 왼쪽으로 감아 올라가기 때문이다. 이처럼 갈등은 뭔가 뒤엉켜 있는 상태를 가리킨다. 그리고 서로 복잡하게 뒤얽혀 화합(和合)하지 못함을 비유한다.

갈등은 "칡과 등나무가 서로 얽히는 것과 같이, 개인이나 집단 사이에 목표나 이해관계가 달라 서로 적대시하거나 충돌함. 또는 그런 상태"(네이버사전)를 말한다. 특히 심리학에서는 "두 가지 이상의 상반되는 요구나 욕구, 기회 또는 목표에 직면하였을 때, 선택을 하지 못하고 괴로워함. 또는 그런 상태"(idem.)를 말한다. 이 두 정의에서 알 수 있듯이, 갈등은 고민과 심리적 갈등과 폭력과 같은 물리적 갈등 모두를 포함하는 말이다. A. Manstead & M. Hewstone(1995: 118)은 이 두 가지를 노출된 갈등과 이해의 갈등으로 나눈다. **노출된 갈등**(overt conflict)은 한쪽의 말이나 행동이 다른 쪽에 의해서 거부되는 상황에서 일어난다(Deutsch, 1973). 반면에 **이해의 갈등**(conflict of interest)은 머릿속에서 일어나는 갈등으로, 양쪽의 목표가 동시에 달성될 수 없는 상황에서 일어난다. 물론 이 두 갈등은 연결되어 있다. 왜냐하면 이해의 갈등은 종종 노출된 갈등으로 이어지기 때문이다. 두 유형의 갈등은 개인적, 사회적, 국가적 차원 모두에서 일어날 수 있다. 사회나 국가와 같은 집단 간의 갈등은 사회적 정체성으로 인해 개인 간의 갈등보다 더 심각할 수 있다. 갈등을 해결하는 방식에는 세 가지가 있다. 첫 번째 방식은 협상 (bargaining)으로, 이때 사람들은 대화를 통해 합의를 한다. 두 번째 방식은 중재 (arbitration)로, 이 경우에는 제3자가 개입하여 합의를 유도한다. 세 번째 방식은 투쟁(struggle)인데, 이 경우 어느 한쪽이 정치적, 물리적 수단을 사용하여 다른 쪽을 이기려고 든다. 이 세 가지 방식 중에서 최선의 방식은 첫 번째 방식이다. 왜냐하면 이 방식은 양쪽에 가장 적은 피해를 주기 때문이다.

오늘날 우리는 역사상 그 어느 때보다도 갈등을 많이 겪으며 살고 있다. 이런 갈등은 정치, 경제, 에너지, 기술, 종교, 정치 등 **모든 영역**에서 일어나고 있다. 먼저, 정치 영역에서 보면, 아프가니스탄과 이라크 전쟁에의 영국과 미국의 참여로부터 알제리, 미얀마, 콜롬비아 폭동, 아프리카에서의 내전, 중국, 이란, 이라크 내의 갈등에 이르기까지 상당히 불안한 갈등 상황을 생각할 수 있다. 다음으로, 경제 영역에서 보면, 식민주의에서부터 현대 자본주의까지 서구 경제성장은 종종 다른 민족들을 희생시키고 이루어졌다. 예를 들어, 다른 민족이 사는 나라에서 자산을 침탈하고 무역로를 개척하고 상품, 자본, 서비스 등을 헐값에 매입했다. 이런 과정에서 유럽과 미국은 엄청난 부를 축적하고 발전했지만, 많은 약소국은 더욱 가난해졌고 경제적 불균형에 시달렸다. 그래서 생긴 남반구와 북반구 간의 경제적 불균형이 심화되었고 이것은 긴장과 갈등 관계를 만들고 있다. 다음으로 에너지와 농업 영역을 살펴보면, 우리 세계는 에너지와 농업에 상당히 의존한다. 에너지와 식량이 없는 일상생활은 생각할 수가 없다. 이 둘의 보존과 개발 문제는 국내와 국제 차원에서 점점 격렬한 논쟁거리가 되고 있다. 인구와 경제성장도 이 둘에게 큰 압력이 되고 있다. 지금 세계는 지속 가능한 양보다 더 많은 양을 소비하고 있다. 다음으로, 기술 영역을 살펴보면, 기술은 지구적 발달에 큰 조력자 역할을 하지만 이와 동시에 그 기술을 향유할 수 있는 사람과 그렇지 못한 사람들 사이에 불평등도 심화시킨다. 다음으로, 기후변화도 간과할 수 없다. 현재 지구의 온도는 점점 올라가고 있고, 이 온난화는 많은 사람들을 환경 난민으로 만들 것이다. 그렇게 되면 이들이 옮겨 가고자 하는 곳과 그곳에 사는 사람들 사이에 갈등은 불가피하다. 마지막으로, 종교 영역도 예외가 아니다. 이 문제들은 인간의 권리, 정의 등과 관련된 문제인 만큼 과거에도 가장 심각한 갈등을 일으켜 왔다. 십자군 전쟁, 종교 전쟁, 왕위계승 전쟁 등은 그 대표적인 예들이다.

　상호문화교육이 특별히 관심을 갖는 갈등은 상이한 문화를 가진 사람들 간의 갈등이다. 종종 사람들 간의 차이는 갈등의 근원이 된다. 예를 들어 상이한 문화적 전통은 사람들 간에 갈등을 일으킨다. "상호문화교육은 사람들에게 이런 갈등을 잘 다루고 해결책을 찾아내는 기술을 제공할 수 있다. 이런 기술은 모든 학생들에게 필요하고 유익한 것이다. 비록 이들이 다양한 민족 집단의 구성원을 정기적으로 접하지 않더라도 말이다"(*Intercultural Education in the Primary School*, 2005: 74). 상호문화교육의 관점에서 볼 때, 갈등은 자연스러운, 그리고 정상적인 것으로, 또 해결책에 이르는 기회로 여겨져야 한다.

　갈등 해소를 위해서는, 그것이 개인 간이든 집단 간이든, 다음과 같은 네 가지 원칙을 준수할 필요가 있다. 첫 번째 원칙은 갈등을 회피해서는 안 된다는 것이다. 갈등은 정상적이고, 뭔가 긍정적인 것을 만들어 내는 기회가 되어야 한다. 사람들은 갈등을 회피하기보다는 이 갈등을 통해서 협상하는 능력을 길러야 한다. 두 번째 원칙은 사람과 문제를 분리해야 한다는 것이다. 갈등 상황에는 강한 감정의 폭발, 의사소통의 단절 등이 있을 수 있다. 이런 것들은 그 자체로 다루어져야지 어느 한쪽이나 양쪽의 양보로 간과되어서는 안 된다. 사람들은 서로에게 이야기하고 서로의 이야기에 귀를 기울여야 한다. 세 번째 원칙은 입장(position)이 아니라 이익(interests)에 초점을 맞추어야 한다. 사람들이 무엇을 원하느냐보다는 그들이 그것을 왜 원하느냐에 관심을 가져야 한다. 상반되는 입장 뒤에는 공유된 양립 가능한 많은 이익들이 있을 수 있다. 갈등은 바로 여기에 기초해야 한다. 네 번째 원칙은 양쪽이 다 승자가 될 수 있는 방법을 찾아내어야 한다. 무엇이 가능한지 그리고 실제적인 것인지를 결정하라고 재촉하지 말고 가능한 해결책들이 무엇인지를 살펴봐야 한다. 단 하나의 대답보다는 여러 가능성을 찾아보아야 하고, 서둘러 판단을 내리지 않도록 해야 한다.

　이런 원칙들에 기반을 둔 많은 갈등 해소 모형들이 있다. 분명한 것은 갈등 해소 모형들은 거기에 관련된 모든 사람이 이런 과정에 참여할 수 있고 또 기꺼이 참여할 때만 제대로 작동한다는 것이다. 만약 사람들이 갈등 해소에 필요한 능력을 갖추고 있지 못한다면 이런 과정을 도와줄 중재자가 필요하다. 하지만 초점은 사람들이 이 능력을 길러 자신의 갈등을 스스로 해결하도록 하는 데 맞추어져야 한다.

—— 차별

차별(discrimination)의 어원은 '분리하다'는 의미의 라틴어 discriminare에서 찾을 수 있다. 이 단어로부터 후기라틴어 discriminationem이 나왔고, 이 단어가 1640년대에 영어 discrimination이 되었다. 당시에는 단순히 '구분'이라는 의미로 쓰였다. '어떤 계층의 사람에게 불리한 불공정한 구분'이라는 의미로 쓰이기 시작한 것은 1866년 미국에서다(*Online Etymology Dictionary*). 차별을 사전에서 찾아보면 "둘 이상의 대상을 각각 등급이나 수준 따위의 차이를 두어서 구별함"(네이버사전)이라고 나온다. 이 정의에서 보듯이, 차별(差別)은 '차이'의 앞 글자와 '구별'의 뒷 글자를 떼어 만든 합성어다.

사실 "우리는 어떤 음식을 먹을까, 직장에서 누구를 채용할까를 결정할 때 늘 차별을 한다. 그런데 차별이 문제가 되는 것은 이런 선택이나 구분이 부당하게 이루어질 때다"(*Intercultural Education in the Primary School*, 2005: 69). 일반적으로, **차이가 차별이 되기 위한 조건**은 ① 비교대상이 존재하고 ② 이 대상들을 불평등하게 대우하고 ③ 이런 대우에 합리적인 이유가 없어야 한다는 것이다. 한국인이 자주 쓰는 '남존여비(男尊女卑)', '유전무죄무전유죄(有錢無罪無錢有罪)'는 이 세 가지 요건을 잘 설명해 주는 표현들이다. 남존여비는 글자 그대로 남자(男)는 높고(尊) 여자(女)는 낮다(卑)는 말이다. 여기에는 남자와 여자라는 비교대상이 존재하고, 남자는 높고 여자는 낮게 대우했으니 불평등하게 대우한 것이고, 남자나 여자는 모두 존엄한 존재이므로 이렇게 불평등하게 대우할 합리적인 이유가 없다. 따라서 남존여비는 대표적인 성차별이다. 유전무죄무전유죄는 돈이 있으면(有錢) 무죄(無罪)고 돈이 없으면(無錢) 유죄(有罪)라는 것이다. 여기에는 부자와 빈자라는 비교대상이 존재하고, 부자는 무죄고 빈자는 유죄라고 하면 불평등한 대우를 한 것이고, 죄(罪)와 부(富)는 엄연히 다름에도 불구하고 이것을 섞어 논하는 것은 합리적이지 못하다. 따라서 유전무죄무전유죄는 사회계층차별이다.

거듭 말하지만, 차별은 "한 집단을 다른 집단들과 구분하고, 그 집단을 구분하는 기준과는 객관적인 연관성도 없이 그 집단을 다르게 대우를 하는 것"10이다. 이런 차별에는 직접차별, 간접차별, 괴롭힘, 차별교사(敎唆) 등이 있다. **직접차별**(direct discrimination)은 "인종, 민족, 종교, 신념, 장애, 나이, 성적 성향을 이유로 어느 한 사람을 동등한 상황에서 다른 사람보다 불리하게 처우하는 것"11을 말한다. 예를 들어, 고용주가 채용광고를 낼 때 — 나이 많은 사람도 충분히할 수 있는 일임에도 불구하고 — 젊은 사람만 지원할 수 있다고 명시하면, 그 고용주는 나이 많은 사람을 직접차별을 한 것이다. 만약 누군가가 흑인이라서 또는 이민자라서 대중주점에 들어갈 수 없다거나, 존칭이 아닌 이름으로 불리거나, 근거 없이 의심을 받으면, 그는 직접차별을 받은 것이다. **간접차별**(indirect discrimination)은 "표면상으로는 중립처럼 보이나 인종, 민족, 종교, 신념, 장애, 나이, 성적 성향을 이유로 사람들을 실제적으로 불리하게 하는 처분이나 적용을 실행하는 것"12을 말한다. 예를 들어, 어느 한 백화점이 직원들의 업무 중 모자착용을 금지한다면, 비록 백화점은 이 금지가 객관적이고 정당한 이유에 근거한 것이라고 주장할지라도, 이 조치는 무슬림 여성처럼 종교적 신념으로 히잡을 반드시 써야 하는 사람들은 그 백화점에서 일하지 못하게 하는 간접차별에 해당한다. 또 학생들에게 동일한 과목을 가르치면서 모든 예를 남학생에게 흥미로운것만 든다면 이것은 여학생을 간접차별하는 것이다. 동일한 과목을 가르쳤으니 평등해 보이지만 모든 예를 남학생 위주로 든다면 이는 결과적으로 여학생을 불리하게 만든 것이다. 간접차별은 사람들을 동일하게 취급하는 것이 그들을 평등하게 취급하는 것과 같지 않을 수 있음을 상기시킨다. **괴롭힘**(harassment)은 "한 사람의 민족, 인종, 종교, 신념, 나이, 장애, 성적 성향, 성[을 이유로] 그 사람의 존엄성을 해치고 품위를 떨어뜨리거나 비우호적이고 모욕적이고 불쾌한 상황을 만들 목적이나 결과를 가진 모든 행위"13를 가리킨다. 예를 들어, 고용주가 흑인들을 비난하거나 자기 회사 내 아프리카 노동자들에게 지속적으로 욕설을 퍼붓는 경우가 여기에 속한다. **차별교사**(incitement to discriminate)는 다른 사람에게 차별을 하라고 부추기는 모든 행동을 말한다. 차별교사는 법적으로 금지되어 있다.

---

10 http://fr.wikipedia.org/wiki/Discrimination
11 http://ec.europa.eu/employment_social/fundamental_rights/rights/gloss_fr.htm
12 http://www.stop-discrimination.info/808.0.html
13 http://rfsocial.grouperf.com/article/0077/ra/rfsocira0077_0900_4923D.html ?format=imprimer

차별을 부추기는 사람과 그것을 행하는 사람은 모두 처벌의 대상이 된다. 예를 들어, 본사가 대행업체에게 외국인은 고용하지 말라고 요구하거나, 집주인이 부동산대리인에게 외국인에게는 세놓지 말라고 요구하면 차별교사가 된다.

한편, 사람들은 둘 이상의 기준으로 차별을 받을 수도 있다. 이것을 **다중차별**(multiple discrimination)이라고 한다. 이 경우 차별의 피해자가 겪는 심적 고통은 훨씬 커진다. 다중차별을 공식적으로 인정한 것은 2001년 유엔이 남아공화국 Durban에서 개최한 '세계 인종주의, 외국인혐오증, 불관용 방지 학회'에서다. 여기에 참가한 사람들은 "우리는 인종주의, 인종차별, 외국인혐오증, 이와 관련된 불관용이 인종, 피부색, 조상, 국적, 민족 등에 기초한다는 사실을 인정한다. 또 피해자는 성, 언어, 종교, 정치적 견해, 사회계층, 부, 출생, 지위 등 관련된 다른 기준들에 의해 다중적 또는 가중된 형태의 차별을 겪는다는 것을 인정한다."[14] 이 다중차별은 추가적 차별, 가중적 차별, 영역 간 차별의 형태를 띨 수 있다. **추가적 차별**(additive discrimination)은 "차별이 여러 가지 기준으로 독립적으로 이루어지는 상황"을 가리킨다. 한 사람은 어떤 때는 이런 이유로, 다른 어떤 때는 저런 이유로 차별받는다. 예를 들어, 소수집단 여성은 어떤 때는 여성이라는 이유로 차별받고 다른 어떤 때는 소수민족이라는 이유로 차별받는다. **가중적 차별**(amplifying discrimination)은 "한 사람이 적어도 두 가지 이유로 차별을 받는 상황"을 가리킨다. 이 경우, 차별의 기준은 다른 기준(들)에 의해 강화된다. 예를 들어, 동성연애자 여성이 사장 공모에 지원했을 때 한편으로는 여성은 이 자리가 요구하는 역할을 소화할 수 없다는 이유로, 다른 한편으로는 동성연애자는 이런 고위직에는 어울리지 않는다는 이유로 거부당하면 다중차별을 받는 것이다. **영역 간 차별**(intersectional discrimination)[15]은 상호 연결된, 그래서 분리불가분한 여러 기준들과 관련된 차별이다. 예를 들어, 흑인 남성은 사람들로부터 마약을 하는 사람으로 의심받고, 경찰에게는 아무런 근거도 없이 단지 그의 성별,

---

14 Commission Européenne, *Lutte contre la discrimination multiple: pratiques, politiques et lois*, Bruxelles, 2007, p. 15.

15 일부 학자들은 multiple discrimination과 intersectional discrimination을 동의어처럼 취급한다. F. Martínez(2008: 268)에 따르면, "앵글로-색슨 국가들은 intersectional이라는 용어를 선호하고, 유럽 비대륙법은 multiple이라는 용어를 선호한다." 이 둘을 다르게 보는 학자들에 따르면, multiple은 차별이 많고, 다양하고, 여러 가지 방식으로 이루어진다는 데 초점을 맞추지만, intersectional discrimination의 주요 특징인 intersection은 반영하지 못한다.

나이, 피부색 때문에 심문을 받는 경우가 여기에 속한다.

"차별과정은 끊임없는 갈등의 온상"(Kerzil & Vinsonneau, 장한업 역, 2013: 48)이므로 어떤 형태의 차별이든 모두 막아야 한다. 유엔, 유네스코, 유럽평의회, 유럽연합과 같은 국제기구들은 수십 년 전부터 이를 위해 꾸준히 노력해 왔다.

유엔 총회는 1948년 인간의 평등을 강조하며 차별과의 투쟁에 나섰다. 이 총회가 채택한 세계인권선언 제1조는 "모든 사람은 자유롭고, 존엄성과 권리에 있어서 평등하다"고 천명한다. 이 평등원칙의 다른 이름은 비차별(non-discrimination)원칙이다. 불행하게도 이 세상에는 차별이 늘 존재하고, 그 대표적인 기준만 20가지가 넘는다. 소위 '인종'에 기초한 차별, 즉 인종주의는 가장 널리 퍼져 있는, 그리고 가장 심각한 차별 중 하나다. 20세기 후반 세계화된 사회와 대규모의 이민물결은 문화다양성을 점점 부상시키고 있다. 따라서 존중과 관용은 모두가 다양성 속에서 조화롭게 살아가는 데 매우 중요한 가치들이다. 전문적인 법적 규범들은 이 가치들을 신장하고 인종주의와 투쟁하기 위해 채택되었다. 1965년에는 '모든 형태의 인종차별 철폐 협약(Convention sur l'élimination de toutes les formes de discrimination raciale)'이 채택되었다. 이 협약은 독일 나치나 남아공화국 아파르트헤이트와 같은 인종주의적 정책에 대한 반작용으로 채택되었다. 그리고 '인종', 피부색, 민족, 국적에 기초한 모든 차별을 금지하고, 인종주의적 행위와 담론을 제제했다. 또한 이 협약은 긍정적 차별(affirmative discrimination)의 도입도 허용했다. 1979년에는 여성들도 다양한 형태의 차별의 희생자로 보고 모든 형태의 여성차별을 금지하는 국제협약을 체결하였다.

유럽평의회가 1993년에 신설한 유럽인종주의·불관용방지위원회(European Commission against Racism and Intolerance)는 회원국 내 반유대주의, 인종차별, 종교적 편협, 외국인혐오증에 맞서 싸우는 독립적인 인권감시기관이다. 이 위원회는 회원국을 정기적으로 방문하고 현장 상황을 분석하고 보고서를 출간하고 필요한 권고를 한다. 2000년 유럽평의회는 유럽인권협약에 추가한 의정서(Protocole) 제12항을 통해 공권력에 의한 모든 형태의 차별을 금지했다. 2003년에는 사이버범죄협약에 추가한 의정서를 통해 사이버상에서 자행하는 인종주의적, 외국인혐오적인 행위를 금지했다.

한편, 2000년에 채택된 **유럽연합**기본권헌장(Charter of Fundamental Rights of the European Union) 역시 비차별원칙을 유럽연합의 기본원칙들 중 하나로 내세웠다. 이 헌장 제21조는 "특히 성별, 인종, 피부색, 민족, 사회계층, 유전적 특징, 언어, 종교, 신념, 정치적 견해를 비롯한 모든 견해, 소수민족, 경제력, 출생, 장애, 나이, 성적 성향 등에 기초한 모든 차별"을 금지한다. 그뿐만 아니라 유럽연합은 특히 비차별원칙과 관련된 두 개의 강령(directive)을 공포하였다. 첫 번째 강령은 민족을 이유로 한 차별과 인종주의와의 투쟁과 관련된 것이고, 두 번째 강령은 직장에서 신념이나 종교를 이유로 자행한 차별과 관련된 것이다. 인종주의 및 차별과의 투쟁은 유럽연합의 기본권리청(Fundamental Rights Agency)의 주된 연구 주제다. 이 기구는 유럽연합 회원국 내 인종주의 및 차별 실태에 대한 여러 보고서를 발간했고, 이것들과 투쟁하기 위해 실시하는 조치들을 분석하고 있다.

── 불관용

불관용(intolerance)의 어원은 '성급한, 편협한'이라는 의미의 라틴어 형용사 intolerantem이다. 이 단어로부터 라틴어 intolerantia라는 명사가 나왔고, 이 명사로부터 1765년 영어 intolerance가 생겼다. 당시의 의미는 '다른 의견이나 신념을 인내할 마음이 없음'이었다. 참고로 '불관용'이라는 말은 '관용'이라는 말에 접두사 '불'을 붙여 만든 말이다. 관용(tolerance)의 어원은 '참다'라는 의미의 라틴어 동사 tolerare다. 이 단어에서 tolerantia가 나왔고, 14세기 프랑스어 tolerance를 거쳐 15세기 초 영어 tolerance가 생겼다. '다른 사람을 평가할 때 편협함이나 엄격함에서 벗어난 성향'이라는 의미는 18세기 중엽부터 사용되었다(*Online Etymology Dictionary*).

위 정의에서 보듯이 불관용이라는 단어는 관용이라는 단어의 반의어이고, 관용이라는 단어보다 훨씬 뒤에 생겼다. 따라서 불관용에 대해서 생각해 보기 전에 먼저 관용에 대해서 생각해 볼 필요가 있다.

프랑스 철학자 Voltaire는 고대 그리스인과 로마인이 관용적인 사람들이라고 보았다. 그에 따르면, 하나의 사회를 만들기 위해서는 상이한 의견, 신념, 신앙 등을 −사회적 연대를 훼손시키지 않는 범위에서− 공존시켜야 했고, 따라서 당시 사람들은 관용적일 수밖에 없었다. 사실 관용의 문제는 사람들 간의 의견이 다르면 바로 제기되는 문제다. 이런 의미에서 관용 개념은 모든 사회의 형성과 함께 시작되었다고 할 수 있다. 하지만 엄격한 의미에서의 관용 개념은 근대적 발상이다. 이 발상은 르네상스(14−16세기) 시대에 생겼다. 당시 유럽은 새로운 종교적 상황을 맞이하였다. '하나의 종교, 하나의 법, 하나의 군주'로 이루어진 사회에서 처음으로 이교도(異敎徒)가 출현한 것이다. 처음에는 종교적, 세속적 권력들이 자신들과 어긋나는 견해를 억누르는 데 늘 성공했지만 시간이 흐르면서 이것을 완벽히 통제한다는 것이 불가능해졌다. 종교개혁(1517−1648)과 함께 로마 가톨릭은 전례 없이 흔들렸다. 1598년은 상징적인 해였다. **낭트**(Nantes) **칙령**과 함께 관용의 개념이 처음으로 생겨난 것이다. 앙리(Henri) 4세는 당시 소수인 개신교도에게 얼마간의 신앙의 자유를 허용했다. 상이한 종교적 신념들을 평화롭게 공존시키려는 이 칙령은 당시 유럽에서는 예외적인 조치였다. 이 칙령은 1685년 폐지되었는데, 이는 관용이 그때까지도 공동의 가치가 아니었음을 말해 준다. 하지만 관용의 개념은 점점 퍼져 나갔다. 1684년 프랑스 역사가 H. Basnage de Beauval은 이교도를 '수도자의 근면을 일깨우는 일침, 깊은 잠에서 깨우는 망치소리' 역할을 하는 '유익한 적'이라고 묘사하였다. 네덜란드 철학자 Spinoza는 여러 견해들이 공존하는 자유로운 국가만이 무지와 미신으로부터 벗어날 수 있다고 말했다. 철학자 Locke, Bayle, Kant는 자신의 양심을 따르는 것이 신을 따르는 유일한 방법이라고 주장했다. 1789년 프랑스 대혁명으로 관용은 정치영역으로 들어갔고, '인간과 시민의 권리장전(Droits de l'homme et du citoyen)' 속에 포함되었다. 종교, 사고, 표현의 자유는 자기 스스로를 결정하고 양심에 따라 판단할 자유와 떼려야 뗄 수 없는 권리가 되었다. 이 개념은 1948년 '세계인권선언(Déclaration universelle des droits de l'homme)'에 의해 다시 한 번 확인되었다. 이 선언 18조는 "모든 사람은 사고, 양심, 종교의 자유와 관련된 권리를 갖는다"고 명시한다. 그런데 오늘날은 자유주의(libéralisme)와 문화충격이 문제가 되고 있다. 사람들은 '지나친 자유주의를 자유라는 이름하에 관용해야 하는가?', '인권을 훼손하는 문화를 문화의 존중이라는 명분으로 관용해야 하는가?' 하는 질문을 던지기 시작했다. 또 관용과 그 한계 문제는 문화와 경제 영역에서도 부상하고 있다. 한계 없는 관용의 결과들, 예를 들어 사회적 연대의 파괴, 인권의 보편성 경시, 경제계에서의 '적자생존법칙(Loi du plus fort)' 등은 두려움의 대상이 되고 있다. 그래서 사람들은 '불관용을 어디까지 관용해야 하는가?'라고 자문하면서, 관용할 수 있는 것과 그렇게 할 수 없는 것 사이의 균형을 계속해서 찾고 있다. 결국 관용 개념의 역사는 여전히 이어지고 있다고 할 수 있다.

이제 불관용 이야기로 돌아오자면, 불관용은 **자신과 다른 신념이나 실행을 제대로 존중하지 않는 것**이다. 불관용은 다른 사람이 자신과 다른 방식으로 행동하거나 자신과는 다른 견해를 가지는 것을 허용하지 않는 것을 말한다. "불관용은 사람들을 자신의 종교적 신념, 성별, 복장, 머리모양 등을 이유로 배제하거나 거부하는 것을 의미한다"(*Education Pack*, 1995: 33). 불관용 중에서 역시 가장 문제가 되는 것은 종교적 불관용이다. 요즈음 가장 문제가 되는 종교적 불관용은 가톨릭(또는 기독교)과 이슬람교 사이의 문제다. 유네스코, 유럽평의회, 유럽연합 등 주요 국제기구들 역시 이 문제에 큰 관심을 보이고 있다. 이 세 기구는 2012년 『무슬림 불관용과 차별 반대 교육자용 기본원칙들』(*Principes directeurs à l'attention des éducateurs pour combattre l'intolérance et la discrimination à l'encontre des musulmans*)을 제시하고 교육을 통해 이슬람혐오증을 줄이거나 없애는 방법을 소개했다.

이 자료에 의하면 무슬림을 대상으로 한 불관용과 차별은 새로운 사실은 아니지만, 최근 들어, 특히 '테러와의 전쟁', 세계경제의 위기, 국내 다양성 증가 등으로 점점 심해지고 있다. 이 모든 것은 무슬림에 대한 증오와 두려움을 부추기고 있다. 여기에는 일부 언론과 정치인들까지 가세하고 있다. 대부분의 무슬림은 다른 사람들의 안전과 행복을 위협하는 극단주의자처럼 그려지고 있다. **'우리/그들'이라는 이분법**은 — 공통의 역사 부재, 다른 문화나 종교에 대한 이해 부족이라는 이유를 내세워— 무슬림에 대한 적대적 선입견을 강화하고 있다. 그래서 많은 무슬림이 차별의 대상이 되고 있다. 그 대표적인 예는 언어적 또는 신체적 공격, 종교적 고정관념, 고용·주택·의료·교육에서의 평등한 기회 박탈, 공공장소에서의 종교적 표현 제한 등이다. 이런 차별은 종교라는 요인뿐만 아니라 민족, 경제력, 시민성, 성별 등과 같은 요인과 어울려져 배가되고 있다. 불행하게도 이런 불관용과 차별은 청소년, 부모, 교사 등에게서도 찾아볼 수 있다. 그래서 교육자들은 새로운 역할을 요구받고 있다. 그것은 아동과 청소년에게 무슬림에 대한 부정적인 고정관념을 바로잡아 불관용과 차별을 하지 않게 교육하는 것이다. 참고로, 학생들이 무슬림에 대해 가지는 대표적인 여섯 가지 고정관념은 다음과 같다(ibid.: 22). ① **무슬림은 다 똑같다.** 무슬림은 그 국적, 사회계층, 정치적 성향, 종교의례 실행 유무와 상관없이 완전히 또는 거의 똑같은 사람들로 여겨진다. ② **무슬림에게는 종교가 다다.** 사람들은 종교가 무슬림의 삶을 완전히 지배한다고 생각한다. 만약 한 무슬림이 폭력을 행사하면 사람들은 종교가 폭력을 부추겼다고 생각한다. ③ **무슬림은 우리와는 완전히 다르다.** 무슬림은 이슬람교 밖 그 어느 누구와도 관심과 가치를 공유하지 않는 완전히 다른 사람처럼 여겨진다. 그래서 사람들은 그들에게서, 다른 문화나 종교를 가진 사람들에게 유익한 지혜나 발상을 전혀 찾을 수 없다고 생각한다. ④ **무슬림은 문화적으로나 정신적으로 우리보다 열등하다.** 사람들은 무슬림을 문화적으로, 정신적으로 열등해 비이성적, 폭력적 행위에 쉽게 가담하고, 여성을 심하게 대하고, 자신과 다른 생각을 무시하고, '서구'에 대해 적대적이고, 서구를 타당한 근거도 없이 싫어한다고 생각한다. ⑤ **무슬림은 우리를 위협한다.** 무슬림은 우리의 안전을 위협하는 것으로 여겨진다. 그들은 '문명충돌'을 기획하고, 그들이 소수인 나라에서 국제 테러조직과 결탁하는 '내부의 적'이고, 그들이 살고 있는 나라를 이슬람화하려고 한다고 여겨진다. ⑥ **무슬림과는 어떤 협력도 불가능하다.** 앞선 다섯 가지 고정관념으로 인해 사람들은 무슬림과 다른 문화적, 종교적 배경을 가진 사람들 사이에는 대화나 협력이 불가능하다고 생각한다.

한편, 학교에서 이루어질 수 있는 불관용과 차별은 **매우 다양**하다. 이것들은 대부분 학생들의 행위지만, 교사나 관리자의 행위인 경우도 적지 않다. 가장 심각한 차별의 형태는 협박, 물건 파손, 폭력과 같은 범죄 행위들이다. 이보다는 덜 심각하지만 부정적인 결과를 초래하는 것으로는 배제, 모욕, 무례한 평가, 욕설, 정체성이나 종교에 대한 농담, 거짓 소문, 신체적 괴롭힘 등이 있다. 이런 불관용과 차별은 개인과 그의 공동체에 심각한 영향을 끼칠 수 있다. 불관용과 차별에 시달린 학생들은 고립감, 두려움, 자기 비하 등 다양한 감정을 느낄 수 있고 스트레스, 무기력증, 대인기피, 학교 활동에의 거부감, 중퇴, 폭력, 우울증, 자살충동 등의 부정적인 반응을 보일 수 있다. 따라서 학교는 불관용이나 차별의 희생자가 생기지 않도록 적극적인 조치를 취해야 한다. 가장 먼저 해야 하는 것은 상황이 악화되지 않도록, 그리고 그 누구도 2차 피해를 보지 않도록, 이 문제의 심각성을 인식시키는 것이다. 또 학생들이 불관용에 의한 피해를 쉽게 알릴 수 있는 장치를 마련하는 것도 매우 중요하다.『무슬림 불관용과 차별 반대 교육자용 기본원칙들』(2012: 27 – 28)은 다음과 같은 여섯 가지 조언을 한다. ① **즉각 대처하라.** 피해를 확인하면 즉각 대처하라. 필요하면 심리학자와 사회복지사에게 도움을 청하라. 피해의 내용이 머릿속에 남아 있을 때 피해자에게 바로 물어보라. 문제가 저절로 해결될 거라고 기대하지 말라. 일부 학생은 계속해서 똑같은 행동을 하거나 아직 들키지 않았다고 생각하고 더 난폭해질 수 있다. ② **설명하고 상기시키라.** 피해자와 증인들에게 교사가 할 수 있는 것과 할 수 없는 것을 분명히 말해 주라. 피해자와 증인들에게, 진술 전체 또는 일부가 정식 고발의 경우 공표될 수 있음을 말해 주고, 사건을 익명으로 처리하기를 원하는지 물어보라. (괴롭힘, 인종주의에 반대하는) 학교의 원칙과 함께, 이런 행위의 결과와 처벌 내용을 상기시키라. ③ **청취하라.** 피해자와 증인들이 자신의 이야기를 마음 놓고 진술할 수 있는 안전한 장소를 찾아라. 해당 학생의 이야기를 경청하라. 이런 유형의 사건을 묘사하는 것이 어렵고 힘든 일이라는 사실을 잊지 말아라. ④ **유효하게 하라.** 수집한 정보를 유효하게 만들라. 피해자의 가장 큰 두려움 중 하나는 자신의 말을 잘 믿지 않는 것이다. 피해자는 교사의 반응에 따라서 교사에게 계속 도움을 청할지 말지를 결정한다. ⑤ **기록해 두라.** 피해 사실을 알린 사람이 피해자인지, 직접 목격한 증인인지, 아니면 다른 사람의 말을 전해 들은 사람인지를 잘 기록해 두라. 학교는 피해신고를 위한 표준양식을 갖추고 있어야 한다. 경우에 따라서는 피해자나 증인의 말을 그대로 옮겨 적어 둘 필요도 있다. 사건의 진행과정이나 피해자의 감정과 관련된 특별한 표현들은 특히 잘 적어 두어야 한다. ⑥ **후속조치를 취하라.** 교사나 관리자는 사건의 중요성에 따라 여러 가지 조치를 취할 수 있다. 사건에 대해서 교실이나 학교에서 토론을 할 수도 있고, 가해자나 피해자의 부모를 부를 수도 있고, 일이 순조롭지 않으면 경찰에 신고할 수도 있다.

—— 상호문화교육의 방법

상호문화교육은 교육현장에서 출현한 교육이다. 이 교육현장은 처음에는 학교였지만 점차 지역공동체로 확대되고 마침내 국제기구의 관심사가 되었다. 학교에서 하는 교육이 공식 상호문화교육이라면, 지역공동체나 국제기구에서 하는 교육은 준공식 상호문화교육이다. 앞서 살펴보았듯이, 학교나 지역공동체의 현실은 나라마다 다 다르다. 이처럼 현실이 다르면 교육방법 역시 어느 정도 다를 수밖에 없다. 하지만 이 말은 교육방법이 전적으로 자의적이라든가 아무런 공통점이 없이 이루어진다는 것을 의미하지는 않는다. 큰 틀에서 말하자면, 상호문화교육은 자신의 문화인식에서 출발하여 타인의 문화로 갔다가 다시 자신의 새로운 문화인식으로 돌아오는 일종의 **변증법적 과정**이다. 이 방법은 자신의 문화를 부정하지 않으면서도 비판적으로 바라보게 하여 타인의 문화에 열린 태도를 갖게 하는 '거울과 창문'의 과정이다. 거울은 자기의 문화에 대해 생각해 보게 하고 창문은 타인의 문화를 발견하게 한다.

상호문화교육의 방법은 크게 두 가지로 나눌 수 있다. 하나는 상호문화교육의 내용을 어떤 방식으로 가르치느냐 하는 것이고, 다른 하나는 그 내용을 무엇을 통해서 가르치느냐 하는 것이다. 전자가 **절차**(procedure)에 관한 것이라면, 후자는 **자료**(material)에 관한 것이다.

먼저, 상호문화교육의 내용을 어떤 방식으로 가르치느냐는 크게 세 가지 유형으로 나눌 수 있다. 첫 번째 유형은 일반적인 방법론 수준이고, 두 번째 유형은 일반적인 방법 수준이고, 세 번째 유형은 구체적인 방법 수준이다.

첫 번째 유형은 현대교육학에서 강조하는 방법론과 거의 일치한다. 먼저, H. Maga는 상호문화교육의 교육방법을 협력교수법, 행위적 관점, 신뢰기반교수법으로 나누어 설명한다.[16] **협력교수법**(pédagogie coopérative)은 학습자중심, 경험을 통한 접근과 관련이 있다. 학습자중심과 관련해서는 "상호문화교수법은 다루는 주제보다는 학습자, 그리고 의사소통상황에서의 대처기술(savoir-faire)에 관심을 가져야 한다"고 강조한다. 학습자는 이미 만들어진 상호문화를 받아들이는 것이 아니라 그것을 만들어야 한다. 그리고 자신의 학습과정 속에 능동적으로

---

16 http://www.francparler-oif.org/images/stories/dossiers/interculturel_former.htm

참여해야 한다. 이렇게 하는 가장 좋은 방법 중 하나는 학습자의 경험을 최대한 활용하는 것이다. 이때 경험은 단순한 역할놀이나 모의활동 수준을 넘어가는 것이어야 한다. 학습자는 자기 경험을 바탕으로 학습하는 만큼 학습결과에 대해서 일정부분 책임을 져야 한다. 다음으로, **행위적 관점**(perspective actionnelle)은 학습자를 단순히 배우는 사람이 아니라 사회적 행위자로 여긴다. 이는 외국어를 배울 때도 마찬가지다. 언어학습자는 단지 언어뿐만 아니라 비언어적인 과업도 수행하는 사회적 행위자여야 한다. 의사소통교수법이 타인과의 의사소통에 초점을 맞춘다면, 상호문화교수법은 타인과 함께 하는 행동에 초점을 맞춘다. 학교 상호문화교육의 목표는 개인을 자율적이고 창의적이고 책임감 있게 행동하는 시민으로 만드는 데 있다. 마지막으로, **신뢰기반교수법**(pédagogie basée sur la confiance)은 학습자가 자신의 경험을 이야기하고 다른 학습자와 상호문화적으로 행동하게 하기 위해서는 모든 학습자가 서로를 신뢰할 수 있는 편안한 분위기를 조성해야 한다고 보는 교수법이다. 그래야만 학습자들은 자신의 관점을 솔직히 이야기하고 자신의 감정을 있는 그대로 표현할 수 있다.

아일랜드 국가교육과정평가원이 2005년에 발간한 *Intercultural Education in the Primary School*은 능동적 학습, 토론, 모둠활동을 상호문화교육의 방법으로 소개한다(pp. 134−142). 먼저, 학습자가 자신의 학습에 능동적으로 참여하면 학습의 초점은 교사에서 학생으로 옮겨 간다. **능동적 학습**(active learning)은 학습자를 신체적, 인지적, 정서적으로 참여시킬 수 있고, 학습자가 자신의 능력과 자기 효능감을 바탕으로 행동할 수 있게 하고, 학습자를 학습과정의 중심에 위치시킨다. 이런 학습은 학생들이 자신의 관점을 발표하거나 새로 익힌 기술을 시도하는 것을 편안하고 안전하게 느낄 수 있는 신뢰와 지원의 분위기를 요구한다. 능동적 학습은 다른 사람들과 협력하여 배우는 것을 강조한다. 다음으로 **토론**(discussion)은 상호문화교육에서 핵심적인 역할을 한다. 학습자는 토론을 통해서 정보를 습득, 분석, 종합, 평가할 수 있고, 자신의 생각과 태도를 다시 생각해 볼 수 있다. 공개토론에 참여할 때 가장 중요한 것은 신뢰와 지지의 분위기 조성이다. 토론에 참여하는 학습자는 비록 다른 사람들이 듣기 싫은 소리를 하더라도 자신의 생각을 말할 수 있다고 여길 수 있어야 한다. 토론은 시, 글, 음악, 시각예술, 신체활동 등 모든 교육과정 영역에서 이루어질 수 있다. 마지막으로, **모**

둠활동(group work)은 공동의 목표를 달성하기 위해 협력하는 것을 의미한다. 모둠활동을 통해 학습자는 다른 사람들과 협력하기, 그들의 생각에 반응하기, 그들과 함께 그리고 그들로부터 배우기를 실행할 수 있다. 성공적인 모둠활동을 위해 필요한 기술과 태도에는 다른 사람들의 문화와 가치 존중, 적극적인 태도, 감수성이 포함된다. 모둠활동이 생산적이기 위해서는 적어도 네 가지의 기술이 필요하다. 그것은 간결하게 말하기, 귀 기울여 듣기, 깊이 생각하기, 모든 사람이 참여하기다. E. Cohen(1994)은 권장해야 할 생산적인 행동을 다음과 같은 아홉 가지로 요약한다. ① 집단에 새로운 발상을 제시하기 ② 정보를 요청하기 ③ 발상을 설명하기 ④ 발상들을 함께 요약하거나 연결 짓기 ⑤ 사람들이 결정할 준비가 되었는지를 물어보기 ⑥ 말없이 있는 사람들에게 의견을 물어보기 ⑦ 다른 사람들의 이야기를 귀 기울여 듣기 ⑧ 훌륭한 발상과 제안에 대해서 칭찬하기 ⑨ 타협할 준비가 되어 있기.

두 번째 유형은 유럽평의회가 2014년에 발간한 *Developing intercultural competence through education*(pp. 29–30)이 제안한 방법이다. 이 방법은 경험−비교−분석−성찰−행동으로 이어지는데, 앞서 언급한 방법들보다 좀 더 구체적이다. 먼저, 상호문화교육은 **경험**(experience)으로부터 출발한다. 존중, 관심, 개방의 태도를 신장시키고 다른 문화를 가진 사람들에 대한 지식을 얻는 가장 좋은 방법은 사람들이 실제로 어떻게 행동하고 상호작용하는지를 직접 경험하는 것이다. 이때의 경험은 실제적일 수도 있고 가상적일 수도 있다. 학습자는 다른 사람들과 직접 상호작용할 수 있고, 놀이, 활동, 매체 등을 통해 이질적인 것을 경험할 수도 있다. 또 이메일이나 편지를 주고받을 수도 있다. 부모들은 자녀를 위해 책을 사 줄 수도 있고, 다른 지역, 지방, 국가를 함께 여행할 수도 있다. 청소년 센터 강사는 청소년을 대상으로 연수를 실시하거나 외국 청소년들과 국제 교류를 주선해 볼 수도 있다. 역사교사는 다관점성을 인식하고 수용하는 데 도움이 되는 활동이나 재구성을 실행해 볼 수 있다. 이 모든 예들은 비교와 분석을 통해 자신의 추정이나 가설을 확인해 볼 수 있는 좋은 기회를 제공할 것이다. 다음 단계는 직접 또는 간접 경험한 것을 다른 사람이나 다른 나라의 그것과 **비교**(comparison)해 보게 하는 단계다. 차이에 노출(exposure to difference)된 학습자는 자연히 자기에 낯선 것과 익숙한 것을 비교하게 되는데, 대개 낯선 것은 '이상한', '열등한', 심지어 '문명화되지 못한' 것으로 평가할 가능성이 많다. 모든 사람은 다 어느 정도의 자기중심주의, 민족중심주의를 가지고 있기 때문이다. 이때 교사나 강사들은 학습자의 이런 성향을 예상하고 이것을 교육적으로 '처치'할 준비를 하고 있어야 한다. 교사나 강사들은 학습자가 판단을 유보한 상태에서 유사점과 차이점을 생각해 보고, 자기에게 익숙한 것을 다른 사람의 관점에서 바라볼 수 있게 유도해야 한다. 이 단계에서 중요한 것은 비교를 위한 비교가 아니라 이해를 위한 비교를 하도록 하는 것이다. 학습자는 자기에게 정상적인 것이 다른 사람에게는 이상하게 보일 수 있다는 사실을 이해해야 하고, 또 두 개의 사실이나 현실이 어떤 점에서는 다르지만 어떤 점에서는 비슷할 수 있다는 사실을 이해해야 한다. 이 비교 단계에서는 M. Abdallah－Pretceille(장한업 역, 2010: 86)의 조언을 상기할 필요가 있다. 그녀에 의하면, 비교는 "발견을 돕는 부정할 수 없는 가치를 가지고 있다. 비교하지 않으면 그냥 숨겨져 있을 특성을 분명히 보여 주기 때문이다. 비교는 질문을 새롭게 함으로써 다른 해석이나 방법의 가능성을 열어 둔다. 이런 의미에서 비교는 자신과 타인 사이의 변증법의 창의적인 풍요로움을 다시 찾게 하는 또 하나의 방법이다." 실제로 두 개의 문화를 비교하게 되면 자신의 문화를 새롭게 발견할 가능성이 많다. 타인의 문화는 "우리에게 거울의 역할을 해 주며, 우리 자신의 문화적 조건화를 잘 인식하게 해 준다"(Verbunt, 장한업 역, 2012: 34).

G. Verbunt
(1934~2014),
프랑스 사회학자

  하지만 비교에도 여러 가지 문제가 있을 수 있다. 그중 하나는 두 가지 사실이나 현실의 유사점은 무시하고 차이점만 지나치게 강조하는 것이다. 사람들이 이렇게 하기 쉬운 것은 사람들은 대개 차이점에 더 큰 매력을 느끼기 때문이다. 또 다른 이유는 차이점은 단순한 확인만으로도 가능하지만 유사점은 깊은 성찰을 요구하기 때문이다. 일반적으로 상호문화교육은 차이점보다는 유사점에 좀 더 큰 비중을 둔다. 차이점의 확인은 차별로 이어질 가능성이 많지만 유사점의 확인은 연대로 이어질 가능성이 많기 때문이다. 다음은 비교를 통해 알아낸 것을 **분석**(analysis)하는 단계다. 분석(分析)의 사전적 의미는 복잡한 대상을 특정 기준에 따라 나누고, 각각을 설명한 다음 다시 조합하여 대상의 의미를 파악하는 것을 말한다. 예를 들어, 자동차를 분석하고자 한다면, 자동차를 차체, 조향장치, 엔진 부분, 기타로 나눈 후, 이 네 부분을 각각 설명한 다음, 이 설명들을 재조합하여 자동차의 의미를 이끌어 내는 것을 말한다. 이런 사전적 의미는 문화문제에도 적용 가능하다. 학습자는 다른 문화권의 사람들의 말이나 행동에 대해여러 가지 해석을 제시할 수 있다. 이때 교사나 강사는 학습자에게 통계자료, 문헌, 오디오/비디오 등을 근거로 제시하고, 다른 사람들익 말과 행동에 깔려 있는것이 무엇인지를, 다시 말해 다른 사람이 왜 그렇게 말하고 행동하는지를 이해하도록 유도할 수 있다. 이런 분석은 다른 사람이나 문화에 대한 이해뿐만 아니라 학습자 자신의 실행, 가치, 신념에 대해서 질문을 던져 보게 할 수 있어 상당히 유익하다. 네 번째 단계는 **성찰**(reflection)이다. 경험, 비교, 분석 다음에는 비판적인 이해, 인식, 성찰을 위한 시간과 공간이 필요하다. 교사나 강사는 이런시간과 공간을 마련하기 위해 노력해야 한다. 예를 들어, 교사는 학습자에게 자신의 견해를 말해 보게 할 수도 있고, 자신이 배운 것을 그림으로 그리게 할 수도 있고, 자신의 학습을 기록하라고 요구할 수도 있다. 학습자는 이런 과정을 통해, 변화된 자신을 새롭게 발견할 수 있다. 부모들 역시 자녀들과 마주 앉아 경험에 대해서 대화를 나눌 수 있다. 상호문화교육의 마지막 단계는 **행동**(action)이다. 성찰은 행동하기, 상호문화적으로 대화하기, 문화적 배경이 다른 사람들과협력하기의 기초가 된다. 교(강)사들은 불합리한 사회적, 물리적 조건을 개선하기 위한 행동을 권장할 책임이 있다. 이때 중요한 것은 모든 행동은 책임감 있고존중할 만한 것이어야 한다는 사실을 잊지 않도록 하는 것이다.

　　세 번째 유형의 상호문화교육 방법은 보다 구체적이다. 여기서는 H. Maga(2005)[17]가 제안한 일곱 단계를 소개하도록 하겠다. 그녀에 따르면, 외국어 학습자는 유럽공통참조기준이 정의한 상호문화역량을 다음과 같은 교육적 단계를 밟으면서신장할 수 있다. 그런데 이 단계들은 비단 외국어-프랑스어교육뿐만 아니라, 모든 외국어, 나아가 모든 과목에 적용될 수 있다. 그 **첫 번째 단계**는 자신의 문화에 대해서 생각해 보는 단계다. M. Abdallah-Pretceille(장한업 역, 2010: 82)가강조하듯이, "상호문화적 담화는 다른 문화, 다른 사람에게 만큼이나 많은 질문을 자신의 문화에 던지게 한다." 자신의 문화에 질문을 던진다는 것은 이 문화를

17 http://www.francparler-oif.org/images/stories/dossiers/interculturel_former.htm

새롭게 인식한다는 것이고, 이 새로운 인식은 다른 문화를 접했을 때 자연스럽게 나타나는 민족중심주의를 완화시킬 수 있다. 학습자는 자기 나라 사람들의 행동과 태도를 분석해 봄으로써 자신의 문화 내에도 많은 차이가 있다는 사실을 깨닫게 된다. **두 번째 단계**는 이렇게 자신의 문화와 거리를 둔 다음 다른 문화나 관점을 발견하는 단계이다. 유럽공통참조기준은 교사들에게 한 사회와 문화의 독특한 특징들을 다루도록 제안한다. 여기에는 일상생활, 삶의 조건, 대인관계, 가치, 신앙, 행동, 동작, 의례 등이 포함된다. 중요한 것은 의식주처럼 눈에 보이는 것만 아니라 가치, 신념처럼 눈에 보이지 않는 것도 다루는 것이다. **세 번째 단계**는 그 사회문화적 맥락을 고려하지 않으면 이상하게 보일 수 있는 태도와 행동을 관찰하고 분석해 보는 단계다. 학습자는 의사소통 속에서 문화적 행동을 찾아내고, 그 행동에 대한 가설을 세워 보고, 외국문화의 조직 원리를 찾아내야 한다. 달력, 식당차림표, 극장 프로그램, 전철지도와 같은 실제자료들은 순전히 서술적, 민족지학적, 문화주의자적 접근을 피한다면 매우 유익할 수 있다. 문학 작품도 상당히 유익한 자료가 될 수 있다. 왜냐하면 문학작품은 동일한 현실을 다양하게 해석할 수 있게 하기 때문이다. 문학작품의 다의성(多義性)은 학습자가 자신과 거리를 두게 하고, 분명한 것을 의심해 보게 하고, 자신이나 타인은 '비스듬히' 보게 한다. M. De Carlo(1998, 장한업 역, 2011: 80-95)는 M. Tournier의 『황금 구슬들』(*Les gouttes d'or*)이라는 작품을 통해 그 가능성을 보여 준다. 그녀는 이 작품을 '거리를 둔 시선', '실제적 공간과 이상적 공간', '타인의 언어'라는 세 가지 상호문화적 차원에서 다룬다.

M. De Carlo, 이탈리아 초등 영어교사, 중등 불어교사

　　네 번째 단계는 고정관념에 대해 활동하는 단계이다. 교사는 학습자로 하여금 자신이 왜 그리고 어떻게 다른 문화에 대한 선입견이나 고정관념을 갖게 되었는지를 생각해 보게 할 수 있다. 예를 들어, 외국인들이 '프랑스인은 거만하다'고 생각한다면 그것은 프랑스인이 자기주장을 너무 강하게 하거나 대화 도중에 남의 말을 함부로 자르고 말하기 때문일 수 있다. 고정관념과 편견에 대한 활동은 표상, 범주화, 추정 등에 대한 분석으로 이루어질 수 있다. 이때 목표는 고정관념과 편견을 없애는 것이 아니라 이것들을 완화시키거나 최소한 이것들이 강

화되지 않도록 하는 것이다. **다섯 번째 단계**는 자기문화와 외국문화 사이에 관계를 설정하는 단계다. 일단 문제의 문화들을 찾아내고 분석한 이후에는 그것들을 한데 묶고, 학습자로 하여금 너무 쉽게 파악할 수 있는 차이점 너머에 종종 생각하지도 못한 공유된 기본 가치들과 공통점이 있다는 사실을 깨닫게 해야 한다. **여섯 번째 단계**는 상대화 단계다. 교사는 학습자로 하여금 문화적 사실

H. Maga, D. Hiezely, 상하이
프랑스 고등학교 연수 중

을 그 맥락 속에서 이해하게 해야 한다. 또 자료나 담론이 생성된 맥락을 파악하고 그것들을 생성한 요인을 분석하게 해야 한다. 또 외국문화나 자국문화 속에 나타난 다양한 관점을 이해하여 관점의 복수성과 상대성을 이해하게 해야 한다. 마지막 **일곱 번째 단계**는 타인의 문화를 자기 속에 내재화(intériorisation)하는 단계다. 이 내재화의 목적은 학습자가 외국문화의 발견과 이해에 참여하고 다양한 문화들로부터 스스로의 참조기준을 만들어 내게 하는 데 있다. 나아가서 학습자는 새로운 상호문화적 상황에서 적절히 행동할 수 있는 기술을 습득해야 한다. 이 일곱 가지 단계를 도식화하면, '학습자의 문화'에서 출발하여 '문화들 간의 대화'를 거쳐 '학습자의 제3의 문화'에 이르는 과정이라고 할 수 있다.

장한업(2014: 154 – 157)은 이상의 제안들을 기초로, 상호문화교육의 방법을 자문화 인식, 타문화 발견, 양문화 비교, 타문화 존중이라는 네 단계를 제안했다. 여기에서는 문화개념 소개와 문화상대성 이해라는 두 단계를 추가하여 다음과 같은 여섯 단계를 제안하고자 한다.

첫 번째 단계는 문화개념 자체를 소개하는 단계다. 이 단계의 교사나 강사는 수업시간에 다룰 문화 내용을 어느 특정 문화와 연결시키지 않고 있는 그대로 소개해야 한다. 예를 들어, 그날의 주제가 만약 '인사하기'라면 학습자에게 사람들이 만나면 무엇을 제일 먼저 하는지, 인사를 한다면 왜 인사를 하는지 물어봄으로써 바로 이어서 다룰 문화적 내용에 대해서 생각할 준비를 시켜 주어야 한다. 그날의 주제가 만약 '선물하기'라면 학습자

1 – 문화개념 소개

2 – 자문화 인식

3 – 타문화 발견

4 – 양문화 비교

5 – 문화상대성 이해

6 – 타문화 존중

상호문화교육 6단계

에게 사람들이 고마움을 어떻게 표하는지, 선물로 고마움을 표한다면 언제, 어떤 선물을 하는지 등을 물어볼 수 있다. **두 번째 단계**는 자기 문화를 인식하는 단계다. 인간은 자기 문화를 아주 어려서부터 접했기 때문에 이 문화를 매우 자연스럽게 여긴다. 실제로 "태어나면서부터 문화를 내면화한 개인은 그것이 조건화된 것이라는 사실을 인식조차 못한다"(Verbunt, 장한업 역, 2012: 30). 자기 문화는 공기에 비유할 수 있다. 우리는 매순간 공기를 들이마시고 내뱉으면서도 공기의 존재를 거의 느끼지 못한다. 이는 다른 사람이나 다른 문화를 만났을 때도 마찬가지다. 사람들은 이렇게 오랫동안 내면화된 자기 문화를 기준으로 다른 문화를 보고 평가한다. 이는 만약 자기 문화를 제대로 인식하지 못하면 다른 문화를 제대로 보기 어렵다는 것을 의미한다. 따라서 다른 문화를 제대로 인식하려면 자기 문화부터 낯설게, 비판적으로 바라볼 수 있어야 한다. 자기 문화를 낯설게 바라본다는 것은 이 문화를 무조건 비판하거나 부정한다는 말은 아니다. 우리들 중 그 어느 누구도 자기 문화를 완전히 부정할 수 없고 또 그렇게 해서도 안 된다. 단지 너무 익숙해서 제대로 보기 어려운 자기 문화를 약간의 거리를 두고 가능한 한 객관적으로 바라보라는 것이다. 이 단계에서 중요한 것은 자기 문화가 여러 문화 중 하나라는 사실, 옆에 있는 친구나 가족도 나와는 다르게 인식할 수 있다는 사실을 깨닫는 것이다. **세 번째 단계**는 타인의 문화를 발견하는 단계다. 자기의 문화와 어느 정도 거리를 두었으면 이제는 타인의 문화에 대해서 알아볼 차례. 이 단계에서 교사는 다른 문화와 관련된 글, 그림, 사진, 사물, 광고, 기사 등을 보여 주고, 학습자는 이 자료에 나오는 외국문화에 대해서 친근감, 생소함, 문화충격 등 다양한 반응을 보일 수 있다. 교사는 학습자에게 어떤 느낌을 받았는지, 그런 느낌을 가지게 한 것이 무엇이었는지를 말하게 할 수 있다. 학습자는 여기 한 번 더, 친구들이 자신과는 다르게 생각할 수 있다는 사실, 자기 생각이 늘 다수의 생각이 아니라는 사실을 확인할 수 있다. **네 번째 단계**는 자기의 문화와 타인의 문화를 비교해 보는 단계다. 사람들은 다른 문화를 접하면 자연히 자기 문화와 비교를 하게 된다. 두 문화를 비교하면 차이점과 공통점을 발견할 수 있다. 상호문화교육은 차이점보다는 공통점에 좀 더 큰 비중을 둔다. 여기에는 크게 두 가지 이유가 있다. 하나는 차이점은 구별이나 차별로 이어지고 공통점은 연대와 통합으로 이어질 가능성이 많기 때문이다. 다른 하나는 차이점은 바로 확인할 수 있지만 공통점은 좀 더 많은 성찰을 필요로 하기 때문이다. 한편, 타인의 문화를 접하면 자신의 문화를 좀 더 잘 알 수 있다. 이는 외국에 가면 자국에 대해서 새롭게 인식하게 되는 것과 같은 이치다. 타인의 문화는 "우리에게 거울의 역할을 해 주며, 우리 자신의 문화적 조건화를 잘 인식하게 해 준다"(Verbunt, 장한업 역, 2012: 34). **다섯 번째 단계**는 문화상대화 단계다. "문화상대주의란 각 문화적 요소는 그것이 속하는 문화적 맥락과 관련지어 살펴보아야 제대로 파악할 수 있다는 이론으로, 본질적으로 중심에서 벗어나기를 통해 문화의 민족중심주의적 관점을 약화시키고자 한다"(Abdallah-Pretceille, 장한업 역, 2010: 40). 이 단계에서 중요한 것은 자기 문화와 타인의 문화가 다르다면 거기에는 나름대로의 이유가 있다는 것을 이해하고 인정하는 것이다. 그런데 상호문화교육은 이 문화상대주의를 절대시하지는 않는다. 다시 말해, 아무리 문화상대주의라도 인권과 같은 보편적인 가치를 침해해서는 안 된다는 것이다. 예를 들어, 일부 이슬람교도, 아프리카 원주민, 아메리카 원주민이 하는 할례 문화는 문화상대주의 입장에는 수용가능하지만 인권이라는 보편적 가치의 입장에서는 그렇지 않다. **여섯 번째 단계**는 타인의 문화를 존중하는 단계다. 타인의 문화는 처음에는 이상하거나 비정상적으로 보일 수 있지만 그 문화를 그것이 발생한 맥락 속에서 이해하면 정상적인 것으로 여겨질 수 있다. 이런 단계에 이르면 타인의 문화도 자신의 문화와 동등한 가치를 가진 것으로 여겨지고 비로소 존중의 대상의 될 수 있다. 여기서 한 가지 강조하고 싶은 것은 타인의 문화와 관련해서 '관용'이라는 용어를 사용하는 것은 가능한 한 지양해야 한다는 것이다. 이 용어는 타인의 문화가 마음에 들지는 않지만 그냥 참고 견딘다는 의미를 내포하고 있기 때문이다.

다음으로, 상호문화교육의 내용을 어떤 자료를 통해서 가르치느냐는 유럽평의회가 2014년에 발간한 *Developing intercultural competence through education*(pp. 39-47)을 참고하면 좋을 것 같다. 이 자료가 소개하는 방법을 간략히 정리하면 다음과 같다. 첫 번째 방법은 **교과서, 교재, 기사 등의 지면자료**를 활용하는 방법이다. 이 경우 특별히 강조할 것은 다관점(multiple perspectives)이다. 예를 들어, 역사 시간에는 하나의 역사적 사실이 국가나 역사가에 따라 달리 기술될 수 있음을 가르칠 수 있다. 사회 시간에 사용하는 지도도 관점의 차이를 가르치는 데 유용하다. 앞서 민족 중심주의와 관련해 언급했듯이, 모든 나라는 자국을 지도의 중심에 위치시킨다. 이는 한국도 마찬가지다. 우리에게 익숙한 세계지도가 외국인에게는 그렇지 않을 수 있다. 미술 시간에는 동일한 인물이 화가에 따라 다르게 그려질 수 있다는 것을 가르칠 수 있다. 알프스를 넘는 나폴레옹 초상화

나폴레옹 초상화 비교

는 그 대표적인 예다. 1801년 J. David는 나폴레옹을 아주 근엄하게 그렸지만(왼쪽) 1850년 P. Delaroche는 그를 아주 초라하게 그렸다(오른쪽). 후자가 사실에 더 가깝다는 것은 말할 필요도 없다. 국어 시간에는 여름 캠프와 같은 행사에 대한 글을 쓰고 발표하게 해 볼 수 있다. 만약 이 여름 캠프에 외국학생들이 참가했다면 그 관점은 훨씬 다양해질 수 있다. 두 번째 방법은 **시, 희곡 등 창의적 글쓰기**다. 학습자는 시를 읽고 토론하고 자신의 느낌을 그림으로 표현할 수 있다. 또 시의 일부를 고쳐 다시 써 볼 수도 있고 같은 제목의 다른 시를 써 볼 수도 있다. 국어 시간이나 외국어 시간에 희곡을 읽고, 짧은 희곡을 써 보는 것도 상호문화역량을 신장시키는 데 도움이 될 수 있다. 희곡에는 다양한 인물이 등장하기 때문에 다관점성도 확인할 수 있다. 가능하다면 그렇게 창작한 희곡을 무대에 올려 볼 수도 있다. 세 번째 방법은 **역할놀이, 모의활동, 연극**인데 이 방법도 상호문화역량 신장에 도움이 될 수 있다. 교사나 강사는 학습자들에게 역할카드(role card)를 나누어주고 그 역할을 자유롭게 수행해 보도록 할 수 있다. 이 경우 학습자들은 부여받은 '새로운 정체성'을 가지고 문제를 해결하고 거기에 맞는 역할을 수행해야 한다. 역할놀이, 모의활동, 연극의 이점은 여러 가지다. 학습자는 무엇이 다른지, 무엇이 이상하게 보일 수 있는지, 무엇이 비판을 받을 수 있는지 등을 경험할 수 있다. 학습자는, 비록 사람들의 시선 접촉, 언어 사용에서부터 기본적인 규범, 신념, 가치에 이르기까지 여러 면에서 다르다 해도, 이런 차이가 그 사람들을 덜 가치 있는 인간으로 만들지는 않는다는 사실을 이해해야 한다. 역할놀이나 모의활동이 끝나면 교실 전체 또는 집단별로 이 활동 중에 일

어난 것에 대해서 종합 토론을 실시하는 것이 중요하다. 이렇게 하면 학습자의 개방성, 관심, 존중, 공감, 판단유보 등 상호문화역량과 관련된 태도를 신장할 수 있다. 네 번째 방법은 **민족지학적 과제**(ethnographic tasks)다. 이 과제는 학습자가 교실 밖으로 나가 현실 세계를 경험하고 그 경험과 지식을 가지고 돌아와 그것을 비교하고 분석하고 성찰하는 것을 말한다. 학습자는 사람들이 어떻게 인사하는지, 얼마나 기다리는지, 어떤 말과 동작으로 존중, 감사, 분노 등을 표현하는지 등을 관찰하고 기록해야 한다. 또 하나의 방법은 학습자가 사람들을 면담하여 그들이 어떻게 살고 있는지, 특정 질문에 어떻게 대답하는지 등을 알아보는 방법이다. 그 결과는 교실에서 발표하고 비교하고 분석하여야 한다. 학습자의 '현장 활동(field work)'에 대한 토론은 자신이 관찰한 것에 대해서 자신이 어떻게 반응했는지를 되돌아보게 한다. 또 하나의 민족지학적 과제는 부모나 조부모의 이야기를 들어보는 것이다. 이 경우 부모나 조부모는 '살아있는 자료(living sources)'로서 자신의 경험과 견해를 들려줄 수 있다. 학습자는 이들의 이야기를 들으면서 능동적 청취, 다른 관점의 존중 등을 배울 수 있다. 다섯 번째 방법은 **영화와 대본**을 사용하는 방법이다. 교사나 강사는 자신의 의도에 적합한 영화를 선정하여 학습자들에게 보여 준 다음, 특정 장면에 대한 학습자들의 의견을 물어보거나 등장인물에 대한 공감 여부를 물어볼 수 있다. 또 등장인물들이 의사소통에 실패했는지, 어떤 상황에서 긴장과 갈등이 발생했는지, 그것들을 어떻게 해결했는지 등을 물어볼 수 있다. 상급 수준의 학습자에는 자신이 감독, 작가, 배우라면 이 영화를 어떻게 바꾸어 보고 싶은지도 물어볼 수 있다. 이런 활동들은 학습자의 다관점성을 인식시킬 수 있고 비판적 사고능력을 신장시킬 수 있다. 여섯 번째 방법은 교실에서 **정지/활동장면**을 만들어 보는 방법이다. 정지장면 (still image) 만들기는 모둠별로 짧은 텍스트를 읽거나 그림을 보고 구성된 이야기를 나눈 다음, 떠오르는 장면을 선정하여 하나의 정지동작으로 표현하는 것을 말한다. 이것은 크게 세 단계로 이루어진다. 첫 번째 단계는 모둠별로 텍스트를 읽거나 그림을 본 후 그것에 대한 질문들을 만드는 단계다. 두 번째 단계는 이 질문들에 대한 답을 찾아보는 단계다. 세 번째 단계는 텍스트의 내용이나 그림을 하나의 정지장면으로 표현하는 단계다. 예를 들어, 김홍도의 '서당' 그림을 보고 학습자들은 '아이는 왜 울고 있을까요?', '아이는 왜 앞에 혼자 나와 있을까요?', '옆에 있는 아이들은 왜 웃고 있을까요?', '여기에 훈장님 아들이 있을까요?', '왜 남자들만 있을까요?', '왜 한 아이는 갓을 쓰고 있을까요?' 등의 질문을 만들 수 있다. 그리고 모둠 구성원들은 이 질문들에 대한 대답을 해 볼 수 있다. 그리고 그림과 똑같거나 비슷한 정지장면을 만들어 볼 수 있다.

김홍도의 '서당'

이 과업을 수행하기 위해서 학습자들은 협력해야 하고, 적절히 그리고 효과적으로 의사소통해야 한다. 질문과 대답이 끝나면 학습자들은 신체를 사용하여 그림과 같은 정지장면을 만들어 볼 수 있다. 그리고 난 다음에는 그것을 활동장면(moving image)으로 전환시켜 볼 수 있다. 이때 모둠 구성원들은 각자가 맡은 역할에 어울리는 대화를 주고받을 수 있다. 한 구성원은 훈장님이 되고, 다른 한 구성원은 가운데서 울고 있는 아이가 되고, 또 다른 구성원들은 옆에서 웃고 있는 아이들이 되어 가상의 대화를 나눌 수 있다. 이런 유형의 활동에는 여러 가지 이점이 있다. 학습자들은 다른 사람에 대해서, 그리고 다른 사람으로부터 배우는 개방성과 관심의 태도, 자신의 생각을 주어진 상황이나 맥락에 맞추어 바꾸거나 적응시키는 기술, 자신과 타인의 추정, 선입견, 고정관념, 편견에 대한 이해, 의사소통적 인식 등을 신장시킬 수 있다. 일곱 번째 방법은 **사회매체**(social media)를 활용하는 방법이다. 인터넷은 그렇지 않으면 만나거나 상호작용을 할 가능성이 전혀 또는 거의 없는 다양한 사람들과 의견과 관점을 교환할 수 있게 한다. 인터넷은 청소년과 성인을 위한 비공식 교육의 중요한 공간이다. 여기서 사람들은 정보의 사용자인 동시에 제작자가 된다. 비록 부정적인 효과와 본질적인 위험이 있다 하더라도, 사회매체의 사용은 상호문화역량 신장에 유용할 수 있다.

상호문화교육의 평가

모든 교육활동은 목표에서 시작하여 평가로 끝난다. 평가란 목표가 어느 정도 달성되었는지를 확인하는 과정이다. 상호문화교육도 여기서 예외일 수 없다. 상호문화교육의 평가는 상호문화교육의 목표인 상호문화역량을 어떻게 신장시켰느냐를 확인하는 과정이다. 그런데 상호문화역량은 지식만이 아니라 태도, 기술, 행동까지 포함하는 광범위한 영역인 데다 역량의 일부 요소들은 주어진 상황이나 개인의 기분에 따라 다르게 나타날 수 있기 때문에 이 역량을 평가하기란 결코 쉽지 않다. 그래서 상호문화교육의 평가는 상호문화교육에서 가장 미진한 부분으로 남아 있다.

F. Dervin
핀란드 헬싱키 대학
다문화교육 교수

실제로, 상호문화역량 평가와 관련해 나온 연구는 그리 많지 않다. F. Dervin(2004: 6)[18]에 따르면, 이 분야 관련해 대학에서 이루어진 연구는 매우 제한적이다. 1970년대와 1980년대 유럽에서 이루어진 연구는 C. Campos, J. Meyer, G. Zarate, M. Byram 정도고, 미국에서 이루어진 연구는 A.J. Singerman 정도다. 학자들이 평가에 이렇게 소극적이었던 이유는 상호문화가 본래 '측정 가능한' 게 아니라고 여겼고, 평가는 자연과학에서처럼 수량화할 수 있어야 한다고 생각했기 때문이다.

F. Dervin(idem.)은 상호문화역량 **평가의 어려움**을 다음과 같이 세 가지로 정리한다. 첫째, 상호문화학습은 행위나 실행을 평가해야 하는데 이는 결코 쉬운 일이 아니다. M. Byram이 제안한 상호문화역량의 구성요소들은 행동 속에서 관찰하기 어렵고, 행위자의 행동의 변화 속에서 관찰하기는 더욱 어렵다. 일부 기준들은 수량화 자체가 불가능하다. 둘째, 상호문화역량은 상당히 암시적이어서 단순한 지식 평가로는 그것을 평가할 수 없다. 그래서 일반적으로 볼 때 형성 평가(formative evaluation)가 총합 평가(summative evaluation)보다 좀 더 적합하다. 셋째, 상호문화적 만남은 인지적 측면뿐만 아니라 정의적 측면과도 밀접하게 연결되어 있다. 평가대상자가 오늘은 상당히 높은 수준의 상호문화역량을 보여 주어도 내일 좀 피곤하거나 아프면 그렇지 않을 수 있다.

이런 어려움에도 불구하고 학자들은 지난 30년간 상호문화역량을 가능한 한 객관적으로 평가하기 위해 노력해 왔다. C. Sinicrope et al.(2007)[19]은 이 평가유형은 간접 평가, 직접 평가, 혼합 평가 세 가지로 구분한다. 먼저, **간접 평가**(indirect

18 http://users.utu.fi/freder/mob.pdf
19 https://www.hawaii.edu/sls/wp−content/uploads/2014/09/Norris.pdf

assessment)는 한정된 수의 질문을 하고 주어진 척도 중 하나를 택해서 답하도록 한다. 1996년 이전에 몇몇 연구자는 간접 평가도구를 개발했다. 예를 들어, '상호문화역량행동평가척도(Behavioral Assessment Scale for Intercultural Competence)'(Koester & Olebe, 1988)는 관찰자가 개인의 행동을 직접 관찰하면서 그들의 비교-문화적 의사소통역량을 평가하게 한다. '상호문화감수성목록(Intercultural Sensitivity Inventory)'(Bhawuk & Brislin, 1992)은 개인이 비교-문화적 의사소통 상황에서 상호작용하고 자신의 행동을 수정하는 능력을 자기보고서 형

C. Sinicrope,
미국 샌프란시스코 독립상담자

식으로 응답하게 한다. '상호문화발달목록(Intercultural Developmental Inventory)'(Hammer & Bennett, 1993)은 M. Bennett의 부정, 방어, 최소화, 수용, 적응, 통합과 관련된 50개의 질문을 하고 7점 척도로 답하게 한다. '비교문화적응력목록(Cross-cultural Adaptability Inventory)'(Kelley & Meyers, 1995)은 감정적 저항, 유연성과 개방성, 인지적 민감성, 개인적 자율성과 관련된 50개의 질문을 하고 6점 척도로 답하게 한다. 이런 간접 평가는 다수를 대상으로 한꺼번에 평가할 수 있다는 장점이 있지만 감정과 같이 아주 섬세한 부분은 제대로 평가하기 어렵다는 단점도 있다. 간접 평가에 대해서 비판적인 사람들은 다음과 같은 세 가지 이유를 내세운다. 첫째, 평가대상의 인식과 행동 사이에는 괴리가 있을 수 있다. 실제로, 자신은 '차별을 하지 않는다'고 응답하면서도 차별하는 사람들이 있을 수 있다. 둘째, 평가대상자가 자기보고서 형식으로 응답하는 경우 솔직히 대답하지 않을 수 있다. 셋째, 평가대상자가 실제로 경험하지 않은 상황을 가정하고 응답해야 하는 경우가 적지 않다.

다음으로, **직접 평가**(direct assessment)는 자기자료집, 면담, 관찰 등으로 사람의 상호문화역량을 평가한다. 이 평가는 평가할 자료를 수집하고 분석하는 데 많은 시간이 걸리지만 평가대상의 상세한, 미묘한, 개인적인 측면을 살펴볼 수 있고, 앞에서 언급된 간접 평가의 내재적인 문제점들을 피할 수 있다. 이 평가에는 실행 평가(Byram, 1997; Ruben, 1976), 자기자료집 평가(Byram, 1997; Jacobson et al., 1999; Pruegger & Rogers, 1994), 면담(Fantini, 2006; Straffon, 2003) 등이 포함된다. 이것들의 공통점은 개인이, 실시간 상황(실행 평가)에서나 활동의 수집과

성찰을 통해서나(자기자료집 평가), 면대면 대화를 통해서(면담 평가) 자신의 상호문화역량을 행동으로 내보이도록 유도하는 것이다. 직접 평가의 지지자들은 **실행 평가**를 포함시킬 것을 제안한다. 왜냐하면 이 평가는 개인의 상호문화역량을 실제 상황에서 실시간으로 평가하기 때문이다. 예를 들어, 발견과 상호작용 기술을 평가하기 위해 M. Byram & C. Morgan(Byram, 1997: 99-100)은 개인적 주제로 원어민과 면담을 실시했다. 면담 이전에 원어민에게 지역정체성이라는 주제로 토론 준비를 시켰다. 면담 도중에는 원어민에게 자신의 사회정체성과 출신지역을 연결하여 설명해 보라고 요청했다. 그리고 면담 이후에는 녹음분석을 통해서 토론의 내용과 형태에 대해서 생각해 보라고 했다. 일부 학자들은 상호문화역량 평가에 **자기자료집**을 사용할 것을 주장했다. N.S. Jacobson et al.(1999)에 따르면, 학습은 늘 수량화할 수 있는 게 아니고, 오히려 자신이 선정한 활동이나 결과물에 의해서 가장 잘 드러난다. 이들은 학생들이 자기자료집을 작성하는 과정을 통해서, 자신의 변화하는 상호문화역량에 대해서, 또 학습과 성장의 점증적인 잠재력에 대해서 생각해 보게 하자고 제안한다. 마지막 결과물은 연구 기간이 끝난 시점의 학생의 상호문화역량을 나타내는 것으로 여겨졌다. 그런데 N.S.

A. Fantini, SIETAR 회장

Jacobson et al.이 보기에 이 자기자료집은 두 가지 한계를 보였다. 하나는 학생들이 자신의 결과물을 스스로 선정하게 하면 학생의 상호문화역량이 선택적으로 표출될 수 있다는 것이고, 다른 하나는 학생들이 자기자료집을 작성할 때 지시사항을 제대로 준수하지 않으면 개념 자체가 혼란스러울 수 있다는 것이다. 마지막으로 **면담** 역시 직접 평가의 한 형태다. 심층면담(in-depth interview) 동안 A. Fantini & A. Tirmizi (2006: 37)는 상호문화역량의 상태와 발전에 대한 자료를 얻기 위해 다음과 같은 질문을 했다.

① 상호문화적 성공을 위해서는 어떤 능력들이 중요하다고 생각하십니까?
② 귀하는 이 능력들을 얼마나 신장시켰습니까? 왜 그렇습니까, 아니면 왜 그렇지 않습니까?
③ 수용국 언어학습은 귀하의 성공에 중요했습니까? 왜 그렇습니까, 아니면 왜 그렇지 않습니까?

④ 이 상호문화적 서비스 경험이 귀하의 삶에 어떤 영향을 미쳤습니까?

⑤ 이 능력들을 귀하의 삶과 일에서 어떻게 그리고 얼마나 사용하십니까?

⑥ 추가로 더 하실 말씀이 있습니까?

이런 면담은 독자적으로 상호문화역량의 평가수단으로 사용되기도 하고, 다른 평가방법과 더불어 더 상세한 자료를 도출하거나 다른 평가방법의 사전 조사로 사용되기도 한다.

마지막으로, **혼합 평가**(combining assessment)는 간접 평가와 직접 평가를 혼합하여 대상자의 상호문화역량을 평가하는 유형이다. 일부 학자들은 상호문화능력을 좀 더 포괄적으로 평가하기 위해 간접 평가와 직접 평가를 혼합했다 (Fantini, 2006; Pruegger & Rogers, 1994; Straffon, 2003). V.J. Pruegger & T.B. Rogers(1994)는 간접 평가와 직접 평가의 결과를 비교한 바 있는데, '비교문화감수성척도(Cross – Cultural Sensitivity Scale)'와 같은 간접 평가 도구는 실험적 처치 후 문화다양성과 문화감수성에서 그 어떤 변화도 감지하지 못했지만 개인적 자료에서 얻은 통계자료는 어느 정도의 효능을 보여 주었다. 이런 결과를 바탕으로, 두 학자는 연구자들이 상호문화역량을 평가할 때 평가척도만을 사용하는 경우 그 적절성을 고려해야 한다고 주장했다. "불일치, 모순, 애매성과 같이 민감하고 복잡한 문제는 지필검사만으로는 파악할 수 없다"(ibid., p. 382). D.A. Straffon(2003), A. Fantini(2006)도 혼합 평가를 한 바 있는데, 이 평가로 간접 평가만 사용했을 때보다 상호문화역량의 신장과 관련해 더 많은 측면과 미묘한 차이를 감지할 수 있었다. D. Deardorff(2006) 역시 상호문화역량을 측정하거나 평가할 때, 면담, 관찰, 자신 및 타인에 의한 판단과 같은 질적 방법과 설문을 통한 양적 방법을 모두 사용하는 것이 최선이라고 주장했다. 지금까지 개발된 혼합 평가 도구의 좋은 예는 2004년에 개발된 상호문화역량 평가(Intercultural Competence Assessment project, INCA)다.

INCA는 유럽연합의 재정적 지원하에 레오나르도 다 빈치(Leonardo da Vinci) 사업의 일환으로 개발된 **초국적, 학제적 프로젝트**다. 영국국립언어센터(National Centre for Languages in Britain, CILT)가 함께 수행한 이 프로젝트는 유럽 전역의 기업 및 연구소에서 일하는 14명의 전문가들에 의해 완성되었다. INCA는 해외에 파견되는 전문직과 젊은 기술자들, 국내 다문화적, 다언어적 기업에서 일하는 사람들을 위해서 개발되었다. 좀 더 자세히 말하자면, 세계 인력시장에서 개인적 이동성을 신장하고자 하는 피고용자, 수습생, 훈련생들, 연수의 질을 높이고자 하는 기술 연수 프로그램 기획자들, 경쟁력을 높이고자 하는 기술 분야 고용자들, 직원들이 다른 나라나 문화에서 온 사람들과 얼마나 잘 협력하는지를 알고 싶어 하는 고용자들을 위해서 개발되었다. INCA는 '상호문화역량'을 상이한 문화적 배경을 가진 사람들과 함께 일할 때 다른 사람이 받아들일 수 있는 방식으로, 그리고 효과적으로 상호작용할 수 있게 하는 역량이라고 정의한다. 이 상호문화역량을 갖춘 사람이라면 다음과 같은 여섯 가지 특징을 보여야 한다. 첫째, **애매함 인내**(tolerance of ambiguity)는 예상치 못한 것, 낯선 것을 즐길 만한 도전이라고 여기고, 문제를 가능한 한 많은 구성원이 만족하는 방식으로 해결하는 데 일조함을 말한다. 둘째, **행동적 유연성**(behavioral flexibility)은 불필요한 갈등을 피하기 위해 다른 사람과 일하는 방식을 조절하는 것을 말한다. 만약 타인의 관습이나 예절이 수용 가능한 것이라면 그것을 수용하고, 비록 좀 낯선 방식이라도 그것이 선의에 의한 것이라면 허용할 수 있어야 한다. 셋째, **의사소통적 인식**(communicative awareness)은 언어, 동작, 신체언어상 차이로 인해 생길 수 있는 오해에 대해서 잘 알고 있어야 함을 의미한다. 만약 그것이 도움이 된다면 좀 낯선 관습도 수용할 수 있어야 한다. 의사소통 시 늘 명확하게 하려고 노력하고, 집단의 다른 구성원들이 어떤 표현이나 전문화된 용어를 사용하는 데 동의하는지 물어보아야 한다. 넷째, **지식 발견**(knowledge discovery)은 상호문화적 만남에 대해 사전에 알아보고 이 만남으로부터 배울 자세를 갖추고 있어야 함을 의미한다. 자신과 함께 일하게 될 사람들의 가치, 관습, 실행을 파악하고, 그들과 함께 일할 때 영향을 미칠 수 있는 추가적인 사항도 알아 두어야 한다. 다섯째, **타자성 존중**(respect for otherness)은 타인의 가치, 관습, 실행을 단지 자신의 규범과 다른 것이 아니라 그 자체로 가치 있는 것으로 여김을 의미한다. 비록 이 가치, 관습, 실행을 공유하지 않는다 하더라도, 타인이 그것을 실행하는 것에 대해서 반대하지는 않아야 한다. 여섯째, **공감**(empathy)은 타인의 생각과 감정을 이해하고, 상황을 타인의 시각에서 보고 느끼는 것을 말한다. 이 능력은 타인이 어떻게 느낄 것인지에 대한 자신의 지식에 의존하지만 종종 사실의 인식(awareness of facts) 수준을 넘어가기도 한다. 이 능력은 타인의 감정을 해치지 않거나 그들의 가치체계를 훼손하지 않으려는 배려라 할 수 있다.

INCA는 이 여섯 가지 특징은 개방성, 지식, 적응력이라는 세 가지 역량으로 다시 묶는다. **개방성**(openness)은 타자성 존중, 애매함 인내를 포함한다. 개방적이라는 것은 뭔가 다른 상황에, 그리고 낯선 타인에 개방된다는 것을 의미한다. 이때 비로소 상대방을 다른 존재, 다르게 일하는 사람으로 수용할 수 있다. **지식**(knowledge)은 지식 발견과 공감을 포함한다. 사람들은 단지 어느 한 상황이나 문화에 대한 '확실한 정보(hard facts)'만이 아니라 타인에 대한 뭔가를 알고 그의 감정도 알고자 한다. **적응력**(acceptability)은 행동적 유연성과 의사소통적 인식을 포함한다. 이 적응력을 갖춘 사람은 자신의 행동과 의사소통 방식을 상황에 따라 적절히 조절할 줄 안다. 이상의 여섯 가지 특징을 도표로 나타내면 다음과 같다.

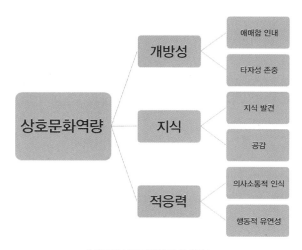

INCA의 상호문화역량 구성요소

한편, INCA는 상호문화역량의 수준을 세 가지로 구분한다. 먼저, **수준 1-초급**(Level 1 - Basic)에 속하는 사람들은 다른 문화를 가진 사람들과 만나길 원하지만 상호문화적 상황을 많이 경험하지 못해서 주어진 상황에 그때그때 대응할 뿐 이 상황을 효과적으로, 적절하게 관리하지는 못한다. 다음으로, **수준 2-중급**(Level 2 - Intermediate)의 사람들은 이전에 그때그때 대처한 상호문화적 상황을 좀 더 일관성 있게 보기 시작한다. 이 수준의 사람들은 자신이 처할 상황에 대한 정보와 그런 상황에 필요한 기술을 가지고 있다. 그리고 다양한 상황을 좀 더 빨리 파악하고 다른 사람의 조언 없이 스스로 판단할 수 있다. 마지막으로, **수준 3-고급**(Level 3 - Full)에 속하는 사람들은 수준 2에서 신장시킨 역량들을 거의 '직관적으로' 발휘한다. 이 수준 사람들은 다양한 집단의 구성원들에게 찾아볼 수 있는 가치, 관습, 실행에서의 차이를 적절히 다룰 전략도 갖추고 있다. 이 사람들은 타인이 다른 관점으로 세상을 바라볼 수 있고 또 그렇게 할 권리를 갖고 있다는 사실을 인정한다. 이 수준의 사람들은 문제가 생기면 적절히 개입하고 집단의 다른 사람들이 상호 이해할 수 있도록 도와줄 수 있다. 또 다른 사람들의 관점을 존중하면서도 자신의 입장을 정중하게 밝힐 수 있다.

INCA는 이렇게 상호문화역량의 구성요소와 수준을 밝힌 다음, 이 역량을 평가하는 데 필요한 **도구**들을 소개한다. 이 도구들은 직접 평가방식인 상호문화역량 자기자료집과 간접 평가방식인 검사로 구성된다. 먼저, **상호문화역량 자기자료집**(Portfolio of Intercultural Competence)은 평가대상자의 상호문화역량을 문서화하는 데 사용된다. 이 자기자료집은 평가대상자가 자신의 경험들을 기록하고 그것을 증명하는 것들을 체계적으로 수집하도록 한다. 이 자기자료집은 상호문화역량여권, 상호문화역량이력서, 상호문화역량증명서로 구성된다. **상호문화역량여권**(Passport of Intercultural Competence)에는 외부 평가 결과뿐만 아니라 내부 평가, 연수 등의 결과를 기록한다. **상호문화역량이력서**(Biography of Intercultural Competence)에는 이전과 지금의 개인적인 상호문화적 경험을 적는다. **상호문화역량증명서**(Dossier of evidence of Intercultural Competence)에는 자신의 발전과 역량을 증명할 수 있는 것을 기록한다. 이 증명서에는 상호문화역량여권에 기록된 평가결과와 관련된 것을 언급하거나 상호문화역량이력서에 기록된 경험들을 예시할 수 있다. 상호문화역량 자기자료집은 평가대상자 자신이 만드는 것이고 따라서 그 어떤 승인도 필요로 하지 않는다. 이것은 그것을 시작하고 유지하는 것은 전적으로 평가대상자 자신에게 달려 있음을 의미한다. 이 자기자료집은 평가대상자가 상호문화적 상황에서 효과적으로 일할 수 있는 사람인지를 알고 싶어 사람에게 일종의 이력서처럼 제시할 수 있다.

한편, INCA는 설문지, 시나리오, 역할놀이라는 세 가지 유형의 **검사**도 실시한다. 먼저, **설문지**(questionaries)는 온라인 설문지와 지필 설문지로 나뉜다. 이 설문지는 한편으로는, 평가자가 평가대상자의 직업적 배경과 상호문화적 상황에서의 경험을 알아보는 데 도움을 주고, 다른 한편으로는 평가대상자가 자신의 상호문화적 경험에 대해서 생각해 보게 한다. 비슷한 질문들이 상호문화역량여권과 상호문화역량이력서에 포함되어 있다. 이것은 평가대상자가 이런 질문들을 반복적으로 생각해 보게 하는 이점이 있다. 다음으로, **시나리오**(scenarios)에는 여러 개의 텍스트―기반 시나리오와 한 개의 비디오―기반 시나리오가 있다. 평가대상자는 상호문화적 상황을 텍스트로 읽거나 비디오를 보면서 주어진 질문에 대답을 한다. 모든 시나리오는 온라인 검사나 지필 검사로 보완될 수 있다. 각 질문은 하나의 역량에 초점을 맞추지만 상호문화역량의 다른 측면들도 포함할 수 있다. 마지막으로, **역할놀이**(role playing)는 평가대상자가 자신에게 부여된 역할을 하고 역할놀이 상대자와 의사소통하고 상호작용하게 한다. 평가자는 이 과정을 관찰하고 기록하면서 상호문화역량을 평가한다. 상호문화역량의 여러 요소들은 두 개의 역할놀이를 통해 평가될 수 있다.

평가대상자는 집이나 직장에서 http://www.incaproject.org/incaonline/ 온라인 웹사이트에 접속하여 온라인 검사를 받을 수 있다. 이때 평가자는 평가대상자에게 사용자 이름과 패스워드를 줄 것이고, 평가대상자는 이것을 가지고 웹사이트에 들어가 검사와 관련된 자세한 지시사항을 확인할 수 있다. 먼저, **이력정보**(biographical information)를 작성하는 데는 15분 정도 걸리는데, 여기에는 평가대상자의 나이, 국적, 업무 연수 및 경험, 언어구사력, 해외 업무 경험 등을 기록한다. **상호문화적 신상**(intercultural profile) 작성에는 20분 정도 소요된다. 여기에는 (자국 내에서의 외국인과의 만남, 타국에서의 외국인과의 만남과 같은) 상호문화적 상황, (자국이나 외국에서 다른 문화를 가진 동료와 일하는 경우와 같은) 직장 상황과 관련된 21개의 선다형 질문이 나온다. 평가대상자는 '적용 불가능한', '아마도', '완전히 적용 가능한'이라는 세 가지 응답 중 하나로 응답한다. 예를 들어, "나는 식당에서 종종 내가 잘 모르는 재료가 들어간 음식을 먹는다"라는 진술에 대해서 동의하지 않으면 '적용 불가능한', 부분적으로 동의하면 '아마도', 동의하면 '완전히 적용 가능한'이라고 응답한다. **시나리오 1**은 상호문화적 만남(intercultural encounters)인데, 여기에는 대개 45분이 소요된다. **시나리오 2**는 중국 출장(a business trip to China)으로 30분 정도가 소요된다. 여기에는 "X 나라 젊은이가 귀하의 회사에 6개월 동안 일하러 옵니다. 귀하는 그가 좀 외톨이라는 사실을 압니다. 그래서 귀하는 귀하가 친구들과 함께 하는 자리에 그를 초대하고자 합니다. 문제는 귀하의 친구들은 오랜 친분으로 서로를 잘 알고 있어서 이 방인은 거기에 끼는 것을 꺼릴 수도 있다는 데 있습니다"라는 시나리오를 주고 "이런 상황에서 귀하가 할 수 있는 일이 무엇인지를 (ㄱ 이유와 함께) 몇 줄로 적어 주세요"라고 요구한다. **역할놀이 1**은 과정 설명하기(explaining a procedure)인데 여기에는 15분 정도가 소요된다. **역할놀이 2**는 구성해 보기(construction)로 80분 정도가 소요된다.

한편, 아일랜드 국가교육과정평가원이 2005년에 발간한 *Intercultural Education in the Primary School*(pp. 152 – 159)은 초등 교사들에게 유용한 평가지침을 제공하고 있다. 이것을 요약하면 다음과 같다.

평가는 교수와 학습에서 핵심적인 요소다. 평가는 교수와 학습의 일치도를 확인하는 작업이기 때문이다. 평가는 교사와 학습자 모두에게 유용하다. 이를 통해 교사는 교수의 질을 개선하고 효율성(effectiveness)을 높일 수 있고, 학습자는 자신의 학습 잠재력을 파악하고 자신의 장점과 필요를 기반으로 좀 더 발전할 수 있다. 학교에서 학습자의 상호문화역량을 평가하기 위해서는 교사의 관찰, 교사가 개발한 과제와 검사, 작품 및 자기자료집, 진단검사, 표준검사 등을 활용할 수 있다. 이 다섯 가지의 서술, 장점, 단점을 차례로 살펴보면 다음과 같다. **첫째**, 교사의 **관찰**(teacher observation)인데, 교사는 학습자가 개념을 이해하고 지식을 습득하고 기술을 발달시키는 과정을 관찰하고 이와 관련된 몇 가지 질문을 함으로써 그의 상호문화역량을 평가할 수 있다. 교사는 학습자를 대개 자연스럽게 관찰하고 평가한다. 이 경우 교사는 학습자의 대답, 교실 전체 또는 집단 활동에의 참여도와 상호작용 정도, 교수 전략과 내용에 대한 반응 등을 눈여겨보아야 한다. 관찰의 장점은 ① 상당히 다양한 맥락에서, 상당히 장시간에 걸쳐 학습자를 관찰함으로써 그에 대한 상세한 '그림'을 그릴 수 있게 하고 ② ('어떻게'라는) 학습의 과정뿐만 아니라 ('무엇'이라는) 학습의 결과와 관련된 질적 정보를 제공해 줄 수 있고 ③ 교사가 문화적 차이를 고려하여 편견을 최소화하기 위해 관찰의 대상을 조절할 수 있다는 것이다. 반면에, 관찰의 단점은 ① 교사가 학습자에게서 보기를 기대하는 것만을 볼 가능성이 있고 ② 관찰이 분명치 않은 기준에 따라서, 그리고 충분한 고려나 성찰의 시간이 없이 즉흥적으로 이루어질 수 있고 ③ 교사가 문화적 특징을 잘못 이해하거나 해석할 여지가 많고 ④ 판단의 기준을 선정할 때 문화적 편향을 배제하기 어렵다는 것이다. 둘째, 교사가 개발한 **과제와 검사**(teacher-designed tasks and tests)는 교사가 학습자의 지식과 능력을 측정하기 위해 개발한 비공식 평가도구다. 교사가 개발한 과제를 수행한다는 것은 초등학교 교실의 일상적인 활동의 일부다. 이런 과제는 교실 내 일상적인 교수와 학습 속에 스며들어 있고, 최종 평가의 형태를 띨 수도 있다. 이 방식의 장점은 ① 교사가 문화적, 언어적 문제를 고려함으로써 평가할 것이 편향될 가능성을 최소화할 수 있고 ② 만약 과제와 검사가 여러 번에 걸쳐 이루어진다면 학습자의 수행에 대한 온전한 그림을 제공할 수 있다. 반면에, 이 평가방식의 단점은 언어와 문화적 요인이 평가상 오류를 일으킬 수 있다는 것이다. 이 오류는 판단 기준을 선정할 때 문화적 편향을 배제하지 못한 경우, 평가의 언어가 학습자가 잘 구사하지 못하는 언어인 경우, 평가의 형식(format)이 학습자에게 익숙하지 않은 경우에 생길 수 있다. 따라서 만약 평가기준이 평가자에게 명확하지 않으면 학습자에게 잘못된 결과를 부여할 가능성이 있다. 셋째, **작품표본, 자기자료집, 프로젝트**(work samples, portfolios and projects)로도 상호문화역량을 평가할 수 있다. 자기자료집은 학습자의 활동을 체계적으로 수록한 것이다. 프로젝트는 학습자가 자신이 정한 주제를 심도 있게 다루고 완성하도록 요구한다. 학습자는 자신의 활동의 표본을 모으고 그것을 작품집 형태로 만들 수 있다. 이 방식들은 교사가 자신의 판단을 다시 한 번 생각해 보도록 할 수 있다. 넷째, **표준화된 검사**(standardized tests)는 학습자가 어디서 언제 평가받든 동일한 방식으로 시행되고 채점되고 해석된다. 이 검사는 대개 평가전문가나 과목전문가들이 다수를 대상으로 개발한 것이다. 이 검사의 장점은 ① 평가전문가가 다수를 대상으로 개발한 것이어서 교사가 개발한 과제나 검사보다 타당도와 신뢰도가 높을 수 있고 ② 학습자의 능력을 다른 많은 학습자들과 쉽게 비교할 수 있게 한다는 것이다. 하지만 이 검사의 단점은 ① 한정된 언어로 개발되었기 때문에 평가언어가 모국어가 아닌 학습자들에게는 적합하지 않고 ② 이 검사를 번역하는 경우 번역비용도 많이 들고 ③ 번역이 늘 완벽하지도 않아 신뢰도가 떨어질 가능성이 많고 ④

검사 항목들을 문화적으로 특정한 지식이나 능력 수준을 전제하고 만들었기 때문에 문화적으로 다른 학생들에 대해서는 잘못된 판단을 내리게 할 수 있다는 것이다. 다섯째, **진단검사**(diagnostic tests)는 학습자의 장점, 성취도, 학습양식, 필요 등을 확인하기 위해서 실시하는 검사다. 이 검사는 학습자의 학습과정에 대한 종합적이고 개인화된 '그림'을 제공한다. 진단검사는 학습자가 학습에서 어려움을 느끼면 그 어려움의 원인을 파악하기 위해 사용된다. 예를 들어, 학습자가 구어나 문어 영어를 배울 때 어려움을 겪으면 그것은 시각적 또는 청각적 어려움 때문일 수 있다. 이런 학습자는 다른 언어를 배울 때도 똑같은 어려움을 겪을 수 있다. 이 검사의 **장점**은 ① 문제가 되는 부분과 그 원인을 정확히 파악하는 데 도움을 주고 ② 다수를 대상으로 개발된 것이어서 교사가 개발한 과제보다 더 타당하고 신뢰할 수 있다. 이 검사의 **한계**는 ① 한정된 언어로만 가능하고 ② 영어가 모국어가 아닌 학생들에게는 적합하지 않을 수 있고 ③ 검사 항목들이 문화적으로 특정한 지식이나 능력 수준을 전제하고 만들어지기 때문에 문화적으로 다른 학생들에 대해서는 잘못된 판단을 내릴 수 있다는 것이다.

이상에서 살펴본 것처럼, 상호문화역량을 제대로 평가하기란 결코 쉬운 일이 아니다. 그 주된 이유는 이 역량이 지식이나 기술처럼 평가하기 비교적 쉬운 것뿐만 아니라 태도나 행동처럼 평가하기가 상당히 어려운 것으로 이루어져 있는 데다, 평가대상자가 상황, 분위기, 기분, 상대 등에 따라 다른 역량을 보일 가능성이 많기 때문이다. 하지만 평가는 교육과정의 필수요소이므로 생략할 수도 없다. 결국 이 문제는, 적어도 아주 정교한 평가도구가 개발되기 전까지는, 교사의 경험, 지식, 판단에 맡길 수밖에 없다. 교사는 평가의 목적, 대상, 내용, 여건 등을 종합적으로 고려하여 최선의 평가방식을 찾아내기 위해 노력해야 한다.

한국 상호문화교육 교육과정

1. 한국 다문화사회와 다문화교육

한국은 전통적으로 이민을 보내던 나라다. 그 시발점은 1860년대까지 올라간다. 당시 조선인들은 지속된 가난과 학정을 피해 두만강을 넘어 중국 연변으로 이주했다. 일부는 더 멀리 러시아 블라디보스토크(Vladivostok)로 갔다. 1900년대에는 미국 하와이 사탕수수밭으로 일자리를 찾아갔다. 일제강점기에는 일본으로 자발적으로나 강제적으로 이주했다. 1950년대 한국전쟁 이후에는 많은 고아들이 해외 입양되었다. 1960년대에는 독일로 광부와 간호사로 나갔다. 1965년 미국 이민법이 개정되자, 많은 사람들이 미국으로 이민을 갔다. 1970년대와 1980년대에는 중동 건설현장으로 나갔다. 이런 한인 해외이주는 1980년대 중반부터 주춤해졌지만 지금도 계속되고 있다. 재외동포재단에 의하면 2020년 재외동포 수는 750만 명에 이른다.

한국은 88올림픽을 계기로 이민송출국에서 이민수용국으로 변하는 소위 '**이민변천**(migration transition)'을 겪었다(Park, 1991; 이혜경, 1994). 1960년대 이후 지속된 이촌향도 현상은 농촌노총각 문제를 야기했고, 결혼이민이 그 해결책으로 제시되었다. 1980년대 노동운동과 민주화운동은 임금을 상승시켰고, 재정적으로 약한 중소기업은 외국인노동자를 받아들이지 않을 수 없었다. 국내 체류 외국인은 1990년에는 5만 명에 불과했으나 2007년에는 100만 명을 넘어섰고 2020년 현재 252만 명에 달한다.

이렇게 국내 체류 외국인이 증가하고 단문화사회에서 다문화사회로 변화하자 **사회학자들**은 이에 대해 큰 관심을 보이기 시작했다. 사회학자들은 1990년대 말 이미 한국사회도 외국인노동자의 증가와 함께 '다문화사회'에 대비해야 한다고 주장했다. 2004년 7월 법무부 산하에 '이민행정연구위원회'가 조직되었고, 여기에는 박경태, 설동훈, 윤인진, 이혜경 등 많은 사회학자들이 위원으로 위촉되었다. 2005년 이 위원회가 주최한 세미나에서 설동훈은 "한국은 벌써 이민국가로 들어섰다"고 주장했다.

사회학자와 국내 언론이 '국제이주'라는 용어를 처음 사용한 것은 1990년대 초반이다. 이때는 이 용어를 주로 외국에서의 이주현상, 중동 문제, 체첸(Chechen) 사태 등과 관련해서 사용했다. 이 용어는 1992년 중국과 국교를 재개하면서 더욱 널리 사용되었다. 한편, '다문화'라는 용어는 1991년에는 1건, 1992년에는 9건이 불과할 정도로(이혜경, 2014: 133) 생소한 용어였다. 2000년대 초 몇몇 사회단체가 '국제결혼', '혼혈아' 같은 차별적인 용어 대신 '다문화가족', '다문화가족 2세'라는 용어를 사용하자고 제안하면서 '다문화'라는 용어는 널리 사용되기 시작했다.[1] 여기에 결정적인 역할을 한 것은 당시 교육인적자원부였다. 교육인적자원부는 2006년 '다문화가정 자녀 교육지원 계획'을 발표했다. 여기에는 언론도 한몫했다. 다문화 관련 기사는 2006년에는 452건이었으나 2007년에는 1,868건, 2011년에는 21,699건으로 그 정점에 달했다. 이는 "1990년대 이후 국제이주에 대한 관심이 증가하다가 2007년 이후에는 관심이 '다문화열풍'으로 바뀌었음"(이혜경, 2014: 133)을 의미한다.

사회학자들에 이어서 다문화현상에 관심을 가진 사람들은 **교육학자들**이었다. 사회학자들이 다문화현상을 기술하는 데 관심을 가졌다면, 교육학자들은 다

---

1 장한업(2011)에 따르면, 송길원 목사가 이끄는 기독교 가정사역단체인 '하이패밀리'는 2003년 12월 3일 서울 프레스센터에서 '혼혈인 인권차별 개선'을 위한 기자회견을 열고, '국제결혼가족'을 '다문화가족(Multi-Culture Family)'으로, '혼혈아'나 '혼혈인'은 '다문화가족 2세(Second Generation of Multi-Culture Family)'라 부르자고 제안했다. 그런데 이런 제안은 인권 유린의 소지가 있는 용어를 바꾸자고 한 점에서는 긍정적으로 평가할 수 있으나 '국제결혼가족'이라는 용어를 인권 차별적 용어로 보았다는 점에서는 유감스럽다. '국제결혼가족'이라는 용어는 국제사회에서도 널리 사용하는 용어로 인권 차별적이라 보기 어렵기 때문이다. 아무튼 이렇게 제안된 '다문화가족'이라는 용어는 2004년 3월에 발족한 건강가정시민연대에 의해 '다문화가정'이라는 용어로 바뀌었다. 건강가정시민연대는 몇 개의 시민 및 종교 단체를 포함했는데 하이패밀리도 그중 하나였다. 건강가정시민연대는 발족한 지 1개월 만인 2004년 4월 기자회견을 열어 '다문화가정'이라는 용어를 제안하였다. 이 연대가 '다문화가족'을 '다문화가정'이라고 수정 제안한 것은 '건강가정시민연대'라는 단체명에 맞춘 것이지 특별한 의미는 없었던 것 같다.

문화현상에 대한 교육적 대책에 관심을 가졌다. 당시 교육학자들의 교육적 대책은 미국의 다문화교육이었다. 이 교육을 국내에 처음 소개한 사람은 김종석 (1984)이다. 김종석은 '미국 다문화교육의 이론적 고찰'이라는 논문을 『미국학논문집』에 실었다. 이 논문은 미국 다문화교육의 출현배경과 진행과정을 소개했다. 그런데 『미국학논문집』이라는 이름에서 짐작할 수 있듯이, 이 논문은 교육 그 자체보다는 당시 미국의 상황을 소개하는 데 초점을 맞추었다. 교육과 관련해 나온 최초의 논문은 1993년 임갑영의 '미래지향적인 고등학교 사회문화 교육'이라는 논문이었다. 이 석사학위 논문은 미국 다문화교육을 한국의 교육현실과 연결시킨 첫 논문이라는 점에서 나름대로 의미를 갖는다. 다문화교육과 관련된 최초의 저서는 2002년에 나온 김영옥의 『육아를 위한 다문화교육』인 것 같다. 다문화교육에 대한 논문이 급증한 것은 2006년 노무현 정부가 "다인종·다문화로의 진전은 거스를 수 없는 대세"라고 선언하고부터다. 같은 해 교육인적자원부는 '2006 다문화가정 자녀 교육지원 대책'을 발표했다. 이후 매년 비슷한 지원계획을 발표했고 이와 함께 많은 연구들이 이루어졌다. 다문화교육과 관련된 석·박사논문을 살펴보면, 2006년에는 25편, 2007년에는 46편이었지만, 2008년에는 106편, 2009년에는 150편으로 급증했다(최충옥, 조인제, 2010: 7). 다문화교육과 관련된 단행본 및 정책보고서도 점증했다. 2006년에는 4편에 불과했지만, 2007년에는 10편, 2008년에는 17편으로 늘어났다. Banks, Bennett, Sleeter & Grant 등 미국 다문화교육학자들의 저서가 한국어로 번역되었다. 정책보고서의 경우, 한국여성정책연구원은 2007년부터 2009년까지 3년 동안 총 18권의 정책보고서를 발간했다.

　대학들도 2007년부터 다문화교육을 연구하기 시작했다. 2007년 교육부는 서울대학교 사범대학 내에 '중앙다문화교육센터'를 설치했다. 이 센터는 2007년부터 2009년까지 22건의 연구보고서를 발간했다(최충옥, 조인제, 2010: 6). 이 대학 조영달, 윤희원, 박성혁, 성상환 등은 다문화교육 실태조사, 프로그램 개발, 교과서분석, 교사연수 등 다양한 활동을 실시했다. 조영달 외(2007)는 "다문화교육정책 수립을 위한 기초인식조사연구"를 수행했고, 윤희원 외(2008)는 "다문화가정 자녀를 위한 <초급>교재출판 및 중급교재개발"이라는 연구를 수행했고, 박성혁 & 성상환(2008)은 "다문화교육정책 국제비교연구"를 수행했다. 2008년에는 전국 교육대학교(12개)가 다문화교육 관련 강좌를 개설했고, 2009년에는 전국 사범대학교들도 이 강좌를 개설했다. 비슷한 시기에 일반대학교 역시 다문화교육에 관심을 보이기 시작했다. 2008년 경기대학교는 국내 최초로 교육대학원에 다문화교육학과를 설치했다. 배제대학교와 안산공대는 유아 다문화교육에 큰 관심을 보였다. 이밖에도 한양대학교 다문화교육센터, 경희대학교 국제교육원, 평택대학교 다문화가족지원센터 등이 개원했다.

한국 교육계가 다문화교육에 대해서 관심을 가지기 시작한 것은 무엇보다도 이주배경자녀와 학생이 점증하고 있기 때문이다. **이주배경자녀들**은 2007년에는 4만 4천 명에 불과했으나 2014년에는 20만 명을 넘어섰고 2017년에는 22만 2천 명을 넘어섰다. 이와 함께 이주배경학생도 점증하고 있다. 교육부─한국교육개발원이 2019년에 발표한 통계에 의하면, 초·중·고(각종 학교 포함) 이주배경학생 수는 전체 학생의 2.5%인 13만 7,225명이다. 이는 이전 해 12만 2,212명보다 12.3%(1만 5,013명) 늘어난 것이며, 이런 증가세는 2012년 첫 조사(4만 6,954명) 이후 지속되고 있다. 전체 학생 중 이주배경학생 비율은 초등학생 3.8%, 중학생 1.7%, 고등학생 0.8%였다.[2] 이들의 주된 문제는 한국어능력 부족, 기초학력부족, 진학 및 진로의 어려움, 정체성 혼란, 일반학생의 무시와 차별 등이다. 한국어능력 부족 문제는 특히 중도입국학생과 외국인가정학생에게 매우 심각하게 나타나고 있다. 한국어는 학교의 교육어이기 때문에 학업부진 문제와 직결된다. 이는 이주배경학생의 학업부진의 원인이 "부모와의 의사소통·관심·돌봄 결여, 한국어능력 부족, 낮은 성취동기, 선수학습 결손, 정서·심리적 어려움, 한국문화 배경지식 결여, 사회적 관계 형성 어려움, 낮은 지적 능력순으로 조사"(오상철 외, 2013: 114)되었다는 보고에서도 확인할 수 있다. 학업부진 문제는 자연히 진학 및 진로의 문제와 연결된다. 이 문제는 한국처럼 대학진학률과 청년실업률이 높고 경쟁이 치열한 사회에서는 더욱 큰 문제가 된다. 한마디로 말해, 이주배경학생들이 한국사회 내에 들어설 자리는 매우 제한적이다. 이주배경학생의 정체성 혼란도 만만치 않다. 앞서 살펴보았다시피 정체성은 복수적, 상대적, 역동적이다. 한국처럼 단일민족을 내세우고 획일성을 강조하는 사회에서 이들의 복수적 정체성은 제대로 인정받기 어렵다. 이 문제는 일반학생의 무시와 차별과도 무관

---

2 http://www.eduinnews.co.kr/news/articleView.html?idxno=19326

하지 않다. 일반학생들이 이들을 무시하고 차별하면 이들의 정체성은 더욱 혼란스러울 수밖에 없다. 앞서 언급한 이주배경학생의 다섯 가지 주된 어려움, 즉 한국어능력 부족, 기초학력부족, 진학 및 진로의 어려움, 정체성 혼란, 일반학생의 무시와 차별 중 처음 세 가지는 이주배경학생의 개인적인 문제고 나머지 두 가지는 일반학생과 관련된 문제다. 하지만 지금까지의 다문화교육은 주로 이주배경학생의 개인적 문제에 초점을 맞추어 왔다. 이는 2006년 이후 교육부가 내놓은 다문화교육 지원계획들에서도 쉽게 드러난다. 최근 들어 일반학생에 대한 교육도 점점 강조하고 있지만 여전히 부실하고 부족하다. 예를 들어, 교육부의 '2019년 다문화교육 지원계획'은 학생들이 다문화 감수성을 기를 수 있도록 모든 학교에서 연간 2시간 이상 다문화교육과 관련된 활동을 실시하도록 하고 있는데, '연간 2시간'으로 학생들의 인식을 개선한다는 것은 불가능한 일이다.

2006년 이후 지금까지의 다문화교육의 문제점을 주체, 대상, 목적, 내용, 시간, 방법으로 구분해 살펴보면 다음과 같이 여섯 가지로 요약할 수 있다.

첫째, 다문화교육은 다문화사업 담당교사, 다문화학생 담임교사, 사회교사 등 **소수의 교사**와 관련된 교육이라고 여긴다. 학교마다 1명씩 지정되어 있는 다문화사업 담당교사는 다문화교육 관련 행정업무, 교육과정과 연계한 다문화교육 기획, 다문화가정 학생 교육지원을 전담하고 있다. 이들의 행정업무에는 다문화교육 관련 행사(이중언어 말하기 대회 등) 진행, 다문화교육 및 한국어교육 관련 교사 연수 홍보, 다문화가정 학생 관련 통계보고, 다문화 업무지원 강사 채용 및 관리, 다문화 관련 각종 회의 참여, 다문화 관련 사업계획 및 정산보고 등이 포함된다. 다문화교육 기획에는 다문화주간 운영, 다문화가정 학부모 및 교사대상 연구 기획 및 운영, 다문화가정 대상국가와의 교류사업 운영 등이 포함된다. 다문화가정 학생 교육지원에는 특별학급(한국어학급) 운영 또는 지원, 방과 후 활동(한국어, 출신어, 상담 등) 지원, 편입학 상담 등이 포함된다. 다문화학생 담임교사, 특히 이주배경학생이 많은 학급의 담임교사들도 다문화교육의 주체로 여겨진다. 사실 이주배경학생들이 많으면 학급 내 이질성이 증가하고 그만큼 수업을 하거나 학급을 운영하기가 어려워진다. 그래서 다문화담임교사들은 이주배경학생을 어떻게 이해하고 지도해야 하는지에 대한 연수를 받고 그것을 학급경영에 적용해야 한다. 이런 점을 감안하여 교육부는 다문화학생 담임교사가 연간 15시간

다문화교육 관련 연수를 필수적으로 이수하도록 하고 있다. 연수주기는 시·도교육청이 결정하되 3년 이하를 권장하고 있다. 교과목으로 보면 사회교사나 도덕교사가 이 교육의 적임자로 여겨지고 있다(장한업 외, 2019). 다문화교육의 주된 주제가 사회계층, 인종, 민족, 성, 평등 등이고 이런 주제가 사회나 도덕 과목과 밀접히 관련된 것은 사실이지만, 이 과목 교사들만을 다문화교육의 주체로 보는 것은 분명히 잘못된 것이다. J. Banks(모경환 외 역, 2008: 203)의 말처럼 다문화교육이 "다양한 사회계층, 인종, 민족, 성 배경을 지닌 모든 학생이 평등한 교육기회를 경험할 수 있도록 교육과정과 교육제도를 개선하고자 하는 교육개혁운동"이라면, 이 교육에는 모든 교사가 주체로 참여해야 한다.

둘째, 다문화교육은 '**다문화가정' 학생만을 대상**으로 하는 교육으로 여기는 경향이 있다. 이런 잘못된 인식의 근원지는 2006년 교육인적자원부의 『다문화가정 자녀 교육지원 대책』이다. 이 공문은 '다문화가정'을 "우리와 다른 민족·문화적 배경을 가진 사람들로 구성된 가정"(p. 1)이라고 정의하고, 이 가정을 '국제결혼가정'과 '외국인근로자가정'으로 구분했다. 그리고 이 공문의 뒷부분에서 '다문화이해교육'(p. 16)과 '다문화교육'(p. 17)을 언급했기 때문에, 사람들은 다문화교육을 다문화가정 자녀를 위한 교육으로 오해하게 되었다. 2008년부터 교육부는 일반학생들도 다문화교육의 대상에 포함시켰지만, 그 비중은 매우 낮았기 때문에 이런 오해를 불식시키기는 어려웠다. 실제로 제7차 교육과정부터 2009 개정 교육과정까지의 다문화교육 관련 언급을 살펴보면 다문화교육의 언급은 다문화가정, 다문화가정 자녀 지원에만 국한되어 있다. 다행스럽게도 2019년 『다문화교육 지원 계획』은 "다문화학생 및 다문화교육 정책학교 중심의 다문화교육을 넘어, 모든 학생과 모든 학교로 다문화교육의 범위를 적극 확장"하겠다고 밝혔다. 여기서 한 가지 상기할 것은 미국의 다문화교육은 처음부터 모든 학생을 위한 교육이었다는 사실이다. S. Nieto(1992)는 "다문화교육은 모든 학생을 위한 기본 교육과 종합적인 학교 개혁 과정"이라고 정의했다. C. Grant(1993)는 "다문화교육은 철학 개념이고 교육과정이므로, 모든 학생이 미국의 조직과 기관에서 구조적으로 평등하게 일하도록 준비시키는 과정"이라고 강조했다. 이처럼 대부분의 다문화교육 학자들은 다문화교육이 백인, 남성, 중산층 학생을 포함하여 모든 학생이 문화적, 민족적 다양성이 증대되는 오늘날 세계를 살아가는 데 필요한 지식, 기술, 태도를 함양하는 총체적 교육개혁운동이라는 데 동의한다(Banks & Banks, 2004). 그런데 이런 거듭된 주장에도 불구하고 다문화교육의 본고장인 미국에서조차 다문화교육을 소수민족만을 위한 교육으로 이해하는 경향이 있다. 다시 말해 다문화교육을 흑인, 남미계, 빈자, 여성, 소외된 자들만을 위한 복지 프로그램이나 교육과정 정도로 이해하는 사람들이 적지 않다는 것이다. 이에 대해 Banks는 "다문화교육이 단지 특정 인종, 민족 집단이나 소외받은 자만을 위한 생각이야말로 다문화교육이 물리쳐야 할 최악의 편견"(J. Banks, 모경환 외 역, 2008: 12)이라고 말하면서 인식 전환을 다시 한번 촉구했다.

셋째, 다문화교육의 목적이 **동화적**이다. 2006년 『다문화가정 자녀 교육지원 대책』부터 2013년 『13년도 다문화학생 교육지원계획』까지, 그리고 2015년 『2015년 다문화학생 교육지원 계획』의 명칭에서 보다시피, 다문화교육은 이주배경학생들의 한국어교육과 기초학력신장을 지원하여 이들을 기존이 교육 체제 속에 통합시키는 데 주력했다. 2014년 『2014년 다문화교육 활성화 계획』, 2016년 『2016년 다문화교육 지원 계획』부터 2019년 『다문화교육 지원 계획』까지는 더 이상 '다문화가정 자녀', '다문화학생'이라는 용어를 표지에는 사용하지 않았지만 그 목적은 여전히 동화적이다. 이에 대한 비판이 거세지자 교육부는 일반학생의 인식 전환 및 다문화 수용성 제고를 강조하기 시작했다. 『2017년 다문화교육 지원 계획』(p. 12)은 "교과 및 창의적 체험활동과 연계하여 다문화이해교육을 실시(연간 2시간 이상)하도록 권장"하고 "세계인의 날(5.20.)과 연계하여 다른 문화와 가치관을 경험할 수 있는 다문화교육 주간 운영을 장려"했다. 하지만 연간 2시간의 교육으로 일반학생의 인식 개선과 다문화 수용성을 제고한다는 것은 거의 불가능한 일이다. 이런 과정에 생긴 또 하나의 문제는 많은 교사들이 '다문화교육'은 이주배경학생을 위한 교육이고 '다문화이해교육'은 모든 학생을 위한 교육이라고 생각하게 되었다는 것이다. 앞서 살펴보았듯이 다문화교육은 본래 모든 학생을 위한 교육이었다. 그런데 교육부가 이 용어를 잘못 사용하여 이주배경학생을 위한 교육이라고 여기게 만들었고 이에 대한 비판을 피하고자 '다문화이해교육'이라는 또 다른 용어를 만들어 혼란을 가중시켰다. 이 문제를 해결할 수 있는 한 가지 방법은 한국어교육과 다문화교육을 분리하는 것이다. 한국어교육은 필요한 교육이지만 다문화교육이 아니다. 한국어교육이 이주배경학생의 학교와 사회 적응을 위한 교육이라면, 다문화교육은 모든 학생을 다문화사회에 적응시키는 교육이다.

넷째, 다문화교육의 내용 중 **문화의 비중**이 너무 크다. 이주배경학생을 대상으로 다문화교육을 하는 경우에는 한국문화와 관련된 내용이 너무 많다. 조영달 외(2010)는 초등학교 21개교의 다문화교육 프로그램을 분석한 바 있는데, 그 결과 교육내용이 "한국어와 한국문화 등의 동화주의적 내용이 주를 이루고 있음"을 확인했다. 일반학생을 대상으로 다문화교육을 하는 경우에는 여러 나라의 문화, 그것도 옷(fashion), 축제(festival), 음식(food), 유명인사(famous people), 이른바 4F가 주류를 이룬다. 특히 5월 다문화주간에는 결혼이민자 강사가 학교에 와 자신의 나라를 소개하고, 전통 옷을 보여 주고, 전통 음악을 들려주는 경우가 많다. 바로 이런 이유로 한국의 다문화교육은 여전히 많은 사람들에게 국제이해교육처럼 여겨진다(양영자, 2008). 2018년 교육부 『다문화교육 지원 계획』부터는 반편견·평등, 상호문화이해에 초점을 두라고 강조하고 있지만 아직까지 보편화되었다고 보기 어렵다. 한편, 미국의 다문화교육이 다루는 내용은 인종, 민족, 계층, 성, 종교, 언어 등이다. 이를 좀 더 자세히 살펴보면, R. Fullinwider(1996)는 성, 계층, 종족, 인종, 종교, 무능력, 성적 지향, 나이를 꼽았고, R. Klein & D. Chen(2001)은 다문화, 주류, 소수문화, 인종, 민족성, 성, 사회경제적 지위, 종교, 나이, 언어, 지역, 무능력, 고정관념을 꼽았고, J. Banks & C. Banks(2001)는 성, 인종, 민족성, 언어, 사회계층, 종교, 예외성을 꼽았다. 또 C. Sleeter & C. Grant(2007)는 인종, 민족, 성, 성적 지향, 사회계층, 장애를 들었고, D. Golinick & P. Chinn(2009)은 민족, 계층, 성, 특수성, 나이, 지리, 종교, 언어를 들었다.

다섯째, 다문화교육은 주로 **창의적 체험활동** 시간에 이루어진다. 창의적 체험활동은 2007 개정교육과정이 제7차 교육과정의 특별활동과 재량활동을 합쳐 만든 영역이다. 이 활동영역은 국가수준의 초·중등교육과정에서 교과 이외의 활동을 말한다. 2015 개정교육과정에 따르면, 창의적 체험활동은 자율활동, 동아리활동, 봉사활동, 진로활동이라는 네 가지 영역으로 구성되어 있다. 아무튼 2007 개정교육과정은 교육과정상 처음으로 다문화교육을 언급하였고 이 교육을 범교과학습주제에 포함시켰다. 이 범교과학습주제는 주로 창의적 체험활동 시간에 이루어졌고, 이 주제 중 하나인 다문화교육도 마찬가지였다. 이로 인하여 "한국에서의 초창기 다문화교육은 교과에 통합되어 가르쳐지기보다는 교과와 별도로 행해지던 교육으로 다른 나라의 문화에 대한 지식이나 체험활동 위주로 이루어졌다"(장인실, 2015: 57). 많은 학자들이 이를 비판했고, 교육부도 이런 비판을 받아들여 다문화교육을 가능한 한 교과와 통합해 가르치라고 권장했다. 예를 들어, 2019년 『다문화교육 지원 계획』은 2015 개정교육과정 총론이 다문화교육을 범교과학습주제로 설정했음을 환기시키고, 이 교육을 교과와 창의적 체험활동 등 교육활동 전반에 걸쳐 통합적으로 다루라고 권장했다. 한편, 미국의 "다문화교육은 학교와 다른 교육기관에서 발생하는 과정으로 모든 교과와 교육과정과 관련이 있다"(Grant, 1993)고 보았다. Banks는 이것을 '내용통합(content integration)'이라는 표현으로 설명했다. 그가 말하는 내용통합이란 "교사들이 자신의 교과나 학문 영역에 등장하는 주요 개념, 원칙, 일반화, 이론을 설명하기 위해서 다양한 문화 및 집단의 사례와 내용을 활용하는 것"(모경환 외 역, 2008: 45)을 말한다. 다문화교육과 관련된 내용통합이라고 하면 흔히 사회 과목과 언어 과목만을 생각하지만 이것은 물리나 수학 같은 과목에서도 가능하다.

여섯째, 다문화교육은 여전히 단순한 지식이나 **일시적인 체험** 형식으로 이루어지고 있다. 예를 들어, 다른 나라의 역사와 전통에 대해서 알아보거나 그 나라의 전통의상을 입어 보게 하거나 악기를 연주해 보게 하는 식이다. 이런 단순한 지식이나 일시적인 체험으로는 다문화시대가 요구하는 역량을 신장시키기 어렵다. 그래서 이에 대한 비판은 점점 거세지고 있다. 장인실(2015: 57)은 한국 초창기 다문화교육이 "다른 나라의 문화에 대한 지식이나 체험활동 위주로 이루어졌다"고 비판한다. 이정민(2013)은 다문화교육 시범학교 3개교를 분석한 결과, 이 3개교 모두가 창의적 체험활동 시간에 다양한 문화를 익히기, 외국인과 함께 문화 체험해 보기, 다른 문화에 대한 책을 읽고 퀴즈 풀기, 다른 문화 탐구 보고서 작성하기 등으로 이루어졌음을 확인했다. 지금은 조금 나아졌지만, 한국 다문화교육은 여전히 그 방법론에 있어서는 큰 틀에서의 합의가 없는 상태다. 그래서 교사는 자신의 지식과 경험에 따라 가르칠 수밖에 없다. 사실 이런 문제는 한국이 받아들인 미국 다문화교육의 문제이기도 하다. 미국 다문화교육학자들은 이 교육의 필요성, 목적, 내용 등에 비해 그 방법에 대해서는 별로 명확하게 설명하지 않는다. J. Banks(모경환 외 역, 2008: 131)의 경우도 마찬가지다. 그는 제6

장에서 '사회탐구모형'을 다문화교육 방법으로 권장한다. 이 모형은 ① 의구심, 관심 ② 문제제기 ③ 가설설정 ④ 용어 및 개념 정의 ⑤ 자료 수집 ⑥ 자료 평가 및 분석 ⑦ 가설검증: 일반화 및 이론 도출 ⑧ 새로운 탐구 시작순으로 구성된다. 그리고 이 모형을 따라 1680년 푸에블로 혁명, 1776년 미국독립혁명, 1810년 멕시코혁명을 어떻게 가르칠 수 있는지 예시한다(ibid., pp. 113–120). 먼저, 학생들의 의구심과 관심을 불러일으켜 동기를 부여하고, 다음으로 문제를 제기하고 이에 대한 가설을 설정하고, 다음으로 개념을 정의하고, 다음으로 자료를 수집하고, 마지막으로 자료를 평가하고 그것으로부터 일반화를 도출하는 식으로 수업을 마무리한다. 이렇게 비교적 단계적으로 설명한다 하더라도 일선에 있는 교사들에게는 여전히 추상적일 수밖에 없다.

2. 한국 공식 상호문화교육

이상에서 본 것처럼, 한국은 2006년에 미국의 다문화교육을 다문화사회의 교육적 해답으로 채택했으나, 이 교육은 주체, 대상, 목표, 내용, 방법 등에서 많은 문제점을 보이고 있다. 이 교육에 실망한 교사들은 다문화교육 무용론까지 거론하고 있다. 2015년 이후 교육부와 교육청은 세계시민교육을 강조하면서 마치 이 교육이 다문화교육을 대체할 수 있을 것처럼 확산시키고 있다. 이 두 교육은 모두 변혁적 교육으로 일정 부분 연결되어 있지만 서로를 대체할 수는 없다. 다문화교육이 국내의 이질성과 다양성을 다루는 교육이라면 세계시민교육은 국가적 차원을 넘어서 지구적 차원에서의 문제를 다루는 교육이다. 한편, 우리가 상호문화교육을 선호하는 것은 단지 현행 다문화교육에 문제가 있어서만은 아니다. 우리는 이 둘 중 어느 것이 한국 다문화사회에 더 적합한 교육적 대안인가 하는 보다 궁극적인 질문을 던지고자 한다. 이것에 대한 대답을 얻기 위해서는 미국의 다문화교육과 프랑스의 상호문화교육을 그 출현배경, 지정학적 여건, 핵심문제 차원에서 비교해 볼 필요가 있다. 장한업(2009: 117–118)은 이 두 교육을 다음과 같이 비교한다. 첫째, 미국의 다문화교육은 1960년대 시민권운동, 70년대 여권운동 등을 **배경**으로 출현했고, 프랑스의 상호문화교육은 1970년대 이주배경가정자녀의 언어와 문화 교육과 관련해 출현했다. 한국의 경우에는 1990년대 이민자의 급증과 함께 급증한 이주배경자녀의 교육 문제로 출발했다. 초창기에는 이주배경학생을 대상으로 한국어를 가르치고 기초학력을 신장하는 초점을 맞추었지만 이제는 일반학생을 대상으로 고정관념, 편견, 차별, 민족중심주의, 문화 다양성 등을 가르치는 것이 시급해졌다. 이렇게 볼 때, 한국은 프랑스, 독일, 아일랜드와 같은 유럽 선진국과 비슷한 상황이고 따라서 이들 국가가 강조하는 상호문화교육을 수용할 때가 되었다.[3] 둘째, 미국은 광활한 영토에 다양한 민족집단이 순차적으로 들어와 구성한 모자이크 형태의 국가로 민족별로 배타적인 **공간**을 가진 경우가 많지만, 프랑스는 비교적 좁은 영토에 여러 민족이 뒤섞여 있어 이런 배타적인 공간은 상대적으로 적다. 미국식의 '공간화'는 집단을 개인보다 우선시하게 하지만 '공간화' 개념이 약한 프랑스는 "모든 개인은 다문화적 존재다"라고 보고 개인을 우선시한다. 한국으로 들어온 외국인들은 배타적인 공간을 구성하여 같은 민족끼리 모여 사는 것이 아니라 한국 사람들과 뒤섞여 살고 있고, 따라서 그들이 느끼는 어려움도 집단의 차원보다는 개인의 차원에서 느끼는 어려움이 더 많다. 셋째, 미국의 다문화교육은 인종 또는 민족의 평등, 정의, 시민성, 민주주의 등을 주된 **주제**로 내세우지만, 프랑스의 상호문화교육은 타자성, 정체성, 표상, 고정관념, 편견, 차별 등을 주된 주제로 내세운다. 이것은 바로 위에서 언급한, 집단과 개인 중에서 어느 것을 우선시하느냐 하는 문제와도 깊이 관련된 문제다. 한국사회가 당면한 문제는 한국인의 지나친 단일의식을 완화하고 이민자들에 대한 무시와 차별을 방지하는 것이다. 이 문제는 평등, 정의, 민주주의와 같은 주제보다는 이질성, 편견, 정체성과 같은 주제와 더 깊은 관련이 있다. 넷째, 미국의 다문화주의는 문화다양성의 확인이나 서술 차원에 그치고, 다문화교육은 문화에 대한 지식과 이해를 강조하고 있다. 이에 반해 프랑스의 상호문화주의는 문화다양성에 대한 행동의 차원에 **비중**을 두고 있고, 상호문화교육은 문화의 이해보다는 문화들 간의 만남을 강조하고 있다. 점점 다문화하고 있는 한국 사회와 학교에서 진정으로 필요한 것은 다양한 문화의 이해가 아니라 상이한 문화를 가진 사람들 간의 만남이다.

우리는 이런 이유로 유럽의 상호문화교육을 한국 다문화사회의 교육적 해답

---

3 교육부 『2020 다문화교육 지원계획』은 상호문화교육을 처음으로 언급하고 권장했다.

으로 제안한다. 유럽평의회는 이미 1970년대부터 상호문화교육을 "다문화사회에의 교육적 해답"(*Education Pack*, 1995: 39)으로 여겨 왔다. 1993년에 출범한 유럽연합도 똑같은 입장이고, 전 세계에서 가장 큰 교육기구인 유네스코 역시 2006년 이 교육을 적극 권장했다. 이처럼 유럽 국가들뿐만 아니라 국제기구들이 권장하는 상호문화교육은 문화적 차이를 긍정적으로 바라보고, "자신과 언어적, 문화적으로 다른 사람들과 상호작용할 때 효과적이고 적절하게 처신하는 데 필요한 일련의 능력들"(Fantini, 2007), 즉 상호문화역량의 신장을 강조한다. 이 역량은 가정, 학교, 지역공동체 모두에서 신장될 수 있지만, 이 역량을 가장 체계적으로, 가장 효과적으로 신장할 수 있는 곳은 역시 학교다. 우리가 학교 중에서 가장 큰 비중을 두는 곳은 **초등학교**다. 여기에는 크게 세 가지 이유가 있다. 첫째, 만 7세에 시작되는 초등학교는 본격적인 학습과 사회생활이 시작되는 곳이기 때문이다. 인간의 능력이 타고난 것 30%고 만들어지는 것 70%라고 할 때, 그 70%의 대부분은 초등학교에서 이루어진다. 상호문화교육의 주된 내용인 고정관념, 편견, 차별 등도 본격적인 사회생활을 배우는 이 시기에 많이 만들어진다. 둘째, 초등학교에서는 일부 과목을 제외하고 한 교사가 모든 과목을 통합해서 가르치기 때문이다. 상호문화교육의 주된 내용인 문화, 차이, 다양성, 정체성, 고정관념, 편견, 민족중심주의, 외국인혐오증, 인종주의, 갈등, 차별, 불관용은 어느 한 과목과 관련된 것이 아니라 모든 교과목과 관련된 것이고, 따라서 모든 교과목에서 통합적으로 가르쳐질 때 가장 효과적이다. 셋째, 초등학교에 이주배경학생이 가장 많다. 2019년 교육부 통계에 의하면, 전체 이주배경학생은 137,225명인데, 이 중에서 초등학생은 103,881명으로 전체 이주배경학생의 75.7%를 차지한다.

─ 초등교사 대상 설문조사

만약 상호문화교육이 가장 필요한 곳이 초등학교라면, 현재 초등학교에서 이루어지고 있는 다문화교육의 일반적인 실태부터 살펴볼 필요가 있다. 장한업 외(2019)는 2019년 6월 12일부터 7월 12일까지 경기도 **안산시와 시흥시 초등교사** 260명을 대상으로 다문화교육 실태를 조사했다. 설문에 참여한 교사 중 70.4%가 여성이고, 73.5%가 교직경력 10년 이상이었다. 다문화교육에 대한 정의가 교사마다 다를 수 있다는 점을 감안하여, 설문의 서두에 "다문화교육이란 교사가 모든 학생을 대상으로 인권, 평등, 반편견, 세계화, 문화다양성 등을 가르치는 교육"이라고 생각하고 응답해 달라고 요청했다. 먼저, 다문화교육을 하고 있느냐는 질문에는 88.8%가 '예'라고 대답했다. 다음으로, 다문화교육을 언제 하느냐는 질문에는 44.2%가 창의적 체험활동 시간이라고 대답했고, 38.5%가 교과 시간이라고 대답했다. 창의적 체험활동 시간에 하는 경우에는 자율특색활동이 55.6%로 가장 많았다. 다음으로, 교과시간 중에서는 어느 시간에 주로 하느냐는 질문에는 사회·도덕 시간(45%)이 가장 많았고, 그다음은 국어 시간(9.2%), 영어 시간(2.3%), 음악·미술 시간(1.9%), 과학·실과 시간(0.8%)순이었다. 수학과 체육 시간에는 다문화교육을 아예 하지 않는 것으로 나타났다. 이것을 보면 교육현장에서는 다문화교육을 사회·도덕 시간에나 하는 것이지 나머지 과목과는 관련 없는 것처럼 생각하고 있음을 알 수 있다. 다음으로, 다문화교육 시간에 가장 많이 다루는 주제는 문화다양성(57.3%), 차별과 평등(13.5%), 다양한 외국문화(8.5%), 인권과 책임감(7.7%), 세계화(2.3%)순으로 나타났다. 다음으로, 다문화교육의 주된 교수·학습 자료는 인터넷 동영상(75.4%), 교과서(5.8%), 교육부나 교육청이 배포한 자료(5.4%), 인터넷 읽기자료(3.1%)순으로 나타났다. 교사들이 다문화교육을 위해 교과서를 거의 사용하지 않는다는 것은 매우 유감스러운 일이다. 다음으로, 다문화교육 시 가장 큰 어려움은 교수·학습 자료 부족(46.2%), 수업시수 부족(16.9%), 학생들의 관심 부족(15.4%), 교사의 교수 역량 부족(11.9%), 관리자나 동료교사의 비협조(0.4%)순으로 나타났다. 이것 역시 교사들이 다문화교육이라고 하면 교과서 외에서 뭔가를 찾아서 가르쳐야 하는 것처럼 생각하고 있음을 보여 준다. 마지막으로, 모든 학생을 위한 다문화교육 시 가장 필요한 지원은 교과시간에 사용할 다문화교육 프로그램 및 자료 제공(61.9%), 학교 및 지역사회의 다문화 친화적 분위기 조성(22.7%), 이론과 실제를 겸비한 다문화 직무연수 제공(10.4%), 다문화교육 관련 교사 연구모임 활성화(3.5%)순으로 나타났다.

　이 설문결과를 종합해 보면, 초등학교 교사들은 거의 다 다문화교육을 실시하고 있지만, 여전히 이 교육을 교과시간보다는 창의적 체험활동 시간에 더 많이 실시하고 있고, 교과시간에 실시하는 경우에는 거의 다 사회·도덕 시간과 관련짓고 있고, 인터넷 동영상을 통해 학생들에게 문화다양성이나 외국문화를 가르치는 것으로 생각하고 있고, 교수·학습 자료 부족이 다문화교육에서 가장 큰 어려움이라고 생각한다. 우리는 이런 생각이 다음과 같이 바뀌어야 한다고 생각한다. 즉, 다문화교육이나 상호문화교육은 모든 학생을 대상으로 (교과시간과 창의적 체험활동 시간을 포함해) 모든 시간에 이루어져야 하고, 그 내용도 문화다양성과 외국문화를 넘어서 정체성, 고정관념, 편견, 차별, 인권, 갈등 등으로 확대되어야 하고, 이런 내용은 이미 초등학교 교육과정과 교과서 속에 나오므로 교과서를 적극 활용해야 한다.

— 한국 초등학교 교육과정

현행 초등학교 교육과정은 『2015 개정 교육과정』에 의거해 개발되었다. 이 개정 교육과정에 의하면, 한국의 교육은 "홍익인간의 이념 아래 모든 국민으로 하여금 인격을 도야하고, 자주적 생활 능력과 민주 시민으로서 필요한 자질을 갖추게 하여 인간다운 삶을 영위하게 하고, 민주 국가의 발전과 인류 공영의 이상을 실현하는 데 이바지하게 함을 목적으로 하고 있다." 이 교육이념을 바탕으로 추구하는 인간상은 다음과 같다.

① 전인적 성장을 바탕으로 **자아정체성을 확립**하고 자신의 진로와 삶을 개척하는 자주적인 사람

② 기초능력의 바탕 위에 **다양한 발상과 도전**으로 새로운 것을 창출하는 창의적인 사람

③ 문화적 소양과 **다원적 가치에 대한 이해**를 바탕으로 인류문화를 향유하고 발전시키는 교양 있는 사람

④ 공동체 의식을 가진 세계 시민으로서 **배려와 나눔을 실천**하는 더불어 사는 사람

『2015 개정 교육과정』은 이런 인간상을 구현하기 위해 다음과 같은 여섯 가지 역량을 신장시키고자 한다.

① 자아정체성과 자신감을 가지고, 자신의 삶과 진로에 필요한 기초적 능력 및 자질을 바탕으로 자기 주도적으로 살아갈 수 있는 **자기관리 역량**

② 문제를 합리적으로 해결하기 위하여 다양한 영역의 지식과 정보를 처리하고 활용할 수 있는 **지식정보처리 역량**

③ 폭넓은 기초 지식을 바탕으로 다양한 전문 분야의 지식, 기술, 경험을 융합적으로 활용하여 새로운 것을 창출하는 **창의융합 사고 역량**

④ 세상을 보는 안목과 문화에 대한 공감적 이해를 바탕으로 삶의 의미와 가치를 발견하고 향유하는 **심미적 감성 역량**

⑤ 다양한 상황에서 자신의 생각과 감정을 효과적으로 표현하고 타인과 소통하며 갈등을 조정하는 **의사소통 역량**

⑥ 지역·국가·세계 공동체의 구성원에게 요구되는 가치와 태도를 가지고 공동체의 문제 해결에 적극적으로 참여하는 **공동체 역량**

이상의 역량 중 ①, ④, ⑤, ⑥ 역량은 아일랜드의 *Intercultural Education in the Primary School*이 강조한 '정체성과 소속감', '유사점과 차이점', '인권과 책임', '차별과 평등', '갈등과 갈등해소'와 관련이 있다. ①은 '정체성 및 소속감'과 관련 있고, ④는 '유사점과 차이점'과 관련이 있고, ⑤는 '갈등과 갈등 해소'와 관련 있고, ⑥은 '차별과 평등', '인권과 책임'과 관련 있다.

한편, 『2015 개정 교육과정』은 '**초등학교 교육목표**'를 다음과 같이 네 가지로 설정하고 있다.

① **자신의 소중함**을 알고 건강한 생활 습관을 기르며, 풍부한 학습 경험을 통해 꿈을 찾아 표현한다.

② 학습과 생활에서 **문제를 발견하고 해결**하는 기초 능력을 기르고, 이를 새롭게 경험할 수 있는 상상력을 키운다.

③ **다양한 문화 활동**을 즐기고 자연과 생활 속에서 아름다움과 행복을 느낄 수 있는 심성을 기른다.

④ 규칙과 질서를 지키고 협동정신을 바탕으로 **서로 돕고 배려**하는 태도를 기른다.

이 중에서 ①은 '정체성 및 소속감'과 관련이 있고, ②는 '갈등과 갈등해소'와 관련이 있고, ③은 '유사점과 차이점'과 관련이 있고, ④는 '차별과 평등', '인권과 책임'과 관련이 있다. 요컨대, 『2015 개정 교육과정』이 제시하는 여섯 가지 역량과 네 가지 '초등학교 교육목표'는 아일랜드 *Intercultural Education in the Primary School*이 강조한 '정체성과 소속감', '유사점과 차이점', '인권과 책임', '차별과 평등', '갈등과 갈등해소'와 상당히 관련 있다.

── 초등학교 성취기준 분석

교육과정 **성취기준**은 각 교과별로 교육과정에 제시되어 있는 기준을 말한다. 이 기준은 학생들이 교과를 통해 배워야 할 내용과 이를 통해 수업 후에 할 수 있거나 할 수 있기를 기대하는 능력과 관련해 국가가 정해 둔 기준이다. 이 성취기준은 첫째, 학교현장에서 수업의 방향을 설정하고 교수·학습 내용을 선정하는 기준이고, 둘째, 교과서 개발 및 검·인정을 위한 중요한 기준이고, 셋째, 단위 학교에서 학생들의 학업성취도를 확인할 때 사용하는 기준이다.

초등학교 교과 성취기준은 1-2학년군 5개 교과(국어, 수학, 바른 생활, 슬기로운 생활, 즐거운 생활), 3-4학년군 7개 교과(군)(국어, 사회/도덕, 수학, 과학, 체육, 예술(음악/미술), 영어), 5-6학년군 7개 교과(군)(국어, 사회/도덕, 수학, 과학/실과, 체육, 예술(음악/미술), 영어)에서 영역별로 제시하고 있다. 다음은 1-2학년군 국어의 성취기준 몇 가지를 제시한 것이다.

학년	과목	성취기준
1-2학년	[2국01-01]	상황에 어울리는 인사말을 주고받는다.
1-2학년	[2국01-02]	일이 일어난 순서를 고려하며 듣고 말한다.
1-2학년	[2국01-03]	자신의 감정을 표현하며 대화를 나눈다.
1-2학년	[2국01-04]	듣는 이를 바라보며 바른 자세로 자신 있게 말한다.
1-2학년	[2국01-05]	말하는 이와 말의 내용에 집중하여 듣는다.
1-2학년	[2국01-06]	바르고 고운 말을 사용하여 말하는 태도를 갖는다.

이렇게 하여 계산해 보면, 초등학교 교과별 교육과정은 1-2학년군 136개, 3-4학년군은 250개, 5-6학년군 322개, 총 708개의 성취기준을 제시하고 있다.

우리는 이 708개 성취기준을 '정체성과 소속감', '유사점과 차이점', '인권과 책임', '차별과 평등', '갈등과 갈등 해소'라는 상호문화교육 통합주제를 기준으로 분류해 보았다. 물론 이 분류는 어느 정도 자의적이다. 예를 들어, 성취기준 [2국01－06] '바르고 고운 말을 사용하여 말하는 태도를 갖는다'의 경우, '바르고 고운 말을 사용'하는 것을 상대방을 존중한다는 의미로 해석하면 '인권과 책임'으로 분류할 수 있고, 그렇게 말하는 것이 갈등해소에 도움이 된다는 의미로 해석하면 '갈등과 갈등해소'로 분류할 수도 있다. 우리는 이런 자의성을 조금이라도 줄이고자 분류 작업에 교사들을 포함시켰고 그들의 의견을 최대한 존중했다. 또 성취기준만으로 주제를 분류하기 어려울 경우, 성취기준에 대한 부연 설명을 한 성취기준 해설을 참고했다. 다음은 학년군과 교과별로 상호문화교육 통합주제와 관련된 성취기준의 수를 알아본 결과다.

학년군	교과	정체성 & 소속감	유사점 & 차이점	인권 & 책임	차별 & 평등	갈등 & 갈등 해소	해당 없음	계
1-2학년군	국어	1	0	1	0	1	22	25
	수학	0	4	0	0	1	25	30
	통합 교과 (바른 생활·슬기로운 생활·즐거운 생활)	7	8	12	0	4	50	81
	계(개)	8	12	13	0	6	97	136
	백분율(%)	5.9	8.8	9.6	0	4.4	71.3	100
3-4학년군	국어	1	1	2	0	3	19	26
	사회	5	8	1	1	2	7	24
	도덕	1	0	4	0	3	4	12
	수학	0	6	0	0	2	40	48
	과학	4	17	3	1	1	31	57
	체육	3	1	3	0	2	27	36
	음악	1	2	0	0	0	8	11
	미술	0	0	0	0	0	14	14
	영어	1	0	0	0	0	21	22

	계(개)	16	35	13	2	13	171	250
	백분율(%)	6.4	14	5.2	0.8	5.2	68.4	100
5-6학년군	국어	0	1	0	0	4	26	31
	사회	10	5	15	0	6	12	48
	도덕	3	0	4	1	4	0	12
	수학	1	5	0	4	1	39	50
	과학	3	9	8	3	0	33	56
	실과	3	2	9	0	3	23	40
	체육	1	5	2	0	2	26	36
	음악	1	3	0	0	0	7	11
	미술	1	10	0	0	0	4	15
	영어	0	0	0	0	0	23	23
	계(개)	23	40	38	8	20	193	322
	백분율(%)	7.1	12.4	11.8	2.5	6.2	60	100
총계(개)		47	87	64	10	39	461	708
백분율(%)		6.6	12.3	9.1	1.4	5.5	65.1	100

위 표를 통해서 우리는 세 가지 사실을 확인할 수 있다. 첫째, **학년군별**로 볼 때, 학년군이 올라가면 갈수록 상호문화교육과 관련된 성취기준 수가 늘어난다. 1-2학년군에는 39개이던 것이, 3-4학년군에는 79개로, 5-6학년군에는 129개로 증가했다. 이는 학생들의 정신적 성숙도를 고려할 때 자연스러운 현상이라 할 수 있다. 상호문화교육 관련 성취기준을 합하면 총 247개가 되는데, 이는 초등학교 전체 성취기준의 34.9%에 해당한다. 이 수치로 볼 때, 현행 교육과정의 성취기준과 교과서의 내용만 잘 다루어도 상호문화교육을 잘할 수 있음을 알 수 있다. 둘째, **과목별**로 볼 때, 사회가 가장 많이 관련된 과목으로 나타났다. 1-2학년군의 바른 생활·슬기로운 생활·즐거운 생활은 31개가 통합주제와 관련된 것으로 나타났고, 3-4학년군의 사회 과목은 17개가 이와 관련된 것으로 나타났고, 5-6학년의 사회 과목은 36개가 이와 관련된 것으로 나타났다. 여기서 한 가지 주목할 것은 사회가 통합주제와 가장 많이 관련된 과목이기는 하지만 나머지 과목들도 교사들이 일반적으로 생각하는 것보다는 훨씬 더 많이 통합주제와 관련되어 있다는 사실이다. 셋째, **주제별**로 볼 때, '유사점과 차이점'이 87개로 전체 12.3%를 차지한다. 그 다음은 '인권과 책임'(9.1%), '정체성과 소속

감'(6.6%), '갈등과 갈등해소'(5.5%), '차별과 평등'(1.4%)순이다. 이와 관련해 유감스러운 것은 '차별과 평등'은 다문화사회에 상당히 중요한 주제임에도 불구하고 현행 교육과정과 교과서에서는 가장 소홀히 다루어지고 있다는 것이다. 따라서 차후 교육과정은 이 주제에 대한 비중을 좀 더 높이는 방향으로 개선할 필요가 있다.

장한업 외(2019)는 상호문화교육과 관련된 성취기준, 교과서 내용, 상호문화교육 방법을 연결하여 초등학교용 상호문화교육 예시교안을 개발했다. 이 예시교육의 개발 원칙은 교육과정과 성취기준에 기초해 제작된 교과서의 내용 중에서 '정체성과 소속감', '유사점과 차이점', '인권과 책임', '차별과 갈등', '갈등과 갈등해소'와 관련된 것을 찾아내고 그것을 상호문화교육 6단계를 거쳐 가르치자는 것이었다.

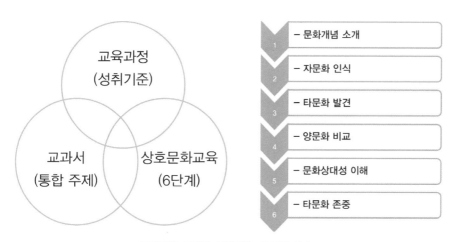

교육과정, 교과서, 상호문화교육 방법 연결

다음의 여섯 개 예시교안은 장한업 외(2019)에 수록된 예시교안에 포함된 것이다. 이 중에서 두 개(예시교안 1, 2)는 그대로 수록했고 나머지 네 개(예시교안 3, 4, 5, 6)는 우리가 소폭 또는 대폭 수정했다.

예시교안 1

상호문화교육 주제			유사점과 차이점		
학년-학기	1-1	교과	수학	단원명	9까지의 수 (pp. 28-29)

성취기준	[2수01-01] 0과 100까지의 수 개념을 이해하고, 수를 세고 읽고 쓸 수 있다.	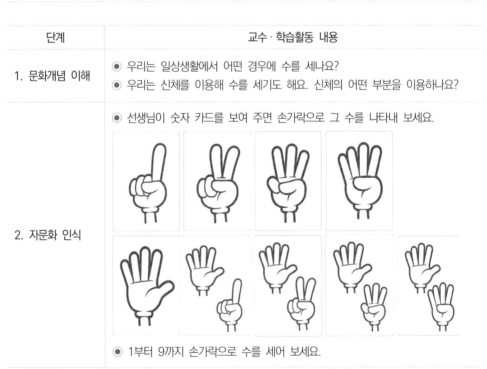
활동목표	• 손가락으로 수를 세는 다양한 방법을 알아본다. • 다른 나라에서는 수를 어떻게 세는지 알아본다.	
유의사항	• 학급에 이주배경친구들이 있다면 그 친구 나라의 언어로 수를 세어 보는 경험도 함께 하도록 한다.	

단계	교수·학습활동 내용
1. 문화개념 이해	◉ 우리는 일상생활에서 어떤 경우에 수를 세나요? ◉ 우리는 신체를 이용해 수를 세기도 해요. 신체의 어떤 부분을 이용하나요?
2. 자문화 인식	◉ 선생님이 숫자 카드를 보여 주면 손가락으로 그 수를 나타내 보세요. ◉ 1부터 9까지 손가락으로 수를 세어 보세요.

	◉ 중국에서는 한 손으로 1부터 10까지의 수를 셀 수 있다고 해요.
3. 타문화 발견	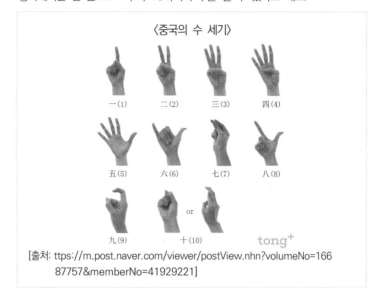 〈중국의 수 세기〉 [출처: ttps://m.post.naver.com/viewer/postView.nhn?volumeNo=166 87757&memberNo=41929221] ◉ 중국식으로 수를 세어 보세요. ◉ 선생님이 숫자 카드를 보여 주면 손가락으로 그 수를 나타내 보세요.
4. 양문화 비교	◉ 두 나라의 수 세기 방법의 비슷한 점은 무엇인가요? 　– 1~5까지는 한국과 수 세는 방법이 같습니다. ◉ 한국식 수 세기 방법의 좋은 점은 무엇인가요? 　– 한눈에 알아보기 쉬워요. 　– 규칙이 있어 배우기 쉬워요. ◉ 중국식 수 세기 방법의 좋은 점은 무엇인가요? 　– 한 손으로 10까지 셀 수 있어 편리해요. 　– 다른 한 손으로는 다른 일을 할 수 있어요.
5. 문화 상대화	◉ 중국 이외에도 다양한 수 세기 방법이 있다고 해요. 함께 알아볼까요? | 일본 | 인도 | [출처: https://psia.tistory.com/903] [출처: https://japanbach.tistory.com/294]

	◉ 손가락으로 수 세는 다양한 방법을 알아보니 어땠나요?
	  – 한국식만 알았는데, 다양한 방법이 있다는 것을 알게 되었어요.
	  – 한국식, 중국식, 일본식 수 세는 방법이 비슷하면서 조금씩 달랐어요.
	  – 인도에서는 손의 마디를 이용해서 20까지 셀 수 있다는 것이 놀라웠어요.
	◉ 인간은 모두 다섯 손가락을 가지고 있어요. 하지만 나라마다 손가락을 사용하는 방법은 달라요. 이것은 그 나라의 관습에 따른 것이고, 문화의 일부분이에요.

6. 타문화 존중	◉ 중국에서 온 왕팡은 우리와 수 세기 방법이 달라요. 그래서 수학 시간에 하는 손가락 숫자 놀이를 많이 어려워해요. 그와 함께 즐겁게 공부할 수 있는 방법은 무엇일까요?
	  – 쉬는 시간에 같이 손가락 숫자 게임을 해요.
	  – 중국식 수 세기 방법을 배워서 같이 해 보고 싶어요.
	  – 왕팡은 한국식으로, 저는 중국식으로 바꿔서 해 보는 것도 재미있을 것 같아요.
	◉ 이주배경친구의 수 세기 방식을 자신의 수 세기 방식만큼 존중했으면 해요.

예시교안 2

상호문화교육 주제				유사점과 차이점	
학년-학기	1-2	교과	국어	단원명	소리와 모양을 흉내 내요. (pp. 36-37)
성취기준		[2국05-03] 여러 가지 말놀이를 통해 말의 재미를 느낀다.			
활동목표		• 한국, 중국, 러시아의 흉내 내는 말의 유사점과 차이점을 발견한다.			
유의사항		• 한국의 흉내 내는 말을 배우는 이주배경친구들의 어려움을 이해하고, 상대방의 언어로 함께 배우고 익히는 경험을 할 수 있도록 유도한다.			

단계	교수·학습활동 내용
1. 문화개념 이해	◉ 모든 동물은 저마다 독특한 소리를 내지요. ◉ 다음 동물 소리를 듣고 어떤 동물의 울음소리인지 알아맞혀 보세요. ◉ 실제 동물의 울음소리를 흉내 내어 보세요.
2. 자문화 인식	◉ '동물 음악대' 노래를 함께 불러 볼까요? https://www.youtube.com/watch?v=ufYXV0-FjoQ ◉ 노래에 나오는 동물은 무엇이었어요? 　– 돼지, 오리, 강아지, 고양이, 참새, 개구리, 염소, 젖소예요. ◉ 노래에 나온 동물들의 울음소리는 무엇이었어요? 　– 꿀꿀, 꽥꽥, 멍멍, 야옹, 짹짹, 개굴개굴, 메~, 음매예요.
3. 타문화 발견	◉ 이번에는 중국에서 온 ○○가 문제를 낸다고 해요. 잘 듣고, 어떤 동물의 울음소리인지 알아맞혀 보세요. ① 호옹호옹 (돼지) ② 까까 (오리) ③ 왕왕 (강아지) ④ 먀오 (고양이) ⑤ 쮸쮸 (참새) ⑥ 꽈꽈 (개구리) ⑦ 미에 (염소) ⑧ 뭐 (젖소)

◉ 이번에는 러시아에서 온 ○○가 문제를 낸다고 해요. 잘 듣고, 어떤 동물의 울음소리인지 알아맞혀 보세요.

① 흐류흐류 (돼지) ② 끄랴끄랴 (오리) ③ 가브가브 (강아지) ④ 먀우 (고양이)
⑤ 삐삐 (참새) ⑥ 콰콰 (개구리) ⑦ 배~ (염소) ⑧ 무 (젖소)

4. 양문화 비교

◉ 한국, 중국, 러시아의 동물 울음소리의 비슷한 점은 무엇이었나요?
 – 소리를 내는 느낌은 비슷해요.
 – 똑같은 글자가 반복되면서 소리가 나요.
 – 고양이, 염소, 소 울음소리는 비슷했어요.
 – 중국과 러시아의 고양이 소리와 개구리 소리가 거의 같았어요.
◉ 한국, 중국, 러시아의 동물 울음소리를 정리해 보세요.

동물	한국	중국	러시아
돼지	꿀꿀	호응호응	흐류흐류
오리	꽥꽥	까까	끄랴끄랴
강아지	멍멍	왕왕	가브가브
고양이	야옹	먀오	먀우
참새	짹짹	쮸쮸	삐삐
개구리	개굴개굴	꽈꽈	콰콰
염소	매애	미에	배
젖소	음매	뭐	무

5. 문화 상대화

◉ '동물 음악대' 가사 중 울음소리를 중국어와 러시아어로 바꾸어 불러 봅시다.

〈동물 음악대〉
동물 음악대 "돼지!" 꿀꿀 "오리!" 꽥꽥
"강아지!" 멍멍 "고양이!" 야옹
우리는 동물 음악대
난 토실토실 돼지 꿀꿀꿀 꿀꿀꿀
난 뒤뚱뒤뚱 오리 꽥꽥 꽥꽥꽥
난 살랑살랑 강아지 멍멍멍 멍멍멍
난 살금살금 고양이 야옹 야옹 야옹
동물 음악대 꿀꿀 꽥꽥
동물 음악대 멍멍 야옹

◉ 노래를 바꾸어 부른 느낌이 어땠나요?
 – 너무 어려웠어요. / 어렵지만 재미있었어요.
◉ 같은 동물 울음소리가 나라마다 다르게 표현될 수 있어요. 한국어 표현이 유일한 것도 아니고 가장 정확한 것도 아니에요.

6. 타문화 존중	◉ 우리는 돼지 울음소리를 '꿀꿀'로 말하지만, 이 말은 한국 사람들끼리 정한 약속일 뿐이에요. 다른 나라에서는 다르게 약속을 했기 때문에 중국에서는 '호응 호응', 러시아에서는 '흐류흐류'라고 하는 것이지요.
	◉ 이렇게 언어에 따라 다양하게 표현될 수 있다는 것을 기억하고, 이주배경친구들의 표현도 존중해 주었으면 해요.

예시교안 3

	상호문화교육 주제			유사점과 차이점	
학년-학기	4-1	교과	수학	단원명	3. 곱셈과 나눗셈 (pp. 72-73)
성취기준	[4수01-09] 나누는 수가 두 자리 수인 나눗셈의 계산 원리를 이해하고 그 계산을 할 수 있다.				
활동목표	• 한국과 다른 방법으로 나눗셈을 하는 나라를 알아본다. • 다양한 나눗셈이 있음을 인정하고 존중하는 태도를 갖는다.				
유의사항	• 나눗셈의 방식과 표현이 다를 뿐, 나누어지는 수, 나누는 수, 몫, 나머지가 있는 형태는 같음에 주목하도록 한다. • 다양한 나눗셈 방법을 통해 유연한 사고방식의 중요성을 이해한다.				

단계	교수 · 학습활동 내용
1. 문화개념 이해	◉ 나눗셈은 어떤 경우에 필요할까요? ◉ 나눗셈을 하는 방법을 알고 있으면 어떤 점이 좋을까요?
2. 자문화 인식	◉ 775÷25를 계산해 봅시다. $$25\,\overline{\smash{)}\,775} \quad \begin{array}{r} 31 \\ \underline{750} \\ 25 \\ \underline{25} \\ 0 \end{array}$$ ◉ 지금까지 배운 방법을 생각하면서 풀이 방법을 이야기해 봅시다. ◉ 세로셈 계산에서 나누기를 뜻하는 기호, 나누어지는 수, 나누는 수, 몫, 나머지의 위치를 살펴 봅시다.
3. 타문화 발견	◉ 러시아에서 온 사샤는 우리와 나눗셈을 하는 방법이 좀 달라요. $$\begin{array}{r|l} 775 & 25 \\ -75 & \overline{31} \\ \overline{25} \\ 25 \\ \overline{0} \end{array}$$ ◉ 사샤는 어떤 방법으로 나눗셈을 했을까요? ◉ 사샤의 나눗셈 과정을 천천히 살펴봅시다.

4. 양문화 비교	◉ 동영상을 보면서 샤샤의 나눗셈 방법을 확인해 보세요. https://www.youtube.com/watch?v=_Gx16syW4Ik&feature=youtu.be ◉ 우리의 나눗셈 방법과 샤샤의 나눗셈 방법을 비교하여 설명해 보세요. <table><tr><td>31 25) 775 750 25 25 0</td><td>775 | 25 −75 | 31 25 25 0</td></tr></table>
5. 문화 상대화	◉ '샤샤'의 나눗셈 방법으로 공부하는 세계의 친구들이 있다고 해요. 프랑스식 나눗셈은 러시아, 카자흐스탄, 키르기스스탄, 벨기에, 스페인, 우크라이나, 벨라루스, 몰도바, 조지아, 타지키스탄, 몽골 및 구 식민지국가 일부에서 사용함. 'ㅏ' 자 모양의 틀을 만들어 쓰고, 제수를 몫으로 곱한 부분을 안 쓰고 빼기를 암산으로 하는 게 특징이다. [출처] 프랑스 나눗셈 division à la française| 작성자 naviguer ◉ 나라마다 나눗셈 방식이 다를 수 있어요. ◉ 따라서 자기 방식만이 유일한 방식이나 우월한 방식이라고 생각해서는 안 돼요.
6. 타문화 존중	◉ 러시아에서 온 샤샤는 우리가 사용하는 나눗셈을 보고 어떤 느낌이었을까요? https://spainmusa.com/841 ◉ 우리가 샤샤처럼 나눗셈을 배우는 나라에 갔을 때 우리는 어떤 느낌이 들까요? – 나눗셈을 잘한다고 생각했는데, 시간이 오래 걸렸어요. – 익숙하지 않아서 아는 문제도 틀렸어요. – 원리는 같아서 몇 번 연습하면 익숙해질 것 같아요. ◉ 바로 위의 느낌은 다른 나눗셈 방식을 접하면 누구나 할 수 있는 생각이에요. 따라서 샤샤의 방식을 존중하고 샤샤의 어려움을 이해하려고 노력해야 해요.

예시교안 4

상호문화교육 주제				유사점과 차이점	
학년-학기	4-2	교과	과학	단원명	2. 사는 곳에 따른 동물의 생활 (pp. 42-43)
성취기준	[4과03-02] 동물의 생김새나 생활방식이 환경과 관련되어 있음을 설명할 수 있다.				
활동목표	• 동물은 주어진 환경에 최대한 적응하면서 살아간다는 사실을 이해한다. • 동물에 속하는 인간도 주어진 환경과 문화에 적응하면서 살아간다는 사실을 이해한다.				
유의사항	• 주어진 환경과 동물의 서식, 모양, 색깔 등을 연계하여 이해할 수 있도록 한다.				

단계	교수 · 학습활동 내용
1. 문화개념 소개	◉ 지구상에는 75만 종이나 되는 다양한 동물이 있어요. ◉ 여러분이 잘 알고 있는 동물을 말해 보세요. ◉ 교과서에서 보다시피 사막에는 낙타, 뱀, 여우 등이 살아요.
2. 자문화 인식	◉ 여러분이 생각하는 '여우'를 한 번 그려 보세요. ◉ 여러분은 여우에 대해 어떤 이미지를 가지고 있나요? - 교활하다, 민첩하다, 무섭다 등 ◉ 다음의 여우 중 여러분에게 가장 친숙한 여우는 몇 번일까요? ① ② ③ ④

3. 타문화 발견	◉ 나머지 세 여우와 서식지를 연결해 보세요. 여우 ① •　　　　　　　• 북극 여우 ③ •　　　　　　　• 사막 여우 ④ •　　　　　　　• 티베트
4. 양문화 비교	◉ 여우 ①의 모양, 색깔 등 고유한 특징에 대해서 말해 보세요. 　– 모래 색깔과 비슷한 색깔이다. 　– 큰 귀는 더운 사막에서 열을 발산하는 데 도움이 되고, 천적이나 먹잇감 소리를 멀리서 듣는 데 도움이 된다. ◉ 여우 ③의 모양, 색깔 등 고유한 특징에 대해서 말해 보세요. 　– 눈 색깔과 비슷한 색깔이다. 　– 추운 지방에서 열 손실을 막기 위해 작은 귀를 가지고 있다. ◉ 여우 ④의 모양, 색깔 등 고유한 특징에 대해서 말해 보세요. 　– 산악과 비슷한 색깔이다. 　– 추운 고산 지대에서 살아서 모피는 두껍고 귀는 작다.
5. 문화 상대화	◉ 같은 여우라도 주어진 환경에 따라 생김새, 털 색 등이 달라요. ◉ 사람도 여우와 마찬가지로 주어진 환경에 맞추어 진화해 왔어요. 세 사람의 코 모양을 비교해 보세요.  https://news.brown.edu/articles/2009/01/race ◉ 흑인 코는 짧고 낮고 콧구멍이 넓어요. 더위에 적응했기 때문이지요. ◉ 황인 코는 비교적 길고 낮은 편이에요. 추위에 적응했기 때문이지요. ◉ 백인 코는 높고 이마에서 똑바로 내려오고 코끝이 크고 둥글어요. ◉ 물론 이것은 대체적으로 그렇다는 말이에요. 흑인 중에도 코끝이 날카로운 사람이 있고 백인 중에도 주먹코도 있어요.
6. 타문화 존중	◉ 동물은 같은 종이라도 서로 다른 환경에 적응하기 위해서 다양한 생김새를 가질 수 있어요. ◉ 인간도 마찬가지에요. 따라서 자기 자신의 기준으로 판단하거나 평가하지 않도록 주의해야 하고, 상대방의 차이를 존중해야 해요.

예시교안 5

상호문화교육 주제					인권과 책임
학년-학기	6-1	교과	미술	단원명	2. 마음을 움직이는 광고 (pp. 13-14)

성취기준	[6미02-02] 다양한 발상 방법으로 아이디어를 발전시킬 수 있다.	
활동목표	• 공익광고의 개념을 이해하고 아이디어 발상 방법에 대해 안다. • 세상과 소통하는 공익광고의 아이디어를 발전시킬 수 있다.	
유의사항	• 교실의 상황에 따라 수업을 1차시, 또는 2차시로 구성할 수 있으며, 제시하는 동영상 등의 학습자료 활용에 가감을 두어 시간을 조절한다.	

단계	교수 · 학습활동 내용
1. 문화개념 소개	◉ 광고는 글자 그대로 '널리 알리는 것'이에요. ◉ 여러분이 최근에 본 광고가 있으면 말해 보세요. ◉ 광고에는 제품광고, 기업광고, 공익광고가 있어요. ◉ 공익광고는 '공공의 이득을 도모하는 것'을 목표로 만들어지는 광고를 말해요.
2. 자문화 인식	◉ 다음 공익광고는 인터넷, TV에서 자주 보는 공익광고예요. 먼저 같이 시청하지요. https://www.youtube.com/watch?v=VFFSlyxUvd8 ◉ 이 광고에 대한 질문이에요. 　- 어디에서 하는 광고인가요? (UNICEF KOREA) 　- 아프리카 아이에 대해서 어떤 생각이 드나요? (안됐다. 불쌍하다.) 　- 전하고자 하는 주된 메시지는 무엇인가요? (아프리카 기아 아동을 돕자.)
3. 타문화 발견	◉ 앞에서 본 영상에 대해서 아일랜드 교육과정은 다음과 같이 말해요. "Images of Africa used to raise funds in Ireland for aid work may have played a role in developing a sense of superiority towards Africans among a children." (*Intercultural Education in the Primary School*, p. 64.)

	이 글은 이런 식의 공익광고의 어떤 점을 지적하고 있나요? (우월감 조장 위험)
	◉ 다음은 덴마크 공익광고 DNA Journey이에요. 먼저 같이 시청하지요. https://www.youtube.com/watch?v=VbYqP5j1SVM
	◉ 위의 공익광고에 대해 생각해 봅시다.
	– 무엇을 다루고 있는 공익광고인가요? (DNA)
	– 전하고자 하는 주된 메시지는 무엇인가요? (우리에게 순수한 DNA는 없다. 따라서 피부색으로 차별해서는 안 된다.)
4. 양문화 비교	◉ 한국 기아 관련 동영상과 덴마크의 DNA 관련 동영상을 비교해 봅시다.
	– 구체적인 행동을 요구하는 동영상은 어느 것인가요? (한국 동영상)
	– 자기 자신에 대해서 좀 더 많이 생각하게 하는 동영상은 어느 것인가요? (덴마크 동영상)
5. 문화 상대화	◉ 공익광고라 하더라도 그것을 바라보는 시선은 나라마다 조금씩 다를 수 있어요. 아프리카 기아 아이를 돕자는 공익광고는 한국과 아일랜드에서 다 하지만 한국은 그들을 도와주는 데 초점을 맞추는 반면 아일랜드는 도와준다는 생각으로 아프리카 기아 아이에 대해서 가질 수 있는 우월감의 위험도 지적하고 있어요.
	◉ 덴마크의 공익광고는 다른 사람보다는 자신에 대해서 많이 생각하게 하는 동영상이에요. 자기 자신에 대해서 아는 것이 다른 사람을 대할 때 큰 도움이 된다는 것이지요. 특히 '단일민족'이라고 믿는 한국 사람에게는 매우 유익한 동영상이에요.
6. 타문화 존중	◉ 아일랜드 교육과정의 언급이나 덴마크 동영상은 우리가 잘 생각하지 못하는 부분을 일깨워 줬어요.
	◉ 이런 사실을 염두에 두고 공익광고를 만들면 좀 더 나은 공익광고가 될 거예요.

예시교안 6

상호문화교육 주제				차별과 평등	
학년-학기	6-2	교과	영어	단원명	2. Why are you excited? (pp. 28-29)
성취기준	[6영02-03] 주변 사람과 사물에 관해 쉽고 간단한 문장으로 묘사할 수 있다.				
활동목표	• 기분을 표현하는 단어를 활용해 말할 수 있다. • 언어 속에 존재하는 차별과 불평등에 대해 민감성을 갖는다.				
유의사항	• 교실에 피부색이 다른 학생이 있을 경우 상처받지 않도록 미리 파악하여 조심스럽게 접근할 필요가 있다.				

단계	교수 · 학습활동 내용
1. 문화개념 이해	◉ 사람의 기분을 어떻게 알 수 있을까요? 　- 표정이나 목소리를 듣고 알아요. ◉ 색깔로도 사람의 기분을 나타낼 수 있어요.
2. 자문화 인식	◉ pp. 28-29를 읽고 아래 크레용 색깔과 기분을 연결해 보세요. **Read and Check** Ⓐ 크레용과 기분을 바르게 연결해 봅시다. worried　　excited　　tired　　sad ◉ 여러분의 선택을 친구들의 선택과 비교해 보세요.
3. 타문화 발견	◉ 다음 색깔을 느낌과 연결해 보세요. blue　•　　　　• happy brown　•　　　　• sad white　•　　　　• hungry yellow　•　　　　• worried

	◉ Colors and Feelings Song을 듣고 정답을 확인하세요. https://www.youtube.com/watch?v=iyQbmRm3TXU
4. 양문화 비교	◉ 여러분의 생각과 〈Colors and Feelings Song〉의 결과를 비교해 보세요. 　– 파란색은 excited와 연결했는데, 노래에서는 sad와 연결되었어요. 　– 갈색은 worried와 연결했는데, 노래에서는 hungry와 연결되었어요.
5. 문화 상대화	◉ 앞에서 보았듯이 색깔과 느낌은 나라마다 조금씩 달라요. ◉ 색깔이 신체, 즉 피부색과 연결되면 좀 더 복잡해져요. 다음은 아프리카계 미국인 어린이가 지은 시에요. 이 시를 읽고 주어진 질문에 대답해 보세요. **And you call me coloured..??** When I born, I black. When I grow up, I black. When I go in sun, I black. When I scared, I black. When I sick, I black. And when I die, I still black. And you white people. When you born, you pink. When you grow up, you white. When you go in sun, you red. When you cold, you blue. When you scared, you yellow. When you sick, you green And when you die, you grey… And you calling me colored? ① 색깔과 관련된 단어는 몇 개인가요? 　(8개: black, white, pink, red, blue, yellow, green, grey) ② 글쓴이(I)의 색깔에는 변화가 있나요? ③ 상대방(You)의 색깔에는 변화가 있나요? ④ 글쓴이는 이 시를 통해서 무엇을 말하고자 하나요? (흑인 차별, 인종 차별, 백인 우월주의 등) ⑤ 여러분은 I와 You 중 어디에 속한다고 생각하나요? ⑥ 만약 I에 속한다고 생각하면 You에 대해 어떤 감정이 드나요? ◉ 'Colored'라는 말은 피부색이 흰 백인을 제외한 나머지 사람 모두를 가리키는 말이에요. 이 말에는 백인 중심적인 생각이 담겨 있어요. White도 여러 색깔 중 하나일 뿐이라는 것을 백인들은 잘 몰라요. ◉ 이처럼 색깔은 인간의 감정뿐만 아니라 사고에까지 영향을 미쳐요. 그리고 색깔과 감정, 사고와의 연결은 나라마다, 문화마다 다를 수 있어요.
6. 타문화 존중	◉ 혹시 여러분 주위에는 피부색이 다른 친구들이 있나요? ◉ 만약 그런 친구가 있다면 여러분의 피부색을 자연스럽게 여기듯이 그 친구의 피부색도 자연스럽게 여겨 주세요. ◉ 피부색으로 사람을 판단하는 것은 아주 위험한 차별이에요.

3. 한국 준공식 상호문화교육

상호문화교육은 학교에서 끝나지 않는다. 이 교육은 학교 밖 청소년센터, 문화센터 등에서도 이루어질 수 있고 또 이루어져야 한다. 학교에서 이루어지는 상호문화교육이 공식 교육이라면, 학교 밖에서 이루어지는 상호문화교육은 준공식 교육이다. 이 두 교육의 목표와 방법은 동일하다. 즉, 목표는 상호문화역량 신장이고, 방법은 문화개념 소개－자문화 인식－타문화 발견－양문화 비교－문화상대성 이해－타문화 존중이다. 이 두 교육의 차이는 교육자와 교육대상이다. **준공식 상호문화교육**에서 교육자는 대개 소정의 자격을 갖춘 강사나 자원봉사자다. 예를 들어, 법무부에서 양성한 다문화사회전문가, 여성가족부에서 양성한 다문화이해교육전문가, 교육부에서 양성한 다문화언어강사 등이 여기에 속한다. *Education Pack*(1995: 44)에 의하면, 가장 효과적인 교육자는 **청소년이나 성인 자신**이다. 이들은 서로 서로를 가르치면서 서로에게서 많은 것을 배울 수 있지만 이것은 실제로 실행하기가 매우 어렵다. 그래서 대부분은 소정의 자격을 갖춘 강사들이나 자원봉사자에 의해 이루어진다. 교육방법에 있어서, 준공식 상호문화교육은 좀 더 어려울 수도 있고 좀 더 쉬울 수도 있다. 먼저, 좀 더 어려운 점은 준공식 상호문화교육에의 참여는 자발적이기 때문에 참여자들의 주의와 관심을 끌기 위해 노력을 해야 하고, 참여자들과 좀 더 밀접한 관계를 유지해야 한다는 것이다. 다음으로, 좀 더 쉬운 것은 학교 교육에서처럼 꽉 짜여진 교육과정이 아니기 때문에 교육의 주제 선정이 비교적 자유롭다는 것이다.

한국에서 청소년과 성인을 대상으로 준공식 상호문화교육을 실시해야 하는 데는 몇 가지 특별한 이유가 있다. 먼저, **청소년의 경우**를 생각해 보면, 첫째, 지금 청소년은 가정에서 독자로 자란 경우가 많아 사회성이 부족하고 **이기적인 성향**이 강하기 때문이다. 한국에서 청소년은 10세에서 18세까지를 말하는데, 2020년을 기준으로 하면 이들은 2002년에서 2010년 사이에 태어난 사람들이다. 2002년 합계출산율(여성 한 사람이 가임 기간 동안 낳을 것으로 예상되는 평균 출생아 수)은 초저출산율 수준인 1.3명 정도였고, 2018년에는 0.98명으로 역대 최초로 1명 미만 수준이었다. 이는 현재 청소년이 가정에서 대개 혼자 성장했다는 것을 의미한다. 일반적으로 볼 때, 가정에서 혼자 성장하면 자기중심주의가 강하고 따라서 **사회성이 부족**할 가능성이 많다. 둘째, 지금 청소년은 **지나친 경쟁**을 강요받아 친구나 공동체에 대한 공감과 협동심을 제대로 기르지 못했기 때문이다. 대한민국청소년의회4는 2017년 12월 27일 '경쟁, 계속하시겠습니까?'라는 사설을 실었는데, 그 주된 내용은 교육 경쟁이 너무 심하다는 것이었다. 실제로 지금의 한국 교육은 유치원에부터 고등학교까지 오로지 '좋은 대학'을 목표로 경쟁하는 '점수 기계'를 양산하고 있다. 상위권 학생들은 자기 자리를 지키려는 '인정중독(approval addiction)'에 시달리고, 중하위권 학생들은 낙오에 대한 공포 속에서 '생존투쟁'을 벌이고 있다. 이런 학교에는 다른 친구나 공동체에 대한 배려는 들어설 자리가 없다. 김상봉(2004)은 『학벌사회』에서 "한국의 교육은 학생들을 공동체의 복리와 정의에 대해 관심을 기울이는 성숙한 인간으로 기르지 못하고 그저 자기의 출세와 영달을 위해 점수 1~2점에 죽고 사는 비루한 인간들을 길러낼 뿐"이라며 개탄했다. 셋째, 지금 청소년은 문화적 차이가 점점 확대되는 **다문화사회** 속에 살아가야 하기 때문이다. 국내 체류외국인은 1990년에는 5만 명, 2007년 8월에는 100만 명, 2016년 6월에는 200만 명을 넘어섰다. 2020년 2월 법무부 출입국외국인정책본부가 발표한 2019년 12월 통계월보에 따르면, 2019년 12월 말 현재 체류 외국인은 252만 명에 달했다. 법무부·통계청에 따르면, 이 국내 체류외국인은 2028년에는 534만 명, 즉 남한 인구 대비 10%에 달할 것이다. 이렇게 국내 체류외국인이 늘어나면 일상생활 모든 차원에서 문화적 차이가 점점 확대될 수밖에 없다. 따라서 오늘날 청소년은 이 문화적 차이와 함께 살아가는 방법을 배워야 한다.

다음으로 한국 **성인**을 대상으로 상호문화교육을 실시해야 하는 이유는 크게 두 가지다. 첫째, 지금 성인들은 1960년 말부터 국가와 단일민족을 강조한 교육을 받아 **과도한 단일의식**을 가지고 있기 때문이다. 1968년부터 1994년까지의 국민교육헌장은 글자 그대로 사람들을 '국민'으로 만들기 위한 교육적 조치였다. 이 헌장에 나오는 "나라의 발전이 나의 발전의 근본임"이라는 구절은 '국가가 발

---

4 대한민국청소년의회는 유엔 아동 권리협약(12조)과 대한민국청소년헌장(문화관광부, 1998년 제정) 등의 청소년 사회참여 근거를 바탕으로 2003년 출범하여 청소년들이 자신들의 목소리를 사회에 당당히 드러내고 청소년의 의견이 정책에 반영될 수 있도록 다양한 활동들을 하고 있는 '사단법인(공익법인) 대한민국청소년의회'와 '비영리 민간단체 대한민국청소년의회'다.

전해야 내가 발전할 수 있다'는 국가주의를 어린 초등학생의 뇌리 속에 강제로 주입했다. 이 국가주의는 사람들을 한데 묶고 경제 발전에 동원하는 데는 성공했지만, 사람들이 시민으로 성장하는 것은 가로막았다. 국가(state)와 짝을 이루는 국민(nation)은 국적(nationality)을 기준으로 한다. 국가는 국민에게 충성을 요구할 수 있고 이를 거부하는 사람은 내란죄나 간첩죄로 처벌할 수 있다. 반면에 정부(government)와 짝을 이루는 시민(citizen)은 시민권(civil rights)을 가지고 정부를 지지할 수도 있고 비판할 수도 있다. 2014년 세월호 침몰 사고를 수습하는 과정에서 드러난 박근혜 정부의 무능함을 비판한 촛불혁명은 모처럼 사람들을 시민으로 격상시켰으나 "우리는 아직 국민의 시대를 살고 있다"(송호근, 2015: 340). 1972년부터 실시한 국기에 대한 맹세는 국가주의를 한층 더 강화했다. 이 맹세는 "조국과 민족의 무궁한 발전을 위하여 몸과 마음을 바쳐 충성할 것을 굳게 다짐"하게 했다. "날마다 민족에 대한 충성을 다짐한 사람은 자연스레 민족을 중요하게 생각합니다. (...) 그리고 다른 국가와 민족에 대해서는 배타적인 태도를 취하도록 했지요. 단일의식을 키운 것입니다"(장한업, 2018: 57). 이렇게 교육에 의해서 지나친 단일의식을 가지게 되었고 이 단일의식이 다문화사회에는 어울리지 않는다면 또 다른 교육을 통해서 이 의식을 완화해야 한다. 둘째, 성인들은 **기대수명**이 점점 길어짐에 따라 상당 기간을 다문화사회 속에서 살아야 하기 때문이다. 한국인의 기대수명은 1970년에는 남자 58.7세, 여자 65.6세였으나, 2017년에는 남자 79.7세, 여자 85.7세로 늘어났다. 50여 년 만에 평균 20년 정도가 늘어난 것이다. 세계보건기구(WHO)는 2030년에 태어나는 한국 여성의 기대수명이 90.82살을 기록해 처음 기대수명 90살을 돌파할 것으로 예상했다. 아무튼 한국 성인의 기대수명은 점점 늘어나고 이들은 점점 다양해지는 사회와 문화속에서 살아가야 한다. 그런데 앞서 언급했듯이 이들의 단일의식은 시간이 흘러도 별로 변하지 않고 있다. 이 둘의 괴리를 좁히려면 교육이 필요하고, 최고의처방은 상호문화교육을 평생교육 차원에서 실시하는 것이다. 평생교육은 "학교의 정규교육과정을 제외한 학력보완교육, 성인 문자해득교육, 직업능력 향상교육, 인문교양교육, 문화예술교육, 시민참여교육 등을 포함하는 모든 형태의 조직적인 교육활동"(평생교육법 제2조 제1항)을 말하는데, 상호문화교육은 특히 인문교양교육과 시민참여교육과 밀접한 관련이 있다. 인문교양교육은 인간의 사상과 문화를 가르치는 교육으로, 교양을 갖춘 현대인으로서 전인적인 성품과 다양한 소양을 개발하고 신체적, 정신적 건강을 겸비하게 지원하고, 시민참여교육은 현대의 민주시민으로서 갖추어야 할 자질과 역량을 개발하여 사회통합 및 공동체 형성과 관련하여 시민참여를 촉진하고 지원하는 것을 말한다(이윤조 외, 2016: 30-31). 성인 대상 준공식 상호문화교육은 도서관, 문화센터, 시청 및 구청 등에서 이루어질 수 있다.

다음 교안들은 시간 개념, 색깔 개념, 인사, 선물, 신체 접촉 및 사용, 음식, 억양, 화법 등 다양한 주제를 다루고 있다. 이 주제들은 일상적인 주제들인 동시에 상이한 민족들 간의 오해나 갈등을 야기할 수 있는 주제들이다. 이런 주제를 청소년이나 성인을 대상으로 다룬다면 다른 문화에 대한 관심을 불러일으킬 수 있고 자신의 문화를 낯설게 보게 할 수 있을 것이다.

1	무슨 색 옷을 입을까?

활동주제	• 옷 색깔 선택하기(관련국가: 태국)	
활동목표	• 모든 민족에게는 선호하거나 기피하는 색깔이 있음을 이해한다. • 색깔과 관련된 외국인들의 다양한 인식에 관심을 가진다.	
활동유형	• 토론하기(조별/전체) • 관찰하기(개인별)	
활동자료	교수자료	읽기자료, 사진자료, 참고자료
	학습자료	필기도구
유의사항	• 사진자료를 최대한 활용하여 가능한 한 다양한 생각을 이끌어 낸다. • 색깔 개념은 같은 문화권이라도 사람마다 많이 다를 수 있음을 강조한다.	

∴ 활동방법

1	2	3	4	5	6	문화개념 이해 단계

① 아래 사진은 광주에 있는 한 식당입니다. 다음 질문에 답해 보세요.

http://blog.daum.net/artgate/8926802

☑ 어느 나라 식당인 것 같나요?

☑ 그것을 어떻게 알 수 있나요?

☑ 이 나라는 어떤 색깔을 좋아하는 것 같나요?

☑ 혹시 그 색깔의 의미를 알고 있나요?

1	2	3	4	5	6	자문화 인식 단계

① 다음 사진을 보고 질문에 답해 보세요.

☑ 이 두 사진은 어떤 사진인가요?

☑ 무슨 색 옷을 입고 있나요?

☑ 이 두 사진의 공통적인 옷 색을 통해서 무엇을 알 수 있나요?

1	2	3	4	5	6	타문화 발견 단계

① 다음 글을 읽고 질문에 답해 보세요.

> 파티 형태의 모임에 초대됐을 때 외국인 방문객이 명심해야 할 의복에서의 금기사항은 태국인은 죽음을 연상시키는 검은 옷을 입고 파티에 가지 않는다는 사실이다. 만약 상중에 있는 태국인이 파티에 가고 싶을 때는 그에 맞춰 옷을 바꿔 입는다. 누군가의 집에서 열리는 파티에, 장례식에 참석하는 것처럼 하고 나타난다면 친구를 많이 얻을 수는 없을 것이다. 하지만 검은색이 한창 유행이었을 때 방콕의 젊은이들 사이에서 이 금기마저 깨졌다는 말이 있다. 역시 절대적인 금기란 없나 보다.
>
> (『지구촌 문화충격 탈출기, 태국』, 김양희 옮김, 2005: 121)

☑ 태국에서 파티에 초대받았을 때 피해야 하는 색깔은 어떤 색깔인가요?

☑ 태국 사람들이 검은색을 피한다면 그 이유는 무엇인가요?

| 1 | 2 | 3 | **4** | 5 | 6 | 양문화 비교 단계 |

① 태국 사람으로부터 파티에 초대받은 한국 사람은 한국에서 하던 것처럼 검은색 옷을 입고 갈 수 있고, 이 경우 태국 사람은 불쾌하거나 못마땅하게 여길 수 있습니다.

| 1 | 2 | 3 | 4 | **5** | 6 | 문화상대화 단계 |

① 각 나라마다 특정한 색이 가지는 의미가 다를 수 있음을 이해해야 합니다. 색깔의 의미는 어느 특정 집단의 고유한 관습입니다. 물론 빨강, 파랑, 노랑이라는 신호 등 색깔처럼 모든 나라에 공통적인 색깔도 있습니다. 하지만 이것은 매우 예외적인 것입니다.

| 1 | 2 | 3 | 4 | 5 | **6** | 타문화 존중 단계 |

① 색깔과 관련된 다른 문화집단의 관습을 존중하고, 확실하지 않은 경우에는 주위 사람들에게 조언을 구하는 것이 보다 신중한 자세입니다.

∴ 확장활동

① 다른 나라에서 피하는 색깔이나 좋아하는 색깔을 찾아 발표해 봅시다.

중국	빨간색: 행운과 존엄을 의미함	흰색: 귀신을 불러들임
일본	회색: 평온함과 부드러움을 의미함	흰색: 죽음을 떠올림
베트남	노란색: 부(富)와 실리를 의미함	흰색: 고통을 떠올림

2	쟤는 매일 늦어!

활동주제	• 시간 지키기(관련국가: 필리핀)	
활동목표	• 모든 사람은 고유한 시간관념을 가지고 있음을 이해한다. • 시간관념은 기후, 관습 등 여러 가지 요인과 관련 있음을 이해한다.	
활동유형	• 토론하기(조별/전체) • 관찰하기(개인별) • 체험하기(개인별)	
활동자료	교수자료	읽기자료, 사진자료, 참고자료
	학습자료	필기도구
유의사항	• 국제 표준시간을 제대로 이해하지 못하는 학생이 있을 수 있으므로 가능한 한 자세히 설명해 준다. • 시간관념은 같은 문화권이라도 사람마다 많이 다를 수 있음을 강조한다.	

∴ 활동방법

1	2	3	4	5	6	문화개념 이해 단계

① 다음은 국제 표준시간입니다. 다음 질문에 답해 보세요.

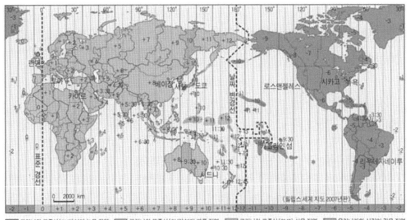

☑ 한국 서울은 영국 런던보다 몇 시간 빠른가요?

☑ 한국 서울이 1월 1일 0시일 때 미국 뉴욕은 며칠 몇 시인가요?

② 하루 24시간이라는 것은 모든 나라에서 똑같아요. 그렇다면 사람들의 시간관념도 똑같을까요?

1	2	3	4	5	6	자문화 인식 단계

① 주위에서 시간을 제일 잘 지키는 사람을 뽑아 봅시다.

② 주위에서 시간을 제일 안 지키는 사람을 뽑아 봅시다.

③ 자신은 시간을 잘 지키는 편인지 아닌지 말해 봅시다.

④ 친구의 생일잔치에 초대를 받았을 때 주로 언제쯤 그 집에 가나요?

   ☑ 정시에 맞추어 간다.

   ☑ 정시보다 조금 빨리 간다.

   ☑ 정시보다 조금 늦게 간다.

1	2	3	4	5	6	타문화 발견 단계

① 다음 글은 필리핀 사람들의 시간관념에 관한 글입니다. 잘 읽고 아래의 질문에 대답해 보세요.

> 어느 가정집에 초대를 받았다고 가정하자. 오후 7시라고 적힌 초대장만 믿고 시간에 맞춰 그 집 대문을 두드렸다. 치장을 하다만 얼굴과 옷차림의 안주인이 당황하면서 문을 열어 주는 것이 아닌가! 이 나라에서는 시간엄수가 절대 예의바른 행동이 아니다. 정시에 나타나는 손님은 식탐 많은 성질 급한 사람으로 보일 뿐이다. 정해진 시간보다 15분쯤은 지나야 '시간엄수'로 취급된다. 초대받은 손님이 중요 인물이면 두어 시간 지나서 나타나는 경우도 있다. 외국에서 공부했거나 일했던 필리핀 사람 중에는 약속 시간을 정확히 지키는 사람도 있지만, 어디까지나 예외다.
> (『지구촌 문화충격 탈출기, 필리핀』, 이은주 옮김, 2005: 11)

   ☑ 오후 7시 정각에 도착하면 왜 곤란한가요?

   ☑ 오후 7시 정각에 도착하면 어떤 사람으로 보이나요?

   ☑ 필리핀에서 오후 7시에 초대받았을 때에는 언제쯤 도착하는 것이 좋을까요?

1	2	3	4	5	6	양문화 비교 단계

① 한국 사람들은 약속 시간에 매번 늦는 필리핀 사람들의 행동을 좋지 않게 생각할 수 있고, 필리핀 사람들은 정시나 정시보다 일찍 오는 한국 사람들의 행동을 좋지 않게 생각할 수 있습니다.

1	2	3	4	**5**	6	문화상대화 단계

① 필리핀 집주인은 손님을 맞을 채비가 끝나면 옷을 갈아입고 용모를 단정히 하기 때문에 정시나 정시보다 빨리 도착하면 필리핀 집주인은 매우 당황해 할 수 있습니다.

② 다음 중 누가 시간을 더 잘 지킬까요?

    ☑ 대도시에 사는 사람과 시골에 사는 사람

    ☑ 추운 지역에 사는 사람과 더운 지역에 사는 사람

1	2	3	4	5	**6**	타문화 존중 단계

① 각 나라마다 시간관념이 조금씩 다를 수 있음을 이해하고, 확실하지 않은 경우에는 주위 사람들에게 조언을 구하는 것이 보다 신중한 자세입니다.

∴ 확장활동

① 다음은 시간과 관련된 속담입니다. 그 의미를 생각해 봅시다.

    ☑ 시간은 금이다. [1분 1초가 소중하다.]

    ☑ 시간은 사람을 기다려 주지 않는다. [시간이 흐르면 끝이다.]

    ☑ 시간이 모든 것을 말해 준다. [시간이 흐르면 다 알게 된다.]

② 다른 나라들의 여러 가지 표현법을 통해 시간관념에 대해서 알아봅시다.

독일인들은 약속한 시간에서 1분도 더 기다리지 않기로 유명하며, 스위스나 노르웨이 사람들 역시 시간에 철저하다. 물론 직장에서의 퇴근 시간도 정확하다. 가까운 일본도 시간을 잘 지키기로 손꼽히지만 퇴근 시간은 잘 지키지 않는 사람이 많다.

이에 비해 중국의 '메이관시(관계없어)', 타이의 '마이펜라이(문제없어)', 중남미의 '아마냥(내일)', 그리고 아랍권의 '인샬라(신의 뜻대로)'란 말은 전부 시간관념이 희박한 것을 상징하는 전형적인 단어들로, 아프리카를 비롯해 환경의 영향을 많이 받는 나라에서 볼 수 있는 문화적인 특징이라 할 수 있다.

멕시코인들은 자기들만의 독특한 시간관념이 있다. Korean time이란 말도 있지만, 우리의 시간 개념하고도 또 다르다. 더군다나 미국식 비즈니스에 익숙한 사업자들은 멕시코식 시간 개념을 이해하지 못하면 낭패를 보기 쉽다. 우선 그들에게는 지금과 오늘이 중요하지 내일은 다음 일이다. 그래서 그들이 말하는 mañana는 '바로 내일 한다'라는 것이 아니다. '지금은 안 되니, 다음에 해 보자'는 뜻이다. 내일일 수도 있고 한 달 후일 수도 있다. 지금이 중요하다고 해서 ahorita라는 말을 액면 그대로 '이제 금방'으로 받아들여도 안 된다. 그것은 때로는 사안에 따라 mañana보다 더 긴 시간이 소요될 수도 있음을 뜻한다. 그들은 무슨 초대이건 약속이건 지키지 못해도 일단 받아들이는 경우가 많다. 이 역시 약속을 못 지켜서 미안한 것보다는 거절이 더 안쓰럽기 때문이다. 따라서 사업상 시간 약속을 하거나 종업원들의 근무 시간, 또 관공서나 납품업체와의 업무 조정을 할 때 이런 시간 개념을 충분히 감안하고 확실한 다짐 또는 예상보다 더 여유 있는 준비 시간을 확보해 두는 것이 안전하다.

3	생일 축하해. 내 선물이야.

활동주제	• 선물 건네주기(관련국가: 중국)	
활동목표	• 모든 민족은 고유한 행동양식을 가지고 있음을 이해한다. • 물건 건네주기와 관련된 각국의 다양한 행동양식에 관심을 가진다.	
활동유형	• 토론하기(조별/전체) • 관찰하기(개인별)	
활동자료	교수자료	읽기자료, 사진자료
	학습자료	필기도구
유의사항	• 사진자료를 최대한 활용하여 가능한 한 다양한 생각을 이끌어 낸다. • 학생 자신의 행동 습관에 대해서 조금 더 깊은 생각을 해 보도록 유도한다.	

∴ 활동방법

1	2	3	4	5	6	문화개념 이해 단계

① 모든 사람은 1년에 한 번은 생일을 맞이합니다.

② 사람들은 생일을 축하하기 위해 정성스럽게 준비한 선물을 합니다.

1	2	3	4	5	6	자문화 인식 단계

① 다음은 누구에게 선물을 전달하는 사진입니다. 아래의 질문에 대답해 보세요.

☑ 선물을 하는 사람은 한 손으로 건네주나
요, 두 손으로 건네주나요?

☑ 선물을 받는 사람은 윗사람일까요, 아랫
사람일까요?

② 한국 사람들이 물건을 건네줄 때 손을 어떻게 사용하는지 말해 봅시다.

1	2	**3**	4	5	6	타문화 발견 단계

① 다음 글은 중국 사람들의 한 손 사용에 관한 글입니다. 잘 읽고 아래의 질문에 답해 보세요.

〈중국인 – 현재 모 대학교수〉 "한국에서는 어른들에게 물건을 건네거나 받을 때 모두 두 손으로 공손하게 해야 하지요. 그렇지 않으면 예의 없는 사람으로 간주되니까요. 그러나 중국에서는 어릴 때부터 어른들께 두 손으로 물건을 건네는 교육을 제대로 받지 못해서 그런지 이런 경우 주로 한 손을 사용해요. 어릴 때의 예절교육이 한국처럼 엄격하지 않기 때문에 중국 가정에서 며느리는 한손으로 시어머니께 물건을 건네 드리고 아들이 아버지 앞에서 맞담배를 피는 모습을 종종 볼 수가 있어요. 그리고 이런 모습들에 대해 일반 중국인의 의식 속에서는 이상하거나 예의가 바르지 못하다고 생각하지 않아요."

☑ 중국에서 어른에게 물건을 드릴 때 한 손을 쓰나요, 두 손을 쓰나요?

☑ 한 손을 쓴다면 그 이유는 무엇일까요?

1	2	3	**4**	5	6	양문화 비교 단계

① 한국에 시집온 중국인 며느리가 중국에서 하던 대로 시어머니에게 물건을 손으로 건네면 어떻게 될까요?

1	2	3	4	**5**	6	문화상대화 단계

① 중국 사람이 한 손으로 물건을 건네는 것은 그들 고유의 행동 양식에 따른 것입니다. 우리와는 생활양식이 다른 거지요.

② 만약 여러분이 중국 어른에게 물건을 건넨다면 한 손으로 드릴 건가요, 두 손으로 드릴 건가요?

1	2	3	4	5	6	타문화 존중 단계

① 중국 사람이 윗사람에게 한 손으로 물건을 건네면 그들 고유의 행동 양식에 따른 것이라 이해하고 그것을 너무 부정적으로 보지 말고, 한국에 사는 한 가급적 한국식으로 행동하도록 친절하게 조언해 주는 것이 어떨까요?

∴ 확장활동

① 몇몇 나라에서는 왼손 사용을 특별히 꺼립니다. 그런 나라를 조사해 봅시다.

인도	왼손으로 밥을 먹거나 물건을 받거나 남을 가리키지 않는다. 왼손은 화장실에서만 사용한다.
인도네시아	왼손은 부정한 것이어서 악수를 하거나 물건을 받을 때는 오른손을 사용하여야 한다.
사우디아라비아	왼손은 부정한 손이기 때문에 남에게 물건을 건넬 때 쓰지 않는다. 악수할 때에도 주의해야 한다.
태국	왼손잡이더라도 물건을 전할 때는 항상 오른손을 사용한다. 왼손은 용변을 보고 난 후 뒤를 물로 씻을 때 사용하는 손이기 때문이다.

4	고마워. 풀어 봐도 돼?

활동주제	• 선물 풀어 보기(관련국가: 필리핀)
활동목표	• 모든 민족은 고유한 풍습을 가지고 있음을 이해한다. • 선물 풀어 보기와 관련된 각국의 다양한 풍습에 관심을 가진다.
활동유형	• 토론하기(조별/전체) • 관찰하기(개인별)
활동자료	교수자료	읽기자료, 사진자료, 참고자료
	학습자료	필기도구
유의사항	• 사진자료를 최대한 활용하여 가능한 한 다양한 생각을 이끌어 낸다. • 읽기자료의 내용과 표현이 다소 어려울 수 있으므로 충분한 시간을 가지고 읽어 보도록 지도한다.

∴ 활동방법

1	2	3	4	5	6	문화개념 이해 단계

① 사람들은 생일, 기념일 등에 다양한 선물을 합니다.

② 선물을 받은 사람은 선물을 그 자리에서 풀어 보기도 하고 나중에 풀어 보기도 합니다.

1	2	3	4	5	6	자문화 인식 단계

① 한국에서는 선물을 언제 주는지 말해 봅시다.

② 친구 생일날에는 주로 어떤 선물을 하는지 말해 봅시다.

③ 가장 최근에 받은 선물을 생각해 봅시다.

    ☑ 누구에게 받았나요?

    ☑ 무엇을 받았나요?

    ☑ 선물을 받고 바로 풀어 보았나요?

    ☑ 받고 나서 뭐라고 말했나요?

1	2	**3**	4	5	6	타문화 발견 단계

① 다음 글은 필리핀 사람들의 선물 풀어 보기에 관한 글입니다. 잘 읽고 아래의 질문에 답해 보세요.

> 필리핀 친구들을 생일 파티에 초대했다고 가정하자. 손님은 당연히 선물을 준비했을 것이다. 당신은 선물꾸러미를 풀어 내용물을 보고 즐거워한다. 저런, 당신은 실수한 것이다. 필리핀 사람들은 남들 앞에서 선물이 공개되는 것을 좋지 않게 여긴다. 왜냐하면 얼마짜리 물건인지 여러 사람들에게 평가받고 다른 선물들과 비교된다고 여기기 때문이다. 그들은 설령 자신의 능력으로 최고로 비싼 선물을 했더라도 다른 이의 선물이 더 훌륭하다면 체면이 깎인다고 생각한다. 뿐만 아니라 사람들 앞에서 선물을 풀면 받는 이가 경박하고 탐욕스러우며 마음보다는 선물 그 자체에 더 관심이 있다고 비춰진다.
>
> (『지구촌 문화충격 탈출기, 필리핀』, 이은주 옮김, 2005: 10)

   ☑ 글 속에서 선물을 받은 사람은 선물을 어떻게 하나요?

   ☑ 선물을 바로 풀어 보면 필리핀 사람들은 어떻게 생각할까요?

   ☑ 만약 그것을 좋지 않게 생각한다면 그 이유는 무엇일까요?

1	2	3	**4**	5	6	양문화 비교 단계

① 다음 글을 읽고 아래의 질문에 답해 보세요.

> 당신은 생일날 필리핀 친구들을 초대한다. 필리핀 친구들은 당신을 위해서 선물을 준비해서 왔는데, 당신은 선물을 친구들이 보는 앞에서 뜯어 보고 기뻐한다. 물론, 이것은 한국이나 미국에서 일반적인 일이다. 하지만 필리핀에서 이렇게 한다면 선물을 준비해 온 친구는 아주 당황할지도 모른다. 필리핀 사람들은 자신의 선물을 다른 사람들 앞에서 풀어 보는 것은 경우에 맞지 않는다고 생각하기 때문이다. 다른 사람들 앞에서 자신의 선물이 공개되면 그 선물의 가격에 따라, 혹은 다른 사람들이 준비한 선물의 가치에 따라 자신의 것이 비교되어, 돈이 적어 싼 선물을 구입한 사람의 경우라면 마음의 상처를 입을 수 있다. 반대로 선물을 준 사람 앞에서 선물을 개봉하면, 선물을 받는 사람이 물질적이고 계산적인 사람이라는 오해를 받을 수도 있다. 따라서 선물을 받는 경우라면 그 선물을 준 사람들이 돌아가고 나서 개봉하는 것이 좋고, 선물을 하게 되더라도 받는 사람이 그 선물을 눈앞에서 개봉할 것이라는 기대는 하지 않는 것이 좋다.

☑ 한국과 필리핀에서 선물 풀어 보기는 어떻게 다른가요?

1	2	3	4	5	6	문화상대화 단계

① 한국 사람들은 상대방이 선물을 바로 풀어 보지 않으면 그 선물을 별로 달가워하지 않는 것처럼 느낄 수 있어요. 필리핀 사람들은 반대로 남들 앞에서 선물을 풀어 보면 선물의 가격이 알려지고 선물 간의 비교가 이루어진다고 여겨 불쾌해 할 수 있습니다.

1	2	3	4	5	6	타문화 존중 단계

① 선물을 바로 풀어 보느냐 나중에 풀어 보느냐 하는 것은 각 문화마다 다르므로 그로 인해 특별히 불쾌해할 필요 없어요. 어떻게 해야 할지 잘 모른다면 선물한 친구에게 어떻게 할까라고 물어보는 것도 좋은 방법이 될 수 있어요.

∴ 확장활동

① 나라에 따라 피해야 할 선물이 있습니다. 친구들과 함께 그런 선물에 대해 알아봅시다.

중국	꽃다발: 꽃은 '생명이 짧음'을 의미하므로 장례식에만 가져감
일본	칼: '관계의 단절'을 의미함
말레이시아	장난감 강아지나 개 그림이 들어간 것: 개를 '부정한 것'으로 여김
인도	쟈스민: 장례식과 연관됨
멕시코	은제품: 은을 싸구려 상품이라고 생각함

5	너 참 똑똑하게 생겼구나.

활동주제	• 머리 쓰다듬기(관련국가: 태국)
활동목표	• 모든 민족은 칭찬하는 고유한 방식을 가지고 있음을 이해한다. • 칭찬과 관련된 각국의 다양한 풍습에 관심을 가진다.
활동유형	• 토론하기(조별/전체) • 관찰하기(개인별)
활동자료	**교수자료** 읽기자료, 사진자료
	학습자료 필기도구
유의사항	• 사진자료를 최대한 활용하여 가능한 한 다양한 생각을 이끌어 낸다. • 읽기자료가 어려울 수 있으므로 충분한 시간을 주고 읽어 보도록 지도한다.

∴ 활동방법

1	2	3	4	5	6	문화개념 이해 단계

① 사람들은 어떤 사람이 뭘 잘하면 칭찬을 합니다.

② 칭찬할 때 할 수 있는 다양한 동작을 말해 봅시다.

1	2	3	4	5	6	자문화 인식 단계

① 다음 글은 한국 사람들의 머리 쓰다듬기에 관한 글입니다. 잘 읽고 질문에 답해 보세요.

> 그러자 할머니는 내 머리를 쓰다듬으며 "어린 것이 사람이 되었네" 하며 눈물을 흘리는 것이었
> 다. 할머니는 내가 그 아이에게 찐쌀 한 움큼을 집어 준 것이 그렇게 기쁜지 내 머리를 몇 번
> 이나 쓰다듬으며 "그 애 엄마가 미친 것이 아니야" 하고 그 집 사정을 말해 주었다. 몇 년 전
> 그 아이의 아버지가 제재소에서 통나무를 나르다가 통나무 밑에 깔리는 사고를 당해서 시름시름
> 앓다가 세상을 떠나자 할 수 없이 집을 팔고 다리 밑 움막으로 옮겨서 살아가고 있다고 했다.
>
> (『내 생애 가장 따뜻한 날들』, 박동규, 2007)

☑ 할머니는 주인공의 어떤 행동을 칭찬하나요?

☑ 할머니의 주인공에 대한 감정을 엿볼 수 있는 표현을 찾아보세요.

② 보통 어른이 머리를 쓰다듬어 주면 어떤 기분이 드나요?

1	2	3	4	5	6	타문화 발견 단계

① 다음 글은 태국 사람들의 머리 쓰다듬기에 관한 글입니다. 질 읽고 질문에 답해 보세요.

> 태국에서는 사람의 머리에 성령(聖靈)이 깃들어 있다고 여기는데 이를 손으로 만지면 부정 탄다고 생각한다. 그래서 남의 머리를 쓰다듬는 것은 '사람의 깨끗한 영혼을 더럽히는 것'이라고 생각한다. 태국인들은 다른 사람이 자신의 머리를 만지는 것을 가장 큰 치욕으로 여긴다. 태국인들에게 머리는 '높고 신성한 곳'이기 때문에 장난으로라도 남의 머리를 만지거나 때리는 행위는 절대 금물이다.
>
> (『위기를 극복하는 회사, 위기로 붕괴되는 기업』, 김경해, 2001: 126-128)

  ☑ 태국인들은 왜 머리를 쓰다듬지 않나요?

  ☑ 머리에 대한 태국 사람들의 반응에 대해서 어떻게 생각하나요?

1	2	3	4	5	6	양문화 비교 단계

① 다음 글은 한국 어른이 태국 아이의 머리를 쓰다듬었을 때의 글입니다. 잘 읽고 질문에 답해 보세요.

> 컴퓨터 부품업체 사장인 K씨는 얼마 전 컴퓨터 공급 상담 차 태국을 방문했다. (...) 모든 게 원만하게 진행되었다. 저녁 식사는 솜차이 사장의 집에서 하기로 했다. (...) 식사가 끝나자 솜차이 사장은 K씨를 응접실로 안내해 차와 과일을 대접했다. 이때 2층에서 두 아이들이 내려오는 것을 본 솜차이 사장은 아이들을 불러 K씨에게 인사를 드리도록 했다. 두 아이 다 모두 눈망울이 초롱초롱한 게 무척 귀여운 모습이었다. K씨는 그중 한 아이의 머리를 이리저리 쓰다듬으면서 "아이구 귀여워라. 참 똑똑하게 생겼네!"라고 칭찬했다. 바로 그때였다. 솜차이 사장이 깜짝 놀라 자리에서 일어서더니 "오! 노!" 하며 K씨의 손을 잡는 것이었다. 얼굴에는 불쾌한 표정이 역력했다. 솜차이 사장의 너무 갑작스러운 태도에 K씨는 영문을 몰라 당황할 수밖에 없었다.
>
> (『위기를 극복하는 회사, 위기로 붕괴되는 기업』, 김정해, 2001: 126-128)

  ☑ 한국인 K씨와 솜차이 사장 사이의 거래는 어땠나요?

☑ 두 사람 사이의 관계를 갑자기 나쁘게 만든 것은 무엇이었나요?

☑ 한국인 K씨가 아이의 머리를 쓰다듬었을 때 솜차이 사장의 반응은 어땠나요?

1	2	3	4	5	6	문화상대화 단계

① 한국인 K씨와 솜차이 사장 사이의 오해는 결국 어디서 생긴 오해였나요?

1	2	3	4	5	6	타문화 존중 단계

① 한국인 K씨는 태국 아이를 칭찬할 때 앞으로 어떻게 할 것 같나요?

∴ 확장활동

① 태국 이외에도 머리를 만지는 것을 좋지 않게 생각하는 나라가 있어요. 어떤 나라
인지 조사해 봅시다.

피지	머리를 만지면 영혼이 빠져나간다고 믿기 때문에 머리를 절대로 만지면 안 된다.
인도네시아	사람의 머리에 손을 대어서는 안 된다.
미얀마	어른이나 어린 아이의 머리를 함부로 만지지 말고 어떤 경우에도 여성의 몸에 손을 대서는 안 된다.

6	쟤는 왜 저런 식으로 말하지?

활동주제	• 돌려 말하기(관련국가: 일본)
활동목표	• 모든 언어는 고유한 화법을 가지고 있음을 이해한다. • 각국의 언어와 언어생활에 관심을 가진다.
활동유형	• 토론하기(조별/전체) • 체험하기(개인별)
활동자료	**교수자료** 읽기자료, 만화자료, 참고자료 **학습자료** 필기도구
유의사항	• 그림자료를 최대한 활용하여 가능한 한 다양한 생각을 이끌어 낸다. • 만화자료의 내용이 학생들에게 다소 어려울 수 있으므로 충분한 시간을 가지고 지도한다.

∴ 활동방법

1	2	3	4	5	6	문화개념 이해 단계

① 사람들은 나름대로 고유한 말하는 방식을 가지고 있습니다.

② 주위 사람들 중에서 독특한 방식으로 말하는 사람이 있으면 그 방식에 대해서 말해 보세요.

1	2	3	4	5	6	자문화 인식 단계

① 일반적으로 한국 사람들은 말하고자 하는 바를 바로 말하는 편인가요, 아니면 빙빙 돌려 말하는 편인가요?

② 자신은 이 두 방식 중 어떤 방식으로 말하는지 말해 보세요.

1	2	**3**	4	5	6	타문화 발견 단계

① 다음 글은 일본인 교수가 돌려 말하기에 대해 한 말입니다. 잘 읽고 아래 질문에
답해 보세요.

〈모 대학 일본인 교수〉 일본 사람들이 말을 돌려서 하는 것도 그런 이유 때문인 것 같습니다. 예를 들어 "어디 같이 안 갈래?"라고 했을 때 한국에서는 "나 안 가"라든지 "못 가는데" 아니면 "너 혼자 가!"라든지 직설적으로 아주 시원하게 말을 하지만, 일본 사람들에게 그러면 상처받아서 두 번 다시는 초대 못 받을 것입니다. 일본인들은 "가고 싶은데..." 아니면 "갈 수 있으면 좋겠는데..."라는 식으로 말끝을 약간 애매하게 해서 거절을 합니다. 그런 식이라도 들으면 상대방이 보낸 신호를 잘 알아차립니다.

☑ 일본 사람들은 같이 가지 못할 경우 어떻게 말하나요?
☑ 일본 사람들이 그렇게 돌려 말하는 이유는 무엇인가요?

1	2	3	**4**	5	6	양문화 비교 단계

① 아래의 만화는 한국에 사는 일본인이 그린 것입니다. 잘 읽고 아래 질문에 답해 보세요.

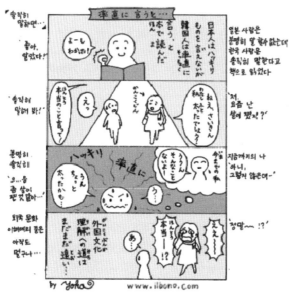

https://m.blog.naver.com/japansisa/220308379819

☑ 첫 번째 그림에서 일본인 남자 친구는 책에서 어떤 내용을 알게 되었나요?

☑ 두 번째 그림에서 여자 친구는 어떤 것을 물어보나요?

☑ 세 번째 그림에서 일본인 남자 친구는 어떤 고민을 하나요?

☑ 네 번째 그림에서 여자 친구의 반응은 어떤가요?

☑ 이 만화의 결론은 무엇인가요?

② 한국 사람과 일본 사람의 말하기 방식의 차이는 무엇인가요?

1	2	3	4	5	6	문화상대화 단계

① 일본 사람들은 다른 사람에게 자신의 생각을 강요하지 않기 위해서 돌려 말하기를 선호하고, 한국 사람들은 다른 사람에게 자신의 의견을 분명하게 말하는 편입니다.

1	2	3	4	5	6	타문화 존중 단계

① 돌려 말하기를 선호하는 일본인을 '답답한 사람'이라고 말하거나, 일본인에 비해 조금 더 직설적으로 말하는 한국인을 '무례한 사람'이라고 생각하지 않도록 합시다.

② 일본인과 한국어로 대화를 할 때는 자신의 의견을 가능한 한 부드럽게 표현하려고 노력하는 것도 좋겠지요.

∴ 확장활동

① 다음 글을 읽고 일본 사람들이 돌려 말하기를 좋아하는 또 다른 이유를 찾아보세요.

아마 대부분의 독자들은 일본인들이 어떤 문제에 대해 절대 직설적으로 말하지 않고 이리저리 돌려 말하는 데 천부적인 재능을 가지고 있다는 얘기를 들어 본 적이 있을 것이다. (...) 일본인들은 왜 이렇게 하는 것일까? 한 가지 이유는 그것이 더 예의 바르다고 생각하기 때문이다. 말하는 사람은 적당한 정도로 듣는 사람을 어르고 천천히 화제를 정해 가면서 자신의 말이 듣는 사람에게 어떤 영향을 미쳤는지 판단할 수 있다. (...)

일본 사람들이 이와 달리 돌려서 말하는 데는 또 다른 이유가 있다. 덜 분명하게 말할수록 더 적은 정보를 주기 때문이다. 어떤 사람이 다른 사람에게 엄청난 영향력을 갖고 있는 것이 분명한 상황에서는, 대화가 놀랄 정도로 짧고 직접적일 수 있다. 그러나 대부분의 협상 자리는 결코 분명하지 않기 때문에, 대화가 때때로 단순한 허울, 즉 상대방이 잘못을 저질러서 가치 있는 것을 놓치기를 기다리는 게임에 불과할 수도 있다.

(『지구촌 문화충격 탈출기, 일본』, 박선영 옮김, 2005: 97-98)

② 서양인들 중에는 한국인이 돌려 말하기를 많이 해 무슨 말을 하는지 잘 모르겠다고 말하는 이들도 있습니다. 이런 사실을 통해 무엇을 알 수 있나요?

참고문헌

고재홍 외 역, 2018, 『사회심리학』, 시그마프레스. (E. Aronson et al., 2016, *Social Psychology*, 9th ed., Pearson Education).

교육부, 2015, 『2015 개정 교육과정』.

교육부, 2020, 『2020 다문화교육 지원계획』.

구정은 역, 2008, 『인종주의는 본성인가』, 한겨레출판. (A. Rattansi, 2007, *A Very Short Introduction: Racism*, Oxford University Press).

김상봉, 2005, 『학벌사회』, 한길사.

김세균 외, 2006, 『유럽의 제노포비아』, 문화과학사.

김종석, 1984, "미국 다문화교육의 이론적 고찰", 「미국학논문집」.

김주노 역, 2012, 『또 다른 세계화』, 살림출판사. (D. Wolton, 2003, *L'autre mondialisation*, Paris, Flammarion).

김태훈 역, 2007, 『세계화』, 웅진지식하우스. (S. Allemand, J.−C. Ruano−Borbalan, 2002, *IDÉES REÇUES, La Mondialisation*, Editions Le Cavalier Bleu).

김현덕, 2003, "미국의 국제이해교육 동향 및 과제", 「비교교육연구」, 13(2).

김현덕, 2007, "국제이해교육과 다문화교육", 「국제이해교육연구」, 2, 한국국제이해교육학회.

모경환 외 역, 2008, 『다문화교육 입문』, 아카데미프레스(J. Banks, 2007, *An Introduction to Multicultural Education*, 4th ed., Allyn & Bacon).

문승호 외 역, 2009, 『다문화교육의 탐구: 다섯 가지 방법들, 아카데미프레스』(C. Sleeter & C. Grant, 2009, *Making Choices for Multicultural Education: Five Approaches to Race, Class and Gender*, 6th ed.), John Wiley & Sons, New York).

박경태, 2008, 『소수자와 한국사회』, 후마니타스.

박인철, 2015, 『현상학과 상호문화성』, 아카넷.

박희태, 류승아 역, 2017, 『편견사회』, 학지사. (R. Brown, 1995, *Prejudice: Its Social Psychology*, Wiley−Blackwell).

서정일 역, 2015, 『편견』, 이론과 실천. (A. Heller, 2014, *Die Welt der Vorurteile*, Konturen Mediendesign).

서종남, 2010, 『다문화교육: 이론과 실제』, 학지사.

서영지, 2019, 『알기 쉬운 교실 상호문화교육』, 북코리아. (M. Chaves et al., 2012, *L'interculturel en classe*, Presses Universitaires de Grenoble).

송호근, 2015, 『나는 시민인가』, 문학동네.

양영자, 2008, "한국 다문화교육의 개념 정립과 교육과정 개발 방향 탐색", 이화여자대학교 박사학위논문.

오상철 외, 2013, "다문화 학습부진학생의 기초학력 향상을 위한 교수·학습지원 방안", KICE 연구리포트.

오영훈, 방현희, 2016, "독일의 상호문화교육 사례에 대한 연구 : 베를린 EU학교의 교육과정을 중심으로", *Asia—pacific Journal of Multimedia Services Convergent with Art, Humanities, and Sociology*, 6(11).

오은순, 2012, "다문화교육을 위한 교수—학습 방법", 「다문화교육의 이해와 실천」, 학지사.

유네스코아시아·태평양국제이해교육원, 2009, 『다문화이해의 다섯 빛깔. 아시아 이해를 위한 국제이해교육』.

유네스코한국위원회, 2008, 『유네스코와 문화다양성』.

유명기, 1993, "문화상대주의와 반문화상대주의", 「비교문화연구」, 1.

이규용 외, 2015, "이민정책의 국제비교", 한국노동연구원.

이두원 외 역, 2015, 『문화 간 커뮤니케이션』, 커뮤니케이션북스. (L.A. Samovar et al., 2013 (8th ed.), *Communication Between Cultures*. Monica Eckman.)

이산호, 김휘택 역, 2010, 『다문화주의: 인문학을 통한 다문화주의의 비판적 해석』, 경진. (A. Semprini, 1997, *Le Multiculturalisme*, Presses universitaires de France).

이삼열 외, 2003, 『세계화 시대의 국제이해교육』, 한울아카데미. 아시아·태평양국제이해교육원.

이성은, 2005, 『아동을 위한 총체적 언어교육』, 이화여자대학교출판부.

이성은 외, 2002, 『초·중등교실을 위한 새 교수법』, 교육과학사.

이영민 외 역, 2013, 『이주 Migration』, 푸른길. (M. Samers, 2010, *Migration*, Routledge).

이윤조 외, 2016, 『경기도 평생교육 프로그램 6대 영역 분석 연구 – 평생교육법 기준으로』, 경기도평생교육진흥원.

이희재 역, 2016, 『문명의 충돌』, 김영사, (S. Huntington, 1996, *The Clash of Civilizations and the Remaking of World Order*, Penguin Books India).

임채완, 전형권, 2006,『재외한인과 글로벌 네트워크』, 한울아카데미.

장인실 외, 2012,『다문화교육의 이해와 실천』, 학지사.

장인실, 2015, "다문화교육 실행을 위한 학교교육과정 개발 방향 탐색", 「교육과정연구」, 22(2).

장한업, 2010, "프랑스와 한국의 이민자 자녀 교육정책 비교연구", 「불어불문학연구」, 83.

장한업 역, 2010,『유럽의 상호문화교육』, 한울. (M. Abdallah-Pretceille, 1999, *L'éducation interculturelle*, PUF).

장한업 역, 2011,『상호문화 이해하기』, 한울. (M. De Carlo, 1998, *L'interculturel*. CLE).

장한업 역, 2012,『상호문화사회』, 교육과학사. (G. Verbunt, 2001, *La société interculturelle*, Seuil).

장한업 역, 2013,『상호문화: 학교의 원칙과 현실』, 교육과학사. (J. Kerzil & G. Vinsonneau, 2004, *L'interculturel: principes et réalités à l'école*, SIDES).

장한업, 2014,『이제는 상호문화교육이다』, 교육과학사.

장한업, 2015, "프랑스 초등학교의 상호문화교육의 현황과 그 시사점", 「프랑스어문교육」, 40.

장한업, 2018,『차별의 언어』, 아날로그.

장한업 외, 2019,『경기도 교육국제화특구지역을 위한 상호문화적 교육과정 및 교수·학습자료 개발 연구』, 경기도교육청·이화다문화연구소.

정기섭, 2009, "독일의 사회통합을 위한 이주 외국인 자녀의 교육지원 현황 및 시사점 분석", 「교육의 이론과 실천」, 14(2).

정기섭 외 역, 2014,『상호문화교육의 이해』, 북코리아. (A. Holzbrecher, 2004, *Interkulturelle Pädagogik*).

정영근, 2007, "'사이'의 세기와 상호문화교육", 「교육의 이론과 실천」, 12(1).

정철현, 2005,『문화연구와 문화정책』, 도서출판 서울경제경영.

주광순 외 역, 2010,『상호문화철학의 논리와 실천』, 시와 진실. (C. Bickmann et al.)

주광순, 2015a, "상호문화철학적 해석학 - Mall의 유비적 해석학 Foucault의 권력비판", 「철학논총」, 81(3).

주광순, 2015b, "Mall의 유비적 해석학과 Gadamer의 철학적 해석학", 「철학연구」, 106.

주형일 역, 2000,『문화의 세계화』, 한울. (J. Warnier, 1999, *La mondialisation de la culture*, La Découverte).

차재호, 나은영 역, 2014,『세계의 문화와 조직』, 학지사, (G. Hofstede et al., 2010, *Cultures and Organizations* (3rd ed.), McGraw-Hill Education).

최충옥, 조인제, 2010, "다문화교육 연구의 동향과 향후 과제", 「다문화교육」, 1(1).

현성용 외, 2008, 『현대심리학입문』, 학지사.

Abdallah−Pretceille, M., 1999, *L'éducation interculturelle*, PUF.

Abdallah−Pretceille, M., 2015, Interculturalism, Diversity Policy and Integration in France, *Intercultural Education in the European Context, Theories, Expirences, Changes*, Ashgate.

Akkari, A., 2009, *Introduction aux approches interculturelles en éducation*, Carnets des sciences de l'éducation.

Allemann−Ghionda, C., 2008, *Intercultural Education in Schools*, http://www.europarl.europa.eu/RegData/etudes/etudes/join/2008/405392/IPOL−CULT _ET(2008)405392_EN.pdf

Allport, G., 1954, *The nature of prejudice*. Mazal Holocaust Collection.

American Association of Colleges for Teacher Education, 1973, *No One Model American: A Statement on Multicultural Education*.

Appadurai, A. & Winkin, Y., 2008, "지속가능한 다양성. 문화와 발전의 불가분성", 「유네스코와 문화다양성」, 유네스코한국위원회.

Aprile, S. & Dufoix, S., 2009, *Les Mots de l'immigration*, Paris: Belin.

Aronson, E., Wilson, T., 2016, *Social Psychology* (10th ed.), Pearson.

Augustyniak, J., 2013, Irish intercultural education, *General and Professional Education*, 3.

Bandura, A., 1977, *Social Learning Theory*, Prentice Hall.

Banks, J., 2006, *Cultural diversity and education: foundations, curriculum, and teaching* (5th ed.), Boston: Pearson/Allyn and Bacon.

Banting, K. & Kymlicka, W. (ed.), 2006, *Multiculturalism and the Welfare State*, Oxford University Press.

Barrett, M. (ed.), 2013, *Interculturalism and Multiculturalism: Similarities and Differences*, Strasbourg: Council of Europe.

Bennett, M., 2013, *Basic concepts of intercultural communication, paradigms, principles & practices* (2nd ed.), Intercultural Press, Boston · London.

Bussotti, L., 2017, The Italian Way to Intercultural Education: Innovation and Resistance, *Foro de Educación*, 15(23).

Byram, M., 1997, *Teaching and Assessing Intercultural Communicative Competence*. Clevedon, UK Multilingual Matters.

Cantle, T., 2012, *Interculturalism. The New Era of Cohension and Diversity*, Palgrave Macmillan.

Cantle, T., 2013, Interculturalism as a new narrative for the era of globalisation and super−diversity from M. Barrett (ed.), *Interculturalism and multiculturalism: similarities and differences*, Strasbourg: Council of Europe.

Catarci, M., 2013, Interculturalism in Italian primary schools with a high concentration of immigrant students, *Intercultural Education*, 25(5).

Cawagas, V. (ed.)., 2003, *Education for international understanding toward a culture of peace. Teachers Resource Book.* Seoul: Asia−Pacific Centre of Education for International Understanding.

Charaudeau, P., 1987, L'interculturel, nouvelle mode ou pratique nouvelle ?, Vers un niveau 3, *Le Français dans le monde*, N° spécial, février−mars.

Charaudeau, P., 1992, Sciences humaines, enseignement et culture. La rencontre entre trois mondes, *Le Français dans le Monde*, n° 253, Hachette−Edicef, Paris.

Chaves M. et al., 2012, *L'interculturel en classe*, Presses Universitaires de Grenoble.

Chen, G.M. & Starosta, W., 2005, *Foundations of intercultural communication*, Lanham: University of Press of America.

Collins, H.T. et al., 1995, Guidelines for Global and International Studies Education, *Issues in Global Education.*

Colombo, M., 2014. I giovani migranti nelle scuole italiane: percorsi formativi, disuguaglianze, risorse. *Revista Interdisciplinar de Mobilidade Humana*, 42.

Council of Europe, 1995, *Education Pack*, European Youth Centre.

Council of Europe, 2000, *Intercultural Learning T−Kit*, Youth Department.

Council of Europe, 2003, *Facets of interculturality in education*, Youth Department.

Council of Europe, 2003, *Mirrors and Windows*, European Centre for Modern Languages.

Council of Europe, 2004, *Integrating Immigrant Children into Schools in Europe*, Eurydice.

Council of Europe, 2006, *Religious diversity and intercultural education: a reference book for schools*, Council of European Publishing.

Council of Europe, 2008, *Religious diversity and intercultural education: a reference book for schools*, Council of European Publishing.

Council of Europe, 2008, *White paper on Intercultural Dialogue*, Council of European Publishing.

Council of Europe, 2009, *Policies and practices for teaching socio−cultural diversity*, Council of European Publishing.

Council of Europe, 2012, *Intercultural Competence for All*, Council of European Publishing.

Council of Europe, 2012, *Principes directeurs à l'attention des éducateurs pour combattre l'intolérance et la discrimination à l'encontre des musulmans*. Council of European Publishing.

Council of Europe, 2014, *Developing Intercultural Competence through Education*, Council of Europe Publishing.

Council of Europe, 2015, *Guidelines for intercultural dialogue in non−formal learning/education activities*, Council of European Publishing.

Council of Europe, 2018(2000), *Intercultural Learning T−Kit* (2th ed.).

Cushner, K. & Mahon J., 2009, Intercultural Competence in Teacher Education, *The SAGE Handbook of Intercultural Competence*, SAGE.

Deardorff, D., 2009, *The SAGE handbook of intercultural competence*, Thousand Oaks : SAGE Publications.

De Carlo, M., 1998, *L'interculturel*, Paris, Clé internationale.

Demetrio, D., 1997, *Agenda interculturale*, Meltemi: Roma.

Denis, M., 2000, Développer des aptitudes interculturelles en classe de langue, *Dialogues et cultures*, 44.

Edgar, A. & Sedgwick, P., 2008, *Cultural Theory: The Key Concepts*, Routledge.

Erikson, E. H., 1968. *Identity youth and crisis*. New York: W.W. Norton & Company.

European Union, 1999, *Intercultural Education in the European Union*, European Communities.

European Union, 2004, *INCA, Assessee Manuel*, LdVII.

European Union, 2004, *Integrating Immigrant Children into Schools in Europe*. Eurydice.

European Union, 2016, *Education Policies and Practices to Foster Tolerance, Respect for Diversity and Civic Responsibility in Children and Young People in the EU*.

European Union, 2016, *Education to Foster Intercultural Understanding and Solidarity in Europe*.

Faas, D., 2008, From Foreigner Pedagogy to Intercultural Education: an analysis of the German responses to diversity and its impact on schools and students, *European Educational Research Journal*. 7(1).

Faas, D. et al., 2014, Intercultural education in Europe: Policies, practices and trends, *British Education Research Journal*, 40(2).

Fantini, A., 2007, *Exploring and Assessing Intercultural Competence*, (CSD research Paper No. 07−01), St. Louis, MO: Washington University, Center for Social Development.

Fantini, A. & Tirmizi, A., 2006, *Exploring and Assessing Intercultural Competence*, World Learning Publications.

Ferrer, F. & A, Akkari, 2001, L'Éducation interculturelle en Espagne et en Suisse: un approche comparative, *Migracijske i etnicke terne*, 17.

Filtzinger, O. & G. Cicero Catanese, 2015, Intercultural Education in the German Context, *Intercultural Education in the European Context, Theories, Experiences, Changes*, Ashgate.

Fiorucci, M., 2015, The Italian Way for Intercultural Educaion, *Intercultural Education in the European Context, Theories, Experiences, Changes*, Ashgate.

Gagnon, A., 2000, Plaidoyer pour l'Interculturalisme, *Possibles*, 24(4).

Gay, G., 2010, *Culturally Responsive Teaching: Theory, Research, Practice*, New York: Teachers College, Columbia University.

Goodman, K., 1986, *What's whole in whole language*, Portsmouth, NH: Heinemann, Education Books.

Guillot, G., 1999, Citoyenneté et école, *Les sciences de l'éducation pour l'ère nouvelle*, 32(2).

Gundara, J., 2000, *Interculturalism, Education and Inclusion*. SAGE Publications Ltd.

Gundara, J., 2003, *Intercultural Education. World on the Brink?*, London: Institute of Education, University of London.

Hanvey, R., 1976, *An attainable global perspective*. New York, NY: Center for Global Perspectives.

Hampden−Turner, C., & Trompenaars, F. (1997). Response to Geert Hofstede. *International Journal of Intercultural Relations*, 21.

Heller, C., 1966, *Mexican American Youth: Forgotten Youth at the Crossroads*. New York: Random House.

Hofstede, G. et al., 2010, *Cultures and Organizations* (3rd ed.), McGraw−Hill Education.

Holm, G. & Zilliacus, H., 2009, Multicultural education and intercultural education: is there a difference? In M−T. Talib et al., *Dialogs on diversity and global education: introduction*, Peter Lang.

Huntington, S., 1996, *The Clash of Civilizations and the Remaking of World Order*, Penguin Books India.

Jandt, F.E., 2004, *Intercultural communication: A Global Reader*, SAGE Publications.

Kerzil, J. & Vinsonneau, G., 2004, L'interculturel: principes et réalités à l'école, SIDES.

Kirkwood, T., 2001, Our Global Age Requires Global Education: Clarifying Definitional Ambiguities, *Social Studies*, 92(1).

Klopf, D., 1987, *Intercultural Encounters: The Fundamentals of Intercultural Communication*, Englewood, NJ: Morton.

Kroeber, A. & Kluckhohn, C., 1952, *Culture: A Critical Review of Concepts and Definitions*. Peabody Museum, Cambridge, MA, 181.

Licata, L. & Heine, A, 2012, *Introduction à la psychologie interculturelle*, de boeck.

Maalouf, A., 1998, *Les identités meurtrières*, Grasset.

Mall, R.A., 2004, The Concept of an Intercultural Philosophy, in F. Jandt, 2004, *Intercultural communication: A Global Reader*, SAGE Publications.

Manstead, A. & Hewstone, M., (ed.) 1995, *The Blackwell Encyclopedia of Social Psychology*, Blackwell.

Marginson, S. & Sawir, E., 2011, *Ideas for intercultural education*, Palgrave Macmillan.

Martin, J. & Nakayama, T., 2012 (6th ed.), *Intercultural Communication in Contexts*, McGraw−Hill Higher Education.

Martineau, S., 2006, *Quelques principes pour intervenir dans l'esprit de l'éducation interculturelle*. http://www.cnipe.ca/IMG/pdf/Martineau−2006−Quelques−principes−pour−−−.pdf

Maxwell, B. et al., 2012, Interculturalism, multiculturalism, and the state funding and regulation of conservative religious schools, *Educational Theory*, 62(4).

Meer, N. & Modood, T., 2012, How does interculturalism contrast with multiculturalism?, *Journal of Intercultural Studies*, 33(2).

Meshel, D.S. & McGlynn, R.P., 2004, Intergenerational Contact, Attitudes, and Stereotypes of Adolescents and Older People, *Educational Gerontology*, 30.

Meunier, O., 2007, *Approches interculturelles en éducation*, Institut national de recherche pédagogique.

Moughiotte, A., 1999, L'éducation à la paix, *Impacts*, 33.

Mucchielli, A., 1986, L'identité, Paris: Presses universitaires de France.

Nanda, S. & Warms, R., 2011, *Cultural Anthropology* (10th ed.), Belmont: CA: Wadsworth.

Nieke, W., 2000, *Interkuturelle Erziehung und Bildung*, Wertorientierungen im Alltag, Opladen.

Nigris, E., 2003, La didattica interculturale nella scuola italiana. In E. Nigris (a cura di), *Fare scuola per tutti. Esperienze didattiche in contesti multiculturali*. Milano : Franco Angeli.

Ogay, T., 2008, La recherche empirique en éducation interculturelle en Suisse: comparaison entre la Suisse francophone et la Suisse germanophone, *Revista Espanola de Educación Camparada*, 14.

Orr, L. M., & Hauser, W. J., 2008, A re−inquiry of Hofstede's cultural dimensions: A call for 21st century cross−cultural research. *Marketing Management Journal*, 18(2).

Ouellet, F., 2002, L'éducation interculturelle et l'éducation à la citoyenneté. Quelques pistes pour s'orienter dans la diversité des conceptions, *VEI Enjeux*, 129.

Palaiologou, N, et al., 2015, Diversity within the school context: Valuing diversity and committing to it, https://www.researchgate.net/publication/ 281100957_Diversity_within_the_school_context_Valuing_diversity_and_committing_to_it

Park, R. & Burgess, E., 1924, *Introduction to the science of sociology*, Chicago: University of Chicago Press.

Phinney, J. S., 1993, A Three−Stage Model of Ethnic Identity Development in Adolescence, in *Ethnic Identity: Formation and Transmission Among Hispanics and Other Minorities*, M.E. Bernal & G.P. Knight (ed.), State

University of New York Press.

Porcher, L. & Abdallah—Pretceille, M., 1998, *Éthique de la diversité en éducation*, PUF.

Portera, A., 2004, Stereotype, prejudices and intercultural education in Italy: Research on textbooks in primary schools, *Intercultural Education*, 15(3).

Ramsey, R. & Williams, L., 2003, *Multicultural education: A sourcebook*. New York: Routledge.

Rey, M., 1986, *Former les enseignants à l'éducation interculturel?* Strasbourg: Conseil de l'Europe.

Riondet, B., 1996, *Éducation au développement*, CNDP/Hachette Éducation.

Rogers, E., 1999, *Intercultural communication. Prospect Heights*, IL: Waveland Press.

Signorini, P. et al., 2009, Developing alternative frameworks for exploring intercultural learning: A critique of Hofstede's Cultural Difference Model. *Teaching in Higher Education*, 14(3).

Spitzberg, B. & Changnon, G., 2009, Conceptualizing intercultural competence. In D. K. Deardorff (ed.), *The SAGE handbook of intercultural competence*, Thousand Oaks, Calif.: Sage Publications.

Sue, D.W. & Sue, D., 2008, *Counseling the cultural diverse: Theory and practice*, NJ: John Wiley Sons, Inc.

Teske, R. & Nelson, B., 1974. Acculturation and assimilation: a clarification, *American Ethnologist*, 1(2).

Ting—Toomey, S., & Chung, I.C., 2005, *Understanding Intercultural Communication*, Los Angeles: Roxbury Publishing Company.

Toh, S., 2002, Education for International Understanding : A River Flowing from the Mountains, APCEIU 2nd Experts Workshop on EIU - July 13—15, Suva, Fiji.

Tormey, R., 2005, *Intercultural Education in the Primary School*, National Council for Curriculum and Assessment.

Triandis, H., 1995, *Individualism and Collectivism*, Westview Press.

Tylor, E., 1871(2010), *Primitive Cultures*, Cambridge University Press.

UNESCO, 1947, *Working Papers of the Seminar on Education for International Understanding*.

UNESCO, 1974, *Recommendation concerning Education for International Understanding, Cooperation and Peace and Education relating to Human Rights and Fundamental Freedom.*

UNESCO, 1994, *Declaration and Integrated Framework of Action on Education for Peace, Human Rights and Democracy.*

UNESCO, 1996, *Learning: The Treasure Within.* International Commission on Education for the Twenty—first Century.

UNESCO, 2005, *Convention on the Protection and Promotion of the Diversity of Cultural Expressions.*

UNESCO, 2006, *UNESCO Guidelines on Intercultural Education*, UNESCO.

UNESCO, 2008, *World Report on Cultural Diversity.*

UNESCO, 2009, *Investing in Cultural Diversity and Intercultural Dialogue.*

UNESCO, 2010, *Education for Intercultural Understanding.*

UNESCO, 2014, *Global Citizenship Education.*

Wieviorka, M., 1998, Le multiculturalisme est—il la réponse ? *Cahiers Internationaux de Sociologie*, 105.

Williams, R., 1976, *Keywords*, New York: Oxford University Press.

Wolff, K., 1950, *The Sociology of Georg Simmel*, The Free Press.

찾아보기

저자약력

장한업

이화여자대학교 불어불문학과 교수 및 다문화−상호문화협동과정(석·박사) 주임교수.
서울대학교 사범대학 불어교육과를 졸업하고 서울 광남고등학교에서 불어교사로 재직하다
프랑스로 유학을 떠나 그곳 루앙(Rouen)대학교에서 불어교육학 석사(1988), 사회언어학 석
사(1989), 불어교육학 박사(1993) 학위를 취득했다. 1997년 이화여자대학교 사범대학 외국
어교육전공 교수로 임용되었고, 1999년 동 대학교 인문대학 불어불문학과 교수로 자리를 옮
겨 지금까지 재직하고 있다.
2009년부터 유럽의 상호문화교육을 연구했다. 『유럽의 상호문화교육』(2010), 『상호문화 이
해하기』(2011), 『상호문화사회』(2012), 『상호문화: 학교의 원칙과 현실』(2013)을 번역했고,
『이제는 상호문화교육이다』(2014)를 저술했다. 2014년에는 이화여자대학교 일반대학원에
다문화−상호문화협동과정을 만들었다. 2018년에는 『차별의 언어』를 저술하여 한국인의 다
문화 인식 전환을 촉구했다. 현재 이화여자대학교 다문화연구소 소장도 겸직하고 있다.

상호문화교육

초판발행   2020년 11월 27일
중판발행   2023년 8월 25일

지은이   장한업
펴낸이   안종만 · 안상준

편 집   황정원
기획/마케팅   이선경
표지디자인   BEN STORY
제 작   고철민 · 조영환

펴낸곳   (주) **박영사**
              서울특별시 금천구 가산디지털2로 53, 210호(가산동, 한라시그마밸리)
              등록 1959. 3. 11. 제300-1959-1호(倫)

전 화   02)733-6771
f a x   02)736-4818
e-mail   pys@pybook.co.kr
homepage   www.pybook.co.kr
I S B N   979-11-303-1072-5   93370

정 가   22,000원